JN436908

파리의 풍경 III

파리의 풍경 III

초판 1쇄 인쇄 2014년 10월 10일
초판 1쇄 발행 2014년 10월 15일

지은이 루이세바스티앵 메르시에
옮긴이 이영림 외
펴낸곳 서울대학교출판문화원
펴낸이 성낙인

책임 편집 곽진희
디자인 장혜원

출판등록 제15-3호
주소 (151-742) 서울 관악구 관악로 1
대표전화 02-880-5252 | 팩스 02-888-4148
마케팅팀(주문상담) 02-889-4424, 02-880-7995
이메일 snubook@snu.ac.kr
홈페이지 www.snupress.com

ISBN 978-89-521-1600-0 04920
978-89-521-1597-3 04920(세트)

이 저서는 2010년 한국연구재단의 지원을 받아 수행된 연구임(NRF 2010-322-A00006).

파리의 풍경 III

루이세바스티앙 메르시에 지음
이영림 외 옮김

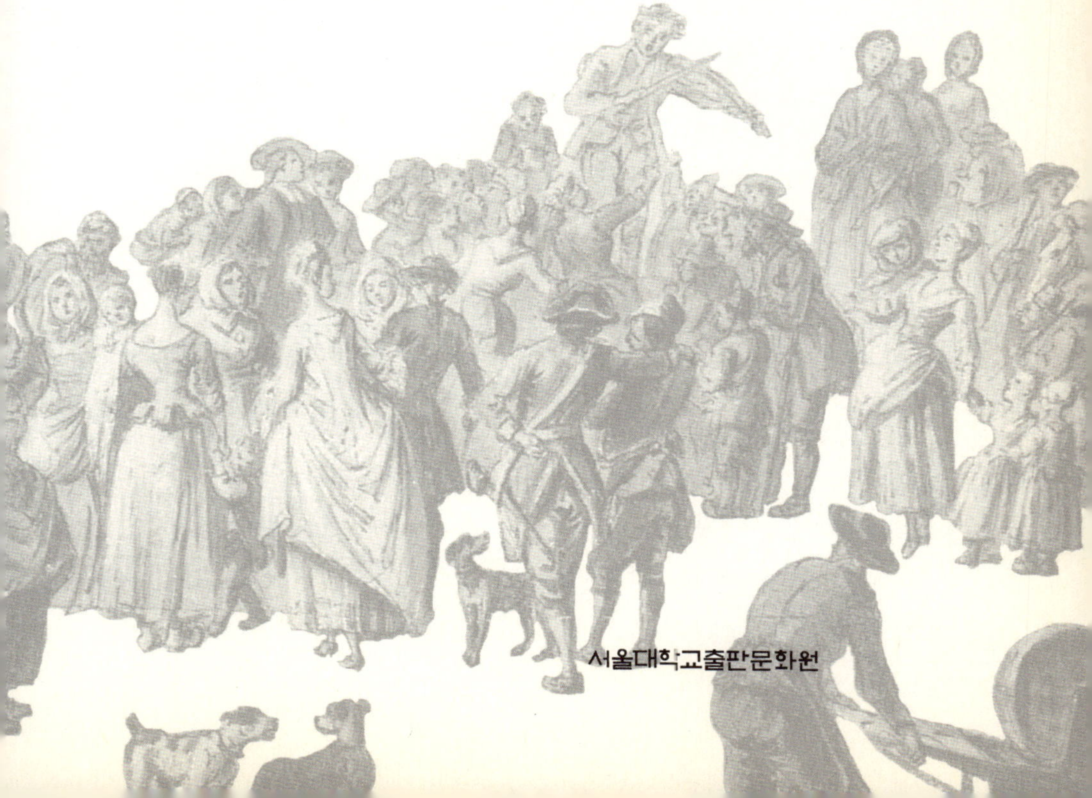

서울대학교출판문화원

일러두기

1. 이 책은 18세기 프랑스의 문인 루이세바스티앵 메르시에(Louis-Sébastien Mercier)가 1781~1788년에 출판한 총 12권의 『파리의 풍경(*Tableau de Paris*)』을 번역한 것이다.

2. 각 장의 순서는 원서의 장(chapter)의 순서와 일치하며 총 1,050장으로 이루어져 있다. 각 장은 1~4쪽 분량으로 내용 또한 자유롭게 전개되고, 이러한 80~100개의 장이 모여 다시 하나의 권을 이루며, 전체 12권으로 구성된다.

3. 이 책은 I(1, 2권), II(3, 4권), III(5, 6권), IV(7, 8권), V(9, 10권), VI(11, 12권) 총 6권으로 구성된다.

4. 이 책에서 역자 서문은 대표 역자인 이영림 교수가, 머리말은 원저자인 루이세바스티앵 메르시에가 각각 작성한 것이다.

5. 각 장의 번역은 7명의 번역자들에 의해 이루어졌다. I권은 송기형 · 최갑수 · 이영림 · 양희영 · 장진영 교수, II권은 장진영 · 이규현 교수, III권은 주명철 · 송기형 교수, IV권은 최갑수 · 장진영 교수, V권은 이영림 · 양희영 · 장진영 · 이규현 교수, VI권은 이규현 · 주명철 교수가 번역하였다.

6. 번역자들은 지금까지 다양하게 사용되어 온 프랑스 역사와 문화 용어와 개념어의 통일을 시도했으며, 원서의 각주 외에 번역서의 이해에 필요한 상세한 주석을 첨부했다. 따라서 본문의 각주는 원서의 각주와 다르며 번역자의 것이다.

7. 사용된 그림들은 원서에는 없는 것이며, 독자들의 이해에 도움을 주고자 첨부하였다.

8. 프랑스어 표기는 외래어 표기 용례에 근거하였다.

9. 참고문헌은 각 권 말미에 넣었다.

10. 찾아보기는 사항별 · 인명별로 작성하여 권별로 각각 넣었다.

Tableau de Paris

Louis-Sébastien Mercier

Trans. by Lee Young-Lim et al.

Seoul National University Press

역자 서문

18세기 말 파리에서의 삶과 역사

『파리의 풍경(*Tableau de Paris*)』은 18세기 프랑스 문인 루이세바스티앵 메르시에(Louis-Sébastien Mercier)가 1781~1788년에 출판한 총 12권의 책이다. 방대한 분량의 이 책은 검열 당국의 준엄한 감시망을 피해 스위스에서 처음 씌어져 파리와 스위스, 네덜란드, 독일에서 비밀리에 출판되었는데, 출판되자마자 경찰의 추적을 받는 동시에 엄청난 인기를 누렸다. 1781년 『파리의 풍경』 첫 2권이 출판되자 도처에서 주문이 쇄도했다. 1781년에만 5종류의 위조본이 유통되고, 1782년에 첫판본의 2쇄 3,500부가 재간행되었다. 이 책은 다시 같은 해 4권짜리 판본으로 확대되어 9,000부가 인쇄되었다. 1789년 12권이 모두 한꺼번에 출판될 때까지 간행된 다양한 판본과 재간행본, 위조본을 합치면 수백만 부가 유통되었다. 출판물의 홍수를 이룬 18세기 출판업계에서 『파리의 풍경』은 볼테르나 루소의 저술보다 훨씬 더 성공을 거둔 초대형 베스트셀러였던 것이다. 이렇듯 『파리의 풍경』의 인기는 오늘날의 기준으로 보더라도 상상을 초월한다. 그 비결은 무엇이었을까?

책 제목이 시사하듯 『파리의 풍경』은 18세기 말 파리의 모든 것, 일상생활과 거리를 오가는 사람들의 모습, 사회풍속과 관행, 제도와 정치, 도시문제, 직업, 건강 등을 구체적이고 생생하게 묘사한 관찰 보고서이다. 실제로 『파리의 풍경』은 심오한 정치철학서도, 사회개혁 의지를 담은 사상서도 아니다. 그럼에도 불구하고 이 책이 커다란 성공을 거둔 이유는 무엇일까?

저자 메르시에는 누구인가?

우선 메르시에가 과연 어떤 인물인지, 그리고 그가 위험을 무릅쓰고 그토록 방대한 양의 책을 출판한 이유는 무엇인지 살펴보자.

루이세바스티앵 메르시에는 파리에서 태어나서 활동한 전형적인 파리인이다. 1740년 칼을 갈고 금속 무기의 광을 내는 숙련공 아버지와 석수장이의 딸인 어머니 사이에서 태어난 그는, 노동자 계층 출신이었지만 명문 콜레주 데 카트르나시옹(Collège des Quatre-Nations)에서 수준 높은 정규교육을 받았다. 1763~1765년에는 수사학을 가르치는 교사생활을 하기도 했다. 그러나 문학의 꿈을 포기하지 못한 그는 20대 초부터 『메르퀴르 드 프랑스(*Mercure de France*)』에 습작을 발표하기 시작했다. 1766년에는 볼테르의 작품을 모방한 『아랍 시인 이제르벤 이야기(*Hisotire d'Izerben, poête arabe*)』를 발표함으로써 문인으로서의 신고식을 치렀다. 이후 그는 소설, 희곡, 연극이론, 어휘연구, 신문기사, 수필 등 다양한 장르의 글을 발표하며 문인으로서의 길을 걸었다.

메르시에의 출세작은 1770년에 발표한 『2440년, 한 번 꾸어봄직한 꿈(*L'an 2440, Rêve s'il en fût jamais*)』이다. 무명의 젊은 문필가였던 메르시에가 익명으로 발표한 이 작품은 파리에서 큰 성공을 거두었다. 전국에서 주문이 쇄도해서 1770년의 첫판본이 25쇄 출판될 정도였다. 1775년부터 2년간 그는 『귀부인들의 신문(*Journal des dames*)』의 편집장을 맡고 정기적으로 글을 올렸다. 이때 쌓인 원고의 상당 부분이 『파리의 풍경』에 활용되었다. 1770년대에 살롱과 연극 비평 모임에 참여하며 본격적으로 글을 발표하기 시작한 그는, 평생 쉴 새 없이 글을 쓴 다작가로 총 73편의 작품을 발표했다.

그에게 문학은 삶이자 생존 수단이었다. 프랑스 혁명 이전에 활약한 수많은 문인들 중 글을 써서 자신의 생계를 해결할 수 있는 사람은 30명에 지나지 않았는데, 메르시에는 그중에서도 윤택한 생활을 누릴 수 있었던 극소수의 인기작가에 속했다. 그러나 메르시에에게 글이 갖는 의미는 경제적 차원에서 국한되지 않았다. 그는 단순히 돈벌이만을 쫓아다니던 인기작가가 아니었다. 그에게는 글이 곧 행위였고 미래였다. 그는 글을 통해 끊임없이 사회를 비판하고 변화를 꿈꾸며 미래 사회를 설계했다.

메르시에는 그 누구보다 계몽사상의 세례를 듬뿍 받았다. 계몽사상의 태동기인 1740년 파리에서 태어나고, 계몽사상이 절정에 달한 1750~1760년대에 그곳에서 성장하고 교육을 받았으니 말이다. 1694년생 볼테르와 1712년생 루소는 그의 스승이었고, 1743년생 콩도르세와 엘베시위스는 그의 동료였다. 메르시에는 살롱, 문학 클럽, 카페에 드나들며 그들과 교류하고 지적 토론을 벌였다. 그는 인기작가였을 뿐 아니라, 사회에 대한 비판 의식에 가득 찬 지식인이었던 것이다.

메르시에의 출세작 『2440년』은 그의 사회비판 의식이 잘 드러난 대표작이다. 공상소설의 형식을 띤 『2440년』은 메르시에 자신을 암시하는 익명의 남자가 철학자 친구와 파리의 불공평함과 타락에 대해 열띤 토론을 벌이는 장면으로 시작된다. 그 후 잠이 든 주인공은 꿈속에서 700년 후의 파리를 경험한다. 여기서 메르시에는 그 자신이 꿈꾸는 파리의 모습을 묘사한다. 미래의 파리는 성직자도, 사제도, 매춘부도, 군인도, 노예도 없는 사회이다. 그곳에서 사람들은 편안하고 실용적인 복장으로 자유롭게 공론을 즐긴다. 반면 먼 과거의 모습으로 묘사된 1770년 당시의 파리는 부패와 타락이 만연한 곳이다. 『파리의 풍경』은 바로 이 지점에서 출발한다. 그로부터 10년 후 메르시에는 18세기 말 파리를 신랄하게 비판한 『파리의 풍경』을 발표하기 시작했다.

『2440년』과 『파리의 풍경』은 출판되자마자 금서로 지정되고 당국의 추적을 받았다. 그럴수록 인기는 치솟았다. 이상사회를 꿈꾸며 다른 사람들은 무관심하게 지나치는 주변의 모든 위선과 모순을 고발한 메르시에는, 엘베시위스나 돌바크처럼 금서를 통해 계몽사상을 전파한 제3세대 '계몽사상가'였다.

하지만 메르시에는 사상가에 머무르지 않았다. 1780년대 프랑스인들은 대부분 개혁의 필요성을 절감하고 있었지만, 그는 누구보다 용감했다. 1787년에 발표한 『정부에 관한 명백한 관념들(*Notions claires sur les gouvernements*)』에서 그는 세금 감면, 특권 폐지, 능력 위주의 사회, 교회 재산의 일부 몰수, 영국식 농경, 산업 육성책 등 구체적인 정부 개혁안을 제시했다. 혁명이 일어나자 그는 기다렸다는 듯 적극적으로 혁명에 가담했다. 우선 그는 1789년에 일간지 『프랑스 애국 문학 연보(*Annales patrioques et littéraires de la France*)』를 창간하며 언론인으로 활약했다. 1791년에는 루소를 혁명의 선구자로 찬양한 『프랑스 혁명의 일류 저자로 꼽히는 장자크 루소에 대하여(*De J. J. Rousseau, considéré comme l'un des premiers auteurs de la Révolution*)』를 발표했다. 1792년에는 국민공회 의원에 선출되어 직접 정치활동에 나섰다.

메르시에는 확실한 공화주의자였다. 그러나 정치적 현실주의자였던 그는 루이 16세 처형에 반대했다. 공포정치로 치닫던 숨가쁜 상황에서 그의 판단과 선택은 설 곳이 없었다. 결국 그는 로베스피에르와 다투고 감옥에 갇혔다. 메르시에만이 아니라 그 시대 누구도 혁명 과정을 명확히 이해하지 못했고, 또 혁명의 미래를 예측하지도 못했다. 실제로 혁명은 철학자들이나 혁명의 지도자들이 사유하고 의도했던 것과는 상이한 모습과 방향으로 전개되었다.

테르미도르 반동 후 감옥에서 나온 메르시에는 1797년 에콜 상트랄의 역사 교수가 되었다. 1798년에는 『파리의 풍경』의 후편 격으로 혁명 당시의 파리를 묘사한 『새로운 파리』 6권을 발표하며 문인의 자리로 돌아왔다.

혁명가 메르시에에 관해서는 오늘날까지도 거의 알려진 바가 없다. 메르시에는 마라, 당통, 로베스피에르와 동시대 인물이었지만, 혁명 당시 그의 정치적 행적은 화려한 혁명 지도자들의 그늘에 가려졌기 때문이다. 그러나 시대적 변화를 꿰뚫어 보고 이끌어 간 그의 탁월한 통찰력은 『파리의 풍경』을 통해 오늘날까지 생생하게 전해지며 빛을 발하고 있다.

『파리의 풍경』은 어떤 책인가?

파리의 관찰 보고서이자 역사서

총 73편의 작품을 발표한 메르시에의 최고 걸작이자 18세기 말 최대 베스트셀러 중 하나인 『파리의 풍경』은 일종의 관찰 보고서이다. 메르시에의 인생 자체에서 축적된 엄청난 자산이 그 탄생의 밑거름이 되었다. 퐁뇌프와 루브르 사이에 위치한 파리 중심부에서 태어난 그는 파리의 구석구석을 누비며 자랐고, 센 강가에 있던 학교에 다니며 6년을 보냈다. 또한 신문기자로 활약한 경험과 능력, 그리고 정보력을 지닌 그는 누구보다 예리한 관찰자였다. 이 모든 자산을 토대로 그는 자신이 직접 경험하고 목격하던 파리를 신문 기사처럼 간결하고 명쾌하게 묘사했다.

파리는 중세 이래 오랜 역사가 어린 곳이다. 메르시에는 그런 파리에 대해 강한 자부심을 지니고 있었다. 그러나 그는 정작 파리의 빼어난 건축이나 이름난 명소, 기념 건축물에 대해서는 말을 아낀다. 겉모습에 치중한 그러한 종류의 정보를 제공하는 책들은 이미 수없이 많기 때문이다. 실제로 『파리의 풍경』은 광장이나 거리를 지형학적으로 묘사하지 않았다. 대신 마구 뒤엉킨 파리의 모습을 있는 그대로 묘사하고, 그 안에 감추어진 이면의 역사와 변화한 모습을 말해 준다. 건축물의 역사를 전하며 조상의 삶을 이야기하는 『파리의 풍경』이 진정 하고 싶은 이야기는 바로 "18세기 말 파리가 조상이 살던 파리와 얼마나 달라졌는가, 그리고 사회 풍속이 어떻게 바뀌었는가?"이다. 유구한 전통이 서린 도심과 인근 농촌 지역을 잠식해 가는 개발 구역들에 대한 상세한 설명과 다양한 사회구조에 관한 분석을 통해, 우리는 수세기에 걸친 파리의 역사와 사회를 꿰뚫어 볼 수 있다.

『파리의 풍경』이 묘사한 파리의 모습은 만화경처럼 다양하다. 종교생활의 실상 및 결혼과 자살, 카바레의 술주정뱅이, 눈부신 인도산 천, 중국이나 일본산 도자기 등 거리의 다양한 볼거리에 이르기까지 온갖 잡다한 내용의 글을 읽다보면 정치, 사회, 경제, 문화, 종교 면이 총망라된 오늘날의 신문을 읽는 것 같은 느낌을 받는다.

그중에서도 압권은 매일매일 어깨를 부딪히며 살아가던 파리인들의 일상생활에 관한 묘사이다. 18세기 말 당시 파리의 인구는 70만 명에 달했다. 도처에서 몰려든 온갖 부류의 사람들로 들끓는 파리는 거대한 익명의 바다였다. 사람들은 이름도 모르는 채 서로의 팔을 스치거나 혹은 부딪치며 지나갔다. 주인의 심부름으로 온 하인들, 인근 농촌에서 무작정 상경한 어린 소녀들과 아낙들, 머나먼 브르타뉴와 랑그독에서 한밑천 잡으려고 올라온 청년들. 그들은 대부분 파리 성벽에 인접한 변두리 지역에 가까스로 거처를 마련하고, 아침이 되면 중앙시장 근처를 어슬렁거리며 일거리를 찾았다.

파리는 다양한 인종 전시장이기도 했다. 메르시에가 "생각할 줄 아는 사람이라면 파리에서 인류에 관한 모든 것을 알 수 있다"고 언급했듯이, 18세기 말 파리에서는 일본인, 에스키모인, 흑인, 퀘이커 교도 등 세계 곳곳에서 온 사람들이 거리를 활보했다.

파리에서는 날마다 한편에서는 사제의 주례하에 한 쌍의 부부가 태어나고, 다른 한편에서는 사제의 종부성사를 받으며 사람들이 죽어갔다. 적어도 외형상으로 보면 파리는 가톨릭 중심지이고, 파리인들은 가톨릭인으로 태어나고 죽었다. 그러나 그들의 일상생활은 신앙심과는 거리가 멀었다. 사람들은 서로 아귀다툼을 벌이고, 거리는 온통 소음과 다툼으로 아수라장이다. 카페에서는 학생들과 글쟁이들이 모여 열띤 토론을 벌이고, 선술집에서는 대낮부터 얼굴이 벌게진 술꾼들이 죽치고 있다. 물장수, 모자장수, 생선 파는 아낙, 서적 행상인들은 손님을 부르기 위해 경쟁하듯 저마다 목청을 높였다. 물건을 팔려는 장사꾼의 찢어지는 목소리 외에도 싸우는 소리, 우는 소리, 사람 찾는 소리로 파리는 하루 종일 소란스러웠다.

시끌벅적한 파리의 모습은 거리의 또 다른 풍경인 사치스런 진열대, 화려한 마차행렬과 기묘한 대조를 이룬다. 마차를 타고 거리를 지나가는 귀족 나리들은 마차 안에서 거만한 눈초리로 거리의 사람들을 내다본다. 이렇듯 『파리의 풍경』에서는 서로 다른 두 세계의 대조적인 모습이 끝없이 펼쳐진다. 위대한 철학자들과 혁명가들의 탄생은 바로 이러한 파리의 양면성에서 비롯된 것이 아닐까?

신랄한 사회 비판서

메르시에는 파리와 살아 숨 쉬는 파리인들의 모습을 묘사했지만, 보이는 것을 글로 표현하는 데 그치지 않았다. 그의 시선에는 철학자의 비판적 시각이 담겨 있다. 실제로 『파리의 풍경』의 진면목은 객관적인 묘사를 하는 동시에, 사회와 풍속에 대한 신랄한 비평을 가하는 중층적이고 복합적인 묘사에 있다.

우선 메르시에가 꿈꾸는 도시는 위생적이고 청결한 근대적 도시이다. 그러나 18세기 말의 파리는 그와는 거리가 멀었다. 그는 센 강으로 온갖 배설물을 쏟아내는 파리의 게걸스러움을 개탄했다. 그가 묘사한 파리에서는 오염과 악취가 진동한다. 도로는 좁고 더러우며 흉측한 건물들로 가득 차 있다. 공중변소와 식수대 주변도 불결하기 짝이 없다. 거리의 공기는 탁하고, 도처에서 온갖 시끄러운 소리들이 울려 퍼진다.

메르시에가 가장 건전한 구역으로 꼽는 곳은 대학가에 인접한, 종교기관과 인쇄소 밀집 지역인 생자크 포부르이다. 반면 가장 불건전한 구역은 파리 한복판의 시테 섬이다. 최고법원이 위치한 시테 섬은 2개의 파리가 압축되어 있는 곳이다. 그곳에서는 사법부의 권위를 뽐내듯 장엄한 건축물이 즐비하고, 정의와 신념을 상징하는 수많은 조상(彫像)들이 늘어서 있다. 경찰의 감시와 염탐도 물샐 틈이 없다. 하지만 그와 동시에 시테 섬은 궁상스런 노점들이 즐비하고, 사기와 협잡, 매춘이 판치는 곳이기도 하다. 거리에는 유랑민들과 거지들이 떼지어 몰려다닌다. 메르시에에 의하면 이들의 수는 10만 명을 넘는다. 『파리의 풍경』에서 그는 권위와 무법, 사치와 빈곤을 대조시키며, 화려한 겉모습에 감추어진 비열한 관습과 폭력, 질병, 매춘, 암거래 등 도시의 온갖 치부를 낱낱이 고발한다.

민중의 삶 자체를 파리의 원천으로 간주한 메르시에는 이 모든 것을 민중의 시선으로 바라보고 묘사했다. 파리 인구의 대다수를 차지하는 민중은 파리의 중앙시장에서 각 구역의 작은 시장으로 연결된 도로망 주변에서 하루 종일 일에 허덕인다. 그러나 파리를 지배하고 있는 사람들은 약 3만 명의 부자 귀족들이다. 파리는 미식가이자 난봉꾼이고 낭비를 일삼는 그들이 판치는 불평등한 세상이다. 부르주아는 그런 가운데서 눈치를 보며 신분상승을 꾀할 뿐이다. 민중을 착취하는 귀족, 기회주의적인 부르주아 외에 경찰의 끄나풀들도 민중의 동요를 감시하고 억압하는 인간 군상으로 자주 등장한다. 『파리의 풍경』이 놀라운 흡입력을 발휘한 비결은 이렇듯 부자와 빈자, 귀족과 평민처럼 계급과 신분의 경계선으로 구분되는 혁명 직전 파리의 사회구조적 모순과 불공평함을 신랄하게 비판한 데 있다.

대중적인 계몽 사상서

메르시에는 어떻게 해서 사회비판자가 되었을까? 그에게 가장 많은 영향을 미친 철학자는 루소이다. 볼테르와 디드로의 영향을 받기도 했지만, 그는 루소의 사상과 문체를 본받으려고 애썼다. 그에게 '루소의 원숭이', '시궁창의 루소'라는 별명이 붙여진 것은 그 때문이다. 그는 특히 루소의 『사회계약론』에 심취했다. '사회계약론'은 홉스와 로크가 주창한 것이지만, 루소에 의해 파리에서 완전히 새로운 어휘로 재탄생했다. 루소의 저술이 인기를 얻으면서 일반의지와 인민주권론은 1780년대 파리에서 정치적 논의의 핵심이 되었다. 그러나 일반 독자들로서는 난해하고 심오한 루소의 『사회계약론』에 접근하기가 결코 쉽지 않았다. 그 징검다리 역할을 한 것이 바로 『파리의 풍경』이다.

18세기 말 파리는 누구나 쉽게 글을 읽고 접할 수 있는 특수한 공간이었다. 17세기 말 유언장에 서명한 파리의 남녀 비율은 이미 각각 85%와 60%로 전국 평균보다 훨씬 높았다. 혁명 직전 프랑스 전체의 문자 해독률이 남녀 각각 48%, 27%인 데 비해, 파리의 문자 해독률은 남녀 각각 90%와 80%로 늘어났다. 더구나 파리인들은 100년 전보다 10배나 더 글을 많이 읽었다. 거리에서는 서적행상인들이 쉽게 눈에 띄었고, 길모퉁이나 노천에서 노점상들이 책을 파는 모습도 파리의 일상적인 풍경 중 하나였다. 파리인들에게 독서는 무료함과 일상의 지루함을 달래줄 수 있는 벗이었다. 독서가 지극히 평범한 일상생활에 자리 잡게 되면서 종교적인 책들은 점차 자취를 감추었다. 사람들이 가장 즐겨 찾는 것은 두껍고 어려운 책보다는 짧은 소책자였으며, 쉽고 재미있는 내용의 글들이었다.

이러한 사회 · 문화적 변화를 예리하게 간파한 메르시에는 책과 독서를 통해 형성된 공중에 희망을 걸었다. 18세기 중엽에 형성된 여론의 기반이 바로 책과 공중이기 때문이다. 우선 그는 공중이 무엇을 원하는지, 그리고 무엇이 그들에게 호소력을 발휘할 수 있는지를 정확하게 파악했다. 그런 다음 『파리의 풍경』에서 계몽사상가들이 제시한 입헌주의, 공화주의, 대의제 등 추상적 담론을 파리의 실상을 통해 구체적으로 전달하는 동시에, 자신의 비판적 시선과 경험으로 재구성했다. 『백과전서』가 모든 지식을 경험론적인 시각에서 총체적으로 재구성한 지식의 나무라면, 『파리의 풍경』은 파리의 모든 것을 메르시에의 경험과 민중의 시선으로 재구성한 문화의 나무였던 것이다.

일찍이 모르네는 『프랑스 혁명의 지적 지원』(1933)에서 지식사회학의 차원에서 제도와 관습, 종교적 광신에 대한 비판, 관용에 대한 찬양과 같은 계몽사상이 어떻게 전파되어 가는가를 추적한 바 있다. 『파리의 풍경』은 모르네가 추적한 지식의 생산과 소비의 관계를 역동적으로 보여주는 증거이다. 메르시에가 파리의 일상생활을 폭로

하고 비판하는 가운데 계몽사상가들의 사상과 담론을 알기 쉽게 용해시켜 전달했으니 말이다. 『파리의 풍경』이야말로 계몽사상을 굴절시키고 전파시킨 공로자였던 것이다.

혁명의 예언서이자 준비서

앙시앵 레짐의 역사는 늘 프랑스사 최대의 화두인 혁명의 기원 문제로 이어진다. 이런 점에서 혁명의 진원지인 파리의 실상을 낱낱이 고발한 『파리의 풍경』은 혁명의 발발과 무관할 수 없다. 그렇다면 『파리의 풍경』은 과연 혁명에 영향을 미쳤을까?

18세기 중엽 이후 출판물의 홍수 속에서 수많은 책들이 사회적 불만과 긴장, 갈등을 토로했다. 어떤 책들은 혁명적 사고와 평등의식을 자각시키는 데 기여했다. 그런 종류의 책 자체가 혁명적 위기를 예고하는 징조였다. 그러나 어떤 책도 혁명의 직접적인 조건을 형성하지는 않았다. 주지하다시피 프랑스 혁명은 정치·사회·경제적 모순에서 비롯되었다. 파리 민중의 불만을 폭발시키고 바스티유 감옥의 습격을 감행시킨 동력은 계급 갈등이었다.

실제로 앙시앵 레짐 말기 파리는 소수의 부자가 극도의 풍요와 사치를 누리고, 대다수 민중은 빵 문제조차 해결하기 어려운 불평등한 사회였다. 1787년 이후 계속된 이상기후 현상은 상황을 더욱 악화시켰다.

민중의 불만은 이미 18세기 후반부터 도처에서 터져 나왔다. 특히 파리는 그러한 동요의 중심지였다. 17세기의 반란은 농촌에서 일어난 국가 조세를 거부한 농민들의 폭동이었다. 루이 14세 시대의 잠복기를 거친 후 저항의 중심지와 주체 세력이 바뀌었다. 18세기의 저항은 도시 노동자들의 음모와 파업의 형태로 나타났다. 노동자들은 선술집에서 회합을 갖고 더 나은 임금과 작업 조건을 요구했다.

불공평하고 불합리한 사회조건에서 그들은 자신도 모르는 사이에 저항의 심성을 공유하고 실천했던 것이다. 노동자들의 저항은 단순히 과거에 대한 동경이 아니라, 장인들에 맞서는 집단적인 계급 저항의 몸짓으로 발전했다. 『파리의 풍경』은 이러한 노동자들의 불복종을 증명하고 또 그것에 영향을 미쳤다.

오랫동안 민중은 사회 · 경제적인 측면에서 피동적이고 수동적 존재였다. 구태의연한 권위와 신분질서에 억눌려온 그들은 『파리의 풍경』을 읽으며 자유와 해방감을 느꼈다. 역으로 『파리의 풍경』은 그러한 민중이 자신의 삶의 주체로서, 나아가 정치적 주체로서의 인민으로 다시 태어나는 과정을 보여주는 동시에 그들을 일깨워 주었다. 이렇듯 민중이 '천민'에서 '인민'으로 바뀌는 과정은 이미 혁명 이전 앙시앵 레짐 아래에서 서서히 나타나기 시작했고, 『파리의 풍경』은 그 징검다리 역할을 했다. 1793년 메르시에 자신이 『파리의 풍경』에서 1789년의 혁명을 예언했다고 주장했듯이, 혁명의 도래를 예감케 하는 이 책은 프랑스 혁명이라는 엄청난 사회적 격변 직전 의식적 혹은 무의식적으로 불안감을 느끼고 있던 파리인들의 심리적 탈출구의 역할을 했을 뿐 아니라, 혁명을 준비시켰던 것이다.

오늘 우리의 자화상

18세기 말 파리의 일상생활을 적나라하게 묘사한 『파리의 풍경』은 17세기 말 베르사유의 궁정사회를 세밀하게 묘사한 생시몽 공작의 『회고록』과 무척 대조적이다. 그러나 둘 사이에는 일맥상통하는 부분이 있다. 생시몽 공작은 『회고록』에서 궁정이라는 좁은 무대를 중심으로 펼쳐지는 추잡하고 비열한 권력의 암투와 경쟁을 미시적으로 분석했다. 인간 내면에 도사리고 있는 권력에 대한 욕망과 인간의 허약함을 꿰뚫어 본 생시몽 공작의 통찰력은 17세기만이 아니라 오늘 우리 사회에도 적용할 수 있다. 『파리의 풍경』도 마찬가지이다. 메르시에가 꿰뚫어 본 18세기 말 파리의 다양한 모습은 18세기 파리만이 아니라 모든 도시가 갖는 보편적 속성이기 때문이다. 이런 점에서 『파리의 풍경』 역시 시공을 초월해서 오늘날 우리에게 시사하는 바가 크다.

물론 230년 전 메르시에가 묘사한 파리의 모습은 오늘날 파리와는 거리가 있다. 파리의 거리를 오가는 사람들 중에는 귀족도 민중도 찾아볼 수 없다. 230년 전의 파리는 우리가 사는 도시와는 더더욱 다르다. 그러나 메르시에가 전하는 18세기 말 파리의 모습은 겉모습에서는 달라도 그 본질에서는 분명히 21세기의 파리, 나아가 전 세계 모든 도시와 일맥상통하는 부분이 있다.

21세기 한국의 도시도 마찬가지이다. 개발 붐 속에서 엄청난 속도로 변화하는 도시의 외관, 대로변의 고층 빌딩과 지저분한 이면도로의 옹색하고 초라한 건물들, 화려한 진열대와 초라한 노점들, 부자와 가난한 사람, 노숙자들 그리고 도처에서 몰려드는 온갖 부류의 사람과 다양한 인종들. 이렇듯 다양하고 대조적인 모습은 18세기 말의 파리나 오늘 우리가 사는 도시나 똑같다. 서로 누구인지도 모르고 바쁘게 스쳐 지나가는 익명의 물결 속에서 파리인들이 느꼈던 고통과 기쁨, 분노와 소외 역시 오늘 우리 삶의 이야기이다. 이런 점에서 18세기 말 『파리의 풍경』은 멀지만 가까운 우리의 모습이자 자화상이다.

왜 다시 『파리의 풍경』인가?

『파리의 풍경』은 18세기 말 파리의 출판업계에서 이례적인 성공을 거두며 문단의 주목을 받았음에도 불구하고, 국내에서는 오랫동안 잘 알려지지 않았다. 『파리의 풍경』이 국내에 본격적으로 소개되기 시작한 것은 최근의 일이며, 그나마 프랑스 문학 분야에서는 거의 언급되지 않고 있다. 이러한 궤적은 『파리의 풍경』이 서구학계에서 겪은 풍파와 무관하지 않다.

혁명 직전 수백만 부가 팔린 『파리의 풍경』의 인기는 혁명이 끝나자 하루아침에 사그라들었다. 1815년 왕정이 복고되고 정통성의 원리가 천명되면서 예술계는 신고전주의에 의해 지배되었다. 이런 상황에서 제도권을 신랄하게 공격했던 『파리의 풍경』이 문학계로부터 외면당한 것은 당연한 현상이었다.

『파리의 풍경』에 대한 관심이 되살아난 것은 1830년 7월 혁명 이후이며, 그 가치를 재평가한 것은 문학계가 아니라 역사학계였다. 프랑스 혁명을 지지하며 혁명의 원인 규명에 몰두한 미슐레와 루이 블랑, 텐느와 같은 역사가들은 앙시앵 레짐 사회를 비판한 『파리의 풍경』을 높이 평가했다. 그러나 그들은 『파리의 풍경』의 앙시앵 레짐 비판에 초점을 맞추었을 뿐, 파리의 구체적이고 일상적인 삶을 묘사한 『파리의 풍경』의 진정한 가치를 제대로 인식하지는 못했다.

20세기 초 이후 역사학이 사회경제사 연구에 지배되면서 『파리의 풍경』은 역사가들의 관심에서 더욱 멀어졌다. 사회혁명론을 주장한 역사가들은 『파리의 풍경』이 계급의식과 투쟁의 문제보다는 자질구레한 신변잡기식 묘사에 그쳤다고 비난했다. 또한 구조사가들은 평범한 일상생활의 묘사 자체를 무가치하게 여겼다.

역사가들이 『파리의 풍경』에 다시 주목하고 그 가치를 재평가하게 된 것은 서구학계의 새로운 연구 동향과 더불어서이다. 1970년대 이후 역사가들은 사회사의 '장기 지속의 감옥'에 갇혀버린 인간성을 복원해 내기 위한 학문적 도전과 보완 작업을 시도했다. 그 과정에서 구조와 계급 대신 성, 가족, 죽음, 사랑, 의복, 음식물 등이 새롭게 조명되고, 과거에 살아 숨 쉬던 인간의 구체적인 삶의 모습을 복원하려는 노력이 전개되었다.

『파리의 풍경』이 재평가되고 역사적 사료로서의 가치를 인정받게 된 것은 이러한 맥락에서이다. 특히 일상사와 풍속사의 시각에서 민중문화를 연구한 아를레트 파르주는 『18세기 파리의 거리에서의 삶(*Vivre dans la rue à Paris au xviiie siècle*, 1979)』과 『취약한 삶. 18세기 파리의 폭력, 권력, 사회성(*La Vie fragile. Viloence, pouvoirs et solidarités à Paris au xviiie siècle*, 1986)』에서 메르시에의 시선으로 파리 민중의 삶을 복원시켰다. 다니엘 로슈도 『파리의 민중. 18세기 민중문화 연구(*Le Peuple de Paris. Essai sur la culture populaire au xviiie siècle*, 1981)』에서 『파리의 풍경』을 인용하며 계몽주의 시대의 여론과 민중문화를 연구했다.

『파리의 풍경』과 메르시에가 본격적으로 학문적 관심이 대상이 된 것은 1990년대부터이다. 그것은 1980년대 이후 서구학계에서 유행한 책과 독서의 연구 경향에 힘입은 바 크다. 특히 책과 프랑스 혁명의 관계에 주목하며 18세기 여론과 출판문화를 연구한 로버트 단턴, 로제 샤르티에와 같은 역사가들은 『파리의 풍경』을 18세기 독서 관행의 실제를 증언해주는 귀중한 자료이자, 실제 독서문화 그 자체를 대변하는 문화적 조건으로 간주했다. 예를 들어, 앙시앵 레짐 시기의 책과 프랑스 혁명의 관계를 연구한 단턴은 『책과 혁명』(1995; 주명철 옮김, 2003)에서 다양한 장르의 문학과 결합한 계몽사상의 생산과 보급, 그리고 그 영향을 보여주는 여러 사례 중 하나로 『파리의 풍경』을 들고 있다. 로제 샤르티에가 『프랑스 혁명의 문화적 기원』(1990; 백인호 옮김, 1999)에서 주목한 것은 18세기의 독서 관행이다. 그는 책과 사상 그 자체가 아니라, 앙시앵 레짐 말기 구체적인 일상생활 속에서 이루어진 독서 방식의 변화를 분석했다. 정치적 · 종교적 권위를 상징하던 책과 경건하고 진지한 독서 방식이 점차 혼자 있는 시간에 자유롭게 즐기는 독서 혹은 함께 모여 비판적 논의를 즐기는 독서로 바뀌면서, 기존의 사고방식과 체제에 비판적인 책이 인기를 끌었음을 강조했다. 샤르티에에 의하면 『파리의 풍경』과 메르시에 자체가 18세기 말 혁명의 문화적 조건을 갖춘 파리의 상황이었다.

국내에서는 현재까지 『파리의 풍경』이 부분적으로 소개되거나 인용되었을 뿐이며, 본격적인 연구가 이루어지거나 번역이 시도된 바 없다. 저자 메르시에에 관한 연구 논문이 발표되기 시작한 것도 최근이다.

『파리의 풍경』은 어떻게 이루어졌는가?

『파리의 풍경』 전체 12권은 총 1,050장으로 이루어져 있다. 메르시에는 각 장마다 구체적인 제목을 붙여 독자의 관심을 끌고 있다. 각 장의 분량은 1~4쪽으로 자유로운 편이며, 내용 또한 자유롭게 전개된다. 이러한 80~100개의 장이 모여 다시 하나의 권을 이루고 있다.

전체 구성을 보면 제1권은 1~104장, 2권은 105~205장, 3권은 206~297장, 4권은 298~357장, 5권은 358~454장, 6권은 455~541장, 7권은 542~603장, 8권은 604~675장, 9권은 676~766장, 10권은 767~849장, 11권은 850~958장, 12권은 959~1,050장까지이다.

방대한 분량의 이 책은 다양한 판본으로 출판되었으나, 가장 정확한 판본은 파리에 위치한 프랑스 국립도서관에 80L3i52c 등록번호로 보관되어 있는 1789년 판본과, 가장 최근 장클로드 보네의 주도하에 메르퀴르 드 프랑스 출판사에서 출판된 1994년 판본이다. 이 책의 번역은 두 판본을 토대로 이루어졌다.

주지하다시피 『파리의 풍경』은 개인적인 작업으로는 번역이 불가능할 정도로 방대한 분량이다. 더구나 정치, 사상, 제도, 문화, 경제, 종교, 풍속 등 다방면에 걸친 내용으로 말미암아 다양하고도 구체적인 지식과 언어적 훈련이 요구된다. 따라서 이 책의 번역은 2010년 이후 앙시앵 레짐 연구자 2명(이영림, 주명철), 프랑스 혁명 연구자 2명(양희영, 최갑수), 프랑스 어문학 연구자 3명(송기형, 이규현, 장진영)의 공동작업을 통해 완성되었다. 그 과정에서 7명의 번역자들은 지금까지 다양하게 사용되어 온 프랑스 역사와 문화 용어와 개념어의 통일을 시도했으며, 번역서의 이해에 필수적인 상세한 주석을 첨부했다. 이 모든 노력에도 불구하고 여전히 번역이 미진하고 부족하다고 느껴지는 것이 솔직한 심정이다. 크고 작은 오역에 대한 두려움도 피할 길이 없다. 독자 여러분의 관심과 지적을 기대하며 앞으로의 수정 작업을 다짐할 뿐이다.

2014년 9월

이영림

머리말

나는 파리에 대한 이야기를 하려고 한다. 건물, 교회, 기념물, 명소 등에 관한 이야기가 아니다. 그런 이야기는 다른 사람들이 이미 충분히 했다. 나는 공적이고 사적인 풍속, 지배적인 사상, 파리인들의 정신의 현재 상황, 요컨대 말도 안 되거나 또는 합리적인, 그러나 항상 변화하는 여러 가지 관습 중에서 나에게 감명을 준 것에 대해 이야기하려고 한다. 또 파리의 무한한 위대함, 지나칠 정도의 풍요로움, 터무니없는 사치에 대해 이야기할 것이다. 파리는 돈과 사람들을 빨아들인다. 또한 다른 도시들을 흡수하고 집어삼킨다. 언제나 파리는 무엇을 집어삼키려고 애쓴다.

나는 모든 시민 계층을 조사했다. 거만한 부로부터 가장 거리가 먼 대상들도 간과하지 않았다. 이러한 대비를 통해 이 거대한 수도의 정신적인 모습을 더 잘 보여주기 위해서이다.

많은 파리 주민들은 자신의 도시 안에서 외국인이나 다름없다. 이 책은 그들에게 무엇인가를 가르쳐 줄 수도 있다. 아니면 그들이 너무 오랫동안 보아왔기에 더 이상 인식하지 못하는 장면들을 더 분명하고 더 정확한 관점에서 보여줄 것이다. 실제로 우리가 매일 보는 사물들을 아주 잘 알고 있는 것은 아니기 때문이다.

만약 이 책에서 광장과 길에 대한 지형학적 묘사나 또는 지난 일들의 역사를 기대한다면 잘못이다. 나는 정신적인 것과 그 일시적인 뉘앙스에 전념했다. 왕비의 인쇄상-서점상인 무타르 가게에는 4권으로 구성된 두꺼운 사전이 있다. 검열관이 승인하고 왕의 특허를 받은 이 사전에는 성, 콜레주 그리고 아주 작은 골목들의 내력이 실려 있다. 만약 어느 날인가 이 수도를 팔아먹을 공상을 한다면, 이 두꺼운 사전이 그에 대한 목록이나 카탈로그 역할을 할 수 있으리라.

그렇다고 목록이나 카탈로그를 만들지는 않았다. 내가 본 것에 따라 그렸고, 가능한 한 내 '풍경'에 변화를 주었으며, 여기저기 색을 칠했다. 내 눈과 이해력으로 조각들을 모아서 펜으로 그려낸 그림이 바로 이 책이다. 작가가 잘못 보거나 잘못 색칠한 것은 독자들이 스스로 교정해야 한다. 독자들에게는 사물을 다시 보고 비교해 보고 싶은 은밀한 욕구가 생길지도 모른다.

내가 한 것보다 훨씬 더 많은 이야기가 남아 있고 내가 관찰한 것보다 훨씬 더 많이 관찰할 수 있지만, 자신이 알고 있거나 배운 것을 모조리 다 쓰려고 하는 사람이 있다면 그는 미치광이가 분명하다.

설사 내가 호메로스와 베르길리우스가 말한 100개의 입과 200개의 혀 그리고 우렁찬 목소리를 갖고 있더라도, 대도시의 대조적인 모습들은 비교에 의해 더욱 두드러지기 때문에 모두 소개할 수는 없을 것이다. "세상의 축약판이다"와 같은 이야기는 아무짝에도 필요가 없다. 세상을 보고 돌아다니며 그 안에 있는 것을 조사해야 한다. 세상 사람들의 재능과 어리석음, 우유부단함과 어찌할 수 없는 허풍을 연구해야 한다. 일반적인 법칙과 끊임없이 충돌하는 개별적인 법칙을 만들어내는 일상적이고 사소한 모든 관습에 대해 주시해야 한다.

1,000명이 똑같은 여행을 한다고 가정해보자. 저마다 관찰자가 되어 여행기를 쓰더라도, 이 사람들 다음에 오는 사람들이 할 또 다

른 재미있는 이야기는 얼마든지 남아 있을 것이다.

나는 여러 가지 악습에 대해 비판했다. 오늘날 그 어느 때보다도 악습을 개혁하기 위해 노력하고 있는 것은 사실이다. 악습을 고발하는 것은 그 철폐를 준비하는 일이다. 이 글을 쓰고 있는 순간에도 몇몇 악습이 없어졌으며, 이러한 사실을 나는 즐겁게 인정하는 바이다. 하지만 이런 악습들은 아주 최근까지 존재했기 때문에 내 이야기가 시의에 맞지 않는다고 볼 수는 없다.

여전히 야만적인 모든 것이 변하고 정화되고 계몽주의의 철늦은 과실인 선이 그토록 많은 오류에 뒤이어 오길 바라는 우리의 간절한 염원에도 불구하고, 이 도시는 무지의 시대 동안 축적된 모든 천박하고 편협한 사상들에 아직도 집착하고 있다. 이 도시는 그런 것들을 단번에 떨쳐낼 수가 없다. 왜냐하면 이 도시는 그 찌꺼기들과 함께 뒤섞여 있기 때문이다. 완성된 정부의 손으로 만들어진 최신 도시는, 불완전하고 뒤얽힌 법과 조롱의 대상이 되는 종교 관습 그리고 지켜지지 않는 민간 풍습으로 알려진 오래된 도시들보다 가다듬고 개선하기가 더 용이하다. 오래된 도시에서는 권력과 부를 장악하고 있는 소수가 건전하고 새로운 사상과 부흥의 원동력인 원칙들을 금지하고 여론의 외침에 귀를 닫기 때문에 없어지지 않는 오류들이 많다.

거짓으로 된 건물은 시멘트로 붙인 것처럼 견고하기 때문에 공격해도 헛일이다. 보수공사를 하길 원하지만, 이런 작업은 새로 다시 짓는 것보다 훨씬 더 어렵다. 몇 군데를 고쳐도 전체와 어울리지 않기 때문에 여전히 문제가 많다. 책에는 그럴듯한 이론들이 얼마든지 있지만, 아주 작은 선이라도 실천하기는 어려운 법이다. 지나친 집착에 의해 완강해진 사소한 개인적 이해관계들이 공익을 저해한다. 공익을 옹호하는 사람은 한두 명에 불과할 때가 많다. 따라서 사람들과 마찬가지로 아직 나이 들지 않은 도시들이 행복한 법이다. 새로운 도시들만이 만인이 동의하고 심오하며 분별력 있는 법을 만들 수 있다.

이 책에서는 화가의 붓만 사용하고 철학자의 성찰은 거의 하지 않았다는 점을 분명히 해야 한다. 풍자를 위주로 했더라면 이 '풍경'이 쉬웠을 테지만, 나는 풍자를 철저하게 삼갔다. 전형화된 풍자는 자극적이고 무감각하게 만들 뿐, 올바른 길로 인도하거나 제대로 바꾸지 못한다는 점에서 잘못된 것이다. 나는 전체적인 그림만을 그렸고, 이것을 넘어서는 일은 공익을 위해서 하지 않았다.

나는 살아 있는 인물들을 보고 이 '풍경'을 그렸다. 지난 시대 이야기를 자랑스럽게 하는 사람들이 많지만, 나는 페니키아와 이집트 사람들의 불확실한 이야기보다는 우리 시대가 훨씬 더 중요하다고 생각하기 때문에 우리 시대의 모습과 현 세대를 다루었다. 내 주위에 있는 것에 각별한 관심이 가는 것은 당연하다. 스파르타, 로마, 아테네 등을 산책하는 것보다는 내 동류들과 함께 살아야 한다. 고대의 인물들은 아주 멋진 그림 소재이지만, 나에게는 단순한 호기심의 대상일 뿐이다. 나와 같은 시대에 같은 나라에 사는 사람을 특히 잘 알아야 한다. 나는 그 사람과 소통해야 하고, 그래서 그 성격의 모든 뉘앙스들이 더없이 소중하게 느껴진다.

분별력 있는 작가가 각 세기말에 자기 주위에 대한 전체적인 그림을 그렸더라면, 풍속과 관습 등 자신이 본 그대로를 묘사했더라면, 이것들이 모여서 오늘날엔 사물들을 비교할 수 있는 진귀한 진열실이 되었을 것이다. 우리가 모르는 수많은 특성들을 발견할 수 있고, 그 덕에 도덕과 입법이 발전했을 것이다. 그러나 사람은 자기 눈에 직접 보이는 것은 대개 무시하게 마련이고, 지난 시대로 거슬러 올라가길 좋아한다. 쓸데없는 사실과 사라진 관습들을 추측하려고 하지만, 결코 만족할 만한 결과를 얻지 못한다. 쓸모없고 공허한 토론 속에 파묻혀 헤맬 뿐이다.

100년 후에는 내 '풍경'을 참고하게 될 것이라고 감히 믿는다. 그림이 뛰어나서가 아니라, 나의 관찰 기록들을 다가올 세기의 관찰 기록들과 연결해야 하기 때문이다. 그래야 후세가 우리의 광기와 이성을 활용할 수 있을 것이다. 현재의 오류를 시정할 수 있는 유익한 진실들을 조금이라도 밝혀보고 싶은 작가에게 가장 필요한 것은, 그가 함께 살고 있는 사람들에 대한 지식이다. 이것이 내가 인정받길 바라는 유일한 공이라고 말할 수 있다.

수도의 성벽 안 사방팔방에서 그림 소재를 찾다가, 적당한 여유보다는 끔찍한 가난을, 그리고 예전에 파리인들이 누린다고 여겨지던 기쁨과 즐거움보다는 슬픔과 불안을 더 자주 만나게 된 것은, 내가 이 슬픈 색깔을 우선시했기 때문이 아니다. 내 붓이 정직해야 했기 때문이다. 내 붓이 참신한 행정가들에게 새로운 열성을 불러일으키고, 몇몇 적극적이고 고귀한 영혼의 동정심을 자극하게 되리라고 믿는다. 나는 이 달콤한 확신이 있어야만 글을 쓴다. 그런 확신이 사라진다면 절필할 것이다.

모든 애국심에는 오랫동안 발에 밟히면서도 차츰 자라서 커지는 식물의 싹과 비교할 수 있는 보이지 않는 싹이 있다고 나는 믿는다.

선이 악에서 나오는 경우도 이따금 있으며, 불가피한 악습이 있고 인구가 많고 타락한 도시에 미덕은 없지만 큰 범죄가 드문 것을 다행으로 여겨야 하고, 억눌린 내면적인 격정의 충돌 속에서는 표면적인 평온만으로도 이미 대단한 것이라는 점을 나도 모르지 않는다. 거듭 말하지만, 나는 심판하려고 하지 않고 그리려고만 했다.

개인적인 관찰에서 나는 인간이 매우 다양하고 놀라운 변신이 가능한 동물이며, 파리인의 삶이 본질에 있어서는 아프리카와 아메리카 미개인들의 유목생활과 마찬가지이고, 200리외* 사냥과 희가극의 아리에타가 똑같이 단순하고 자연스러운 행위이며, 인간은 여기에서

나 거기에서나 자기 지능과 변덕의 힘을 확대하기 때문에 그가 하는 일에는 모순이 없다는 것을 알고 있다. 그래서 장소, 상황, 시간에 따라 개인을 진정으로 변신시키는 무수한 형태들이 나오는 것이다. 크라수스의 궁전이 과시하는 사치나, 미개인들이 사지에 그려 넣은 빨갛고 파란 줄이나, 똑같이 놀랄 필요가 없는 것이다.

하지만 비교라는 것이 행복을 방해하게 마련이라는 점에 비추어, 파리에서는 행복하기가 거의 불가능하다고 실토하지 않을 수 없다. 부자들의 거만한 향락을 극빈자가 너무 가까이에서 볼 수 있기 때문이다. 꿈도 꾸지 못하는 그 엄청난 낭비를 보면서 극빈자가 탄식하는 것은 너무나 당연하다.

당신이 중산층이라면, 다른 곳에서는 괜찮겠지만 파리에서는 가난하다는 생각이 들 것이다. 파리에서는 다른 곳에서는 생기지 않는 욕구가 생긴다. 향락을 보면 누구나 향락을 누리고 싶은 마음이 든다. 이 거대하고 유동적인 극장의 모든 배우들 때문에 당신도 배우가 되지 않을 수 없다. 평온이라는 것은 없다. 욕망은 더욱 강렬해지고 사치품이 필수품이 된다. 자연이 요구하는 필수품보다 여론이 우리에게 강요하는 필수품이 비할 수 없이 더 절실하게 느껴지는 법이다.

빈곤 그리고 이것에 뒤따르는 더욱 끔찍한 굴욕을 느끼고 싶지 않은 사람, 오만한 부자들의 경멸적인 시선에 상처를 받는 사람, 이런 사람은 파리에서 멀리 떠나야 하고, 절대로 가까이 오면 안 된다.

루이세바스티앵 메르시에

* 구체제의 모든 도량형과 화폐 단위는 프랑스어 발음을 그대로 표기한다. 1리외(lieue)는 약 4km(10리).

차례

5권 다양성, 내 주제는 그대에게 속했나니

6권 아무도 사람들을 속이지 않았고, 사람들은 아무도 속이지 않았다

권외 차례

2권 | 유용한 진리는 적나라한 것도, 너무 꾸며진 것도 바람직하지 않나니

683 왕의 사적 처소들
684 파리 도
685 시랑감
686 화금석(火金石)을 원하는 사람들
687 세계적인 노아의 홍수 증명하기
688 기이한 일들
689 봉납물
690 성 목요일
691 에티켓
692 의례
693 당나귀 타기
694 특별한 표시를 하지 않는 여성들
695 청원심사관들
696 관료주의
697 무도회장의 스위스 근위병들
698 테데움
699 피가로의 결혼
700 파렴치한 담론
701 참사회의 판결문에 관하여
702 검은색 옷, 흰색 양말
703 대리석
704 국왕 사업 관련자들
705 파리의 광장
706 앙리 4세 광장
707 벵센의 망루
708 푸케
709 가로등
710 버섯
711 봄
712 풍자가요 작가
713 1757년 1월 5일
714 작은 상자
715 사혈
716 공주의 별관
717 유아세례용 흰 천
718 개인들의 뒤섞임
719 장인과 소상인의 아내들
720 질책당한 삯마차 마부
721 백만장자 혹은 생생한 방탕아
722 거절증서
723 외과 아카데미의 의견서들
724 젊은 외과의사들
725 물통들
726 발견자
727 봉인
728 화재
729 만남
730 헌병대
731 깃털 세공
732 문지기
733 가구상
734 부군, 남편 [양희영]
735 과부들의 산책로
736 조폐청사
737 생탕투안 포부르
738 르프레생제르베
739 매우 높고 강대하신 영주
740 경(經)이륜마차
741 사교계의 철자법
742 1천 투아즈 표석
743 햄 시장
744 극장의 떠들썩한 소리
745 어디든 갈 준비가 된
746 사회의 오류
747 루브르 광장
748 인쇄소의 뒤섞인 활자
749 도살
750 신고
751 왕립 거울 매뉴팩처
752 비비앤 길
753 폐쇄된 묘지
754 2대의 역마차
755 목걸이
756 인쇄기
757 생클루
758 개 도살자들

10권 | 사랑하는 아녜스, 이 세상은 정말 이상한 곳이야!

903 대식가 시인
904 흰색
905 바람직한 태도
906 몽타르지스의 즉결 재판소
907 공공장소
908 편집자
909 네 형제
910 위조자
911 광인
912 자정 미사
913 유행 신문
914 뤽상부르 궁전
915 금은 세공사들의 강둑길
916 요리사
917 크리스토프 드 보몽
918 티투스 황제
919 생제르맹 포부르의 문인과
생토노레 포부르의 문인
920 마리보
921 세 시인의 대화 [주명철]
922 귀족의 세대
923 가발장수의 소식
924 과학 아카데미의 승인
925 변호사 명단
926 클뤼니 저택
927 알베르 선생의 목욕탕
928 1762년 4월 3일 왕령
929 변호사 사무실
930 몰리에르
931 교회 안의 추잡한 행동
932 병원 관리자
933 클라이브 경
934 자기
935 굴대
936 책의 검열
937 공연법 사무실
938 작가들의 고생
939 밤괴꼬리
940 형사재판장
941 형법학자
942 가짜 사수
943 부알로의 시
944 귀족의 자격
945 방수제
946 파리 예술원
947 원
948 판화의 주제
949 빌어먹기
950 하프
951 가마
952 미식가
953 궁둥이 치기 기사
954 야릇한 책
955 수녀복 입기
956 가짜 증인
957 직업인 공동체
958 내 다리

12권 | 아! 진실은 얼마나 잔인한가! 보지 못하는 자는 할 말도 없는 법이니

959 파리, 또는 은둔자 [주명철]
960 점잖은 풍속
961 관용
962 연극 포스터
963 왕의 가루
964 슉, 슉, 슉
965 프롬프터 석
966 저수조
967 식기
968 애덕 수도회의 수사들
969 샤르트르 수도원 담장
970 편지글
971 거물급 희극배우 대 군소 희극배우
972 33 신학교
973 아직도 먹이꾼은 존재한다
974 113세 노인

975 황금을 생각함
976 추운 때, 혜성
977 어떤 공작과 백작의 대화
978 간교한 말장수
979 내다버린 아이
980 브르통빌리에 청사
981 다리그랑
982 작은 성체첨례일
983 프티 부르주아에 대하여
984 성 체칠리아 축일
985 가구 창고
986 지하실
987 표지판
988 오시리스의 법
989 보시분배 사제
990 식료품 잡화상
991 어린이
992 왕의 수집품 진열실
993 피뢰침
994 교회를 하얗게 칠하기
995 헌책방
996 거리의 악사
997 생루이 십자 훈장
998 상업재판소
999 별거
1000 귀부인의 잡학 총서
1001 아카데미 회원들의 하소연
1002 라모
1003 역마차
1004 방패꼴 간판
1005 돈 빌리는 사람
1006 초상 그리기
1007 지방의회
1008 식사시간
1009 극장 바닥석
1010 가정교사
1011 폴리냑 추기경
1012 퀴피스 부자
1013 법적 절차
1014 처치 곤란한 작시가
1015 빵 만들기
1016 2리브르를 저자에게 돌려주기
1017 설교용 만능열쇠
1018 루소 신부
1019 장신구
1020 바니외
1021 술꾼
1022 괘종시계
1023 검술사범
1024 박물관
1025 아메트 3세의 딸
1026 에포케
1027 두 부류의 귀족
1028 장님
1029 펀치
1030 아이스크림
1031 1월의 달력과 연감
1032 기묘한 창고
1033 수요일 모임
1034 농촌 여성의 교육
1035 앵무새
1036 기묘한 사기
1037 요리
1038 식전 기도
1039 승리의 기념물
1040 불복종
1041 뜻밖의 발견
1042 아첨
1043 뗏목
1044 방부처리
1045 소르본의 방
1046 현자들
1047 비법
1048 유심론자
1049 르그로
1050 초상화

5권

다양성,
내 주제는 그대에게 속했나니

358 간단한 전제 조건

월권행위를 볼 때마다 경고등을 달아두련다. 암초를 만나면 표시를 해두어 모두 피할 수 있게 하련다. 모든 점을 분명히 밝히련다. 정치체가 국민의 행복을 거스르면서 저지르는 잘못을 묘사하련다. 그렇다고 해서 내가 이 시대의 개혁가로 우뚝 서려는 뜻은 전혀 없다. 그러나 나는 직접 본 것을 말하고, 느낀 것을 설명하겠다고 다짐했다. 나는 높은 자리에 앉은 사람에게 아첨을 한 적도 없지만, 그렇다고 해서 그들에게 상처를 입힐 마음도 없다. 단지, 나와 함께 살아가는 사람들이 주변에서 벌어지는 중대한 폐단을 눈여겨보는 일에 익숙해지게 하려는 것일 뿐, 그리하여 아주 사소하게 보이는 일이라도 사회에 직접 이익을 가져다 줄 수 있음을 지적하고자 노력할 뿐. 큰 테두리 안에서 이야기를 하면, 정치란 대체로 언쟁거리이며 파괴적이다. 그러나 정치를 작은 테두리 안에서 보고 또 치안에 관한 법률의 시각에서만 볼 때, 그것은 온화하고 유익하며 자비롭다. 모든 국가의 중앙정부 대신들은 제국을 서로 충돌하고 분열하게 만든다. 그러나 지방정부의 관리들은 질서를 세운다. 따라서 그들을 공경해야 한다.

철학자는 제 할 일을 다 하는 행정관을 존중한다. 이러한 행정관이야말로 철학자에게 평안한 삶을 보장해 준다. 철학자가 공공의 안전이 확립되었음을 볼 때, 자신을 행복하게 만들어 준 사람에게 어찌 감사하지 않을 수 있으며, 그 사람을 자기 은인으로 생각하지 않을 수 있겠는가? 행정관이 모든 사람에게 골고루 행복을 나누어 줄 때, 그 사실을 알아주는 사람이 많지 않더라도 철학자만큼은 자신이 받은 행복에 감사해야 한다. 철학자는 외교적으로 허황된 상상 때문에 쓸데없이 피비린내 나는 전쟁을 일으키는 사람을 비난하지만, 도시 안에서 시민들의 휴식과 생계에 주목하는 행정관은 좋게 본다. 불을 뿜는 무기를 들고 온 사람들이 승리하여 정복자가 되고 주인이 될 때에도, 그들이 자기네 이익을 생각한다면 이러한 행정관을 그 자리에 그대로 앉혀 둘 것이다. 한 마디로 이들은 사회를 지탱하고 단단히 뭉치게 해주는 존재이기 때문이다.

정의로운 철학자는 공적인 사물을 진정한 재산으로 생각하면서 향유한다. 우물, 산책로, 극장, 언제나 대기하고 있는 공공마차, 우체국, 공공사무실 따위를 모두가 함께 이용해야 한다고 생각하는 사람은 그렇게 생각하지 않는 욕심꾸러기들과 달리 정의로운 철학자의 감사를 받는다. 그는 중요하고 진정한 편의시설은 모든 이가 함께 소유한다고 생각하기 때문이다. 그는 그러한 편의시설을 온전히 향유한다. 그리고 편의시설은 사람들이 함께 사용할 수 있는 것이기 때문에, 개인뿐만 아니라 공중을 모두 만족시킨다.

리스본이 끔찍한 재앙을 당하여 집이 주저앉고 모든 것이 무너졌을 때, 천지사방에 도둑이 떼지어 다니며 남의 물건을 마구 빼앗고, 무너진 건물 더미에 깔려 몸이 뭉개진 불행한 사람들까지 털어갔다. 이 무뢰한 게으름뱅이들은 불행이 닥쳐 무질서가 판치는 도시에서 오직 자기 이익을 챙길 생각만 하였다. 그들은 불길이 휩쓰는 도시에 폭력을 휘두르면서 혼란과 고뇌를 가중시켰다. 그들은 마치 고삐 풀린 말처럼 날뛰면서 모든 교회, 왕궁, 개인 건물을 마구 뒤지고 다니며, 폐허가 된 도시에서 시민들의 마지막 소유물까지 빼앗아갔다. 떠돌이 무리를 막으려고 도시의 여러 곳에 교수대를 높이 세워야 했다. 일상적인 치안이 유지되지 못하고, 사회를 가장 강하게 연결해 주는 모든 관계가 끊어질 때, 치명적인 결과가 생긴다는 사실을 사람들은 깨달았다.

만일 파리의 치안을 유지하는 장치가 3일 동안이라도 작동하지 않는다면, 사람들은 리스본과 똑같은 해를 입을 것이다. 그렇다면 범죄를 막을 방법은 없을까? 단 한순간이라도 방종 상태가 온다면 끝없는 무질서로 빠질 텐데.

진실을 말하고자 하는 작가는 글을 쓸 때 반드시 어떤 단체에 상처를 입히게 마련이다. 어떤 폐단을 파헤쳐 보면 수많은 사람의 이해관계가 걸려 있다. 사람들은 수많은 권리를 불법으로 휘두르고, 오래전부터 거듭해서 저지른 실수를 계속 저지른다. 더욱이 사기꾼도 득실거리는데, 편견을 가진 사람들은 사기꾼을 칭찬하기도 한다. 사람들은 자기도 모르게 그들을 자신의 잔인한 적으로 생각하지만, 그들은 당신을 개인적으로 박해하려 하고, 그렇게 할 수 없다 할지라도 당신을 평생 미워할 것이다. 이러한 현실에서 작가는 공평하고 냉정해야 한다. 그래야만 자기 영혼을 자유롭게 순환시킬 수 있을 터! 그는 확고한 용기를 가져야 한다. 그가 만일 어떤 사람들의 주장, 자만심, 심지어 변덕에 맞설 만한 말을 한다면, 그들이 자기를 조금도 용서하지 않으리라는 사실을 미리 알아야 하기 때문이다. 따라서 그는 진리의 적들이 작가의 권리를 돋보이게 만들어 주는 행위에 저항하여 온갖 종류의 앙갚음을 한다는 사실에 확실히 대비해야 한다.

359 방금 도착한 사람

약삭빠른 파리인에게 시골을 벗어나 역마차를 타고 파리에 온 젊은 이를 보는 것처럼 재미있는 구경거리는 없다고 사람들은 말한다. 시골뜨기 젊은이의 눈에는 모든 것이 새롭다. 그는 어느 집 대문을 두드리고 자기가 가져온 추천서를 들이밀 것이다. 문지기에게 자기를 기다리는 사촌을 만나게 해달라고 말한다. 그는 집안에 들어가 하인을 만날 때마다 허리를 굽혀 인사하고, 안으로 들어서면서 자신을 맞이해 주는 여인을 쓰러뜨려 덮치리라고 생각한다. 만일 그에게 앉으라고 한다면, 의자 한구석에 다소곳이 앉을 것이다. 그는 모든 물건에 눈이 휘둥그레진다. 그는 이제 9시 반이니까 아직 밥 먹을 시간이 아니라고 생각한다. 턱밑 살이 목을 덮고 배가 나온 사람이 나와 밥상을 차려 놓았다고 알릴 때, 그는 오직 이 말만 알아들을 뿐이다.

그는 떡 벌어진 밥상 위에 차린 음식 이름을 알 수 없다. 음식 이름이 언제 바뀌었는지, 모두 그가 알던 이름이 아니다. 더 이상 그것은 그가 알던 송아지 고기, 양고기, 쇠고기가 아니다. 후식을 보고 그는 어디다 쓰는 장식품이나 아닐까 상상해본다. 만일 그가 차가운 치즈를 맛본다면, 대여섯 번이나 익살스럽게 얼굴을 찡그리면서 '이런 걸 먹으려면 몸을 태우는 것만 빼고 모든 위험을 무릅써야겠군' 하고 생각한다. 친절한 부인이 어쩌다 발을 밟기라도 하면, 그는 소리소리 지른다. "부인, 나를 불구로 만드시렵니까?"

그가 암울한 시골집을 떠나 이제 징세관인 사촌의 으리으리한 저택에 앉았으니, 이 얼마나 큰 변화인가! 그가 살던 고장의 귀부인보다 이 집 가정부가 훨씬 더 잘 차려입었다.

재단사, 모자장수가 그를 덮치려는 듯이 달려들 때, 그는 얼마나 놀랐던지! 모자제조인, 도검상인, 가발장수가 달려들어 그를 새롭게 바꿔놓는다. 그를 완전히 탈바꿈하게 만든 온갖 장식을 보면서 누가 놀라지 않고, 또 웃지 않겠는가? 그는 정성껏 치장하고 튈르리로 나간다. 옆에 찬 칼이 장딴지를 때리지만 아랑곳하지 않는다. 그러나 아직 칼을 차고 걷는 방법을 제대로 익히지 못했기 때문에 칼날에 맞을 때마다 깽깽발로 뛰면서 걸어간다.

그를 데리고 놀아보고 싶다면 오페라 극장으로 데려가 보라. 물론 목적지가 어디인지는 말해주지 말도록. 금빛 마차가 서면 그는 겨우 용기를 내서 올라탄다. 막이 오르기 전 그의 얼굴을 봐두자. 그는 모든 연령층과 신분 계층의 다양한 인물이 뒤섞여 있는 모습을 보면서 얼마나 감탄하는가? 막이 오를 때 다시 그를 관찰해보라. 주위 사람들은 그가 흘리는 감탄사에 웃음을 터뜨린다. 눈을 크게 뜨고 입을 헤벌린 채 넋을 잃고 보느라 노랫말을 하나도 듣지 못한다. 그러나 그는 깜짝 놀라면서도 하나도 놓치지 않으려고 애쓴다. 무대의 다양한 장면을 보면서 그는 마치 취한 듯한 상태로 빠져든다.

극장을 나설 때, 그는 아직 제정신을 차리지 못한다. 아니 그는 제복을 입은 하인이 비추는 불도 보지 못하고 부딪친다. 그의 옷은 온통 촛농으로 얼룩진다.

집으로 돌아간 뒤, 다음날은 말을 타고 시내를 한 바퀴 돌겠다고 결심한다. 그에게 가장 온순한 말을 데려다 준다. 그는 안장에 앉자마자 균형을 잃는다. 곁을 지키던 하인들이 웃는다. 그는 기분 나쁘게 생각하지 않는다. 그는 이 집이 어떤 영역으로 구성되어 있는지 알지 못한다. 게다가 여기 사는 사람들도 거의 알지 못한다. 말,

개, 무도회, 연극을 화제로 삼을 때, 그는 꿀먹은 벙어리이다. 아무래도 그는 군대에 들어가야 어색한 분위기와 아둔한 몸가짐을 고칠 것 같다.

그가 군에 입대한 지 6개월이 지났다. 이제 그는 완전히 다른 사람이다. 두세 차례 칼부림을 해보니, 이제 몸가짐이 당당하다. 아버지, 삼촌이라도 그를 알아보지 못할 만큼 바뀌었다.

여성이 그의 교육을 완성시킨다. 그는 단체정신을 갖추었다. 한때 들어가고 걷고 인사하는 방법도 모르던 이 젊은이는, 이제 고개를 빳빳이 쳐들고 여성에게 미소를 날리며 확신에 찬 어조로 말한다. 이처럼 전혀 낯선 사람이 될 때까지 18개월이 걸렸다.

360 오베르뉴 출신

오베르뉴 출신은 파리에서 주로 주물을 만들거나, 도자기나 양산을 고치거나, 칼을 간다. 8세 된 아이가 아버지를 따라 프랑스 곳곳을 돌아다니다가도 마지막에는 파리에 정착한다. 마치 새가 추위에 쫓겨 더 따뜻한 곳을 찾듯이, 이들은 산에 내린 눈이 8개월이나 녹지 않는 고향을 떠난다. 그러나 그들은 해마다 고향으로 돌아가는데, 그때마다 아내에게 아기 한 명씩 만들어 준다. 그러고 나서 집안 노인들과 마을 사제의 손에 아내를 맡겨두고 다시 고향을 떠나 정처 없이 왕국을 누비며 다닌다.

오베르뉴 출신은 저마다 평균 4~5루이[1]씩 자신의 암울한 고향으로 가져간다. 10세 어린이는 2루이를 벌었다. 그들은 돈을 바지 허리춤에 꿰매고 다니고, 아이들은 길을 가는 동안 빌어먹는다.

이들은 율리우스 카이사르 시대, 아니 그보다 더 오래전부터 그렇게 떠돌아다녔다.

사부아 출신은 구두를 닦거나, 마루에 광을 내거나, 나무를 자르는 일을 하지만, 오베르뉴 출신은 거의 모두 물지게를 진다. 리모주 출신은 집짓는 데서 돌이나 벽돌을 쌓고, 리옹 출신은 보통 짐꾼이나 가마꾼 노릇을 한다. 노르망디 출신은 돌을 다듬거나 길에 돌을 깔거나 실을 판다.

1 당시 화폐 단위로 1루이는 24리브르, 1리브르는 20수였다.

361 주석공

오베르뉴 출신 가운데 떠돌아다니는 주석공이 있다. 부엌살림에 쓰는 주석 그릇에 납을 섞으면 위험하기 때문에 왕령[2]을 반포하여 금지했지만, 그들은 이 슬기로운 왕령을 잘 따르지 않는다. 그들은 수레에 순수한 주석을 가지고 다니지만, 실제로는 그것을 뒤로 빼돌리고 합금이라 부르는 것을 사용한다. 이들이 말하는 합금이란 주석을 조금 섞은 납덩이이다.

오베르뉴 출신들은 자신이 도둑질을 한다는 사실을 잘 안다. 그러나 그들은 다른 사람들을 중독시킨다는 사실은 전혀 알지 못한다. 여인숙에서 쓰는 모든 냄비는 하찮고 거친 합금을 주석으로 둔갑시켜 만든 물건이다. 이제 정부는 다시 한 번 이러한 합금을 사용하지 못하게 하고, 주석과 은을 정확하게 섞어 쓰도록 명령해야 한다. 두 금속은 잘 결합하기 때문에 튼튼한 그릇을 만들기 적합하다. 또 어디서 발생하는지 알 수 없지만, 위험한 금속으로 만든 그릇 때문에 더욱 잘 전염되는 병도 예방할 수 있다.

배운 사람은 오베르뉴 출신이 그릇을 다룰 때 그의 손이 그릇 안에 들락날락하는 꼴을 보면서 진저리를 친다. 그러나 더욱 진저리칠 일이 있다. 그들은 그릇을 만든 뒤 그것을 제일 처음 사용한다. 누군가 위생상태를 염려할라치면, 여인숙 주인과 그들은 상스럽게 웃음

2 1777년 6월 13일에 반포한 왕령.

을 터뜨린다. 자기네가 저지른 잘못이 인류에게 참화를 입힌다는 사실을 아는지 모르는지.

최근에야 주석과 은을 섞는 방법을 알게 되었고, 이에 대한 특허를 받았다. 그리고 이렇게 만든 금속을 사용해도 좋다고 화학자들이 인증해 주었으니 더욱 다행이다.

362 제과업자, 불고기 장수

과자점, 돼지고기 가공점, 불고기 집은 모든 길모퉁이에서 사람들의 눈길을 끈다. 간판도 마찬가지이다. 튀김옷을 입힌 혀, 돼지 엉덩이 살로 만들고 월계수 잎으로 장식한 햄, 기름이 뚝뚝 떨어지는 통닭, 진홍빛의 고기 파이, 다디단 과자가 가게 앞에 놓여 있다. 사람들은 그걸 보면 손이 저절로 다가간다고 말한다. 밥맛을 잃은 사람은 한 가지를 사먹어 보도록 하라. 그러면 (보어하브가 말했듯이) 음식 앞에서 위장의 신경이 저절로 움직인다는 말이 사실인지 아닌지 알 것이다.

17세 때에는 예쁜 아가씨로 북적대는 의상실을 기웃거리기 좋아하지만, 8세나 10세 때에는 과자점 앞을 떠날 줄 모른다.

성왕 루이는 1270년 5월 제과업자에 관한 법을 반포하면서[3] 그들의 관습을 인정해 주었다. 그들은 일요일과 축일을 스스로 조정하여, 모든 축일에도 작은 연회나 가벼운 식사 모임을 구별하지 않고 일을 했다. 언제부터인지 생마르탱,[4] 모든 왕, 수호성인을 기리는 축연이 생겼기 때문이다.

오늘날에도 똑같은 모습을 본다. 제과업자는 다른 날보다 일요일과 축일에 더욱 바쁘다. 이런 날에는 아침부터 밤까지 화덕에 불을

3 '제과업자와 와플 제조업자의 특허'에 관한 왕령 가운데 지금 남아 있는 초기 것은 샤를 9세 치세인 1567년 6월에 나왔다. 1782년 4월 12일, '파리의 요식업자–불고기 장수–제과업자의 공동체 정관'을 새로 정비하는 특허장을 발행했다.

4 투르 주교를 기리는 축일은 11월 11일이며, 한 해 가장 중요한 행사에 속했다. 생마르탱 축일을 즐기는 것은 맛있는 음식을 진탕 먹는 것을 뜻한다.

지핀다. 심부름꾼은 다른 날보다 더 지쳐 일을 마치자마자 잠자리에 쓰러진다.

불고기 장수의 가게는 텅 빈다. 이제 닭 한 마리도 남지 않았다.

아궁이 하나만 딸린 궁색한 집에서는 고기를 구울 때 제과점 화덕을 빌린다. 화덕 속에는 50여 명의 저녁이 익어간다. 제과업자는 꼬챙이를 들고 이것은 양의 넓적다리에서 떨어지는 즙이고, 저것은 양의 어깨고기 즙이며, 또 저것은 소 허릿살 즙이라고 설명한다. 이것저것 헛갈리지도 않는다. 그는 그렇게 구운 고기를 작은 파이 속에 넣어 더욱 맛난 음식으로 만들어 판다.

사람들은 그렇게 요리한 고기 조각을 2수에 사먹는다. 하층 부르주아는 땔감나무 값 10수를 아끼고자 집에서 구워먹지만, 그러나 그가 구운 고기는 즙이 다 빠지고, 검은색이 돌며, 거의 언제나 새까맣게 탄다.

밤 9시, 사람들은 구운 고기를 단지에 담아 팔러 다니는 모습을 보거나, 멀리서도 냄새를 맡을 수 있다. 때투성이 심부름꾼이 밤참을 길모퉁이에 내려놓고 그 위에 양념을 조금 뿌린다. 조금 전까지 뜨겁던 고기 조각은 곧 차가워진다.

통통한 씨암탉이나 거세해서 잘 키운 수탉 한 마리가 마당에서 이리저리 다니는 모습을 보면 언제나 기분이 좋다. 언제라도 닭꼬치를 만들어 밥상에 올릴 수 있기 때문이다. 친구가 찾아오더라도 반가이 맞을 수 있으므로 별로 거북하지 않다. 억만금을 주고서도 새고기나 맛난 고기 파이를 살 수 없을 정도로 저주받은 곳도 있지만, 파리에서는 1,200명이나 되는 요리사가 하루 종일 주문을 기다린다. 그리고 눈 깜빡할 사이 음식을 내놓는다. 동료 간의 정다운 관계를 다지기에 이보다 더 편리하고 적절한 곳이 없다. 밥상에 앉자마자 음식을 마주할 수 있고, 식욕 덕분에 우정이 더욱 두터워진다.

363 짐수레꾼의 채찍

짐수레꾼이 휘두르는 채찍 끝에 맞고서도 눈을 잃을 위험을 겪지 않을 사람이 있을까?

짐수레는 바퀴 한가운데서 불쑥 튀어나온 커다란 굴대를 달고서 통행금지 도로를 달린다. 불행한 행인이 배나 가슴을 굴대에 부딪치는 일은 바퀴 크기에 달려 있다. 영국에서 수레바퀴에 달린 굴대는 튀어나오지 않고 움푹 파였다. 수레 2대가 나란히 가더라도 바퀴가 닿고 스치기는 하지만, 부딪치지는 않는다. 파리의 짐수레는 끊임없이 서로 부딪치고, 그 앞이나 뒤에서 걷는 사람을 불행하게 만든다. 말이 행인과 거리를 두면, 짐수레꾼은 채찍을 크게 휘둘러 말을 정신이 번쩍 들게 만든다. 그는 인정사정없이 팔을 휘둘러 채찍이 그리는 원 안에 있는 것을 뭐든지 때린다.

무심코 다가서거나 생각을 골똘히 하면서 다가서는 사람이 있다면 제아무리 멀리 있어도 채찍을 피할 길이 없다. 채찍을 맞으면 귀나 얼굴이 찢어진다. 채찍에 맞은 사람은 피를 흘리면서도 짐수레꾼이 성난 사람처럼 저주를 퍼붓는 기세에 억눌리고, 또 불쌍한 말도 상처에서 피를 흘리는 모습을 보고는 아무 말도 하지 못한 채 도망치듯 근처 병원을 찾는다.

영국에서는 채찍질을 하지 않고서도 말을 잘 몬다. 왜 그럴까? 영국인은 채찍질을 해야 움직일 정도까지 말의 성질을 버려놓지 않으며, 짐을 적당히 실어서 말이 일찍 죽는 일을 막는다.

프랑스에서 말을 보호하는 법률을 만든다면 입법가는 칭송받을 것이며, 대중에게 더 나은 환경을 제공해 줄 것이다. 우리나라의 짐수레꾼만큼 지독하고 난폭한 사람은 없다. 그러나 모든 것이 그들의 주인에게 달렸다. 따지고 보면, 자신이 누리는 특권에 자부심을 느끼는 여객화물 운송업자가 하수인을 그렇게 만들기 때문이다. 하수인은 그들의 종을 궁지로 몰아넣고, 가난에 찌든 짐수레꾼은 자기가 당한 만큼 말에게 갚아준다. 그러니까 모든 것은 주인에게 달려 있다. 사람들이 이 점을 제대로 이해하길 바란다.

단 한 사람의 횡포가 여러 사람의 횡포를 억누른다는 것(예전에 랭게는 이렇게 되기를 바랐지만, 요즘은 각성했다)은 사실이 아니다. 오히려 그 반대로 한 사람의 횡포가 여러 사람의 횡포를 낳는다. 독자는 어떠신가? 짐수레꾼이 채찍질할 때 훌륭한 성찰거리를 제공하지 않는가? 모든 것은 톱니바퀴처럼 맞물려 돌아간다!

364 안개

도시 한가운데 여러 지류를 가진 강이 흐르므로 안개가 자주 낀다. 한때 짙은 안개가 끼어서 횃불도 보이지 않은 적이 있다. 마부는 자리에서 내려 길모퉁이를 더듬으면서 앞으로 나가거나 물러선다. 사람들은 어둠 속에서 서로 알아보지 못한 채 부딪치기 일쑤이다. 집이라고 찾아갔지만 이웃집으로 간 사람도 있다.

어떤 해는 안개가 너무 짙어서 캥즈뱅 병원[5]을 세낼 생각까지 했다. 대낮에 앞을 분간할 수 없을 정도로 안개가 짙게 끼어도 맹인은 길을 안내할 수 있기 때문이다. 맹인은 하루에 5루이를 받았다. 파리 지도를 그리거나 판화로 제작한 사람보다 맹인이 오히려 파리 구석구석까지 더 잘 안다. 도로와 교차로를 뒤덮은 짙은 안개를 헤집고 다니는 방법으로, 맹인의 옷자락을 쥐고 그 뒤를 따라다니면 그만이다. 맹인은 눈이 밝은 사람보다 더 확신에 찬 발걸음을 내디디면서 목적지까지 데려다 준다.

모든 교회에는 맹인이 있다. 그들은 지팡이로 남의 다리를 툭툭 건드리면서 자리를 잡는다. 맹인은 콧소리를 섞어 단조롭게 기도를 올린다. 신도는 그를 위해 자기 일을 멈추고 그가 내민 그릇에 푼돈 한 닢을 넣어준다. 어떤 신도가 맹인의 불행한 처지를 동정하기는커녕 낮은 소리로 불평이라도 하면, 맹인은 어김없이 그 신도에게 무

5 Quinze-Vingts: 성왕 루이가 1260년에 맹인을 위해 세운 병원으로, 모두 300명을 수용했다.

자비하게 부딪친다.

이네스를 쓴 시인 라모트는 캥즈뱅 병원 신세를 지지는 않았지만, 젊은 시절에 시력을 잃었다. 그는 튈르리 정원으로 들어서면서 어떤 남자의 발을 밟았다. 그 남자는 그를 심하게 모욕했다. 라모트는 부드러운 말씨로 대답했다. “아, 선생, 몹시 화가 나시겠습니다만, 저는 맹인입니다.”

365 초라함

큰 왕국의 수도처럼 대도시에서는 가장 쓸모 있는 물건을 언제나 대대적으로 취급해야 한다. 사람들은 파리의 조명[6]을 달빛 밝기 수준이라고 계산했다. 그런데 한밤중에 달이 구름 속에 들어가는 일이 자주 일어난다. 그러나 이에 아랑곳하지 않고 가로등을 켜지 않는다. 당국은 대중이 알아서 밤길을 다니라고 결정했다. 눈물나게 절약하면 결국 청부업자만 이익을 보며, 좁고 굽은 길은 모두 깊은 어둠 속에 묻힌다. 자정에 불을 켜지만, 그때 거리를 오가는 사람은 거의 없다.

런던의 경우는 파리와 정반대이다. 날이 저물기 전부터 일찌감치 모든 구역에 불을 환하게 밝힌다. 낭비가 아닐까 의심스러울 정도로 불을 화려하게 밝히는 것은 공공기관의 봉사정신이 늘 깨어 있기 때문이다.

6 파리에 가로등이 설치된 것은 1697년 6월 왕령에 의해서이다.

366 청부업자

오늘날에는 모든 일을 청부업자가 해결한다. 이들이 생활필수품, 건축, 모든 종류의 물품을 조달한다. 이들은 왕에게 미리 일정액을 주고 일을 독점한 뒤, 자기 이익을 챙기는 사람이다.

이같이 독점사업에서 수많은 특권이 발생하면서, 결국 산업의 모든 자원을 망치고 또 바꾼다. 만일 어떤 행복한 생각을 하고 실행하려 한다면, 먼저 돈을 지불해야 한다.

튈르리 궁의 청결상태를 관리하는 왕령은 다음과 같이 명령한다. "전하는 공중의 편의를 위해 청부업자들에게 공중변소를 설치하도록 허락하셨다." 사람들은 청부업자에게 시설 사용료를 2수씩 낸 뒤, 저녁에 먹은 것을 왕립 정원에서 비워 버린다. 만일 청부업자의 권리를 침해하는 사람이 있으면, 경비병이 그 사람의 지팡이와 모자를 먼저 빼앗은 뒤 감독관 사무실로 끌고 갈 것이다.

튈르리 정원에 조성한 둔덕의 경계에 심은 주목은 공중변소로 이용되기 때문에 모두 베어 버렸다. 밤에는 그 밑으로 들어가 부끄러운 일을 벌려도 눈에 띄지 않기 때문이다. 치안당국은 모든 권한을 동원하여 이러한 일을 뿌리 뽑으려 했다. 이 때문에 잘못을 저지르는지조차 의심하지 않는 사람들은 주머니에 2수를 넣어가지고 다니면서 이렇게 말한다. "(돈이 없어서 그러는 것이 아니라) 하도 급하니까 법이고 뭐고 없더라구요."

최근 팡쿠크는 '체계적 백과전서의 사업가'라는 공식 명칭을 사용한다. 사실 그는 한쪽을 제작하는 비용으로 수많은 물량을 투자했는데, 이는 마치 청부업자가 한 평씩 벽돌을 쌓을 때마다 벽돌공과 노동자에게 돈을 주는 것과 비슷하다. 그는 건축가보다는 청부업자에 가깝다. 궁전이나 교회를 지으려고 리모주에서 떼지어 올라온 벽돌공을 관리하고 보증해 주는 청부업자. 이렇게 해서 모든 저자와 식자공에게 보수를 지불할 만한 돈을 가진 사람이 결국 인류의 지적 유산을 정리한 천재적인 업적물을 발간하게 된다. 오, 소크라테스, 아리스토텔레스, 플라톤, 히포크라테스여! 이 세상에 다시 올 수 없겠는가? 그들이 먼 훗날 이처럼 두꺼운 책이 나오리라는 것을 상상이나 했겠는가? 게다가 그 책에 담긴 학문을 독자에게 읽게 하려면 무엇보다도 재료비가 막대하게 필요하다고 생각해 본 적이 있을까? 그들은 몇 마디로 학문을 논했지만, 우리는 그것을 확장시켰고, 면밀히 검토하였으며, 결국 그들이 각자 옳은 말을 했음을 알았다. 소크라테스의 금언은 훌륭하다. 그러나 나는 『인류의 모든 지식을 완전히 담은 총서』라는 잡학사전 같은 책을 화장실에 놓고 보는 일도 나쁘지 않다고 생각한다. 나는 그 바다에서 지식을 길어 올리기를 좋아한다. 그러므로 팡쿠크가 방대한 백과전서의 청부업자가 되어 돈을 벌도록 내버려 두자. 그가 읽지 않더라도 누군가 읽을 테니까.

한때 벽돌공이던 어떤 이는 볼테르 작품의 결정판을 출판하는 사업에 뛰어들었다. 그는 마치 자신이 옛날에 쌓은 돌담처럼 종이가 높이 쌓이는 광경을 보았다. 그러나 일꾼의 손은 회반죽을 바르는 흰 손과 달리 잉크로 검게 물들었다. 이왕 출판업에 뛰어든 그는 인쇄공을 시켜 신문지를 쌓게 만들었다. 물론 노동자가 일해서 벌어들인 이익은 그를 부리는 사람이 챙긴다.

황소여, 그대가 쟁기를 끄는 것은 그대 자신을 위한 일이 아닐지니.

367 옷감장수의 채광 창

옷감장수는 행인의 눈을 속이려고 거짓말을 잘 하는 것 같다. 그는 자기 물건의 흠을 감추려고 채광 창을 설치해 놓고 손님을 맞는다. 십중팔구 그렇다고 믿어도 좋다. 이처럼 유다 같은 종자들은 날마다 거짓말을 일삼기 때문에 더욱 타락한다. 그래서 손님이 바보가 되지 않으려면 정신을 바짝 차려야 한다. 그러나 상인들이 장차 시 행정관이 되어 전보다 더 진실하게 살겠다는 핑계로 속임수를 쓰는 일을 보면서, 우리는 무슨 생각이 들며, 또 무슨 말을 해야 할까?

무엇이? 마치 중앙시장 기둥 곁에 차린 옷감장수 가게에 채광 창이 있듯이, 곧 귀족이 되고 또 시청의 행정관이 될 상업재판소 판사의 집에도 채광 창이 있다고? 아니지, 그런 일은 오래 갈 리 없지. 나는 이렇게 생각한다. 어떤 상인이 곧 귀족이 되려 한다면 그는 흠 있는 상품을 팔아먹으려고 가짜 빛을 끌어들이는 믿지 못할 창문부터 가게에서 철거해야 한다. 그러면 그는 시 행정관의 영광을 꿈꿀 수 있다. 그리고 이 엉큼한 구석을 이름 없는 경비원에게 맡겨 더 이상 영광스러운 구역[7]의 이름을 더럽히지 않도록 해야 한다.

7 '영광스러운 구역(le quartier honoré)'은 파리의 생토노레(Saint-Honoré) 구역을 상징한다.

368 달리는 사람, 달리는 개

파리에서 달리는 사람을 고용하는 일은 오늘날보다 예전에 훨씬 더 유행했다. 예전에는 두 사람이 날렵하게 차려 입고 혈기 왕성한 심부름꾼 둘보다 앞서서 파리의 거리를 달려가는 모습을 볼 수 있었다. 그들은 굽 없는 신발을 신고 흰 바지를 입었는데, 냇가를 달려가면서도 바지를 조금도 더럽히지 않았다. 참으로 호기심을 자아내는 광경이었다. 그러나 인간성, 예절, 성실함 가운데 무엇 때문에 이 사람들이 달리게 되었을까?

예전에는 몸에 금치장을 한 어떤 뚱보가 마차에는 장식용 양탄자를 걸어 풍요로움을 과시하고, 자기와 같은 인간인 노예 2명을 마차에 묶은 채 마차를 몰고 다녔다. 만일 노예가 발을 잘못 디디기만 해도 바퀴에 치일 수 있었다.

그러나 오늘날 마차를 가진 사람들은 이처럼 격에 맞지 않고 위험한 사치를 포기했다. 그들은 기수 대신 사냥개를 앞세우고 달린다. 사냥개를 앞세우는 목적은 오로지 사람들을 쓰러뜨려 말발굽에 밟히거나 마차바퀴에 깔리게 만들려는 데 있는 것 같다. 예전부터 좁은 길을 걸으려는 사람은 무거운 짐수레나 호화마차, 이륜마차에 부딪치더라도 몸을 보호해 줄 장비를 착용해야 했다. 그런데 오늘날 보행자는 큰 개가 짖으면서 달려드는 것을 본다. 그들은 놀라서 이리저리 뛰다가 길 한가운데로 뛰어든다. 그들은 너무 급히 개를 피하느라고 말발굽 소리나 마부가 외치는 소리를 듣지 못한다.

부자들은 자기가 공공도로의 주인이나 된 듯이 행동한다. 그들은 경박한 환상을 만족시키려고 남을 불편하고 불쾌하게 만들거나, 심지어 위험에 빠뜨리기도 한다.

369 도살

사람들이 보건 말건 아랑곳하지 않고 짐승을 죽여 토막내는 광경만큼 차마 눈뜨고 볼 수 없는 역겨운 광경이 어디 있겠는가? 사람들은 피가 말라붙은 길을 걷는다. 푸줏간이 늘어선 곳은 고기를 진열해 놓고 그 밑으로 소를 끌고 지나간다. 소는 고기를 보고 냄새를 분간하며 뒷걸음질 친다. 소를 잡아끄는데 소가 버티면서 울면, 개들이 소에게 달려들어 다리를 문다. 소몰이꾼들은 소를 마구 때려 도살장 안으로 들여보낸다.

도핀 길 한가운데 매를 맞아 상처를 입은 양이 마침내 지쳐서 죽어간다. 양의 눈에서 피가 흐른다. 갑자기 소녀가 울면서 양에게 달려들어 머리를 잡고 앞치마로 닦아준다. 소녀는 한쪽 무릎을 꿇고 마지막 숨을 끊으려고 손을 쳐든 푸주한에게 사정한다. 이러한 장면을 그리지 않을 수 있을까? 루브르의 살롱에서 이러한 장면을 담은 작은 그림을 언제 볼 수 있을 것인가?

내 버릇대로 온갖 것을 보고 들으면서 파리의 거리를 쏘다니다가 언젠가 서민 아낙의 입에서 고상한 말을 들었다. 굵은 몽둥이를 든 젊은 푸주한이 어미소의 젖에서 연약한 송아지를 억지로 떼어놓은 뒤, 자꾸 어미소를 뒤돌아보는 짐승을 빨리 몰아가려고 애쓰고 있었다. 그때 어떤 여인이 그에게 외쳤다. "이 야만인아, 차라리 죽이지 그래, 그렇게 때리지 말고."

이런 피와 살육의 광경을 젠투족[8]의 윤리와 연결시켜 보면 큰 차이를 알 수 있다. 만일 젠투족에게 쇠고기 국물을 한 순갈이라도 강제로 먹이면, 그는 명예를 잃고 저주받은 사람으로 낙인 찍혀 아내와 딸을 잃고 사회에서 쫓겨난다고 한다. 그의 아내와 딸은 그와 한 마디도 주고받으려고 하지 않는다. 왜냐하면 그는 자신의 의지와 상관없더라도 어쨌든 풀을 뜯는 동물의 고깃국물을 맛보았기 때문이다. 우리는 벵골의 주민과 도축장이 늘어선 거리의 주민을 보면서 이들 사이에 존재하는 큰 차이에 놀라게 된다.

8 젠투족(Gentoux, Gentoos)은 인도의 원주민 가운데 젠투어를 사용하는 부족이다.

370 문지기

마차가 드나들 만한 대문에는 문지기가 있는데, 좋건 나쁘건 이들을 매수할 수 있다. 개인 저택의 문지기는 구두장이이거나 재단사, 또는 작가이다. 그들은 한 자리에 눌러 앉은 채 일한다. 단지 줄만 잡아당기면 할 일이 끝나기 때문이다. 큰 집에서 일하는 문지기는 할 일이 없다. 자기가 지키는 문 옆의 수위실에 하루 종일 처박혀 빈둥거리면서 술이나 마시고 몸을 덥힌다.

프랑스에서 문지기와 스위스인은 같은 뜻으로 쓰이게 되었다. 스위스인은 공공건물, 왕립 공원, 교회 성가대석의 문을 지키거나, 왕궁의 현관을 지키는 파수꾼 노릇을 하거나, 수도의 주요 관청에 근무하는 특전을 누린다. 멜빵은 그들이 집착하는 특전이다. 그들은 대문을 지키는 사람이 스위스의 13개 주나 적어도 13개 주와 연맹한 지역 출신도 아니면서, 감히 멜빵을 하고 있으면 그것을 잡아챈다. 볼테르는 이들에 대해 다음과 같이 말했다.

> 이 너그러운 스위스 문지기는 머리가 하얗다.
> 그는 당신의 문 앞에 서서 끊임없이 거짓말을 한다.

문지기 노릇을 하는 스위스인들은 공공집회, 아카데미 회의, 음악회, 살롱 미술전, 인기 있는 설교, 그리고 모든 종류의 엄숙한 모임에 참가한다. 그러나 그들은 음악, 시, 연설, 그림을 보고도 별다른 감흥을 얻지 못한다. 몸집이 크고 무거운 그들은 음식을 잔뜩 차려

놓으면, 남들이 춤을 출 때도 몸을 거의 움직이지 않는다. 그들은 이마에 "우리는 오직 술만 좋아합니다"라고 써 붙이고 다니는 것처럼 행동한다.

공공집회에서 그들은 울타리를 치고 입구를 지킨다. 그들은 미늘창으로 땅을 찍는 소리를 낸다. 아무리 큰 대문이라도 2명이면 족하며, 쇠창살로 막을 필요도 없다. 그들은 표를 검사하는데, 손님의 옷차림을 보고 순순히 들여보내거나 완강히 버틴다.

사람들이 물밀듯이 닥칠 때면, 그들은 군중을 분산시키려고 조금 움직일 뿐이다. 그들은 각진 머리와 뾰족한 미늘창으로 다중을 압도한다. 몰래 들어가려는 사람은 두 스위스 거구에게 잡혀 짓눌려 질식할 위험을 감수해야 한다. 언젠가 귀여운 원장신부가 이들에게 걸려 자비를 구하면서 소리치는 모습을 본 적이 있다. 그는 마치 담을 등지고 동물원의 코끼리에게 짓눌리는 듯한 모습이었다. 이들은 돈을 어느 정도 벌면 자기 집으로 돌아가 공화국 시민이 된다.

스위스 문지기들은 파리에 살면서도 자기 고향의 풍속을 유지한다. 그들은 아직도 바위산의 깨끗한 공기를 마시며 사는 듯이 먹고 마신다. 그들의 태도는 언제나 조금 거칠다. 그러나 가장 거친 스위스 사람이라도 새해 선물을 받을 때면 아주 예의바르게 처신한다. 대신의 집 문지기에게 사람들은 아첨을 하고, 심지어 외상거래까지 터준다. 대신의 집을 드나들려는 사람은 문지기의 입에서 "네" 또는 "아니오"라는 말이 나올 때마다 움찔댄다. 사람들은 그들에게 불쑥 다가서는 일이 없다. 야심만만한 사람은 그들이 근무실에 있는 모습을 보는 순간부터 웃음을 지으며 다가서서 비위를 맞춘다.

베르사유의 대기실에 들어가면, 그들이 긴 의자에 널부러져 하품이나 하는 꼴을 볼 수 있다. 한가로움이 그들에게 부담스러운 모양이다. 그들의 모든 동작에서 권태가 묻어난다.

왕립 공원의 문을 지키는 스위스 문지기는 하인, 하녀, 병사, 노동자들은 들여보내지 않는다. 누더기 옷을 입은 사람은 거만하게 밀어낸다. 그는 움직이지 않고 소리친다. "여기 들어올 수 없어요." 그러면 불쌍한 사람은 부끄러워하면서 발길을 돌려 되돌아간다. 이런 식으로 쫓겨나는 사람을 볼 때마다 내 속은 불편하다.

어두워지기 시작할 때 공원으로 숨어드는 매춘부는 스위스 문지기에게 걸려 쫓겨난다. 만일 매춘부가 물의라도 빚으면 체포당하기도 한다. 그러나 만일 매춘부가 밤에 얻은 이익을 문지기에게 나눠준다면 자유롭게 공원으로 들어가 활개치며 다닐 수 있다.

371 접견

사람들이 거리를 분주하게 오가는 모습에서 그들이 무슨 감정을 가지고 저리 움직이는 것일까 읽어내고, 과연 그들이 어느 신분이나 등급에 속하는 사람일지 통찰력을 발휘해 보고, 그들이 비열한지 위대한지 사리분별력을 갖추었는지 어리석은지 한눈에 알아맞히는 방법을 체득하는 일도 재미있겠지만, 그보다 더 재미있는 일이 있다. 뭔가 부탁을 하려고 다른 사람의 신용을 앞세워 권세 있는 대신을 찾아가 살랑대는 사람들을 자세히 살펴보는 일도 재미있고, 또 그들이 (문지기에게도 정중하게 인사를 한 뒤) 떼지어 서로 밀치면서 걸음을 재촉하여, 고관대작이 휴식을 취하면서 초콜릿 음료를 마시는 신성한 장소로 들어가는 모습을 보는 일도 재미있다.[9]

접견일, 그날을 철학적으로 검토해 볼 만하다. 꼭 그렇게 해보자. 겉으로는 거만하고 으스대지만, 한꺼풀 밑에는 노예정신과 비천한 탐욕을 감추었다. 전날에는 자만심이 넘치는 말을 뱉어내고 고자세로 대신을 비판하던 사람이, 막상 그를 만나러 가서는 낯빛과 태도를 공손하게 하고, 불편한 군중 사이를 헤집고 애써서 앞줄에 나선 뒤, 고관대작 앞에서 공손하게 절을 한다. 그러나 정작 고관대작은

9 초콜릿 음료를 바치는 데 하인 4명이 동원되었다. 첫째 사람은 주전자를 들고, 둘째 사람은 거품기를 휘저어 초콜릿에 거품을 만든다. 셋째 사람은 상에 보를 깔고, 넷째 시종장은 잔에 초콜릿을 따른다. 디저트의 구성은 전혀 다른 문제이긴 해도, 관직의 중요한 역사와 관련되었다.

자기 앞에서 인사를 하는 사람이 누구인지 제대로 알지 못한 채 인사를 받는다.

만일 고관대작이 이처럼 비굴한 모습에 눈길이라도 한 번 보내주면, 피보호자는 마치 성공의 보증수표라도 받아낸 것처럼 멋대로 해석한다. 그러나 이튿날이면 그는 대신이 빈말을 남발하여 자신에게 빚을 갚았다는 사실을 알고 고통스러워한다.

존엄한 인물과 그에게 간청하는 사람들 사이에는 얼마나 머리를 굽릴 일이 많은가! 또 팔과 어깨를 움직이는 모습을 얼마나 많이 볼 수 있는가! 고관대작을 요모조모 살피면서 그의 머릿속을 읽어내려고 애쓰는 사람들, 스스로 몸을 낮추기도 하고 알랑거리는 사람들은 또 얼마나 거짓으로 뭉친 이들인가! 그들은 얼마나 몸을 구부렸다 펴고, 또 구부리고 다시 펴는가! 이들이 애원할 때 얼마나 유연한 태도를 보여주는가? 또 얼마나 아낌없이 복종하고 아첨하며 아양을 떠는가! 고관의 비서는 꼭두각시 같은 존재이다. 그는 눈과 귀도 갖지 못한 채 움직이지 않고 제자리를 지키고 있는데, 그에게 탄원서와 의견서가 과중하게 쏟아진다.

수많은 탄원서 가운데 보호자의 눈길을 끄는 것, 다른 것 밑에 깔리는 것, 체념하는 것, 그리고 마지막으로 고관을 진실로 존경하는 것이 있다. 이 마지막 경우야말로 그의 눈길을 끌 만하다.

그러나 고관은 수많은 예찬과 아부, 또는 세련되었지만 부자연스럽게 보이는 찬사를 어떻게 생각할까? 그는 이처럼 싫증나게 만드는 찬사를 반복하고 진부한 예찬론을 펴는 탄원서를 믿을 수 있을까? 그는 굴욕적인 관점으로 이들을 보지 않을까? 그리고 그들이 극단적으로 남에게 의존한다는 사실에 놀라지 않을까?

그러나 자신과 닮은 사람들을 모두 출두시키고 그들의 운명을 좌우하는 사람으로서, 자신의 권세와 지위를 과시하면서 그들을 복종시키는 이 사람, 이 고관은 그들의 말을 듣고 대답하고, 100이면 100명이 모두 어느 정도 만족한 상태로 돌아가도록 단 한 마디 두드러진 말을 건네려면 어떻게 행동해야 하는가? 마자랭 추기경처럼 온갖 희망과 약속을 남발함으로써?

파리에 방금 도착한 사람은 이렇게 외치겠지. "통찰력을 지닌 천재성과 재치, 놀랄 만한 정확성이 얼마나 필요할까!" 그는 의전을 모른다. 그래서 그는 고관대작이 모든 대답을 전날 밤부터 준비해 놓았다는 사실, 고관대작이 조금만 기억하면 된다는 사실, 고관대작이 뒤죽박죽으로 쌓이는 일을 깔끔하게 정리해 주는 것처럼 행동하지만, 실제로는 피상적인 내용만 간단히 기억할 뿐이라는 사실, 그리고 고관대작이 하는 말은 대부분 상투적인 짧은 말일 뿐이라는 사실을 모른다. 그러나 고관대작이 워낙 마음 편하고 위엄 있게 말하기 때문에 믿을 수 없을 정도로 깊이 있는 말로 들릴 뿐이다.

만일 내가 나리께 무슨 말을 해야 할지 모르면서도 수많은 청원인 사이에 끼었다면 어찌 해야 할 것인가? "이제 충분합니다, 우리 이제 나갑시다"라고 누군가 말한다. 고관대작은 한 걸음 앞으로 납신다. 모든 이가 길을 터준다. 사람들은 양편에 울타리처럼 비스듬히 늘어서서 통로를 만들어 준다. 나리는 군중의 한가운데를 지나간다. 그는 자신에게 호의나 보호를 요청하려고 온 비천한 피보호자들에게 둘러싸인다. 그는 그들 모두에게 전혀 새로운 기술을 써서 대답해야 할 텐데, 과연 어떤 기술을 쓸 것인가? 그는 그 순간이 모든 사람에게 자신이 주의를 기울인다고 알릴 때라는 사실을 안다. 그는 한 바퀴 돌아보며 골고루 눈길을 보낸다. 그리고 친절하고 뚜렷한 미소를 흘린다. 그는 듣는 사람이 기쁘고 만족해서 가슴이 부풀어 오를 말을 건넨다. 짧은 낱말을 내뱉지만, 그것은 지극한 호의가 넘치는 말로 바뀐다. 그리고 사람들은 그 말로 영광을 얻은 사람을 부러워한다.

그를 에워싼 사람들에 끼지 못하고 뒷줄에 선 사람들은 발돋움한 채 고관대작의 눈도장을 받으려고 애쓴다. 그러나 그는 그들을 대면하지 않을 것이다. 눈길 한 번 제대로 주지 않을 것이다. 그들이 지칠 때까지 대신의 호의를 구걸하면 할수록, 호의는 저편으로 멀어진다. 눈길조차 받지 못한 청원자는 풀이 죽어 얼굴을 찡그리면서 나서다가 내가 평정심을 유지하는 데 놀란다. 내가 고통을 숨기고 이해할 수 없는 미소를 지으면서 그 상황을 감내하는 모습을 보면서, 그는 성격대로 화를 내면서 지나간다. 왜냐하면 그는 내가 자신의 불안에 공감하지 않는다는 사실에 아주 놀랐기 때문이다. 그는 나 같은 사람이 어째서 청원자의 무리에 끼게 되었는지 모른다. 나는 속내를 얼굴에 드러내지 않기 때문이다. 그래서 그는 화가 났고, 나를 수상하게 생각했던 것이다.

고관대작은 사람들과 끊임없이 대화한다. 단지 가끔 특정인에게 눈길을 보내느라고 말을 끊었을 뿐이다. 이렇게 반 시간 정도 대화한다. 그동안 그는 한 바퀴 돌았고, 마지막으로 자기 서재 쪽을 본다. 이것은 연극이 끝났다는 신호이다. 그를 에워싼 사람들은 공손히 길을 터준다. 그들은 어떻게 하면 문 앞자리를 차지하는지 알 만큼 꾀바르다. 그러나 아직 끝나지 않았다. 고관대작은 구석에 있는 사람에게 좀 더 다정한 말로써 마지막으로 말을 건넨다. 이로써 그가 거기 온 모든 이에게 골고루 호의를 베푼다는 인상을 심어준다. 그가 어떤 몸짓을 하면, 서재 문이 열린다. 그가 들어가고 모습이 보이지 않을 때 문이 닫힌다. 2주 후에야 같은 장소, 같은 시간에 다시 이같은 희극을 볼 수 있다. 오, 몰리에르여, 몰리에르여!

그것은 진정한 구경거리이다. 접견일은 아주 엄숙하고, 시간을 질질 끌며, 단 한 가지 일만 처결하지 않기 때문이다. 대신이 주역이지만, 아무 일도 하지 않고 아무 결정도 내리지 않는다. 그가 청원인의 말에 주의 깊게 귀를 기울이는 척할 때에도, 다른 사람이 무슨 일을 해결해 달라고 왔을까 알아맞히려고 눈을 굴리고, 멀리 떨어진 곳에 있는 사람에게 들려줄 대답을 궁리한다.

어떤 사람들은 남의 신뢰를 얻는 동안 접견행사를 치른다. 그들은 자기가 찾아다니던 고관대작이 하던 일을 흉내 낸다. 고관대작은 사실상 그가 찾아다니던 대귀족을 흉내 내고, 대귀족은 군주의 모든 면을 닮으려고 애쓴다. 군주가 미사를 올리고, 사냥을 하고, 밤참을 먹는 일까지 흉내 낸다. 군주의 몸짓과 말투를 모두 모방하고자 노력한다. 대귀족은 애써 기억을 더듬어 군주의 궁전을 머릿속에 떠올린다.

372 사랑의 밤참

아, 거물급 정치인이여, 근엄한 전권사절이여, 유명한 대신이여, 당신에게 할 말이 있지만, 신중하게 처신하련다. 당신은 오늘 아침 청원인을 만나 주었던 고관대작과 같은 부류인가? 파티마와 함께 밤참을 먹는 사람[10]과 고관대작은 무슨 차이가 있는가? 우레 같은 대포소리를 내고 전쟁이나 여러 가지 시위에서 명령을 내리던 입이 나긋나긋한 사랑의 말을 기분 좋게 속삭인다. 대신에게는 그럴 만한 이유가 있다. 즐기러 간 이상 왜 머리를 복잡하게 굴려 피곤할 일을 만들겠는가?

그 대신에게, 또는 거만한 보조원에게, 또는 그의 주위 사람에게, 아니면 그에게 돈을 빌려준 사람에게 말을 걸어보라. 아니, 그럴 것 없이, 곧바로 그의 애첩을 찾아가 보라. 그것이 지름길이니. 애첩은 대신과 밤참을 먹는 도중 천진한 태도로 아양을 떨어 자기가 원하는 것을 약속하거나 서명하게 만들 수 있기 때문이다.

권세를 잃는 일에 대비하는 대신부터 오페라 극작가에 이르기까지 모든 사람은 아침에 눈을 뜬 뒤 그날 저녁에 즐길 수 있는 일이 무엇인지만 생각한다. 불쌍한 인류가 일하는 목적은 오직 사랑의 밤

10 파티마는 아랍계 여성의 이름으로, 오페라 무희들이 즐겨 쓰는 이름 가운데 하나이다. 당시 오페라 무희 가운데 사회지도층 인사의 파티에 불려 다니다가, 그가 살림을 차려주면 들어앉는 경우가 많았다. 그러므로 파티마와 밤참을 먹는다는 말은 사회지도층 인사 가운데 난봉꾼을 뜻한다.

참을 나누는 데 있는 것인가?

큰 재산가인 영국인이 취향에 맞게 즐기려고 훌륭한 별장을 샀다. 거기서 그는 모든 육체적 쾌락을 얻을 수 있는 방법과 사치를 즐겼다. 다음은 그의 동향인이 거기서 그의 생활을 보고 들려준 이야기이다.

그는 날마다 규칙적으로 오감을 만족시키는 생활을 하였다. 그리하여 가장 강도 높은 쾌감을 얻으려고 노력하였다. 진수성찬, 온갖 종류의 향수, 매력 있는 음악과 미술을 즐기고, 마지막으로 기술과 자연의 도움을 받아 매혹적인 것을 창조하여 잇따라 자기의 미각·후각·청각·시각을 만족시켜 나갔다. 오감을 만족시킨 뒤 그것을 뛰어 넘는 여섯 번째 감각을 만족시키려 노력했다. 그는 나를 멋진 살롱으로 데려갔다. 그곳에는 아리따운 아가씨 인형이 6개 놓여 있었다. 그들의 옷차림은 흔히 볼 수 없는 것이었다. 그러나 그 얼굴을 척 보았을 때 낯설지 않았고, 어디선가 한 번쯤 본 것 같은 느낌이었다. 그래서 나는 인형을 차례로 세워 놓으려 했다. 그는 내게 미소 지으면서 자기가 웃는 이유를 설명해 주었다. "나는 사랑에 대해 특별한 취미를 가졌소. 시르카시아[11]에서 가장 빼어난 미녀를 데려다 주어도, 그가 옛날의 어떤 유명한 여성을 닮지 않았다면 내 성에 차지 않습니다. 그리고 연인들이 자기 애인의 특징을 그대로 담아 인형을 만들어 내 앞에 놓더라도, 나는 옛날 여성의 얼굴과 닮았을 경우에만 평가를 해줍니다.

그래서 나는 내 관리인에게 초상화나 원본을 그대로 본뜬 판화를 가지고 유럽을 구석구석 여행하게 했지요. 그는 마침내 여기 있는 여

11 러시아 남부 코카서스 산맥 서북쪽의 지역.

성들을 찾아내는 데 성공했습니다. 당신이 한 번도 직접 만나지 못했지만, 어디선가 이 여성들을 본 적이 있는 것 같은 이유를 아시겠지요. 당신은 분명 그들을 어디선가 보았기 때문입니다. 그들의 옷차림 때문에 당신은 오해했겠지요. 그러나 나는 생동감 있게 표현하고 싶기 때문에 이 인형들에게 원래 여성이 입던 옷을 그대로 만들어 입혔습니다. 이런 식으로 해서 나는 수세기를 되찾았고, 세월이 우리에게서 멀리 가져가 버린 미인들을 소유하게 되었지요."

저녁을 먹을 때가 되었다. 그는 스코틀랜드 여왕과 앤 불린[12] 사이에 앉았다. 나는 그의 맞은편 니농 드 랑클로와 가브리엘 데스트레의 사이에 앉았다. 좀더 아래쪽에는 로자문데와 넬리 그윈[13]이 앉아 있었다. 이들과 반대쪽에는 닫집이 달린 안락의자가 놓여 있었다. 안락의자에는 이집트에서 들여온 클레오파트라를 앉히겠다고 했다. 그는 클레오파트라가 도착하기를 기다리고 있었다.

작은 집이나 아파트에 작은 살림을 차리는 거물급 인사들은 그다지 독창적인 방법으로 쾌락을 추구하지 못한다. 그들은 음란한 시를 짓고 또 듣는다. 그럼에도 고관대작이 좀 더 독창적이고 새로운 것, 또는 기묘한 것을 적용하여 온갖 육욕을 추구할 때, 사람들은 대체로 너그럽게 용서해 준다. 풍요로운데도 어째서 쾌락을 더욱 다양하게 즐길 줄 모르는가? 그것은 날마다 새로운 기술이 나오고, 더욱 높은 수준으로 발전하기 때문이 아니겠는가? 아니, 무엇이라고? 우리는 쾌락을 즐길 때도 여전히 남을 흉내내게 될 것이라고?

12 스코틀랜드 여왕은 프랑스 왕비이기도 한 메리 스튜어트이며, 앤 불린은 영국의 헨리 8세의 두 번째 부인으로 장차 엘리자베스 1세가 될 딸을 낳았고 나중에 처형되었다.

13 Nelly Gwinne: 찰스 2세의 애첩.

373 알아맞혀 보세요

여성은 언제나 남성의 이기심을 부추기면서 영향을 끼친다. 그중에서도 여성이 거만한 태도로 고관대작을 자기 앞에 무릎을 꿇릴 때만큼 영광스럽고 만족스러울 때가 어디 있으랴! 친절한 데다가 권세까지 누리는 대신은 왕에게 자문을 하면서 신용을 쌓고, 그렇게 해서 얻은 정보를 여성의 발치에서 날마다 보고한다. 여성은 자기가 요동치는 국사와 음모에 휩쓸리는 것처럼 느낄 때, 자신의 불타는 눈길과 민첩한 정신을 어찌 사랑하지 않겠는가? 그녀는 그럴수록 우아하고 고상한 기품과 성격을 유지하게 된다. 그녀가 남성을 지배하는 성격을 지닌 만큼, 한 번도 가보지 못한 궁전에서 태어난 것처럼 착각한다. 그리하여 한 번도 만나지 못한 궁정인을 모두 안다고 생각한다. 그녀는 궁정의 정신을 아직 제대로 알지 못하고 그저 기미만 볼 뿐이지만, 그 성격을 알려고 집착한다. 그녀가 보호하는 남성은 모두 그녀의 신하와 같고, 조금도 딴 마음을 먹을 만큼 타락하지 않는다. 그 여성은 주위의 모든 사람 가운데 아무나 걸려들도록 뒷길에 그물을 던져놓고 기다리기보다는, 높은 지위의 사람들과 맺은 우정과 사랑을 충실히 지켜나갈 것이다.

파리라는 곳이 남성에게 행운의 문을 활짝 열어주는 곳이긴 해도, 여성도 남성 못지않게 빛나고 매력을 발휘하여 수많은 남성의 가슴을 뛰게 만들어 주기도 하다. 여성은 여러 명의 가슴을 한꺼번에 울렁거리게 만든다. 아름다운 여성이 발산하는 온갖 매력은 언제나 남성의 영혼을 자극한다. 지방 도시에서는 제아무리 아름다운 여성이라도 별로 관심을 끌지 못하며, 따라서 남성을 정복한다 해도 완전히 정복하지는 못한다. 그런데 파리에서는 여성이 출신과 상관없이 아름답기만 하면, 공작, 재판장, 프랑스 대원수, 대사, 대신, 군주의 가슴에 불을 지를 수 있다. 사랑은 사회의 서열과 등급을 마구 뒤섞고, 운명의 바퀴를 굴려 가정부의 딸을 왕의 곁으로 데려다 준다.[14]

아주 가난한 미녀는 사회적으로 신분을 바꾸지 못한다 할지라도 한밑천 단단히 잡을 수는 있다. 아름다움에 걸맞은 옷만 걸치면, 그때부터 곧바로 환심을 사려는 사람들이 그 주위에 몰려들게 되고, 수행원을 거느리고 다닐 수 있다. 백만장자가 무릎을 꿇고 금은보배를 바치면서, 가족까지 부자로 만들어 주겠다면서 사랑을 구걸한다. 머리가 하얗게 센 늙은 아버지는 예전부터 가난하면서도 청렴하게 살았지만, 이제부터는 딸 덕에 암울한 초가집에 재물이 넘치는 모습을 본다. 물론 그는 처음에는 그 재물을 받아도 탈이 없을지 걱정하고, 죄나 짓는 일이 아닌지 두렵다. 그러나 가난의 목소리가 그를 압도하여 재물을 받아 벌거숭이 자식들을 구하라고 강요한다. 혹시 그가 재물을 받지 않는 잘못을 저지르고 가난에서 헤어나지 못할지도 모른다. 그러나 그가 잘못을 저지르지 않을 때, 먼 곳에서 날라든 호의를 마치 하늘이 은혜를 베풀 듯이 보내준 선물이라고 생각한다. 노동으로 보낸 60여 년도 그날 하루에 받은 선물만큼 안겨주지 못하였다. 마음 한구석에서는 그 선물을 거절해야 하지 않느냐는 두려움도 고개를 쳐들지만, 자식이 보내준 사랑의 선물이 눈앞에 어른거려 참을 수 없다. 이처럼 악덕으로 재산을 모은 사람이 제 손으로 재산

14 이는 거리의 여인에서 루이 15세의 애첩이 된 뒤바리 백작부인(comtesse du Barry, 1743~1793)을 암시하는 대목이다.

을 농부에게 보내줄 때 농부는 심리적 압박을 받겠지만, 어쨌든 그 재물은 농촌으로 되돌아가 밭고랑을 조금이라도 적시게 된다. 육체적 사랑이 재물창고의 문을 열어주고, 시골 마을을 떠나 파리로 간 가난한 미녀는 왕의 관리나 지사가 미녀의 고장에서 빼앗아 간 재물을 되돌려 보내는 역할을 한다. 미녀는 연약하지만, 또한 냉혹한 마음을 갖지 않았지만, 슬프고 불행한 조상이 무거운 세금으로 빼앗긴 재물을 가족에게 되돌려 줄 수 있다.

재물과 사랑은 이렇게 돌고 돈다. 부자의 열정과 가난한 사람들의 좌절이 빚어내는 수많은 광경을 보는 데 익숙한 사람들은 수도의 한가운데서 날마다 이처럼 덧없고 기묘한 일이 일어나는 모습을 보면서 눈을 의심한다.

374 대공(Monsieur)

왕의 큰동생을 대공(므슈)이라고 부른다.[15] 외국인은 어째서 이 말이 특별한 뜻을 가지는지 이해하지 못한다. 왜냐하면 프랑스에서는 모든 남성의 성 앞에 이 말을 붙이기 때문이다. 하느님 맙소사, 이 말을 일반인에게서 빼앗아 특별한 칭호로 바꾼 사람들이 있다니! 그러나 우리가 정작 왕의 동생인 '대공'에게 말할 때에는 '나리(Monseigneur)'라 부른다. 시인 뒤시스는 대공에게 바치는 비극을 썼다. 그는 대공에게 바치는 헌사를 다음과 같이 끝맺는다.

> 나리, 소인은 대공의 가장 비천하고 충직한 하인입니다. 외국인들은 이 말이 이상하다고 몹시 웃습니다만.

테아트르 프랑세에서 페로 드 보졸의 「아르사시드」를 볼 때, 관객은 '마담'이라는 말에 웃음을 터뜨렸다. 이 말은 가르니에[16] 이후 무대에서 아주 진부해졌다. 가르니에는 우리나라 비극에서 이 말을 처음 쓴 사람이며, 코르네유와 라신은 우리가 아는 것보다 더 많이 가르니에의 영향을 받았다. 파리에서는 중국, 아메리카, 아프리카,

---

15 루이 16세의 동생은 프로방스 백작과 아르투아 백작인데, 이 중 큰동생 프로방스 백작의 공식 호칭이 '므슈(Monsieur)'였다.

16 생트 뵈브 같은 로맨티즘 문학가들이나 모더니즘 작가들은 가르니에(Robert Garnier, 1544~1590)를 프랑스 고전의 선구자로 생각하였고, 그렇게 해서 16세기를 복권시켜 주었다.

헝가리는 물론 세계 모든 지역의 공주를 모두 '마담'이라 불렀다. 라신의 「바자제」(이 연극은 터키 궁전의 의상을 사실적으로 묘사하지 못했다)에서는 여성이 단 2명 등장하는데, 이 말을 69번이나 사용한다. 사실상 이 말은 아주 편리하게 사용할 수 있는 말로서, 라신은 시의 운을 맞출 때 이 말을 언제나 '불꽃(또는 정열, flamme)'과 짝으로 사용한다. 페로 드 보졸의 「아르사시드」는 44개 장면으로 구성된 비극으로서, 공주 3명이 등장한다. 이들 가운데 2명이 연적인데, '마담'을 38번 사용한다. 솔직히 말해서, 파르티아나 아르메니아 같은 나라 사람들이 실제로 왕비를 어떻게 부르는지 모른다. 또 아르타샤트에 있던 로마 여성 글라피르[17]를 실제로 어떻게 부르는지도 모른다. 그러나 앙드로마크, 이오카스테, 페드라[18]를 모두 '마담'이라고 부른다면 우습다. 심지어 오늘날의 희극에서는 대소인의 아내도 '마담'이라 부른다.

만일 어떤 살롱에서 안내자가 이름을 잘 기억하지 못할 때 "므슈 ○○○(Monsieur ○○○) 들어오십니다"라고 얼버무릴 때, 거기 처음 간 시골뜨기 신사는 "므슈"라는 말만 듣고 왕의 큰동생이 갑자기 납신다고 기대할지 모른다. 천만의 말씀이다. 실제로 살롱에 들어선 사람은 므슈 고르지뷔스이다. 그는 검은 벨벳 옷을 입고, 둥근 가발을 쓰고, 옆에 칼을 차고 나타났다. 그는 연금 40만 리브르를 받는 사람일 뿐이다.

나는 문지기들에게 왕의 동생을 단지 '므슈'라고 짧게 부르고, 내

17 Glaphire: 「아르사시드」에 나오는 아르메니아 공주이며, 이 연극의 무대는 아르메니아 왕궁이 있는 아르타샤트이다.

18 앙드로마크는 트로이 왕자 엑토르의 아내이고, 이오카스테는 오이디푸스의 어머니이자 아내가 된 여성이며, 페드라는 아테네의 테세우스 왕의 아내이다.

이름을 '므슈 아무개'라고 불러야 한다고 말해주고 싶었지만, 그들은 제대로 알아듣지 못했다. 그들은 내게 되물었다. "그렇다면 당신에게 보내는 편지에 어떻게 감히 '므슈 아무개'라고 쓸 수 있나요?" "만일 왕의 동생인 대공이 은혜를 베풀어 말이라도 걸어온다면, 당신은 그를 어떻게 부르시겠습니까?" "그분이 들어서 기분 나쁘지 않을 호칭을 사용하면 되지요. 그러나 그분 집에서 나온 뒤, 나는 또다시 '므슈 아무개'라는 호칭을 되찾겠지요. 그리고 사회에서 아무도 그 문제로 내게 시비를 걸지 않으며, 앞으로도 그럴 것입니다."

최고법원들은 법령에서 접두어(mon)을 떼어내고, 당신을 단지 '선생(Sieur)'으로만 부른다.

『가제트 드 프랑스』는 몇 년 전부터 책소개를 할 때 모든 사람의 호칭에서 접두어(mon)를 떼어버렸다. 그것은 혁신이었다. 그 전까지만 해도 『가제트 드 프랑스』에서는 나를 '므슈'라고 불렀다.

사람은 마땅히 세례명과 정확히 가족의 이름(성)으로 불러야 마땅하지만, 일부 법원은 '통칭(le nommé)'이라는 건방진 표현을 사용하도록 허용하였다. 장자크 루소는 자기 저서의 첫머리에 장자크 루소라 서명했다. 그러나 만일 그의 이름 앞에 '므슈'라는 말을 붙이지 않으면 고약하게 들린다.

375 산파

앙리 2세는 왕령을 반포하여, 만일 처녀가 임신을 하면 반드시 신고하라고 하였지만, 사실상 임신한 처녀는 아무에게도 알리지 않는다.[19] 처녀는 시골에 간다고 말한 뒤, 자기 거주 지역을 벗어나거나 자기가 사는 도시를 빠져나가 낯선 곳으로 숨어들어 아기를 낳는다. 그래서 동네마다 산파를 한 명씩 두고 임신한 처녀를 받아준다. 아파트 한 채를 4칸으로 나누어 방을 만든 뒤, 임신한 처녀를 한 명씩 살게 한다. 거기 들어간 처녀는 바로 곁방의 얼굴도 보지 못한다. 그 아파트에서 처녀는 2~3개월 동안 서로 모르는 채 살아간다. 물론 얼굴을 보지 않고 대화는 나눌 수 있다.

산파의 집 문을 강제로 열게 만드는 경우는 오직 당국의 명령을 받았을 때뿐이다. 처녀는 그곳에서 아기를 낳을 날만 기다린다. 처녀가 계산을 어떻게 했던 1개월 아니면 6주 뒤면 아기를 낳을 것이다. 아기를 낳고 보름이 지나면 그곳을 떠나 가족의 품으로, 또는 사회로 되돌아간다. 처녀는 자기 이웃 동네에서 아버지가 사는 집의 창문을 보면서 아기를 낳기도 한다. 물론 그의 아버지는 그 사실을 알지 못한다. 이런 일이 일어나리라고 시골에서는 어찌 꿈이나 꾸겠는가?

산파는 모든 일을 맡는다. 아기를 데려다 세례를 받게 하고, 유모

19 앙리 2세(1519~1559) 시대에는 낙태가 성행하였기 때문에, 만일 낙태를 하거나 당국에 신고하지 않는 경우 엄벌에 처한다는 왕령을 반포했다. 몽테스키외는 『법의 정신』에서 이 왕령이 자연법을 거스른다고 비판했다.

에게 넘겨주거나, 업동이를 맡아주는 영아원에 데려간다. 물론 그 일을 결정할 때, 아기 아버지의 재산과 어머니의 걱정을 고려한다.

이 초라하고 은밀한 아파트는 달콤한 사랑에 속고 버림받은 뒤 뒤늦은 후회로 눈물을 흘리면서 혼자 아기를 낳아야 하는 불행한 여성을 얼마나 많이 받았을까? 회한과 절망과 부끄러움에 짓눌린 아가씨는 한순간의 유혹 때문에 얼마나 혹독한 대가를 치르고 끔찍한 처지에 빠지는가! 그래도 처녀는 자기를 버린 연인과 자신이 버린 아기를 모두 소중히 생각하면서 이름을 말하지 않는다. 그는 아버지의 집에서 도망쳐 나가 이 넓은 도시에 홀로 되어 값싼 보석이라도 팔아 침대를 구하고, 거기에 사랑의 결실을 놓을 것이다.

처녀의 행방을 찾는 사람들이 있다. 그러나 처녀는 세상에 다시 나설 수 있을 때까지 이 은밀한 감방에서 나가지 않는다. 사람들이 그 문제를 놓고 더 이상 이러쿵저러쿵 하지 않는다면, 모든 허물을 잊고 용서하게 된다.

산파는 도움을 청하러 찾아오는 불행한 아가씨들의 주머니를 털어낼 수 있을 만큼 털어낸다. 산파는 공짜로 도움을 베풀지 않는다. 돈을 적어도 하루에 12리브르 이상 내야 한다.

마지막 순간까지 임신 사실을 능란하게 숨기고 잠시 동안 집을 나가서 아기를 낳은 뒤, 부모와 형제자매의 의심을 사지 않은 채 가정으로 되돌아갈 정도로 뻔뻔스러운 아가씨도 많다. 이 얼마나 능숙하고 재치 있고 용기 있는 일이란 말인가! 보통 사람은 감히 생각하지도 못할 걸작이다. 산파는 사랑에 실패한 아가씨들의 명성을 이렇게 구해준다. 그들은 누구보다도 사려 깊다. 대부분의 산파가 누구의 아기를 받아주는지 잘 알지 못하면서 그 일을 하는 것도 사실이다. 산파의 간판은 말을 한다. 그것은 신생아를 데려갈 부인을 알선해 준다. 간판은 그 집의 가치를 떨어뜨리지 않는다. 왜냐하면 간교한 사람은 산파의 집 부근이 아가씨를 구하기에 너무 편리한 곳이라고 생각하지만, 좋은 집안 출신 아가씨들은 간판만 보고서도 그쪽으로 가서 살기를 꺼리기 때문이다. 그러나 갑자기 불행한 일을 겪은 아가씨는 간판을 보고 길을 건너는 수고를 아끼지 않는다면, 모든 것이 정상이다.

세례를 해주는 사제는 산파가 찾아오는 일에 익숙하다. 그는 산파가 안고 오는 아기를 척 보고서 처녀의 아기인지 부부간 사랑의 열매인지 구별한다. 산파가 속이려 든다는 사실을 알아차린 사제는 세례명부에 위반자의 자식을 등록할 때 사생아라고 기록하는 벌을 내린다. 사랑이 이 세상에 가져다 준 선과 악, 사랑이 발명한 온갖 술책, 그에 따르는 힘과 용기에 대해 알고, 기묘하고 흥미롭고 자극적인 일화를 쓰려는 사람은 산파 4~5명을 알아둘 필요가 있다. 그러면 믿을 수 없이 기발한 모험 이야기를 듣고, 이름을 거론하지 않고 글로 소개한다 할지라도, 독자는 실제 주인공이 누구인지 알지 못한 채 재미있게 읽을 것이다. 그런데 산파의 딸이 가끔 자기 어머니를 돕는 경우를 보면서 놀랄 때가 있다. 산파인 어머니는 약점을 지닌 여성을 수없이 만나는데, 그 곁에서 어머니를 돕는 딸이 정절을 지키는 모습을 보면 수많은 생각이 든다. 만일 그가 덫에 걸리면, 그것은 그가 벼랑 아래로 떨어지지 않게 붙잡아 줄 만한 동기가 없기 때문은 아닐 것이다.

아가씨가 어둡고 내부를 잘 알 수 없는 아파트에 산파를 한두 번 찾아가 봤다 해도, 남편을 잘 만나는 경우도 많다. 가장 어리석은 아가씨라도 본능적으로 아녜스[20] 역할을 하는데, 하물며 이들이야 말

20 몰리에르의 『부인들의 학교』에 나오는 순진한 아가씨.

해 무엇하랴! 이렇게 큰 도시에서 개인 사정을 속속들이 알 사람이 어디 있겠는가? 더욱이 사는 구역만 살짝 바꿔도, 가장 호기심 많은 사람의 추적도 따돌릴 수 있음에랴!

가난하고 아무런 재산도 없는 아가씨는 오텔디외 병원으로 들어가 아기를 낳는다. 그곳에는 임신 6개월부터 들어갈 수 있다. 병원 측은 이러한 방침을 아주 잘 지킨다. 거기 들어가는 여성은 모든 것을 지원받는다. 산부인과 의사들은 여성들이 거기서 건강을 회복하고 나갈 때까지 제대로 치료를 받도록 모든 면을 감독한다. 내가 보기에 오텔디외는 전반적으로 비난받을 일이 없을 것 같다.

그곳을 찾는 여성의 이름이나 신분을 묻지도 않고 받아주는 산파들과 영아원은 아기를 살해하는 범죄를 예방해 준다. 사실 산파나 영아원 제도를 설립하기 전에는 이러한 범죄가 드물지 않았으며, 스위스보다 프랑스에서 더욱 흔했다.

앙리 2세의 왕령은 이제 효력을 잃었다. 이제는 몰래 아기를 낳는 처녀가 100명이라면, 옛날에는 임신 신고를 하지 않는 아가씨를 사형시키는 법이 있었다는 사실을 아는 아가씨가 한 명이 될까 말까였다.

오늘날 파리에는 산파가 200명 있다. 아기가 거의 2만 명이 태어나니까, 산파 한 명이 몇 명을 받는지 계산해 보라.

376 블뤼네

블뤼네는 파리의 보잘것없는 하층 부르주아로서, 재산, 신용, 정신적 재능이라고는 하나도 없는 사람이다. 누구인가 내게 "그래서 어쨌다는 겁니까?"라고 물을 것이다. 잠시 후면 이유를 알게 된다. 블뤼네의 아내는 아이를 일곱 번에 걸쳐 모두 21명을 낳았다. 이처럼 놀랍도록 왕성한 생식력은 동서고금을 뒤져도 찾아보기 어려우리라. 블뤼네는 현대판 헤라클레스이다.

세 쌍둥이들은 세례를 받고, 며칠을 살거나 몇 달을 살았다. 그렇게 해서, 강한 아기들만 12명이 살아남아 모두 튼튼하게 성장했다.

사람들은 도대체 블뤼네와 아내 중 누가 더 생식능력이 왕성한지 알 길이 없었다. 그런데 블뤼네는 하녀를 건드려 9개월 뒤에 사내아이 세 쌍둥이를 얻었다. 블뤼네는 1685년에 죽었다. 그 뒤 그의 자식들이 어떻게 되었는지 추적할 수 없어서 유감이다. 그러나 당시에는 자연의 역사에 관련된 현상을 관찰하는 데 별로 신경을 쓰지 않았다.

아직도 외국에서는 파리 사람들이 유약하다고 놀리는 경향이 있다. 그때 단 한 마디로 대답해 주자. 블뤼네를 아는가? 당신 나라에 블뤼네 같은 사람이 있으면 데려와 봐라.

377 책 빌려주는 사람

낡고 더럽고 너덜너덜해진 책이야말로 모든 사람이 최고로 치는 책이다. 알맹이도 없는 말을 늘어놓는 데 온 힘을 써버리는 거만한 비평가는 책 대여점에 가서 사람들이 보고 싶어 찾고 뻔질나게 빌려가는 책이 무엇인지 보아야 할 것이다. 그는 아무짝에도 쓸모 없는 시어를 구사하여 자신의 허약한 이론을 강화하기보다, 그 좁은 책방에서 더 많이 배우리라.

풍속을 속속들이 다루거나, 단순하거나 소박하거나 감동적인 작품으로서 허식이나 거만한 태도를 보이지 않고, 학술용어도 사용하지 않는 책, 이러한 책이야말로 사람들이 모든 지역에서 찾으러 다니고 집집마다 한 권씩 꽂아 놓는 책이다. 대여점 주인에게 이렇게 말해보라. "라아르프 선생의 작품을 빌려주세요." 주인은 주문 내용을 두어 번 반복해서 말한 뒤, 음악책을 빌려주는 데로 가보라고 말할 것이다. (아카데미 프랑세즈의 현관에서도 그런 일이 벌어지듯이) 그도 저자 이름과 악기 이름을 혼동했음이 분명하다.

위대한 저자들이여, 책을 빌려주는 가게에 몰래 가보라. 가서 당신의 작품이 수많은 사람의 손을 거치면서 더러워졌는지 확인해보라. 만일 대여점 책꽂이에서 당신 이름을 보지 못한다면, 아니 혹시 당신 책을 보더라도 아직까지 깨끗하고 한 사람도 손대지 않은 채 제본업자의 손에서 갓 벗어난 것처럼 제본 상태가 온전하다면, 당신은 이렇게 중얼거릴 것이다. "나는 무진장 천재이거나, 천재성이 없나봐."

정말 사람들이 열화같이 찾는 작품이 있다. 그래서 대여점 주인은 책을 셋으로 나눠 독자들의 손을 더 많이 거치게 만든다. 그렇게 해서, 날짜가 아니라 시간으로 돈을 받는다. 누구 덕에 이처럼 성공을 거두는가? 아카데미의 안락의자를 차지한 사람들 덕이 아닌 것은 분명하다.

책 대여점 주인은 책의 등표지만 알고 있으며, 이런 점에서 그들도 공공도서관 사서와 비슷하다. 또한 여러 사람에게 그는 유익한 장서를 가진 몇몇 대귀족과 비슷하다.

어머니가 딸에게 이렇게 말한다. "난 네가 책 읽는 꼴을 보기 싫다." 그러면 딸에게 독서의 욕망이 더욱 치솟는다. 딸은 어머니가 빼앗아간 가제본 책을 모두 상상 속에서 삼켜버린다. 그는 몰래 집에서 나가 책 대여점으로 가서 언젠가 들었던 제목인 『신 엘로이즈』를 빌려달라고 한다. 점원은 빙그레 웃는다. 딸은 돈을 내고 책을 빌려가 자기 방문을 걸어 잠근다.

이처럼 은밀한 즐거움은 어떤 결과를 낳는가? "나는 내 사랑에게 내 마음을 바칠 의무가 있다. 내가 결혼할 때, 나는 모든 것을 내 남편에게 줘야겠다."

378 교리문답 교사

나는 어떤 교회로 들어간다. 거기서 법복 위에 중백의를 걸치고 머리에 챙 없는 네모난 모자를 쓰고 있는 남자를 본다. 60명이나 되는 소녀가 그를 둘러싸고 앉아 있다. 그가 말하지만 제대로 알아들을 수 없다. 귀에 거슬리는 웅얼거리는 소리만 들리기 때문이다. 그러나 나는 보지 않고서도 말하는 사람이 남성인지 여성인지 알 수 있다. 나는 그쪽으로 다가선다. 이제 소리가 분명히 들린다.

교사: 자보트, 일어나렴, 내게 혼인 성사의 목적이 무엇인지 말해보렴.

자보트: 혼인 성사의 목적은 자식을 낳는 것이며, 자식은 세례를 받고 영적으로 다시 태어나 교회와 하느님의 나라를 채울 것입니다.

교사: 마농, 하느님은 여섯 번째 계율로 "몸과 말로 음란하지 마라"고 하셨는데, 과연 무엇을 금하셨지?

마농: 여섯 번째 계율은 행동이나 말로 어떠한 부정한 짓을 저지르지 말라고 하셨습니다.

교사: 무엇이 부정한 짓이지?

마농: 부정한 짓은 여러 가지가 있습니다. 그것을 저지르는 사람이나 분야가 아주 다양하고 차이가 나기 때문입니다.

교수: 이번에는 바베 차례이다. 하느님은 아홉 번째 계율로 "오직 결혼한 부부만 육체관계를 맺을 수 있다"고 하셨다. 하느님

은 무엇을 금하셨지?

바베: 하느님은 먼저 여섯 번째 계율로써 부정한 행동을 금지하신 뒤에, 아홉 번째 계율로써 모든 욕망과 생각으로 저지르는 죄를 짓지 말라고 하셨습니다.

소녀들의 대답은 불투명하다. 그들은 자기가 하는 말의 뜻도 모르며, 마음속으로는 전혀 다른 것을 생각한다. 그래서 다행스럽긴 하다. 그러나 어째서 그들을 데리고 이러한 문답을 해야 하는가?

누가 우리에게 도덕의 문답집을 만들어 줄 것인가? 문답집이 『백과전서』보다 형편없이 작지만, 『백과전서』을 만드는 일보다 더 어려울 것이다. 게다가 인생의 초기에 영향을 끼칠 유익한 책을 만들어 봤자 제작자에게 별 소득도 없을 것이니, 누가 투자하려 하겠는가? 아, 공공교육이여, 절실한 교육이여, 너는 아직도 우리에게 오지 않았구나.

379 파리 시내에서 장사꾼이 외치는 소리

이 세상의 어느 도시에서 이처럼 날카롭게 가슴을 후비는 듯한 소리를 들을 수 있겠는가! 장사꾼이 지붕 너머까지 들리도록 외쳐대는 소리를 들어봐야 한다. 그들이 목청껏 소리를 질러대면 번잡하고 소란스러운 사거리에서도 그 소리가 들릴 정도이다. 이방인은 그가 무엇을 팔려고 소리치는지 이해하기 어렵다. 파리 주민도 처음에는 잘 알아듣지 못하니까. 물지게꾼, 중고 모자장수 아낙, 철물장수, 토끼 가죽 장수, 생선장수 아낙, 이들은 모두 높고 갈라지는 목소리로 물건을 사라고 외친다. 이들이 외치는 소리가 한데 섞이면 얼마나 듣기 싫은지 들어보기 전에는 상상도 하지 못하리라. 이 행상인들이 외치는 소리와 내용을 이해하려면 상당한 연구가 필요하다. 이 방면에서 하녀들은 학자보다 훨씬 더 훌륭한 귀를 가졌다. 그들은 학자의 저녁거리를 마련하려고 준비하다가, 4층에서 아래로 내려간다. 저쪽 길모퉁이에서 고등어, 싱싱한 청어, 상추, 무를 파는 행상인이 나타났기 때문이다. 행상인이 무엇을 팔건 외치는 소리는 거의 비슷하게 끝나기 때문에, 박학다식한 박사라도 속지 않으려면 평소에 많이 들어봐야 한다. 그 소리를 구별하지 못하는 사람에게는 아무리 설명해도 이해할 수 없는 소음으로 들릴 뿐이다.

380 음악 행상인

모든 행상인의 소리가 다 듣기 싫다고 할 수는 없다. 어둡고 긴 겨울밤을 즐겁고 짧게 만들어 주는 음악을 잠자리에서 들어보라. 한밤중에 오르간을 연주하는 아름다운 소리가 들릴 때, 즐거워지지 않을 이가 어디 있으랴! 이방인이라면 진정한 즐거움을 찾으리라. 그는 문을 단단히 잠그고 이불을 잘 여민 채 잠들었다가, 자기 창문 아래서 세상에서 가장 아름다운 음악을 연주하는 소리를 듣고 깬다. 음악소리는 마치 자장가 같기도 하다. 그는 멀어지는 소리가 아쉬워 귀를 기울인다. 그 소리는 멀어지지만 더욱 매력 있다. 그의 영혼에 속삭이던 곡조를 소중하게 되뇌면서 기분 좋게 잠든다.

이 세상에서 이 부드러운 화음만큼 듣기 좋은 소리는 없다고 생각한다. 사심 없이 대중의 마음을 위로하고 즐겁게 해주는 음악을 듣고 기분이 좋아지지 않는 사람이 어디 있겠는가?

날마다 사람들이 밤참을 먹고 난 뒤, 모든 거리에서 각각 특별한 음악이 울려퍼지면 얼마나 기분이 좋을까! 낮의 피로와 우울한 일을 한방에 날려 보낼 수 있으리라. 고통을 받는 사람도 운이 쇠퇴하는 일을 걱정하기보다는 아름다운 이튿날을 꿈꾸면서 잠들 것이다.

오르간을 연주하는 소리를 듣는 사람이라면, 등에 풍금을 메고 다니면서 음악을 연주해 주는 오르페우스에게 2수를 던져주기를 아까워할 사람이 몇이나 있겠는가? 음악을 듣고도 푼돈을 아끼는 사람은 분명히 은혜를 모르는 사람이라 해도 좋다. 내가 만일 그 자리에 있었다면, 이 감미로운 음악을 이용하여 대중의 풍속을 바꾸는 수단으로 활용하고, 정부에서도 음악을 다양하게 발전시키도록 권장할 것이다. 물론 사람들은 나를 몽상가라 부르겠지. 그러니 이쯤 해두고 마무리해야겠다.

381 산부인과 의사

17세기 초만 하더라도 산부인과 의사를 아는 사람은 거의 없었다. 남성이 아기를 받는 관례는 예전부터 오랫동안 풍속과 편견과 수치심 때문에 영원히 금지해야 마땅할 것처럼 보였기 때문이다. 지난 60년 이상 언제나 규칙 위에서 군림하는 군주들이 그러한 관례의 본보기를 보여주었다.

산파의 무지와 부주의로 어떤 임산부는 유산을 하고, 어떤 아기는 목숨을 잃는다. 산파의 실수로 팔다리가 탈구하거나 머리가 납작해지기도 한다. (그 때문에 멍청이나 바보가 된다.) 그래서 사람들은 산파보다 산부인과 의사에게 관심을 갖게 되었다.

몸을 푸는 여성은 얼마 동안 산파들의 부드럽고 섬세하고 유연한 손길을 그리워했다. 그러나 산부인과 의사들은 기름과 연고를 준비하여 산파처럼 부드럽게 아기를 받았다.

임산부를 위한 학문은 더욱 발달했다. 그리하여 임신의 과정과 출산, 그리고 난산에 관한 모든 징후, 지식을 더 잘 갖추게 되었다. 출산의 고통을 줄이는 약을 처방하기 시작했다. 사산아의 수를 줄이고, 임산부의 불안도 진정시켜 주었다. 날이 갈수록 제왕절개 수술도 줄게 되었고, 마침내 몹시 수줍어하는 프티 부르주아 여성까지, 다시 말해서 모든 여성이 더 이상 남성 산부인과 의사의 손길을 두려워하지 않게 되었다.

남프랑스의 주민들, 그리고 프랑스인 남편들보다 덜 철학적인 동시에 아내에 대해 더 많이 질투하거나 아내를 제대로 사랑할 줄 모르는 에스파냐 사람들은 아직도 산부인과 의사들에 대해 혐오감을 억누르지 못한다. 다른 남성의 손에 아내를 맡긴다는 생각, 자기만 보고 만져야 할 아내의 몸과 매력을 남이 보고 만지게 한다는 생각이야말로 남편에게는 가장 절망적이었다. 산부인과 의사들은 몸을 푸는 산모의 창백하고 쇠약한 모습이 매력적이며, 그녀가 지르는 소리가 애처롭다고 생각할지 모르지만, 산모가 몸을 뒤틀면서 아기를 낳을 때 매력이 있건 없건 상관하지 않는다. 더욱이 산부인과 의사들이 하는 일은 진지한 동시에 신성하게 되었다. 그래서 그들은 무감각하고 눈뜬 장님에 벙어리가 될 정도로 일종의 종교적 의식을 치르듯이 용의주도하게 아기를 받는다.

그러므로 성적 수치심이 발생할 틈이 없다. 에케가 쓴 『여성의 아기를 받는 남성들에게 나타나는 외설스러움에 대하여』라는 책도 있지만, 사실 몸을 푼 지 6주가 지난 여성은 자기 남편과 아기를 받아준 산부인과 의사와 함께 즐겁게 밥을 먹을 수 있다. 그 여성은 자기 몸을 본 의사가 있다고 얼굴을 붉히지 않는다.

신체의 두 부분이 잘못 결합한 유착을 분리하는 수술은 최근에 개발된 기술이지만, 아직 믿을 수 없는 수준이다. 이 기술을 알아낸 사람은 뭇사람의 칭송을 받긴 해도, 기술은 거의 극단적인 방법을 적용하는 실정이다. 산부인과에서 쓰는 겸자는 그 자체로 겁나는 물건이긴 해도, 수술보다는 덜 무섭다. 그러므로 겸자의 구조와 사용법을 좀 더 개선한다면, 여성을 톱질하여 둘로 나누는 것보다는 겸자를 사용하는 일이 더 적절하게 보인다.

이제 출산은 공공의 성격을 띠게 되었다. 농촌과 중소 도시에는 이 기술을 완벽하게 갖춘 사람이 거의 없지만, 파리에는 넘쳐난다. 그러므로 파리에서는 아기를 만드는 일보다 낳는 일이 더욱 쉽다.

382 치과의사

가장 아름다운 입도 이가 없다면 더 이상 아름답지 않다. 트로이의 헬렌에게 이가 한 대 빠졌다면 전쟁도 일어나지 않았을 것이며, 숭고한 『일리아드』는 보잘것없는 이야기가 되었으리라.

이는 건강의 징표이며 가장 으뜸가는 매력이다. 내 생각에, 이와 입술이야말로 가장 육감적인 부분이다.

이가 없는 여성은 결점을 감추려고 오만상을 찌푸린다. 웃을 때는 손이나 부채로 입을 가려야 한다.

이는 아름다움과 건강에 모두 이바지한다는 사실을 마음에 새겨야 한다. 솜씨 좋은 치과의사는 이를 뽑지 않고 잘 보존하도록 애써 준다. 그들은 되도록 고통을 주는 도구를 손에 들지 않는다. 도핀 길에 병원을 낸 카탈랑은 가장 놀라운 기술을 뽐낸다. 그는 가장 적절하고 섬세한 진단을 하고 손을 잽싸게 놀려 치료한다. 그는 놀라운 기술을 창안했다. 그는 (해부학적 지식을 활용해서) 틀니를 만든다. 환자는 틀니를 끼고 아무런 불편없이 모든 음식을 먹을 수 있다. 그는 음식물 분쇄작용을 정확히 진단하여 완벽하게 틀니를 만들었다. 내가 보기에 그를 따를 만한 의사는 거의 없다. 그가 아주 유익한 장치를 고안하였기 때문에, 그 앞에서는 다른 사람의 이름을 들먹이면서 칭찬을 하지 못할 정도이다.

거리를 오가다가 치통 때문에 고생을 한다면, 고개를 들고 둘러보기만 하면 된다. 나무처럼 커다랗게 만든 어금니 모양의 간판이 어서 올라오라고 손짓한다. 치과의사는 환자를 앉힌 뒤, 옷소매를 걷어붙이고 손을 빠르게 놀려 이를 뽑고 양치질을 시킨다. 환자는 의사에게 치료비를 내고, 거리로 나서 가던 길을 가면 된다. 이 얼마나 편리한 세상인가?

383 요리사

라블레는 "모든 것은 내장을 채운다"고 말했다. 나약한 시바리스 사람, 아주 육감적이고 관능적인 동시에 세련된 이 기생충의 밥상에는 온갖 풍토에서 나온 재료를 가지고 식욕을 돋우고 자극할 음식이 가득하다. 그는 모든 감각을 자극하는 밥상을 보면서 기분이 좋다. 그는 모든 예술의 깊은 매력에 둘러싸여 있으면서도 권태를 느끼는 것일까? 그가 토카이 포도주[21]를 마시면서 느끼는 권태는 냄새가 진동하는 생선 기름을 마시는 라플란드 사람의 권태와 같은 종류일까? 잘 차려 입은 아름다운 여인이 기품 있는 준마 6필이 끄는 투명한 마차를 타고 있다. 그런데 러시아 북부의 사모예드 여인은 검은색 젖을 축 늘어뜨리고 북빙해 위에서 길을 잃고 헤매거나, 은신처에서 습하고 숨막히는 공기를 들이마신다. 이 두 여성이 과연 같은 땅에서 산다고 할 수 있는가?

같은 땅에 살아도 사람의 처지가 천차만별임을 안 이상, 급사장이 고관대작에게 메뉴를 가져다 주면 고관대작은 메뉴를 던지면서 멸시하는 태도로, "지겨워, 날마다 똑같은 음식만 내놓는군"이라고 말하는 모습을 보더라도 별로 놀랄 일은 아니다. "당신은 상상력이 부족하군. 계속 같은 방식으로 요리해 주니 멀미가 나는군." "그렇다면 소스를 바꿔서 올리겠습니다." "내가 말했듯이, 모든 음식이 역겨

21 헝가리에서 생산하는 달콤한 포도주.

워서 먹을 수가 없소." "그렇다면, 나리, 두꺼비 모양의 멧돼지 요리를 준비해 올리겠습니다." "언제?" "내일이요. 멧돼지를 샹파뉴 포도주 60병에 절여놓겠습니다. 멧돼지 다음 요리로는 자마이카 거북이를 올리겠습니다."[22] "참 일찍 말하시는군. 그러면 언제? 거북이는 도대체 어디 있소?" "런던에 있습죠." "그렇다면 우체국으로 가야겠군. 어서 가서 거북이를 데려오시오."

급사장은 우체국으로 가서 거북이를 가져온다. 거북이 요리를 제대로 준비하려면 수많은 충고를 들어야 한다. 그 방법은 백과사전을 써야 할 만큼 많다. 마침내 급사장은 나리께 거북이 요리를 올린다. 이 요리를 값으로 치자면 한 5천 리브르짜리이다. 미식가 7~8명이 물리도록 먹는다. 그들은 로마네 포도주[23]를 마시면서 도대체 농부가 살아가려면 무엇이 필요할까 생각해 본다. 그들은 농부에게 하루 3수만 있으면 충분하다고 결정한다. 그리고 도시의 부르주아에게는 17수를 할당한다. 고관대작과 그 지지자들은 농부나 부르주아에게 그 이상의 돈이 왜 필요하겠느냐고 말한다.

누가 새로운 요리에 대한 모든 용어를 나열할 수 있을까? 그만큼 전혀 새로운 용어가 마구 생겼다. 랑그독 사람들은 가장 훌륭한 요리사이다. 그들은 가정교사보다 봉급을 4배나 많이 받는다.

22 16세기에는 (투렌과 푸아투의) 강과 육지에서 나는 거북이를 좋은 음식 재료로 썼다. 그것은 약효를 인정받아 국거리로 사용하기도 했는데, 루이 14세의 밥상에도 올랐다. 18세기에는 특히 자마이카 거북이를 즐겨 찾았다. 메르시에는 이 거북이 요리가 가장 비싼 축에 낀다고 말한다. 이때부터 거북이는 영국 특별요리로 알려졌다. 특히 19세기부터는 거북이 수프가 유명해졌다.

23 부르고뉴 지방의 코트 드 뉘 면의 본 로마네(Vosne-Romanée)에서 생산하는 포도주는 아주 유명하다. 1760년 콩티 공은 마담 드 퐁파두르와 경쟁한 끝에 이 포도원의 일부를 아주 비싸게 사들였고, 이 포도원은 곧 로마네 콩티(Romanée-Conti)라 불리게 되었다.

사람들은 떡 벌어지게 차려 놓은 음식의 4분의 1 정도만 먹고 상을 물린다. 하인들이 뚱뚱하고 기름기가 흐르는 데는 그만한 이유가 있는 것이다. 그들은 부르주아보다 더 훌륭하게 음식을 차린다. 그들은 그 방법을 알고, 거기에 자부심을 갖는다. 어떤 하인이 동료를 만났다. 그 동료는 방금 편지를 썼는지, 잉크 위에 뿌리는 가루를 조끼에 묻히고 있었다. 그는 동료에게 아주 건방진 투로 말했다. "가루를 털어버리게, 남들이 자네를 가게 점원으로 보기 전에."

두꺼비 모양의 멧돼지라니! 누군가 이렇게 외칠지 모른다. 그렇다. 나는 석쇠 위에 그것을 굽는 모습을 직접 보았다. 생로랑의 멧돼지도 그처럼 아름다운 허리를 갖지는 못했다. 활활 타는 장작불 한가운데 멧돼지를 놓고, 지방간을 끼워넣는다. 정제한 기름을 부어 불을 붙이고, 가장 향기로운 포도주를 넘치도록 부어준다. 그렇게 구운 멧돼지를 통째로 고관대작에게 내놓으면, 그는 떡 벌어지게 내온 음식을 보면서 미소를 날린다. 누구는 머리부터 공격하고, 또 누구는 갈빗살을 공격한다. 각자 자신이 가장 섬세하고 미묘한 맛을 느끼는 부분에 대해 장황하게 설명한다.

프랑스의 왕들은 진한 국, '레갈라드(음료, 특히 술 마시는 방법)'에 대한 왕령을 내렸다. 왕령의 목적은 사치스러운 음식을 배격하는 데 있었다.

17세기에는 고기를 많이 내놓았다. 마치 산처럼 쌓아 놓았다. 그때까지만 해도 큰 접시 하나보다 10배나 비싼 작은 접시를 사용하지 않았다. 좀 더 세련되게 먹기 시작한 것은 겨우 반세기 전부터이다. 루이 14세 시대까지만 해도 루이 15세 치세의 맛난 요리를 먹지 못했다. 루이 14세는 '가르뷔르'[24]를 맛보지 못하였다.

옛날에는 식사나 피로연에서 음식을 내놓다가 중단하고 구경거리를 제공하는 여흥 시간이 있었다. 오늘날 누가 그것을 눈치챌 수 있겠는가?

농부, 소박한 시민, 시골 귀족, 대귀족, 성직자, 수사가 무슨 음식을 먹는지 정확히 알 수 있다면, 그들의 생활수준을 말할 수 있으리라.

얼마 전부터 우리는 평민처럼 씹는 것이 상스럽다고 생각하게 되었다. 그래서 모든 것을 삶거나 맑은 국물로 우려내었다. 어떤 공작부인은 소 허릿살을 고아 젤리로 만들어 먹는다. 그녀는 고기 한 점을 쫓아다니는 비웃장수 아줌마처럼 노동하기를 원치 않는다. 힘들게 씹지 않고서도 즙이 식도를 타고 술술 내려가게 만들어야 한다. 푸줏간에서 파는 고기는 오직 서민이 먹기 적합하다. 서민은 가금류도 먹기 시작했다. 언제부턴가 뭇사람이 먹는 음식이 이름이나 모양새와 상관없는 시대가 되었다. 그런데 음식을 보고 눈이 휘둥그레지지 않는 한 식욕도 충분히 동하지 않으므로, 요리사는 준비하는 재료의 모양을 모두 바꾸려고 노력한다.

성주간에는 채소를 가지고 온갖 생선처럼 만들어 내는 음식을 왕에게 대접한다. 채소로 생선을 모방할 때 그 맛까지 담아낸다.

나는 수많은 방식으로 손질하고 기술적으로 조리한 음식을 먹으면서, 그 음식을 무엇으로 만들었는지 상상도 하지 못하였다.

미식가들도 진수성찬 앞에서는 옛 금언을 잊어버린다. "굶주린 배는 우리에게 가장 큰 적이다."

오늘날 요리사가 요리의 예술가라는 칭호를 듣지 않는 일은 거

24 la garbure: 베아른 지방의 요리로서, 돼지고기와 채소를 듬뿍 넣어 끓인 스튜이다. 18세기에 아주 높이 쳐준 음식이다. 약한 불에 끓여 즙과 맛이 풍부한 이 요리는 맑은 국물과 주스 대신 새로운 요리 취향을 반영했고, 파리에 타 지방 요리법이 들어갔음을 보여준다.

의 없다. 로마 시대와 달리 그들에게 급료로 2천 리브르를 지급하지는 않지만, 요리사가 화를 내면 그를 앉히고 달래고 진정시킨다. 그를 제외한 모든 하인은 보통 그에게 희생된다.

요리에서 이처럼 예술을 추구하기 때문에, 트리말키온 같은 사람은 오늘날의 요리사에게 배우러 오고 싶을 것이다.[25] 또한 클레오파트라 여왕에게 음식을 대접할 때 한 도시를 지정하여 자신의 요리사에게 보상해 주라고 명령했던 안토니우스라 할지라도, 오늘날의 요리를 먹어본다면 자기 요리사를 너그럽게 봐주지 못하리라.

프로이센 왕은 궁내부 급사장 노엘에게 사르다나팔 식[26]의 훌륭한 스튜를 끓여주어 감사하다는 서한체 헌시를 보내주었다. 사르다나팔 식의 스튜란 무엇인가? 나도 모른다.

어떤 프티 부르주아는 하녀 한 명을 두었는데, 이 하녀가 제일 잘 만드는 음식은 닭 프리카세였다.[27] 그는 닭요리를 적신 매운 소스를 맛볼 때마다 어김없이 어떤 요리사에 대한 이야기를 꺼냈다. 그 요리사는 주인에게 늙은 소의 넓적다리살을 요리해 주었다. 그는 맛없는 늙은 쇠고기를 푹 삶아 부드럽게 만든 뒤 가장 먹음직스러운 소스에 담가서 맛을 냈다고 한다. 프티 부르주아는 어떤 급사장의 환심을 사려고 애썼다. 그래야 일요일에 한 상 잘 차려 먹을 수 있기 때문이다. 그가 그런 사람을 알아둔다는 것은 아주 소중하고 값진

25 페트로니우스(Petronius, 27~66)의 『사티리콘(*Satyricon*)』에서 가장 유명한 일화는 트리말키온의 피로연이다. 이 부유한 미식가는 아주 호화판으로 음식을 대접하였지만, 그 음식은 세련되지 못하고 오히려 부자연스러웠고, 돈을 많이 썼음에도 불구하고 피로연에 참석한 사람들에게 혹평을 들었다.

26 18세기 요리책 어디를 봐도 이러한 조리법을 찾을 수 없다. 그러므로 메르시에는 니네베의 왕 사르다나팔의 쾌락주의를 암시한다. 사르다나팔은 누구든지 새로운 요리를 만드는 사람에게 금화 1천 냥을 주겠다고 했다 한다.

27 fricassée: 닭고기나 토끼고기를 채소와 함께 화이트 소스로 찌는 음식.

일이었다. 그래서 그는 급사장을 사귀려고 지극정성을 기울였다. 그는 급사장을 자기 아들의 대부로 모시려고 노력했다. 그렇게 된다면 그를 '내 절친한 친구'라 부를 수 있고, 그리고 그 결과 훌륭한 주전부리로 돌아올 것이기 때문이다.

내가 생각하기에 우리의 감각 가운데 가장 조잡한 것이 미각이다. 미식가가 즐기는 음식이라고 해서 모든 사람의 입맛에 맞는다고 볼 수 없다. 그러므로 특별한 음식에 극도로 쾌감을 느끼는 사람을 불행하다고 애석하게 여겨야 한다. 못생기고 불우한 사람에게도 자연은 얼마나 풍요롭고 관대한 것인지 인정하자. 나는 (직접 만난 뚱보 미식가 이름을 거론하고 싶지 않기 때문에 단지) 샤펠, 데지브토 같은 사람을 거론하고 싶다.[28] 볼이 통통한 이 친구가 음식을 맛보거나 외국에서 들어온 리쾨르 술을 마시는 모습을 보자. 그는 음식의 재료와 색깔을 생각한다. 그는 냄새를 맡아보고 입에 댔다 떼다 하면서 감각적 쾌락을 온몸으로 느낀다. 그는 술 한 방울을 혀끝에 굴리면서 맛을 음미한 뒤, 입술을 핥는다. 모든 신경이 그 느낌을 몸속 깊이 전달한다. 혀와 입의 모든 부분이 차례로, 그리고 알 수 없는 단계를 거치면서 맛을 판단하게 된다. 무한정 대조하고 조사한 뒤, 마침내 그는 그 소중한 술을 홀짝 마시기로 결심한다. 그러나 이 미식가는 마지막 순간 멈추고, 다시금 검사하고 새로운 연구를 시작한다. 마치 그 술을 충분히 분석하지 못한 것처럼. 그는 다시 한 번 마지막 한 방울

28 클로드 에마뉘엘 뤼이예(Claude-Emmanuel Luillier)는 1626년에 샤펠에서 태어났기 때문에 샤펠이라는 별명을 얻었다. 샤펠은 몰리에르, 라신, 부알로의 친구가 되었다. 짧은 시를 짓고 몽펠리에 여행기를 쓴 그는 술을 좋아하는 것으로 더욱 유명해졌다. 데지브토(Désyveteaux, 1559~1649)의 경우도 비슷하다. 이 사람은 작품보다 쾌락주의를 좇는 생활 때문에 더 유명했다. 루이 13세의 교사였지만, 1611년 방탕한 생활 때문에 궁정에서 쫓겨났다. 그가 지은 14행 시를 보면, 그는 그 어떤 것보다 '아주 자유분방하고 식기가 별로 없는 밥상'을 좋아했다.

까지 기분 좋게 음미한다. 보통 사람은 이 리쾨르 술을 그냥 리쾨르 술로만 알고 마신다. 그러나 미식가는 거기서 놀라울 만큼 다양한 맛을 식별한다. 그가 술을 마시면 그의 배도 맛을 느낀다.

그러므로 누군가의 요리사를 교묘하게 납치하는 일은 절대로 용서할 수 없는 끔찍한 장난이다. 누구라도 이처럼 비열한 장난을 한다면 심술궂은 사람으로 낙인찍혀 마땅하다.

384 항상 걸려 있는 냄비

볼라이 강둑길[29]로 나가보자. 그곳에는 항상 커다란 갈고리에 냄비가 걸려 있다. 거기에 거세한 수탉을 여러 마리 넣고 굵은 소금을 쳐서 익힌다. 닭에서 자양분이 넘치는 즙이 나와 마구 섞인다. 하루 종일 손님은 닭요리를 살 수 있다. 닭과 함께 맛좋은 국물도 담아준다. 그것을 집으로 가져가거나, 아니면 가게 근처에서 부르고뉴 포도주를 뿌려 향을 낸 뒤 뜨거울 때 먹을 수 있다.

만일 가금을 기를 줄 모르는 고장에 가게 된다면 파리에서 먹던 닭고기 맛을 그리워하리라. 닭을 통통하게 기르는 방법을 알지 못할 뿐만 아니라, 그런 생각조차 해보지 않은 사람들이 사는 곳이란! 그들은 단지 굴과 청어를 꿈꾸듯이 거세한 수탉을 꿈속에서 그릴 뿐이다. 거기서는 오로지 딱딱하게 굳은 음식만 볼 수 있다. 자연주의자는 이들을 위로한답시고 냉정하게 말할 것이다. "이곳 사람들은 약 1만 5천 년 전만 해도 생굴과 신성한 청어를 먹고 살았다."

파리에서는 언제나 기름이 흐르는 수탉과 신선한 굴을 먹을 수 있다. 각자 원하는 시간에 음식을 먹을 수 있다. 그러나 다른 지방에 가면, 돈을 내고서도 생굴이나 굵은 소금을 쳐서 삶은 수탉을 맛보기 어렵다.

29 볼라이(Volaille)는 가금을 뜻하는 말이다. 가금류나 매치, 또는 불치를 파는 곳은 사실상 오귀스탱 강둑길(quai des Augustins)이었지만, 사람들은 그곳을 '비참한 계곡(Vallée de la misère)'이라 불렀다.

385 종부 성사를 하는 신부

우리말은 얼마나 풍부하고 품위 있는가! 짐꾼(portefaix), 지갑(portefeuille), 연필꽂이(porte-crayon), 꽂을대 통(porte-baguette), 등자 끈(porte-étrier) 풀무관(porte-vent), 권장 받드는 사람(porte-verge), 외투걸이(또는 외투를 드는 사람, portemanteau), 촛불 심지 자르는 가위받침(porte-mouchette), 게다가 하느님을 모시고 다니는 (종부 성사를 하는) 신부(porte-Dieu)까지! 모든 나라의 하늘을 다스리는 하느님, 이 얼마나 멋진 말인가!

그러나 이 일을 하는 신부는 가난하다. 교구 성당에서 하루 종일, 그리고 밤까지 있다가, 환자에게 마지막 성찬을 베풀어 달라는 요청이 있으면 감실로 가서 성량(빵)을 꺼내 환자의 곁으로 가야 한다.

수석 시동 2명이 낡고 더러운 휴대용 닫집을 받쳐들고 간다. 등불이나 송진불로 길을 밝히는 사람, 요령을 든 사람, 턱뼈가 발달한 교회지기가 발을 절며 따라간다. 죽어가는 환자의 집으로 가는 행렬은 딱 이런 모습이다. 성합은 작은 천 조각 4개로 감쌌다. 요령을 흔들면 사람들이 무릎을 꿇는다. 거리를 오가는 마차도 멈춘다. 그러나 마차에 탄 사람은 굳이 내리지 않아도 좋다. 단지 유리창을 내리고 가볍게 인사한다. 마부들이 종소리를 듣지 못해서 마차를 세우지 않으면, 요령꾼은 종을 더 세게 흔든다. 이단자나 자기 옷을 더럽히지 않으려는 사람은 무릎 꿇어야 하는 15분 동안 자리를 뜬다. 모든 사람이 환자의 집은 물론 환자의 방까지 들어가 성찬을 받을 권리가 있다. 이때 거울을 가려야 한다. 거울 때문에 성사 장면이 여러 군데서 재현되기를 바라지 않기 때문이다. 사제는 낮은 장을 제단으로 이용하여 성수를 방에 뿌리면서 사악한 귀신을 몰아낸다. 곧이어 사제는 한 번도 만나지도 못하고 알지도 못하는 환자에게 상투적인 설교를 짤막하게 해준다. 그 뒤에는 거기 모인 젊은이, 늙은이, 한 마디로 모든 신분의 남녀노소에게도 똑같이 설교한다. 사제가 종부 성사를 집전하는 동안, 요령꾼은 능숙하게 촛대를 들어올려 누군가 거기 놓아둔 돈을 챙긴다. 그는 이렇게 모은 돈을 나중에 사제와 나눈다. 사제는 거기 모인 모든 사람들에게 신의 은총을 빌어준 뒤, 오던 길을 되돌아간다.

그는 가끔 아주 먼 길을 간다. 폭우가 쏟아질 때에도 친절한 사제는 마차에 오른다. 요령꾼이 마차 앞자리에 앉아 문에서 종을 흔든다. 교회지기는 반쯤 꺼진 송진불을 들고 종복 역할을 맡는다. 마부는 존경의 표시로 모자를 한쪽 겨드랑이에 끼고 민머리에 비를 맞으면서 다른 팔에 채찍을 들고 마차를 몬다.

교회의 문 앞에서 마차삯을 지불한다. 사제는 마부에게 행하를 얹어주고 복을 빌어준다. 마부뿐만 아니라 그가 모는 마차까지 복을 받는다. 그날 하루만이라도 마부는 말에게 욕을 해서는 안 된다.

보초병사가 저녁 때 그 친절한 사제를 만나면, 그는 총검을 앞세워 사제를 호위해서 교회까지 모셔간다. 사제는 제단의 층계 위에서 보초에게 복을 빌어주어 고마움을 표시한다.

루이 15세는 파리 고등법원에서 자신의 권위를 확실히 인식시킨 뒤, 베르사유로 돌아가는 길에 퐁뇌프가 끝나는 데서 생제르맹 로세루아 소교구의 사제가 모시고 가는 성랑을 만났다. 왕의 행렬은 걸음을 멈추었다. 왕은 마차에서 황급히 내려 진흙 먼지에 아랑곳하지 않고 무릎을 꿇었다. 사제가 한때 붉은색이었던 닫집 아래서 나와 왕에게 신의 은총을 빌어주었다. 구경꾼들이 이 경건한 모습을 보고 황홀해져, 평소 왕에게 느끼던 악감정을 싹 잊어버리고 이렇게 외쳤다. "왕 만세!" 그리고 하루 종일 그들은 거듭해서 말했다. "왕이 진흙탕에 무릎을 꿇으셨어!"

종부 성사를 하는 사제는 이렇게 좋은 기회를 맞아 왕실에서 내리는 은급을 받았다.

만일 상당한 지위의 사람에게 성량을 가져가는 일이 생기면 행렬의 구성이 달라진다. 그 집안의 모든 하인에게 횃불을 받쳐 들게 하고, 훌륭한 장식을 달고, 깨끗이 보관해 둔 닫집을 장롱에서 꺼낸다. 요령꾼은 실제로 필요 없는 요령을 하나 더 든다. 성직자 2명이 닫집을 받들고, 교구의 수비대가 행렬을 인도한다. 교구 사제가 장엄한 영대(스톨라)를 걸치고 직접 환자에게 종부 성사를 집전한다.

이처럼 호의를 베푸는 일은 고관대작이나 유명한 부자에게만 일어나는 아주 희귀한 일이다.

나는 프랑스 왕의 외투를 받드는 사람이 생퇴스타슈 성당에서 '하느님을 모시고 다니는' (종부 성사 집전) 사제장보다 훨씬 자부심을 느낀다고 믿는다.

마태복음서에서는 "사탄은 하느님을 이리 데리고 다니고 또 저리 데리고 다닌다"고 한다.[30]

30 「마태복음」 5절과 8절의 내용을 가지고 메르시에는 말장난을 하였다.

386 부활절 전후 2주간

프티 부르주아에게는 특별히 성가신 기간이다. 특히 작은 상점 주인에게 곤혹스러운 기간이다. 부활절 전 1주, 후 1주에 한 번씩 고백성사를 하고 성체배령을 해야 하기 때문이다. 아버지가 자식에게, 가게 점원에게, 하녀에게 훈계한다. 그러나 아직 미숙하고 신을 제대로 믿지 않는 사람들에게 고백이 무슨 소용이란 말인가! 어떤 결심을 해야 할지 모르는 그들은 얼마나 거북하게 느낄 것인가!

교회와 수녀원에 들어가 보라, 얼마나 할 일이 많은지! 사제와 수사는 모두 발을 땅에 붙일 새가 없다. 설교, 권고, 피정, 협의가 잇따른다. 안채에서는 불쌍한 아이들에게 구세주의 수난을 외우게 한다. 외울 내용은 아주 길다. 아이들은 운다. 그러면 그들에게 벌을 내린다. 그들은 더욱 심하게 운다. 그들은 빵과 물만 먹는 벌을 받는다. 극장은 문을 닫지만, 나쁜 곳은 그렇게 하지 않는다. 경찰이 할 일이 평소보다 더 많아진다. 희극 대신 연주회가 열린다. 자선 모임을 하고, 음악으로 흥을 돋우는 테네브레 기도[31]를 올리며, 아름다운 목소리를 과시하고, 롱샹으로 산책하러 다니며, 원정을 떠나는 사람들이 신사적으로 떠나고, 이렇게 해서 이 기간은 지나치게 소란스럽다. 하인과 하녀는 집안일을 중단하고 고백실로 들어간다. 아침 저녁으로 수난곡을 연주하는 소리를 듣는다. 흰색 보를 쓴 성체배령자들이 제

31 테네브레(어둠) 기도는 부활절 전주 목·금·토요일 조과와 찬송과로서 끝 무렵에 등불을 끄기 때문에 '어둠'이라는 뜻을 가졌다.

단 난간을 따라 죽 늘어선다. 성합을 모시고 오전 내내 빙빙 돌아다닌다. 성체 빵 장수는 그것을 틀에 다량 부어 넣어야 한다. 고해자들이 끊임없이 감실의 문을 두드린다.

개심한 흔적을 보인 뒤, 2주간의 행사가 끝난다. 교회는 사막처럼 조용해진다. 사람들은 다시 일상으로 되돌아간다. 언제 채소만 먹었느냐싶게 바로 고기를 먹기 시작한다. 채소가 밥상에 다시 오를 때, 신자는 종교적 의무를 다시 머리에 떠올리겠지.

서민은 언제나 '셔츠 2벌을 입은 사나이'를 만나러 갈 것이라고 말한다. 이 말은 고해신부를 찾아가겠다는 뜻이다.

387 설교

사제가 설교할 때, 옛날부터 악마를 쫓을 때 외우는 기도문을 아직까지 암송한다. 사제는 마법사, 마술사, 점쟁이를 몰아내고, 아주 먼 옛날 다신교 시대부터 전해오는 관습을 되살렸다.

아직도 푸닥거리가 있음에 대해 개탄하고, 대중에게 건전한 생각을 심어주는 데 이바지하지 못하는 사람은 에스파냐의 사례를 생각하면서 차라리 미신을 용서하는 편에 서리라. 왜냐하면 에스파냐의 경우 미신의 뿌리를 뽑으려고 노력했지만 허사였고, 오히려 미신을 배척하는 행위 자체가 또 다른 미신처럼 되었기 때문이다.

지난 1781년 11월 7일 (이 날짜를 어찌 잘못 기억할 수 있으리오!) 에스파냐의 세비야에서는 악마와 통정하는 죄를 지었다는 여성이 화형을 당했다. 이러한 일이 일어났다는 소식을 듣는 사람은 대부분 기절초풍할 것이다. 기독교 교부인 성 키프리아누스나 성 아우구스티누스도 이미 그 같은 일은 불가능하다고 말하였다. 이 불행한 여인은 젊고 예뻤다. 이단 심문관들은 아주 잔인한 방식을 사용했다. 그들은 처형 2시간 전 여인의 코를 잘라냈다. 그렇게 해야 예쁜 얼굴의 감동적인 은총도 그의 운명에 아무런 영향을 끼칠 수 없다고 믿었기 때문이다. 나는 그 현장에서 지켜본 사람의 입을 통해 이 사실을 전해 들었다. 그렇다, 이처럼 끔찍한 장면은 아주 먼 옛날이 아니라 바로 지난 11월 7일에 일어난 일이다. 독자여, 지금이 어떤 시대인지 생각해보라.

"모든 악덕은 바보같은 짓에서 나온다"는 말이 옛말인 줄 알았는데, 오늘날에도 결코 틀리지 않다. 우리는 인류의 역사에서 매 순간 이처럼 슬픈 사실을 읽는다.

가엾은 인간 정신이여, 아직도 계몽의 빛이 필요하구나! 그대는 매순간 가장 비천한 미신에 빠질 가능성을 안고 있다. 마법, 마술, 점성술을 받아들인 그대, 그대는 정치적 잘못까지 저질렀다. 그 추악한 잘못을 저지른 그대 눈뜬 장님이여, 그를 슬퍼하노라.

388 달걀

3월 15일 암탉이 알을 낳았다. 이튿날 파리 고등법원이 회의를 한 뒤, 파리 사람들에게 이 달걀을 먹도록 하는 법을 엄숙히 반포했다. 파리 대주교는 속인 판사[32]의 판결이 교회 규율과 전혀 상관없다고 생각하면서 교서를 반포했다. 그는 그 시대의 불신풍조를 크게 꾸짖고 나서, 태도가 미지근한 신자들로 하여금 이 달걀을 먹도록 허락해야 하는 현실을 개탄했다. 사실 교회의 전성기 때만 해도 이러한 달걀을 먹지 못하게 했다. 대주교는 지배층의 풍습이 변덕스럽다고 길게 성토했다. 그러나 프랑스 국교회, 성직록 수도원, 무위도식하는 성직자들이 누리는 명예와 재산에 대해서는 조금도 문제 삼지 않았다. 설득력 있는 교서는 아무런 수입이나 애첩도 없는 불쌍한 계몽사상가들에만 서릿발 같은 비난을 퍼부었다. 이 사상가들은 조금도 거리끼지 않고 달걀을 먹어치울 정도로 뻔뻔스러운 사람들이었기 때문이다. 계몽주의 철학은 이 세계에 모든 악덕을 저지른다. 그러므로 죄가 많은 사상이다. 왜냐하면 그것은 (사람들이 아직 생각하지 못할 때에도) 사제와 주교의 야망, 전제, 정치적 책략을 보여주었기 때문이다. 고위성직자가 교서를 발행하여 길모퉁이마다 붙여 놓고 몇몇 신문기자에게 명령을 내려 극도로 찬양하게 만든 뒤에는, 진실하고 정직한 신도의 밥상에 송어, 고기 꼬치, 뱀장어, 심지어 쇠물닭까지 넘

32 고등법원 판사는 속인 판사와 성직자 판사로 구성되었다.

쳐나는 것처럼 보였다. 고기 꼬치는 달걀처럼 특별 허가를 받지 않고서도 먹을 수 있게 되었다. 만일 누군가 도덕이 눈뜨고 볼 수 없을 만큼 문란해져 이제는 달걀을 날로 삼키는 시대가 왔다고 개탄하면서 자신만큼은 겸손하게 행동해야 한다고 생각한다면, 그는 아무런 거리낌없이 대서양과 지중해의 모든 생물을 다 먹을 수 있을 것이다.

파리 대주교의 주요 임무는 다음과 같다. 매년 같은 때 그는 사도로서 달걀을 공격하는 열성을 보여줘야 한다. 대주교의 교서가 나와도 암탉은 계속 알을 낳는다. 대주교는 자신이 금지한 일이 사실상 고대 이집트 사제들이 실천하던 의식에서 온 것임을 알지 못한다.[33] 그는 (대주교 자격이 아니라) 화학자로서 춘분에 달걀을 먹지 못하게 하는 이유를 찾을 수 있을 것이다. 왜냐하면 봄기운이 솟아날 때 달걀이 발효하여 상하기 쉽기 때문이다. 그렇다고 해서 그가 고대 멤피스의 사제들이 내린 교서의 의미와 목적을 알지 못한 채 되풀이해도 좋은가? 그는 십자가의 뜻을 제대로 설명하지도 못하면서 지니고 다닌다.

대주교의 교서에서는 버터도 사용할 수 있도록 허락했다. 그러나 건전한 물리학은 사시사철 버터를 먹어도 좋다고 한다. 자연의 가장 신비로운 작용을 훤히 꿰뚫었던 고대 나일 강변 사람들도 버터를 금지한 일이 없었다.

그러나 모든 성직자와 고등법원 인사들은 규칙성을 지킨다고 자부하면서 4월 한 달 동안 달걀과 생선을 먹고, 그 때문에 탈이 날 것

33 파리 대주교는 매년(3월 15일) 고지하는 사순절 동안 달걀을 먹어도 좋다는 교서를 발간했다. 그러나 메르시에가 말하듯이, 고대 이집트에서 달걀을 금했다는 근거를 찾을 수 없다.

이다. 성직자와 고등법원 인사들은 명령을 내려 이러저러한 것을 허용하거나 금지하겠지만, 옛날 사람들이 초봄에 달걀, 고기, 생선을 먹지 못하게 하는 법을 제정한 이유를 결코 이해하지 못할 것이다. 봄철은 아름다운 계절이지만, 모든 생물의 몸속에서는 기운이 솟아올라 요동을 치고 화학적 변화가 일어나는데, 우리 나리들이 그 현상을 어찌 이해할 수 있으리오.

(50만 리브르 은급을 먹고도 뱃속이 편안한) 파리 대주교가 달걀을 반대하는 교서를 발간한다. 그 교서에는 우습고 웃기는 구석이 있지만, 나는 그것을 읽을 때면 언제나 고대 입법가들이 세상에 가장 유익한 비밀을 사제의 권한 속에 집중시켜 놓았음을 보면서 그들이 얼마나 슬기로웠는지 놀란다. 그러나 오늘날 사제들은 고대 상형문자를 읽을 능력을 갖추지 못했기 때문에 당시에는 널리 알려진 이론의 끈을 잃어버렸다. 그리하여 막연한 현실 속에서 허우적대면서도 어쩌다 암탉이 낳은 알을 공격하게 되었다.

389 나무 책

나무 책은 교회의 가구이다. 모든 교회는 이것을 성기실에 모셔놓았다가, 성체첨례일에 꺼내 받들고 엄숙히 행진한다. 행사 주관자는 그것을 두 손에 받든다. 행사 주관자는 말하는 대신 그것을 다루는 모습을 보여줌으로써 향로나 향합을 받드는 복사들에게 명령한다. 말하자면, 그들을 나란히 또는 두 줄로 나란히 세울 때에는 두 번, 세 번, 네 번 두드린다. 이 신호가 떨어지면, 향로복사와 향합복사는 재빨리 앞으로 뛰어나간다. 그가 다시 두드리면, 그 뒤의 행동이 아주 새로운 방식으로 결합한다. 이 책은 일종의 딱따기인데, 예수 그리스도 형상을 본떠 만들어 가죽을 붙이고 금박을 입혔다. 이 신성한 딱따기를 받드는 사람은 장포제의와 상제의를 받드는 사람들 사이를 오가고, 성가대원들을 흩어지거나 다시 모이게 만든다. 그는 그들을 일렬로 세우거나, 네모꼴 대형으로 모으기도 한다. 그가 땀에 흠뻑 젖는 일도 자주 생긴다. 그는 나무 책으로만 말하기 때문에, 참가자들이 그의 신호를 잘 이해하지 못할 때에도 오직 나무 책을 가지고 원통함, 초조함, 분함을 표현한다. 트집꾼들이 소리를 낼 때도 그는 나무 책을 신경질적으로 두드려 경고한다. 이렇게 해서 그는 여기저기 부주의하게 흩어진 사람들을 모아 질서를 갖춘 신성한 대열로 만든다.

여러 사람 앞에서 양손으로 말하는 사람을 보는 것만큼 흥미로운 일은 없다. 그가 나무 책으로 보내는 신호를 따라 모든 사람이 완전히 한몸처럼 움직일 때, 그의 얼굴은 기쁨으로 환해진다. 그는 기뿜으로 몸을 떨고 승리한다. 장미꽃을 뿌리는 성가대 아동은 그의 움직임을 하나도 놓치지 않는다. 그들은 그의 지휘에 완전히 순종한다. 그 어떤 장군도 이처럼 명령을 잘 따라 척척 움직이는 군대를 지휘하는 만족감을 맛보지 못하였을 것이다. 이 행사 주관자는 성체첨례일만큼은 프랑스 대원수의 지휘봉을 준다 해도 딱따기와 맞바꾸지 않을 것이다.

390 피에드뵈프 길[34]

생토노레, 생탕투안, 생루이 오 마레 같은 아름다운 거리의 맞은편, 파리의 한복판에 피에드뵈프 길이 있다. 이곳은 이 세상에서 가장 고약한 냄새를 풍긴다. 그곳에 그랑 샤틀레라 부르는 재판소가 있다. 우중충한 지붕이 늘어서 있어 그곳이 지저분한 시장임을 알게 한다. 곧이어 시체를 버리는 곳으로 이어진다. 그곳은 강으로 떠내려온 시체, 도시 인근에서 살해된 시체가 썩는 곳이다. 감옥, 푸줏간, 도살장이 늘어섰다. 샹주 다리에서 센 강 하류 쪽으로 가면 이처럼 냄새를 풍기는 진흙투성이 풍경이 하나로 펼쳐져 있음을 볼 수 있다. 허술한 집을 상자처럼 쌓아 지어 힘겹게 보이는 이 다리에서 생드니 길로 가자면, 길이 좁아 마차가 다른 길로 돌아가야 한다. 이 거리에 냄새 나는 하수도가 있는데, 이 하수도와 마주해서 피에드뵈프 길이 있다. 피에드뵈프 길의 끝은 좁은 뒷골목으로 연결되는데, 역한 냄새가 코를 찌른다. 짐승의 피가 강으로 흐르다가 반쯤은 웅덩이에 고여 썩기 때문이다. 역한 냄새는 이 지역을 떠날 줄 모르기 때문에 지나가기만 해도 숨이 턱턱 막힌다. 그래서 숨을 참고 바삐 걸어 골목을 벗어나야 한다. 마침내 노트르담 다리로 나아가는 플랑슈 미브레 길로 나서면, 그때까지 참았던 숨을 길게 토한다.

사람들이 짐승을 죽이는 지역에서 야만스러운 쾌락의 희생자들

34 rue du Pied-de-Boeuf는 파리 샤틀레 극장 자리이다.

이 살아간다면 누가 믿을 것인가? 도끼를 휘둘러 짐승을 떼로 죽이고 불에 그슬릴 때, 짐승이 울부짖는 소리를 듣고 고약한 냄새를 맡으면서도 이 지역에서 매매춘을 하는 사람들이 있다면 누가 믿을 것인가? 매춘부는 온종일 창가에 앉아 있다. 누르스름한 얼굴에 붉은색으로 떡칠을 하고서 손님을 기다린다. 과연 누가 괴물같은 여성을 찾아갈 것인가? 백정이다.

391 생제르맹 시장 입구

공중의 편리와 안전에 관계된 것조차 무시하는 행태는 주목해야 하며, 용서할 수 없는 일이다. 투르농 길 쪽으로 난 문은 아주 위험하다. 이 좁은 내리막길로 마차가 잇따라 달려가기 때문에 행인에게 언제 위험이 닥칠지 모른다. 길이 좁아 마차 바퀴가 아슬아슬하게 벽을 스치고 지나가서 사람이 피할 만한 통로나 구석이 없다.

이 입구를 넓히기도 어렵거니와 비용도 많이 든다고 핑계나 댈 것인가? 그렇지 않다. 불이 나서 시장을 홀랑 태워버리지 않았던가?[35] 그곳에 재빨리 다른 시장을 지었다. 그러나 불이 났는데도 이 고약한 입구를 태우지 않았으므로 거기에 신경을 써주지 않았다. 그렇게 해서 파리 전체에서 가장 위험한 장소는 그대로 남았다. 팔다리에 타박상을 입거나 삐는 일은 약과이다. 심지어 팔다리를 잃기도 한다. 제롬 푸앵튀[36]를 보러 가다가 치러야 할 대가가 이렇게 크다.

결국 이 통로를 넓힐 계획을 세웠다. 앞으로 길이 넓어지면 마차와 사람들이 뒤엉키는 일은 사라지겠지. 물론 당장 그렇다는 말은 아니다. 그럼에도 행정가들이 늦게나마 제대로 일을 하는 데 대해 박수를 쳐야겠다.

35 1762년 3월 16일 생제르맹 시장에 불이 났다.

36 Jérôme Pointu: 1781년부터 보누아르(Beaunoir)가 쓴 연속극의 주인공.

392 캥캉푸아 길

이 길은 섭정 오를레앙 공작의 후원을 받은 로(Law)가 프랑스 전체를 대상으로 펼친 끔찍한 노름으로 영원히 유명해졌다. 금과 은은 더 이상 가치를 갖지 못했다. 사람들은 이 좁은 길로 몰려가 정화를 주고 종이쪽을 받아갔다. 그날 저녁, 자루를 등에 진 사람들과 종이쪽을 요구하는 사람들을 모두 몰아내야 했다. 이제 사람들은 호주머니에 수백 만 리브르를 넣어가지고 다녔다. 그들은 1천만, 2천만, 3천만 리브르도 쉽게 가지고 다닐 수 있다고 믿었다. 곱추는 투기꾼에게 자기 등을 책상으로 쓰도록 빌려주고 며칠 만에 부자가 되었다. 종복은 자기 주인의 마차와 말을 샀다. 악마가 어리석음을 퍼뜨리자, 은둔하던 철학자도 밖으로 나가 노름꾼 틈에 끼어 그들과 이상적인 종이를 흥정했다.

플랑드르 지방에서 온 젊은 귀족은 두둑한 지갑을 가진 사람을 여관에서 죽인 죄로 사형대에 올라 산 채로 목을 잘렸다.

사방에서 들리는 소리는 오로지 수백 만, 수십 억 리브르였다. 그러나 꿈이 깨지고 나니, 이 상상의 재산이 날아가고 종잇조각만 남았다. 그리고 이 제도를 창안한 사람은 처음에는 군주가 가질 만한 동산과 14개 귀족령을 소유했지만, 마침내 베네치아로 도망가서 가난하게 죽어갔다.

아무것도 갖지 못했던 사람 가운데서 부자가 된 사람도 있었지만, 가장 근면한 계급에서 정직하게 모은 재산을 몽땅 잃은 사람이 많았다. 그 재산을 소유했던 사람은 절망에 빠지고, 자식을 빌어먹게 만들었다.

국민을 열광하고 발작하게 만든 이 체제가 조금만 더 온건하게 굴러갔다면 국가에 유익하였으리라. 어쨌든 그것은 국가를 활성화시킬 만큼 큰 자원을 빠르게 유통시켰다. 그 장치를 격렬하게 굴렸기 때문에 망가뜨리긴 했지만, 그 장치를 고안한 사람은 새롭고 대담한 천재성을 각인시켜 주었다. 윤리주의자는 재화의 빠른 교환에 대해 화를 내지 않았다. 왜냐하면 재화는 돌고 돌면서 여러 가정에 골고루 혜택을 줄 필요가 있었기 때문이다.

이 시대에는 편협한 사상이 떼지어 나왔다. 모든 것이 새로운 계산의 대상이 되었다.

천재가 만들어낸 체제의 훌륭한 효과를 체험한 섭정은 그 체제를 쉽게 버릴 수 없었다. 그는 체제의 잔재를 보면서 울었다.

사람들은 상상 속의 재산을 모두 60억 리브르로 계산했다. 이 거대한 재산을 믿는 것이 어리석다 할지라도, 아주 잘 만든 장치가 국가의 상업과 산업에 어떤 영향을 끼칠지 인식하지 못하는 것도 그에 못지않게 어리석은 일이라 하겠다.

393 국왕 전용 사냥터

전하가 사냥을 다닐 목적으로 묶어둔 곳을 국왕 전용 사냥터(Plaisirs du roi)라 부른다. 파리 인근의 모든 지역이 포함된다. 베이징 주민만큼 파리 주민에게도 소총은 아주 낯선 무기이다. 들판마다 사람과 친한 자고새가 여기저기 흩어져 조용히 낟알을 쪼는 모습을 볼 수 있다. 새는 사람들이 지나가도 놀라서 흩어지지 않는다. 토끼는 다른 지역보다 이 지역에서 더 겁이 없다. 토끼는 마치 파리 주민들이 자기를 존중해야 한다고 생각하는 듯하다. 그 짐승은 엉덩이를 땅에 대고 앉아 지나가는 사람을 구경한다.

어떤 때 왕은 사냥감이 뒤덮은 벌판으로 2년이나 3년 만에 한 번 납신다. 왕이 영광스럽게 모습을 드러내면, 1,500마리에서 1,800마리가 목숨을 잃는다. 그러나 자고새와 토끼는 이 운명의 날 무사히 도망치기만 하면 안전하게 살다가 늙어 죽는 수가 많다.

사냥터지기는 아주 엄격하게 사냥터를 관리한다. 사소한 위반을 저질러도 혹독한 벌을 내린다. 도시민은 사냥터에서 잡은 토끼는 사려 하지 않는다. 잘못하면 공범으로 몰리기 십상이기 때문이다. 자고새가 피를 흘리면서 집마당에 날아들면, 그것을 사냥터로 되돌려 놓아야 한다. 사냥터지기는 큰 개는 물론 복슬강아지를 상대로 잔인한 전쟁을 벌인다. 아름다운 여성이 눈물을 흘리고 애걸해도 아랑곳하지 않고 그 여성의 곁에 총을 쏴댄다. 사냥터에서 멀리 떨어진 곳에서 산책할 때에도, 작은 개를 집에 가두고 나서야 한다. 그렇게 하지 않으면 사냥터지기의 납탄환에 개를 잃을지 모른다.

똑같은 이유로 숲속 오솔길을 걸어다니지 말아야 한다. 한 걸음 옮길 때마다 사냥에 대한 법률의 규제를 받기 때문이다. 물론 왕족은 예외이다. 이들은 파리 주위에 적용되는 규정을 본떠 자기 영지에 적용한다. 이처럼 멋대로 적용하는 금지법에서 벗어나려면 300리 외는 떨어져 있어야 한다.

그들의 지방 영지에 재정가, 영주, 주교들이 드나드는 사례를 말할 필요는 없을 터. 이처럼 도처에서 사냥을 하기 때문에, 온갖 동물이 파리로 흘러 들어온다. 피카르디나 보스의 드넓은 평원을 뛰놀던 토끼는 생토노레 포부르의 밥상을 장식하는 긴 네모꼴 은접시에 놓인다.

파리에서는 왕과 왕족의 손에 죽은 수많은 자고새를 먹는다. 따라서 파리 부르주아가 자고새를 먹다가 씹는 탄환은 평민이 쓰는 탄환이 아니다. 아무튼 왕족은 부르주아의 밥상에 불치를 대주려고 사냥을 했다.

394 불길한 세관 감시선

파리 둘레에는 목책을 치고 세관원들이 지킨다. 이들은 식료품에 수많은 종류의 세금을 매기고 걷는다. 가끔 호화로운 오페라 극장을 유지하려고 세금을 올리기도 한다. 오페라에 한 번도 가지 않는 가난뱅이도 거기 가는 사람들을 위해 세금을 낸다. 그는 지난 12년 이상 공사를 마무리하지 못한 계선장을 짓는 돈도 내고 있다.[37]

세관 감시선은 강물 위로 떠다니는 사무실이다. 이 배는 상품을 실은 배에서 세금을 걷는다. 이 배는 센 강의 지류를 막은 셈이다. 1782년 2월 2일, 예상치도 못한 상황에서 센 강의 얼음과 함께 세관 감시선이 갑자기 떠내려갔다. 세관원들이 상갑판 위로 피신하여 살려달라고 구슬피 울부짖었다.

이 배는 아주 무겁고 크다. 그럼에도 얼음과 함께 물결에 휩싸여 떠내려가면서, 대피소가 없기 때문에 유빙에 운명을 맡긴 채 줄지어 묶여 있던 배를 모두 부수었다. 생활필수품과 여러 가지 상품을 실은 배가 모두 산산조각났다. 모든 파편이 노트르담 다리에 걸렸다. 당국은 그것들을 당장 치우라고 명령했다. 다행히 밤 사이 강물이 얼어붙어 더 이상 얼음이 떠내려가지 않았다. 만일 강물이 얼지 않았다면 얼음덩어리와 수많은 배의 잔해가 떠내려가면서 하류에 있

37 1769년부터 살페트리에르 병원 근처에 센 강을 오가는 배의 피난처(계선장, 그 시대에는 오늘날 역을 뜻하는 gare라 했다)를 짓기 시작했다. 이 공사는 거의 30년을 끌다가 결국 없던 일이 되었다.

는 수많은 다리에 해를 입혔을 것이다.

해마다 이러한 위험이 반복된다. 사람들은 급히 흐르는 강물에 견디도록 다리를 되도록 무겁게 만들려고 노력했지만, 막상 유빙이 생기면 기껏해야 하루를 버티기 힘들었다. 따라서 다리 위에 흉측하리만큼 다닥다닥 붙여 지은 집이 파리의 경관을 해칠 뿐 아니라, 시민의 생명을 위험에 노출시키는데도 부숴버리지 못한 것을 후회할 날이 있으리라! 겹겹이 쌓아 지은 판잣집들이 강물 속으로 무너져 내릴 때, 센 강 바닥에서 쓰레기를 치우는 일도 여간 힘들지 않으리라.

395 쌍 5(요행수)

예언가, 마법사, 점쟁이가 이 세상에 없다는 가장 확실한 증거는 로토에서 쌍 5(잇따라 5)가 나오는 일을 맞힌 사람이 아직 없었다는 것이다.[38] 5리브르를 내고 300만 리브르를 딴다면, 마치 황금달걀을 낳는 오리를 찾은 격이라고나 할까?

로토 추첨하는 전날과 당일 거리마다 행상인들이 외치는 소리가 들린다. 이들은 부자건 가난하건 모든 사람이 어리석다고 일깨워 주며 허풍 섞인 약속을 한다. 짐꾼이 걸음을 멈추고 망설인다. 마침내 숨겨놓은 속주머니에 손을 집어넣어 그날 땀 흘린 대가를 꺼낸다.

주인들이 잘 차린 밥상머리에서 장래 희망을 말하는 소리를 듣고 사는 종복과 하녀는 집집마다 빼낼 만한 물건이 없나 살핀다. 그리고 그것으로 한밑천 잡을 궁리를 한다. 이렇게 해서 집안에서 도둑맞는 일이 전보다 더 늘었다. 그 사실을 알아차린 주인들은 자기 집 하인을 더욱 감시하고 적대시한다.

거리에서 행운을 사라고 외치는 장사치들은 사람들에게 믿음을 심어준다. 마치 밤에 감각은 살아 있지만 한 번도 경험이 없는 숫총각에게 아가씨가 믿음을 주듯이.

추첨이 끝난 직후, 사람들의 얼굴만 봐도 당첨 숫자가 무엇인지 알 수 있다. 대부분은 기대에 어긋난 표정을 짓는다. 서민은 팔짱을

38 가장 큰 판돈을 받을 수 있는 수로서, 당시 로토에서 잇따라 5가 나오거나 주사위 2개가 모두 5가 나오는 경우를 쌍 5(Quine)라 불렀다.

끼고 움직이지 않은 채 잃은 돈을 생각하며 이렇게 말한다. "처음에는 바로 저 번호를 찍었는데." 호화마차를 탄 사람이 자기 운명을 알아보려고 창문으로 고개를 내민다. 부유한 그도 기분이 언짢아져서 마차 속에 처박힌다. 그는 앞으로 자기 번호가 나올 때까지 돈을 2배, 3배로 걸겠다고 맹세한다. 그는 으르렁대면서 집으로 돌아간다. 길에서 만나는 거지가 애원해도 한 푼도 던져주지 않는다. 앞으로 로토 복권을 사려면 돈을 모아야 하기 때문이다.

어떤 번호를 사는 것이 100가구가 생존하는 데 필요한 물건을 살 때보다 더 비싼 경우도 있다. 그러니 가난한 사람아, 헛된 희망을 버리라. 우연이 마련해 주는 기회는 부자나 만나게 하라. 부자만이 결국 로토에서 이익을 보는 날이 있을 테니까.

가난한 사람아, 그대 운명은 그대의 노동과 용기와 절약에 있나니. 그리고 부자여, 그대는 도대체 무엇이 부족한가? 자선의 공덕이나 쌓으라. 로토를 한 번 추첨할 때마다 가난한 사람 5명을 구하라. 이것이 그대에게 진정한 만족감을 불어넣어 영혼을 풍요롭게 하는 요행수 5의 의미일지니.

396 종소리

아, 교회의 이웃은 종소리 때문에 얼마나 불평이 많은지. 정말 성가신 소음이다! 기분이 언짢을 권리도 없다. 환자도 잠을 잘 수 없다. 서재에서 연구자가 생각에 몰입할 수도 없다. 생제르맹 르비의 성당의 곁에서 어찌 살란 말인가? 이 끔찍하고 무자비한 주명종 소리를 들어본 사람에게 묻고 싶다.

호송대, 미사, 형편없는 설교를 위해 울리는 거의 모든 종이 날카롭고 쏘는 듯한 소리를 낸다. 그 소리를 듣느니 차라리 귀를 솜으로 틀어막고 싶다. 곁에서 이같은 불협화음이 들릴 때, 제아무리 집중한다 해도 글을 읽고 쓸 수 있겠는가? 교회지기의 자식들은 종을 치면서 즐거워한다. 교회는 비게 되고, 아기를 낳는 여인들은 쉬지 못하여 죽어간다. 성당지기의 자식들의 장난을 막을 사람은 아무도 없다.

노트르담 대성당의 큰 종이라면 그런대로 괜찮다. 공중에 높이 걸려 우렁차고 장엄하며 귀를 꽉 채우면서도 조금도 피곤하지 않은 소리를 내기 때문이다. 그러나 성가시고 무례한 종을 시도 때도 없이 쳐댈 때, 사람들은 화음이나 인류애를 앞세워 이 듣기 싫고 쓸데없는 소음을 멈추게 해야 할 것이다.

베르사유에 계신 전하는 1년 내내 모든 종을 치지 못하게 했다. 사냥 시간에만 종을 쳤다. 그러나 어떤 불쌍한 환자가 죽어가면서 파리 대주교에게 청원하였다. 편안하게 눈을 감게 해달라고. 물론 그 청원은 허사였다.

교회의 종은 세례를 받았으므로 훌륭한 기독교도가 되었고, 신자들의 휴식을 방해하는 적이라 할 수 없을 것이다. 그러나 나는 여기서 비에브르 후작을 본받아 말장난이나 하지 않았는지 모르겠다. 그렇다면 나를 용서하기 바란다. 가끔 우리는 오염되기도 하니까.

397 옷감 망치기

세상에서 파리만큼 리넨(아마포)을 많이 사용하면서도 제대로 세탁하지 못하는 곳도 없을 것이다. 가난한 노동자, 선생, 서기의 셔츠는 2주일에 한 번씩 솔질하고 방망이로 두드린다. 가난뱅이의 속옷 8장, 또는 많아야 10장은 해지고 구멍 나고 찢어져, 결국 종이공장을 향해 사라진다.[39]

대신들이 편지를 쓸 때 또는 오페라 작품을 인쇄할 때 모두 종이가 필요하지만, 선생의 속옷을 가지고 만든 종이는 아니다. 왜냐하면 겨우 한두 벌만 가진 사람은 세탁부에게 옷을 맡기지 않기 때문이다. 그는 스스로 세탁한다. 그래야 소중한 옷을 아낄 수 있다. 이 말이 의심스럽다면, 여름 일요일 아침 4시에 퐁뇌프를 지나가보라. 강변에 묶어 놓은 배의 한구석에서 알몸에 긴 웃옷만 걸친 사람 5~6명이 쭈그리고 앉아 단벌 속옷이나 손수건을 빠는 모습을 볼 수 있다. 그들은 방금 빤 속옷을 초라한 막대기 끝에 걸어놓고 햇빛에 마르기만 기다린다.

또 어떤 사람은 세탁부가 옷을 가져다 줄 때까지 침대에서 기다린다. 그들은 옷을 기다리는 동안 이미 머리에 분을 뿌렸다. 단지 입고 나갈 속옷만 준비하지 못했을 뿐.

39 유럽에 제지술이 들어온 것은 아랍인을 통해서이다. 처음에는 식물섬유 옷감을 물에 넣고 절구로 마구 빻아서 만들다가, 풀, 짚, 나무를 가지고 종이를 만들기 시작했다. 그러나 인쇄물이 상업적으로 성공하여 종이 원료가 귀해지자, 다시 원료로 아마포로 만든 옷의 폐품을 이용했다.

다시 말하지만, 이 세상에서 파리만큼 리넨을 비벼서 해지게 만드는 곳은 없다. 세탁부가 빨래 두드리는 소리는 2.5리외 밖에서도 들릴 정도이다. 빨래판에 두드린 후, 팔을 돌려가면서 솔질을 한다. 빨래에 비누칠을 하지 않고 강판에 갈듯이 비빈다. 5~6회 이 과정을 반복하면, 옷은 흐물흐물해져서 발기발기 찢어 붕대를 만들기 좋은 상태가 된다.

사무실의 서기, 음악가, 화가, 판각사, 시인은 이불잇이나 소매 장식줄, 레이스를 사지만, 리넨 제품은 절대로 사지 않는다. 멋진 신사는 보름에 한 번씩만 셔츠를 세탁해서 입는다. 그동안 그는 더러운 셔츠 위에 레이스 소매를 꿰매 달고, 벨벳 재킷 위로 나오는 깃부분에 흰 가루를 뿌린다. 파리 남성의 모습은 대강 이렇다. 그는 가장 먼저 가발업자에게 돈을 준다. 가발은 날마다 써야 하기 때문이다. 그러나 세탁부는 한 달에 한 번 들릴 뿐이다.

가난한 아가씨는 세탁부에게 한 번만 맡겨도 누더기가 될 만큼 낡은 옷을 팔려고 열심히 떠든다. 구멍 난 셔츠를 입은 선생이 기회를 엿보다가, 아가씨가 보는 앞에서 20피스톨짜리 겉옷을 외상으로 입는다. 그는 속옷에 2루이도 투자하지 않는다. 다음해에도 그 이상을 쓰지 않으리라.

금리로 1만 리브르 이하를 받는 파리인은 보통 침대보, 식탁보, 속옷 없이 지낸다. 그러나 종치는 회중시계, 안경, 비단 양말, 레이스를 가지고 있다. 그리고 결혼할 때에는 행주에 이르기까지 모든 리넨 제품을 갖춘다. 그다지 가난하지 않은 사람은 손님에게 저녁을 잘 대접한다. 그러나 거친 천으로 만든 냅킨을 내놓을 것이며, 때로는 천을 덧대 기운 것을 내놓기도 한다. 그러므로 파리 사람들은 이렇게 말한다. "흉측한 리넨이여." 왜 이렇게 되었을까? 그것은 리넨을 끊임없이 해지게 만들기 때문이다. 그래서 세탁부의 방망이와 솔이 더욱 무섭다.

398 푸아시 금고

독점은 또 다른 독점을 낳는다. 그리고 그것은 확실히 막대한 이익을 보장한다. 튀르고는 독점체제를 없앤다고 하였지만, 뿌리까지 자르지 못했다. 그래서 그가 공직에서 물러나자 곧바로 그것이 다시 생겨났다.

파리 사람은 스위스 쇠고기를 먹는다. 이 쇠고기는 생산지에서 먹는 것보다 더 좋다. 소가 스위스의 초원에서 마음껏 풀을 뜯은 뒤 파리까지 걸어서 온다. 이렇게 걸을 때 기름기가 녹아서 살로 스며든다. 이렇게 해서 이 쇠고기의 육즙은 특별하다. 파리에서 먹는 쇠고기는 맛이 훌륭하다.

사람들은 푸아시 금고에 대해 찬반 양편으로 나뉘어 글을 썼다.[40] 사람들은 확실한 투자와 거기서 나오는 수익 사이에 상관관계가 없음을 잘 증명하였다. 투자자들은 지나치게 많은 이익을 얻은 것 같다. 그러나 (찬반 양론의 균형을 맞춰야 하기 때문에) 만일 그처럼 이익을 기대하지 못한다면, 그만큼 정기적으로 돈을 댈 사람이 많지 않았으리라는 사실을 인정해야 한다. 고깃값은 오르기도 또 내리기도 하여 그 가격은 고정되지 않을 것이다. 파리에서 이처럼 위험한

40 Caisse de Poissy: 푸아시 시장으로 가축을 끌고가는 상인들에게서만 가축을 사들이는 전매권을 가진 금융회사. 이 회사는 사들인 가축을 도살하여 파리와 그 부근의 푸줏간에 고기를 팔았다. 이렇게 행사한 전매권은 이익을 매우 많이 가져다 주었다. 튀르고는 자유주의 정책으로 푸아시 금고를 폐지했다. 그러나 그 왕령은 제대로 적용되지 못했고, 결국 1776년 여름에 전매권이 되살아났다.

일도 드물 것이다.

정치에서 선은 악의 소산이다. 그 어떤 것도 정확히 적용되는 규칙을 따르지 않는다. 윤리주의자의 성찰은 나날의 정치와 경험으로 언제나 혼란을 겪는다. 푸아시 금고는 끊임없이 세금을 더 많이 매겨도 고깃값을 지나치지 않을 만큼 유지하게 만든다. 쇠고기 값은 1리브르에 9수나 10수이다. 굉장한 양을 소비하거나 전염병이 돌 때를 봐도, 언제나 한결같은 값에 고기를 공급한다는 사실이 놀랍기만 하다.

그러나 좀 더 무거운 세금이 있다. 그것은 부자가 가난한 사람에게 부과하는 세금이다.

푸주한은 가장 좋은 고기를 부잣집에 공급한다. 서민에게는 낮은 등급을 팔고, 뼈도 슬쩍 넣는다. 게다가 그들이 쓰는 대저울은 정확하지도 않다. 나 자신이 그들의 반칙을 여러 번 겪었으며, 당국에 고발했다. 가난한 집 하녀는 푸대접을 받는다. 아주 조금 달라는 손님에게 푸주한은 거만하게 군다. 그는 주고 싶은 부위를 마음대로 잘라 엉터리로 무게를 달고 손님으로 온 하녀를 학대한다. 그래서 하녀는 다른 푸줏간으로 간다. 검사에게 하소연해 보았자 하녀의 말을 잘 들어주지 않기 때문이다. 그러나 푸줏간들이 경쟁을 하는 덕택에 파리의 4분의 3이나 되는 가난한 집에서 짊어진 멍에가 조금 가벼워지기는 했다. 그렇지만 근본적인 도움을 주지는 못한다. 파리인은 충분한 값을 내고 고기를 사는데, 왜 푸주한은 파리인을 괴롭히는가?

399 오래된 간판

메지스리 강둑길에 있는 철물점에는 오래된 간판을 쌓아두는 창고가 있다. 파리 변두리와 포부르의 모든 선술집과 흡연실 입구를 장식하기 알맞은 간판을 쌓아 놓고 판다. 그곳에서 이 세상의 모든 왕이 함께 잠자고 있다. 루이 16세와 조지 3세는 형제애로 입 맞추고, 프로이센 왕은 러시아 황제와 함께 잔다. 신성로마제국 황제는 선제후들과 나란히 있다. 교황의 3중관이 터번과 뒤섞여 있다.

선술집 주인이 가게로 들어서서 이 왕들을 발끝으로 헤집고 검사하다가, 무심코 폴란드 왕의 형상을 집어들고 나간다. 그는 그것을 자기 가게에 걸고 그 아래에 '위대한 정복자의 집'이라 쓴다.

싸구려 식당 주인이 황녀를 달라고 한다. 그는 큰 가슴이 달린 황녀를 원한다. 그러자 이웃 선술집에 있던 화가가 와서 유럽의 모든 왕녀처럼 볼록한 가슴으로 만들어 준다.

그 화가는 루이 15세의 머리에서 가발과 주머니[41]를 벗기고 월계관을 씌워 카이사르로 바꿔 놓는다.

가게에 있는 왕의 형상은 하나 같이 이상한 모습이다. 그들은 서민에게 영원히 뾰루퉁한 표정을 짓는다. 이들 가운데 그 누구도 서민에게 미소를 보내지 않는다. 심지어 그림 속에서도…. 그들은 험상궂거나 우스꽝스러운 모습이다. 눈은 충혈되고, 코는 비뚤어지고, 입

41 가발의 뒷부분을 모아서 담고 리본으로 묶는 주머니로. 고급 주머니는 호박단으로 만들었다.

은 크다. 죽었건 살았건 유명한 권력자들에게 화가가 준 아름다움이 이 모양이다.

(슬기롭고 통찰력 있는 술꾼이 말했듯이) 이 군주들은 서로 전쟁만 하지 결코 함께 잔을 부딪치지 않는다. 그런데도 서민은 이 군주들의 보호를 받으면서 술을 마시고 춤춘다.

나는 오래된 간판들이 서로 뒤죽박죽 섞여 있는 모습을 본다. 손님이 그것들을 이리저리 헤집고 하나를 사가는 모습을 본다. 그리고 우스꽝스럽게 그린 군주들의 초상화가 이 선술집에서 저 선술집으로 팔려 다니는 운명을 생각한다. 그것은 바람에 이리저리 흔들리는데, 그 아래에는 아무렇게나 휘갈겨 쓰고 맞춤법도 틀린 묘비명이 장식품이라도 되는 듯이 걸려 있다. 그것은 취객의 비틀거리는 발걸음을 인도해 준다. 나는 그것을 볼 때마다 아주 부침이 심한 왕의 신세와 변화를 놓고 짧은 대화라도 나누고 싶어진다. 나는 이 존귀한 존재들도 나뭇가지를 늘어뜨린 선술집 문 위에서 똑같은 대화를 나눈다고 믿는다.

내가 그들과 실제로 대화를 나누지 못한다 할지라도, 내 동료에게는 말을 건넬 수 있겠다. 어느 왕이 갑자기 다른 왕에게 말을 걸어 시작하는 대화를 들을 때 얼마나 즐거울까? "이봐요, 사촌, 만일 우리를 이 꼴로 그린 화가처럼 역사가도 그렇게 쓴다면, 에헴!" "칫, 얼마나 흉측합니까! 가제트 신문이나 할 짓이지요." "하지만, 만일 진정한 화가가 갑자기 나타나 우리를 그린다면, 과연 지금보다 더 멋지게 그려줄까요?" "아, 정확히 모사하는 방법을 과연 누가 알까요?" "아무도 장담할 수 없겠지요?" "그렇구 말구요." "결코 그런 사람이 나타나지 않을 거라고, 그렇게 믿어요?" "네, 확신해요." "아, 그럼 더 잘 됐어요. 이제 안심입니다. 글쟁이의 펜을 한 번 잘못 만나는 것보다는, 1년 내내 비를 맞으면서 오가는 행인들의 눈살이나 찌푸리게 만드는 편이 덜 불쾌하지요…. 아, 제발, 인상쓰지 말아요, 이야기나 계속 합시다. 왜 싫어요?"

400 만능열쇠

출입로가 하나인 집에 사는 사람은 누구나 만능열쇠를 가지고 다녀야 한다. 그렇지 않으면 문간에서 자야 할 테니까. 사실 같은 집에 사는 사람을 깨우고 싶어도, 그가 모르는 사람에게는 문을 열어줄 수 없다고 말하든지, 남의 일에 상관하지 않겠다고 말하든지, 이제 막 벗고 누웠기 때문에 일어나기 싫다고 말할 수 있기 때문이다.

그렇다면 열쇠를 집에 두고 나온 사람은 어떻게 될까? 그는 자고 싶지만 나쁜 곳에는 가기 싫다. 졸리다. 그래서 길을 잘못 든 사람이나 늦어서 집에 가지 못하는 사람들을 안내하는 등불을 따라가다 보면 티르샤프 길이 나온다. 그곳에는 밤새 문을 여는 호텔이 있어, 집에 돌아갈 수 없는 사람들을 받아준다. 이 호텔을 관리하는 사람들은 모두 임시직으로 먹고 산다. 열쇠를 잊고 나온 사람이나 너무 늦어서 집에 돌아가기 어려운 사람들이 밤마다 이 호텔에서 제공하는 침대 30개를 차지한다. 그러나 어떻게 잠을 잘 수 있단 말인가? 루이 13세 시대부터 있던 커튼, 그리고 건강에 해로운 침대를 가로질러 놓은 긴 베개 섶에 벼룩과 빈대가 공화국을 건설했으니…. 한 15분이 지나면 사람들이 소리를 지르고, 관리인을 부르고, 등불을 달라고 한다. 모든 사람이 일어나 물린 곳을 긁는다.

빈대나 벼룩이 물어도 너무 졸려서 잠들었다가도, 갑자기 종소리에 화들짝 놀라서 깨어나기 일쑤이다. 잠자리를 찾는 사람이 올 때마다 종을 치기 때문이다. 그리고 호텔에서 기르는 개들도 벼룩이나 빈대에게 물려 낑낑거리거나 방 안에 놓인 가구 위로 뛰어오른다.

"잠들었소?" 경찰이 한 바퀴 돌아본다. 하사관이 자고 있는 사람이 덮은 이불을 염치없게 확 잡아채고 얼굴을 들여다본다. 적어도 몇 시간이나마 편안하게 쉴 수 있으리라 생각하고 찾아간 사람은 완전히 속았다. 그는 날이 뿌옇게 밝기 시작하면 곧 거기서 도망친다. 그를 물던 벌레도 그의 옷 속에 딸려 나간다.

그는 집에 돌아가지 못하는 일이 다시 생긴다면 이런 끔찍하고 악취 나는 호텔에 가는 대신, 차라리 파리 경계 지역의 거리에서 자는 편이 낫겠다고 생각한다. 그럼에도 헛고생하는 호텔 관리인들에게 이 장소는 아주 적당한 수업을 안겨준다. 사실 이만큼 큰 도시에서 깨끗한 침대와 적당한 안식처를 제공할 만한 건물을 가질 때가 되지 않았는가? 이처럼 필요한 편의시설이 아직 없다. 그것은 사업가들에게 새로 맡긴 공중변소 사업 못지않게 중요하다.

401 세 갈래 가발

외국인은 이 가발을 신기하게 바라본다. 특히 영국인은 아주 이상하게 생각한다. 이 가발을 쓴 남성은 금테를 두른 조끼를 입고, 그 위에 검은 옷을 입는다. 겨드랑이에는 검은 천 조각을 끼고 다니는데, 그 모양은 마치 찌그러진 모자 같다. 비가 내리면, 이 삼각형 천으로 머리를 덮어서 분칠한 가발을 보호한다. 빗물이 떨어져 순식간에 넓은 도랑을 이룬다. 먼지 터는 사람이 긴 골목길에서 바퀴 달린 다리를 내놓는다. 가발 쓴 남자는 흔들거리는 다리 위를 지나가다가 미끄러져서 진창에 쓰러진다. 몸이 흠뻑 젖은 채 일어서서 도망친다. 그러면 먼지 터는 사람은 그를 따라가면서 다리 사용료로 3드니에를 내고 가라고 외친다.

이 이동식 다리는 마차가 지나갈 때마다 길을 터 준다. 아직도 다리를 벗어나지 못한 사람은 불행하다. 먼지 터는 사람은 그를 실은 채 다리를 끌고 간다. 마차가 지나가면서 말들이 그에게 머리부터 발끝까지 물을 튀기지만, 그 정도로 끝내주면 그나마 다행이다.

이 다리를 지나는 사람은 마치 반주에 맞춰 춤추는 것 같다. 무엇보다도 균형을 잃지 말아야 하기 때문이다. 가끔 다리를 지탱하는 판이 울퉁불퉁해서 걸려 넘어지기 십상이다. 만일 행인이 날렵하고 운이 따르는 사람이라면, 다리를 밟고 건너뛰어 곁에 지나가는 사람의 파라솔 위에 사뿐히 떨어진다. 물론 이때에도 자칫하면 한쪽 눈을 잃을지 모른다.

행인은 길을 가다가 뜻하지 않게 발걸음을 멈춘다. 그는 다리 반대편에서 물결 모양으로 지진 긴 머리를 찰랑대면서 걸어오는 사람을 보는 순간 남의 집 창문에 달라붙는다. 도대체 두 사람이 이 두려운 판대기를 어떻게 건널 것인가? 그것은 밀턴이 말한 날카로운 다리와 비슷하다.[42] 두 사람은 파라솔을 부딪치지 않고 잘 비켜가야 하겠지만, 다리 한가운데서 서로 부딪친다. 그러면 두 사람이 다리 위에서 뛰어올라 공중에서 서로 껴안고 한 바퀴 돌면서 상대방의 어깨 너머로 반대편을 본다. 먼지 터는 사람은 두 손을 뻗어 손님이 던져주는 푼돈을 받는다. 손님이 속임수를 쓸 때, 그를 뒤쫓아가면서 소리를 지르고 돈을 안 내려면 다시 건너가라고 한다. 이처럼 실랑이를 벌이는 동안, 그는 5~6명을 놓친다. 다리를 건너려는 사람이 모이면, 그는 곧바로 한 사람을 고용하여 함께 일을 한다. 그러나 그가 고용한 사람도 곧 손님이 던져주는 돈을 받아야 하기 때문에 역시 일손이 부족하다.

티크톤 사거리[43]에 나가면 두어 시간 동안 이러한 광경을 볼 수 있다. 그 길에는 경사가 없기 때문에 소나기가 퍼부을 때 물이 불어 도랑을 이룬다.

42 밀턴이 『실낙원』에서 혼돈의 위에 있다고 한 다리로, 죄악과 죽음이 건설하였고, 이 세계와 지옥을 연결한다.

43 오늘날 파리의 생드니 길과 에티엔 마르셀 길 사이에 있다.

402 어린이 머리

예전에는 어린이 머리에 분을 뿌려 흉하게 만들었지만, 이제는 더 이상 그렇게 하지 않는다. 머리와 피부가 같은 색조일 때 자연스럽기 때문에, 사람들은 굳이 어린이를 인생의 초기부터 보기 흉하게 만들지 말아야겠다고 생각하기 시작했다. 그리하여 어린이 머리를 말아올리고 고리쇠로 장식하는 관습은 사라졌다. 우리 눈은 오랫동안 회칠한 모양에 익숙했지만, 이제는 아니다.

30년 전 7세 어린이가 입던 옷보다 더 우스꽝스러운 것이 어디 있을까? 어린이의 머리에 분을 뿌리고, 끝 부분을 모아 주머니에 넣고 리본을 묶어주었다. 커다란 소매를 단 겉옷은 마치 광주리를 엎은 듯 아래가 퍼졌다. 이렇게 차려 입은 어린이는 겨드랑이에 모자를 끼고, 칼을 옆에 찼다. 이 작은 신사, 또는 꼬마 나리는 반듯하게 행동하여 근엄한 존경심을 자아냈다. 그러나 아직 어린이라서 몸집이 아주 파리했다. 그는 주먹, 팔, 다리가 없는 것처럼 보였지만, 의자에 앉고 미뉴에트 춤을 출 줄 알았다. 이러한 종류의 꼬마 나리를 영국에 데려가 같은 또래의 대귀족 자제 곁에 세우면 어떻게 보일까? 영국 어린이는 금발을 자연스럽게 휘날리고, 살갗은 하얗고 단단하며, 머리에 아무것도 쓰지 않고, 몸은 유연하면서도 강건하다. 프랑스 꼬마 신사는 그 곁에 설 때 무슨 모습일까? 아마도 온통 검은 몸에 장식줄을 두른 것처럼 보일 것이다. 그는 영국인이 웃음거리로 치는 깊은 존경의 표시를 다른 사람에게 하면서 명을 재촉하리라. 프랑스 관습을 좇아 꼬마 나리가 영국 아이를 포옹하고자 할 때, 영국 아이는 폴짝 뛰어 물러난다. 영국 아이는 자기 아버지에게 이렇게 말한다. "아버지, 쟤는 어린이가 아닌 걸요. 나를 잡으려 해요. 원숭이가 틀림없어요."

사람들은 이제 어린이를 나이에 맞게 꾸며주기 시작했다. 머리를 둥글고 깨끗하게 다듬으면 그만이다. 옛날처럼 분을 뿌리지 않는다. 이렇게 해서 어린이는 귀여운 나이의 단순한 성격을 되찾았다.

403 상중 예절

누구나 부모, 조부모, 남편과 아내, 형제자매를 잃으면 괴로워야 할 때를 정확히 알 수 있다. 복상 기간뿐만 아니라 슬픔의 정도에 맞는 표현도 안다. 모든 차이를 미리 예측하고 마음에 새겨둔다. 복상 기간은 보통 세 시기로 나뉜다. 첫째, 여성이 다이아몬드 장신구를 하거나 하지 못하는 때가 있다. 둘째, 남성이 칼과 은제 허리띠 장식을 할 수 있는 때가 있다. 셋째, 남성이 구두를 신고 청동제 허리띠 장식을 할 수 있는 때가 있다. 슬픔의 차이는 옷 색깔로 표시할 수 있다. 눈물을 펑펑 쏟아야 하는 흰 삼베 소맷부리와 무명 양말, 눈물을 적당히 흘려도 좋을 비단옷, 수를 놓고 술을 단 소맷부리. 처음 몇 개월 동안 호화마차의 마구를 검은색으로 통일하고, 마지막 6주 동안은 흰색으로 통일한다. 복상 기간이 지나가면서, 사람뿐 아니라 말도 점점 밝아진다. 그 나름의 법칙이 있기 때문이다.

남편을 잃어 몹시 슬퍼하는 부인은 1년 6주 동안 상복을 입는다. 상중의 과부는 6개월이 지난 뒤에야 궁정에 나타날 수 있다. 그녀는 거울을 보는 즐거움을 누리지 못하며, 아파트의 창유리를 모두 가린다. 그러나 복상 기간이 끝나면 아름다운 자태로 세상에 나타나리라. 그녀가 옷과 장신구를 검은색이나 흰색 중 한 색으로 통일하고 대중 앞에 나타나는 모습은 얼마나 멋진 모습인가!

아내를 잃고서도 별로 슬퍼하지 않는 남편은 6개월 동안만 상복을 입는다. 아내가 세상을 뜬 지 3주만 지나도 벌써 옷소매에 달았던 흰 천을 떼어낸다. 그들은 아내를 잃은 직후부터 궁정에 드나들 수 있다. 왜냐하면 정신으로서 직무를 계속 수행해야 하기 때문이다.

부모상을 당하면 6개월 동안 상복을 입는다. 조부모상에는 4개월 반, 형제자매상에는 2개월, 백부모나 숙부모상에는 3주, 사촌의 경우 15일, 육촌의 경우 8일이다.

이처럼 복상 기간에는 차이가 있다. 얼마나 교묘하게 차등화시켰는가! 이것은 슬픔의 온도계이다. 그러므로 우리는 슬픔이 얼마나 지속될 지 미리 안다.

규칙은 고정불변이다. 단지 상속받는 경우만 예외를 인정한다. 형제의 복상 기간은 단 2개월인데, 예외적으로 6개월까지 연장할 수 있다. 고인이 형제에게 유산을 남겨주어 고맙다는 표시이다.

검은 계통의 보석과 다이아몬드 가운데 하나를 선택하는 기준을 가르쳐 주는 유익한 책이 있다. 이 책은 검은색 외올베로 만든 챙 없는 모자를 쓰거나 얇은 숄을 두르는 때도 가르쳐 준다. 복상 기간이 홀수일 경우, 어떤 식으로 나눠야 할지도 가르쳐 준다. 예를 들어, 독자는 복상 기간의 절반은 검은 상복을 입고, 나머지 절반은 흰 상복을 입어야 한다는 사실과 함께, 복상 기간이 보름일 때 8일과 7일로 나누어 검은 옷과 흰 옷을 입는다는 사실을 배운다.

파리 사람들은 부모뿐만 아니라 유럽의 모든 군주, 왕자와 공주들을 위해서도 상복을 입는다. 그러나 정작 친구를 잃을 때에는 상복을 입지 않는다.

군주가 죽으면 애도하고 싶어지는 사람이 있다. 그러나 공식적으로 복상 기간을 단 3주로 제한한다고 하면서, 장밋빛 무도회가 예정되어 있음에도 주름진 비단옷, 곧은 수염, 머리 장식을 할 수 없다고 한다면 어떻게 할까? 주간지에 상복을 입어야 하는 날이 발표되었을 때, 모든 사람이 검은 옷을 입는다. 그런데 수많은 사람이 검은 옷 한 벌만 입고 살기 때문에, 그런 날만큼은 아주 만족한다.

조신이 모두 검은 옷을 입을 때, 왕은 홀로 보라색 옷을 입는다.

미처 사실을 통보받지 못하거나 무신경한 사람이 복상 기간 첫날 색깔 있는 옷을 입고 극장에 나타나면, 곧 파랗게 질리고 부끄러워 눈을 어디다 두어야 할지 몰라 쩔쩔매게 된다. 모든 사람이 그를 바라본다. 그는 옷을 갈아입으려고 그 자리에서 도망친다. 만일 그가 동인 모임에 그런 차림으로 나간다면 무슨 일이 일어날까?

대갓집에서는 상복에 큰 돈을 쓴다. 아이, 하인들까지 검은 옷을 입히고, 마차에 검은 천을 덮는다. 갑자기 상을 당한 상류층 부인들은 소상 때까지 다이아몬드를 저당잡힌다. 상속이 시작될 때 사람들은 고인이 남긴 돈을 가지고 그를 명예롭게 기린다.

상속인이 되는 순간, 그는 고인을 위해 상복을 입는다. 고인이 재산을 남겨주는 순간, 고인은 상속인에게 가까운 친척이 된다.

티베리우스, 칼리굴라 같은 폭군의 죽음을 애도하려고 유럽 전체가 검은 옷을 입는다고 생각하면 우울해진다. 이 폭군들이 옥좌에 앉아서 저지른 일을 기억하면 얼마나 역겨운가? 인간이 만들어낸 엉뚱한 일 가운데 복상 기간도 한 자리를 차지한다. 악한 사람이나 선한 사람이나 가리지 않고 똑같이 슬퍼해야 한다고 생각해보라.

애도의 뜻을 편지에 담아 발송하는 경우도 있다. 그런데 까딱 잘못하여 붉은색으로 도장을 찍으면, 반드시 새 봉투에 다시 써서 보내야 한다.

404 대신들에게 보내는 편지

수많은 사람은 대신들에게 편지를 쓸 때, 글씨를 쓴 뒤 고운 모래나 금속 가루를 뿌리는 것이 불법이라는 사실을 모른다. 그 대신 톱밥을 뿌리는 것은 괜찮다. 수많은 편지가 답장을 받지 못하는 이유는, 오로지 글을 쓴 뒤에 쇳가루를 뿌렸기 때문이다.

405 콜레주 데 카트르나시옹[44]

파리 대학의 부속학교 가운데 가장 아름답고 풍요로우며 가장 사람이 많이 드나들지만, 동시에 유능한 선생과 배우는 학생이 가장 빈약한 곳이 바로 이곳이다.

루이 14세가 무력으로 정복한 4개 개신교 지역의 가난한 귀족 아들 60명에게 무상교육을 하려는 목적으로 이 학교를 세웠기 때문에 이름을 그렇게 지었다.

그런데 사람들은 4개 지방의 명예에 별로 신경 쓰지 않는다. 마치 그곳의 가난한 부모는 온갖 술수를 다 동원해서 다른 종교를 믿는 사람들에게 자기 자식을 맡기려고 하는 듯이 생각하기 때문이다.

마자랭 추기경이 숨을 거둘 때 뒤늦게나마 후회하는 마음을 먹었기 때문에 이 시설이 생겼다. 그는 자신이 정부를 이끌면서 저질렀던 강도짓을 조금이나마 보상하는 길을 찾다가, 비록 같은 시대 사람들에게 악명을 떨쳤지만 학교를 세워 새로운 세대에게 자신의 이름을 존경하고 축복하게 만들어야겠다고 생각했던 것이다.

설립자는 완벽한 심신단련장을 만들기를 원했다. 그래서 승마장과 검술도장도 갖추어야 했다. 바로 이러한 계획을 반영하여 건물을

44 Collège des Quatre-Nations: 루이 14세 시대에 베스트팔리아 조약(1648)과 피레네 조약(1659)으로 프랑스 땅이 된 4개 지역(피뉴롤, 루시옹, 알자스, 플랑드르)의 학생들을 위하여 마자랭이 남긴 유언과 유산으로 세운 학교로, 굳이 번역하자면 '4개 동향단 학교'이다. 오늘날 센 강을 사이에 두고 루브르 박물관 맞은편의 아카데미 프랑세즈 건물에 있었다.

완성했다. 승마장은 건물의 양 날개 중 하나를 차지하도록 설계했는데, 파리 부르주아 계층, 그리고 특히 마차 사업 종사자들은 이 건물을 곱지 않게 보았다. 왜냐하면 이 건물이 들어서면 도로를 좁게 만들고 통행을 방해하게 마련이었기 때문이다.

그래서 수많은 부속물을 정비했고, 도서관만 남겨 놓았다. 도서관은 추기경이 남긴 장서를 기본으로 시작했으며, 거기에 추기경의 사서인 고증학자 가브리엘 노데(G. Nodé)가 막대한 돈을 쏟아부어 애써서 일구어낸 것이다.

고상한 균형미를 갖춘 교회는 건축적으로 추천할 만했다. 설립자는 이 기관의 주요 인물 3명을 소르본 운영회에서 선택해야 한다고 못박았다.

이 학교의 가장 중요한 인사는 최고책임자(Grand Maître, 또는 최고통치자 Summus moderator)였다. 호메로스가 제우스를 올림포스의 최고통치자(Summus moderator Olympi)라 했던 것과 같은 이치이다. 볼테르는 이 학교의 최고책임자를 시로써 기렸고, 그렇게 해서 아주 유명하게 만들어 주었다.

"하느님을 두려워하시오, 소르본이여, 위대한 리발리에여."[45]

통상 이 학교의 최고위직에 오르려면 먼저 재무관을 거쳐야 한다. 재무관직은 그저 편안하게 소화해 낼 수 있는 명예로운 한직이다.

그 밑에 부교장이 한 명 있었다. 학생들은 목동이 기르는 개를 연상하면서 그를 마당개라 불렀다. 왜냐하면 그는 각 지방에서 온 동향단 학생들이 교실에 들어가기 전 안다당에 정렬시키는 일을 맡았기 때문이다. 그는 중간급과 하급의 처벌권을 행사했다.

45 Riballier(1712~1785): 1765년부터 죽을 때까지 파리 대학 신학부 학장으로 계몽사상가뿐 아니라 얀센주의자들과 싸웠다.

수학교사는 가장 중요하고 가장 충실했다. 다른 어느 자리보다 그 자리에는 진정한 학자가 더 많았다. 유명한 천문학자 라카유는 오랫동안 수학교사로 있으면서 한없는 열정을 바쳤다. 그는 수업을 하러 집을 나서는 길에 세상을 떠났다.

통칭 철학반이 가장 고급반이었고, 거기서 논리학과 물리학도 가르쳤다. 비교적 나이를 많이 먹고서도 아직 그 학교를 드나드는 열등생 가운데 대부분이 생쉴피스 신학교의 신학생이었다. 이들은 스스로 '철학자 선생'이라는 아주 우스꽝스러운 이름을 붙였다.

수사학반의 담임교사는 2명이었다. 이들은 번갈아 가면서 시인과 웅변가를 가르쳤다. 학생은 '파르나소스 산으로 한 걸음'과 부도의 사전을 이용하여 하루 두 번 라틴어로 연설문과 시를 지었다. 수사학반 담임교사들은 그들만의 권리를 누렸다. 그들은 학장급의 예우를 주장할 권리를 누렸기 때문에, 적어도 3개월 동안 '각하'라는 호칭을 들을 수 있었다.

이 교사들은 스스로 왕세자 교육까지 담당할 수 있다고 믿었다. 사람들은 이들이 나타나면 모두 쳐다보았다. 왜냐하면 그들은 보라색 허리띠를 매고 있었기 때문이다. 그러므로 시간이 걸리더라도 수사학반 교사가 되는 영예를 안은 사람만큼 자존심이 강한 사람은 없을 것이다. 그는 모두 4개 학부를 3개월씩 돌아가면서 이끌었기 때문에, 1년에 모두 네 번 각 학부의 교사들 사이를 거닐 때 마치 자신이 모든 인문과학의 우두머리라도 되는 듯이 거들먹거렸다. 사람들은 보라색 인간을 보면서 처음에는 웃음거리로 여겼지만, 두 번째 볼 때는 가엾게 여겼다.

수사학반 교사 자리를 삼류문사들이 차지하기도 하였다. 그들은 수업시간 내내 문학잡지 『아네 리테레르(*Année littéraire*)』의 교정지를 수정하였다. 그들이 이 잡지의 많은 부분을 썼기 때문이다. 그들은 학생들의 손가락질에 매질하듯이, 가장 유명한 작가들에도 뻔뻔스럽게 매질하였다.

하급반 담당교사들은 그 자리에 딱 알맞은 사람이었다. 말하자면, 고급반 교사보다 평범하고 더 무식했다. 그들은 프랑스어에서 조금 생경한 말로 인문학 선생이라 불렸다. 그러나 분명히 그들은 촌스러웠다.

사람들은 이들이 근거 없이 학생을 잔인하게 대한다고 비난하며, 감독기관인 파리 대학이 나서서 이들을 막아야 한다고 말한다. 이들은 체벌이 아니라 고문을 하기 때문이다. 기껏해야 8~9세 된 불쌍한 아이가 꺽꺽대며 흐느끼면서 선생의 의자 앞으로 끌려가, 아이들의 행실을 교정해 준다는 교사 2명에게 채찍으로 피가 날 때까지 맞는 광경을 상상해보라. 인문학 선생은 그 순진한 순교자에게 몇 대를 맞는 중인지 하나씩 세라고 강요하기도 한다. 이건 내가 부풀린 이야기가 아니다. 내가 알기로 수많은 어린이가 이 무지한 현학자들의 명령으로 문자 그대로 갈기갈기 찢겼다. 학부모들은 선생들의 비겁한 행위를 처벌하고 싶었을 것이다. 실제로 학부모가 자기 권위의 일부를 담임교사에게 양보하여 자기 집에서라면 절대 용납할 수 없는 행위를 하도록 하겠는가?

이같은 문제로 이 학교에서 비극이 일어났다. 수사학반의 몸집이 큰 학생에게 부끄러운 벌을 내리고 싶어 했으나, 담임교사와 교정교사들은 학생을 제대로 다루지 못하였다. 그래서 건장한 오베르뉴 사람을 불렀다. 이 사람은 물지게를 져서 먹고 사는 불쌍한 사람이었다. 학생은 양날 단검으로 물장수를 오랫동안 위협하다가 마침내 찔러 치명상을 입혔다. 이 문제로 법의 심판을 받아야 할 사람은 누구인가? 이제 사회로 나가려는 젊은이가 살인죄를 저지르게 만든 야비한 라틴어쟁이가 아닐까? 이런 사람들이 감히 호메로스, 베르길리우스, 타키투스를 논하는가? 오르페우스가 트라키아의 야만인에게 문명을 전하는 행위와 같다고 하겠는가? 무엇이라고? 문학적 소양을 기르려는 순진한 젊은이를 노예처럼 때리는 행위가 정당하다니! 보라색 허리띠를 맨 사람이 평소에는 수많은 교서를 내리면서도, 파리 대학의 교육에 흙탕물이나 끼얹는 폭력을 없애라는 교서를 하나도 내리지 않는 이유는 무엇일까?

마자랭 도서관은 이 학교에 있다. 거기서는 철학책을 원하는 대로 읽지 못한다. 루크레티우스를 읽고자 하면 읽을 수 있다. 라블레의 책도 기꺼이 빌려준다. 그러나 루소의 『에밀』, 불랑제의 저작을 읽겠다고 하면, 소르본의 박사 사서가 아주 홀대한다.

이 도서관의 장서는 거의 6만 권인데, 적어도 절반이 종교적 쟁점을 담은 책이다. 라신과 코르네유의 작품은 겨우 몇 년 전부터 도서관에 끼어들었다. 그러나 얀센, 케넬, 몰리나의 애호가들은 이 세 저술가에 관한 서적을 모두 찾을 수 있다.

프랭클린이 이 도서관을 찾았을 때, 사서는 그의 작품을 보여줄 수 없었다.

이 도서관은 3개월 반을 쉰다. 그러고 나서, 공부를 제대로 할 수 없을 만큼 추운 계절이 시작할 때가 되어서야 문을 연다. 이 커다란 건물에서는 난로를 피우지 못하게 하였기 때문에 몹시 춥다. 마자랭 추기경이 평생 딱 한 번 선행을 한 결과가 이처럼 헛된 것이 되었다.

티투스 리비우스나 테렌티우스를 놔두고 교실을 빠져나와, 몽테뉴나 몰리에르를 읽으러 이 도서관을 찾는 학생이 가끔 있다. 그러나 끔찍한 마당개에게 들키기라도 하는 날에는 그들의 운명은 얼마나 슬픈 것이 될까! 이 감독관은 그들이 들고 있는 현대 서적을 모두 빼앗은 뒤, 무자비하게도 그들을 담임교사에게 보내 따분하고 어리석은 훈계를 듣게 한다.

공공도서관의 직원은 온갖 이상한 요구를 다 듣는다. "내게 황금을 만드는 방법이 적힌 책을 주시오." "성 아우구스티누스의 작품 가운데 제일 재미있는 책을 빌려주시오." 머리가 하얗게 쇤 남자는 오비디우스가 쓴 『사랑의 기술』을 요구하고, 어떤 병사는 칼을 내려놓고 『모든 전투의 역사』를 빌려달라고 주문한다. 도서관을 찾는 대중들은 저술가들이 꿈도 꿀 수 없을 정도로 아주 이상한 제목을 들먹인다.

도서관을 찾는 사람 가운데, 부지런히 자료를 모으고 별로 의미 없는 작품을 끊임없이 요구하여 쌓아놓고 내용을 베끼는 사람이 많다. 그들이 무엇을 연구하는지 알 길은 없다. 그들이 백지 상태를 두려워하기 때문이라고 말하는 사람이 있는가 하면, 백지를 오직 까맣게 만들고 싶어 하기 때문이라고 말하는 사람도 있다.

406 왕처럼[46]

우리는 이 말을 아무 데나 갖다 붙인다. 최고의 쇠고기(Boeuf à la royale), 가장 맛좋은 과자(gâteaux à la royale), 극진히 먼지를 터는 사람(décrotteur à la royale) 등등. 구운 고기 장수는 가게 문에 황금 글씨로 이 말을 써붙여 놓는다. 소시지 장부는 최고의 햄과 소시지를 판다. 우리는 통통한 영계, 장갑, 장화, 반장화를 호화롭게 꾸며주는 백합꽃[47]을 본다. 심지어 탕약 장수까지 '왕처럼'을 외친다.

최근 어떤 사기꾼이 생제르맹 시장에 아프리카 동물 몇 마리를 끌고 나타났다. 그는 자기가 만든 포스터마다 '왕실 동물원'이라는 문구를 넣었다.

이처럼 '왕처럼'은 '좋은', '빼어난', '가장 빼어난'이라는 뜻을 가진다. 왜냐하면 서민은 무엇이든 평범한 것 가운데 감히 궁정에 가까이 다가설 만큼 무모한 것이 있다고 상상하지 못하기 때문이다.

고관대작은 처음 일을 시작한 뒤 3개월 동안은 어떻게든 빼어난 인물이라는 평을 듣는다. 왜냐고? 왕의 제과사는 모든 제과사 가운데 가장 빼어난 장인이기 때문이다. 정치 사상부터 달콤한 파이까지, 왕 주변에 있는 것이라면 어찌 최고가 아닐 수 있겠는가?

사기꾼이 파리 주민을 모아놓고 생쥐 한 마리를 보여준다면 이렇게 말하리라. "임금님이 이 쥐를 보고 싶어 하셨답니다." 그 말을

46 '왕처럼(à la royale)'은 최고라는 뜻을 가진 말이다.
47 백합꽃(fleurs de lys)은 프랑스 왕의 상징이었다.

들은 파리인은 이 생쥐는 뭔가 특별한 것이라고 생각한다. 요컨대, '왕처럼'은 미래 세대에게 센 강물을 마시는 사람들의 진정한 성격을 설명해 주는 말이라고 생각할 수 있다.

407 역참제도

이 제도는 보통 운송제도보다 시간이 더 많이 걸리고 좀 더 힘들게 운영되어야 한다. 왜냐하면 요금이 2배이기 때문이다. 그러나 왕이 늘 거주한다는 수도로 다가가는 영광을 누리는 사람은 이러한 측면을 생각할 필요는 없다. 콩피에뉴와 퐁텐블로는 왕이 거주할 때 역참이 되었다.

여행자에게 말을 공급해 주는 일은 전매특허이다. 이 특허는 말을 빌리지 않은 사람에게도 세금을 내게 한다. 그러고 나서 마부를 강제로 고용하게 만들고, 거리도 마음대로 산정한다. 1,000 단위로 계산한다면 상황이 바뀔 때도 거리가 언제나 똑같이 나오겠지만, 이 전매특허는 그러한 현실을 원치 않는다.

토목행정지사(l'intendant des Ponts et Chaussées)는 몇십 리의 밖에서부터 마음에 들지 않는 길을 만들어 준다. 그 길은 마술처럼 생긴다. 그리하여 파리 근교에는 넓은 길이 넉넉하다. 그중에서 하나를 선택해야 한다. 농토를 없애고 길을 만들었기 때문에 그 대가를 일반인이 치러야 한다. 더욱이 도로 부역에 참가하지 않은 사람은 마차를 타고 다니면서 가루로 만드는 포석 값을 내야 한다.

파리로 들어갈 때 역참은 돈을 2배나 받는데, 이때부터 파리의 모든 물가는 다른 곳보다 2배나 비싸다는 사실을 알려주는 것이 아닐까? 이것은 분명한 경고이다. 그리고 이 경고를 알아듣는 사람이 손해 보는 일은 없을 것이다.

정부는 모든 외국인의 출발과 이동경로를 마음대로 가로막을 권리와 권한을 갖는다.

역참마를 이용하면 편리하긴 해도, 일정한 수준의 재산가는 별로 여행을 많이 하지 않는다. 그들은 언제나 여행보다는 파리의 중심에 머무르기를 더 좋아한다. 그들은 프랑스를 거의 모르고 살아간다. 그들은 파시나 오퇴이, 또는 센 강이나 마른 강 변에 살려고 한다.

프로방스 지방에서 겨울을 지내거나 몽토방의 아름다운 하늘 아래 살려고 결심하는 부자가 어디 있을까? 또 여름을 보내려고 알자스 지방의 숲속을 돌아다니거나, 봄철에 제네바의 호숫가를 찾아가는 부자가 어디 있겠는가?

부자들은 역마차의 무한한 이점을 즐길 줄 모른다. 가난한 사람만이 부러운 눈으로 역마차가 지나는 광경을 본다. 그리고 역마차를 가장 많이 이용하는 사람도 가난한 사람이다. 불행히도 넉넉한 재산을 갖지 못한 사람이 여행을 많이 다니기 때문이다. 때로는 재단사가 연금 4만 리브르를 받는 사람보다 프랑스를 더 잘 안다. 그는 이 아름다운 왕국의 멋진 도시를 차례로 방문했다.[48] 백만장자로서 루아르 강변을 가보지 못한 사람도 많은데 ….

48 앙시앵 레짐 시대 직공은 일자리를 찾거나 일을 배우려고 프랑스를 일주하였다. 이를 '투르 드 프랑스(Tour de France)'라 한다. 오늘날에는 프랑스를 일주하는 자전거 경주를 일컫는 말이기도 하다.

408 연봉은 얼마나 될까?

사람들은 모든 공직, 고용직, 자리, 온갖 종류의 등급을 놓고 끊임없이 이렇게 묻는다. 그리고 마지막으로 "왕은 얼마나 벌까?"

주교가 대주교로 승격할 때 이 변화를 일컫는 말이 있다. "그는 이렇게 해서 연금 20만 리브르를 받는다." 또는 이렇게 묻기도 한다. "아카데미의 출석 수당은 얼마나 될까?"

이러한 질문은 최근에 생겼다. 옛날 사람들은 궁금해도 마음속에 묻어 놓고 마음대로 꺼내지 못했다. 그들은 수줍고, 이러한 질문을 던진다는 행위를 부끄럽게 여겼기 때문이다. 오늘날 사람들은 공공연히 묻는다. 그리고 논평자는 명료하게 말한다. "만일 어떤 직책이 제아무리 위세당당하다 해도 그에 걸맞은 황금이 뒤따르지 않는다면 아무것도 아니다. 돈이 있어야 덕도 있는 법이다."

409 파리인의 태도

연약함은 여성에게 어울린다. 여성은 그 점을 안다. 그들은 섬세한 존재로 보일 때 유리하다고 생각한다. 모든 여성이 실은 건강한데도 맥없이 걷고, 혀짧은 소리를 내며, 아픈 척하고, 힘이 부친다고 불평하는 법을 배웠다. 그들은 박력과 거리가 먼 것처럼 보이는 기술을 자연스럽게 터득했다. 여성은 어째서 얼굴에 홍조를 띠기를 좋아할까? 그들은 힘과 용기가 없고 불완전하다는 사실을 은연중에 보여주고, 남성의 이기심을 자극하여 자신의 나약함을 증명해 주기를 바라기 때문이다.

아름다운 여성은 언제나 사람을 감동시킨다. 그녀가 가난에 절어 눈물을 펑펑 쏟는 모습을 보면, 제아무리 구두쇠라 해도 마음이 누그러지고, 제아무리 폭군이라 해도 무기를 버리게 된다. 왜 그럴까? 여성에게 연약함은 마지막 단계에 나타나는 것이며, 그 앞에서는 모든 사람이 너그러운 마음을 먹게 마련이기 때문이다.

모든 여성은 트롱생[49]의 시대에는 몸을 단련하고 말을 타고 싶어 했다. 그러나 단 한 번 사고가 나도 여성은 자신이 좋아하는 무활동 상태로 되돌아간다. 그러나 무도회에서 여성은 거의 믿을 수 없는 힘을 되찾는다. 무도회의 주인공이 여성이듯, 노름판에서도 여성

49 Tronchin(1709~1781): 제네바 출신의 의사. 보어하브의 제자로 접종의 창시자이다. 특히 여성과 어린이의 건강을 지키려고 노력하면서, 여성이 야외활동과 신체단련을 하면 울화증을 막을 수 있다고 주장했다.

은 크게 활약한다. 남성이 무기력해지고 목숨을 살려달라고 빌어도, 여성은 까딱하지 않고 밤을 샌다.

410 과학 아카데미

인간에게 과학이 없다면 짐승보다 나을 바가 없으리라. 광물학이 없으면 양식의 기술은 존재하지 않을 것이다. 이 세상의 인간은 아메리카 대륙에서 이리저리 이동하면서 인육을 꼬챙이에 꿰어 굽거나 냄비에 넣고 삶아 먹는 사람과 똑같은 짓을 하면서 살 것이다. 정의, 감사, 자비는 쟁기, 낫도끼, 낫을 만들 철을 발견한 덕에 생겼다.

인간 사회를 지배해야 할 평화와 화합은 과학의 발견과 밀접하게 연결되었다. 인간이 강하며 능력을 갖추고 행복하게 만든 것은 과학의 업적일 뿐이다. 야만의 완전한 어둠이건, 가장 순수한 빛으로 가득 찬 한 낮이건, 이 두 가지가 모호하게 섞이면 가장 치명적인 상황이 발생하리라.

어떤 민족이 과학과 예술을 맛보는 경지에 도달하는 순간부터 더욱 높은 수준까지 끌어올려 완성시켜야 한다. 그렇게 하지 않으면 그 민족의 악덕은 더욱 늘어날 것이다. 사람들이 소박한 원시 상태(아주 빈곤한 상태)에서 멀어지고 큰 사회 집단을 이룬 뒤에는, 통치 조직을 더욱 굳건히 유지해야 한다. 왜냐하면 사람들의 이해관계가 복잡하게 얽힐 때, 그것을 조절하여 서로 이롭게 만들어야 하기 때문이다. 사회를 튼튼히 건설하려면 철학이 반드시 필요하다. 또 철학은 사회가 온갖 매력을 갖추도록 도와준다. 철학이 있어야만 믿을 수 없을 정도로 많은 파괴 요소를 피할 수 있다. 선행을 하도록 타고난 천재에게 한눈에 병폐와 그 대책을 파악하도록 감시하는 일을 맡겨야 한다. 완벽한 입법은 인간에게 원초적 자유를 회복해 주고, 수

천 가지 이점을 새로 즐기게 만든다. 사람은 한없는 욕구를 가졌기 때문에 만족할 줄 모른다. 그 욕구를 척 보기만 해도 질린다. 그러나 아주 복잡하게 보이는 사회 구성체 속에서 힘과 지식을 합치고 서로 노력과 봉사를 교환하면 질서를 잡고 조화롭게 살 수 있다. 그러면 수많은 욕구를 마법처럼 순식간에 충족할 수 있다. 인간이 어쩔 수 없이 가지는 폐단도 완화되고, 때로는 즐거움으로 바뀐다. 인간은 능력을 완성할 수 있는 가능성을 가진 덕택에, 느낄 수 없는 단계를 거치면서 자연의 원시 상태보다 더 온화하고 더 바람직한 사회 상태로 들어갈 수 있다. 자연 상태를 사실적이거나 공상적인 색채로 장식하고 감싸면서 사회 상태로 나아가는 것이다.

학문이 뿔뿔이 흩어지면 아무것도 아니다. 학문은 서로 접근하여 굳건히 도와주어야 한다. 우주가 제아무리 멋진 광경을 보여줘도, 무관심과 평범한 눈으로는 볼 수 없다. 모든 관념은 저장고로 들어가 거의 느낄 수 없을 정도로 운동하고 발효하여 새로운 발견을 준비한다. 그리고 국민의 모든 지식은 개인의 지식이 서로 보태고 도와줄 때야 비로소 빛난다. 그 지식은 기초를 세우고 뒤섞여 그렇게 해서 모든 제국과 시대를 구별해 주는 빛을 만든다. 그러므로 모든 학문과 예술을 연결하는 일이 불가능한 날이 올 때까지, 우리는 이해력의 한계를 설정하거나, 인생이 짧다고 생각하지 말아야 한다. 단 한 사람의 정신은 소진하겠지만, 인류의 정신은 그렇지 않다고 어떤 시인은 노래했다. 우리는 이처럼 양식 있는 시를 알아둘 만하다. 우리는 학문의 한 분야를 깊이 파기 전에 전체 학문의 표면을 먼저 죽 훑어야 한다. 왜냐하면 한 분야라도 완전히 파헤칠 수 없기 때문이다. 또한 단 하나에 초점을 맞추면 학문의 성과를 충분히 누릴 수 없다. 통찰력을 갖추려면 시야가 넓어야 한다. 윤리는 물리학을 바탕으로 일어선다. 물리학은 수학에 의존한다. 모든 것은 형이상학의 밑에 있고, 모든 것은 정치를 향한다. 다시 말해서, 모든 것이 사회를 완전하게 만드는 일에 협조한다.

그러나 개인이 독수리처럼 사물을 본다 해도, 인류는 그렇게 하지 못한다. 단지 개인에게는 시간이 모자랄 뿐이다. 시간이 충분한 인간이 못할 일은 무엇이며, 성취하지 못할 수준이 어디 있겠는가? 어째서 인간은 새싹을 고목에 접목시키듯이 사람을 다른 사람에게 접합시키지 못할까? 베이컨, 데카르트, 뉴턴, 갈릴레오가 수천 년 동안 살고 생각했다고 상상해보자. 그들은 자연과 맞서 씨름하다가, 결국 모든 비밀을 알아냈을 것이다. 그러나 인간이 어떤 건물을 겨우 세우고 난 뒤, 건축가의 손이 얼고 그의 도면이 그와 함께 무덤으로 들어간다면? 여러 세대를 지낸 뒤에야 모든 일이 다시 시작될 것이다. 그러나 그것도 마치 거미줄처럼 겨우 세우자마자 무너질 것이다.

우리는 과학 아카데미를 존중하고 찬양해야 한다. 그것은 모든 발견을 모으고, 관계망이 끊어지지 않게 보호하며, 지속적으로 굳센 토대 위에 버티고 섰다. 그것은 프랑스의 여러 아카데미 가운데 외국인이 이름을 발음할 수 있는 유일한 아카데미이다.

과학 아카데미는 다른 아카데미보다 더 큰 이점을 가졌다. 그것은 과학이 아직도 걸음마 단계에 있다고 보기 때문에 생긴 이점이다. 그래서 모든 관찰 결과를 세심히 연결하고 모든 편견을 버리면서, 실험물리학이 사실로 증명한 것만 받아들인다.

그러나 오직 자유주의를 믿는 군주만이 학문과 예술을 밀접하게 연결하여 상응하게 만들 수 있다. 개인이 제아무리 재산과 지식이 많고 공을 들인다 할지라도, 모든 자료를 모으거나 모든 실험 결과를 종합하거나 수많은 정신을 녹여 단 하나의 목적을 달성하는 데 이용하는 일은 불가능하다.

과학 아카데미는 교조주의를 경계하면서 더욱 유리한 미래를 준비한다. 그것은 어떤 체계도 인정하지 않는다. 왜냐하면 일단 받아들인 체계는 전제적인 의견이 되어 그 뒤에 나오는 모든 체계를 억압하기 십상이며, 결국 천재적인 관찰자에게 상처를 입히기 때문이다.

과학 아카데미는 모든 관찰, 업적, 선언을 활기차게 만들고 이끌어 주는 진정한 계몽주의 정신에 물들어 있는데, 어째서 다른 학술단체들은 그러한 정신을 받아들이지 않는 것인가?

411 고대를 찬양하는 사람

이들에겐 자신을 찬양할 의식이란 없다. 이들은 자기 시대를 찬양하기는커녕 오히려 슬퍼한다. 이들은 테렌티우스나 플라톤의 평판에 대해 조금도 걱정하지 않는다. 오로지 찬양거리만 있기 때문이다. 그러나 오늘날에 일어나는 일에 대해서는 결점을 찾기 바쁘다. 이처럼 현학은 우스꽝스러운 열정을 가진다. 때로는 독특한 태도를 보여주기도 한다. 시대를 앞선 문필가 가운데 철학자가 아닌 사람들은 가장 이상한 편견을 가지고 있으며, 기예의 발전에 가장 반대한다. 더욱이 그들은 20세기의 세월보다 단 한 세기가 더 훌륭하다고 말한다. 몇 푼을 벌려고 법정에서 호소하는 변호사보다 연단에 올라서 열변을 토하는 대중연설가를, 군주의 신민보다 공화국의 자유민을, 아카데미 프랑세즈가 불행히도 걸음마 단계에서 고정해 놓은 언어보다 자유분방하고 시적이고 대담한 언어를 더 훌륭하다고 한다.

나는 굳이 루이 14세 시대처럼 저술가의 용기를 북돋아 주고 보호하고 은급을 주던 시대에 대해서 말하지 않으련다. 루이 15세 치세 마지막 30년 동안 비록 온갖 장애와 차꼬, 사슬이 있었지만, 계몽되고 감수성이 예민하고 유려하며 진짜 애국심이 넘치는 작가들이 나왔음을 말해둔다. 이들이야말로 고대인과 비교할 만한 사람들이다. 이 시대 사람들이 죽어 증오, 당파심, 자만심을 함께 무덤으로 가져가야 비로소 진리를 느낄 날이 온다. 그래야만 정의와 공평함이 제 목소리를 낸다.

맹목적이고 샘 많은 사람들이 모든 시대에서 죽은 사람들을 고

집스럽게 찬양할 때, 이들과 어떻게 싸워야 할지 잘 모르겠다. 이들은 지금 살아 있는 사람도 곧 옛 사람이 된다는 사실을 생각하지 않고, 산 사람의 성공에 딴지를 건다. 엄밀히 말해서 똑같은 재능이 재생산되기란 불가능하다. 왜냐하면 자연이 한 사람을 형성할 때 그의 머릿속에 특별한 자국을 남겨 놓지만, 그 뒤로 그 특징은 영원히 깨져 대물림할 수 없기 때문이다. 그러나 동등한 것들이 존재한다. 만일 어떤 사람이 다른 이가 한 대로 행동하지 않는다 해도, 다른 범주에서 선의로 그와 비슷한 일을 할 수 있다. 사람들은 대체로 사물 그 자체보다 이름에서 더 영향을 받지만, 만일 모든 작품의 장점을 비교하여 감상할 능력을 갖춘 사람이 존재한다면, 아마도 그는 자기 나름의 엄밀한 저울을 이용하여 모든 사람이 의심하지 않을 평등성을 찾아낼 것이다.

우리가 원한다 해도 더 이상 코르네유, 라신, 부알로, 니콜, 보쉬에 같은 사람을 가질 수 없다. 그러나 우리에게는 이처럼 위대한 인물보다 조금도 못지않게 유려한 문체로 더 유익한 글을 쓰는 문인이 많다. 이들은 재능을 이용하여 우리에게 유익한 작품을 쓰기 때문에 과거 인물보다 더 존경스럽다. 이들은 언제나 조국과 인류를 먼저 생각하고, 거기에 사상을 바친다. 이들은 야만의 시대보다 빛의 시대에 더욱 치명적인 잘못을 없애려고 무척 노력한다. 이들이야말로 모든 국가에 가장 큰 행복을 꿈꿀 기회를 주는 행복한 원리를 발전시켰다. 이들이 역사를 쓰든지, 윤리를 다루든지, 과거를 현재에 봉사하게 만든다.

412 왕립 외과학 아카데미

루이 15세는 각별히 외과학을 후원했다. 그는 외과학에 매우 흥미를 가졌고, 자주 그것에 대해 말했다. 그는 마침내 공공건축물을 세워주었는데, 그 건물은 오가는 사람들에게 깊은 인상을 남겼다. 아무도 이 건물의 바깥 장식이 지나치다고 비난하지 않았다.

외과학은 놀라울 정도로 발전했다. 우리가 그 의술을 찬양하는 이유는 정당하다. 의약 분야보다 불확실성이 낮기 때문이다. 능숙한 손놀림으로 섬세한 수술을 성공적으로 해내는 것을 보고서 박수를 치지 않을 사람이 어디 있을까?

그러나 외과의사는 감수성이 예민해야 한다. 그에게는 실천의 덕목도 아주 중요하지만, 모든 환자를 소중히 다루는 존경심도 필요하다. 환자의 고통을 아는 사람이 어찌 가엾은 사람을 거부할 수 있겠는가? 아무렴! 고통을 당해보지 않은 사람이 어디 있겠는가? 하루에도 100번씩이나 새록새록 괴롭히는 고통에 시달려보지 않은 사람은 또 어디 있겠는가? 그러므로 외과의사는 이튿날이면 자신에게도 닥칠 수 있는 고통을 가볍게 만들어 주어야 한다. 그는 고통을 호소하는 환자를 끊임없는 인간사랑으로 대해야 한다. 제아무리 건강에 이로운 기술이라 할지라도 환자에게 더 큰 고통을 주는 것이라면 무슨 소용이 있겠는가? 아주 무자비할 정도로 냉정한 인간이 환자를 치료할 칼날을 번뜩인다면, 그 인간은 푸주한처럼 보이리라! 그러므로 기민한 솜씨도 필요하지만, 감수성도 역시 필요하다. 환자가 두려워한다면, 수술 도구를 그에게 보여주지 않도록 배려해야 한다. 그리고 부드럽고 차분한 말씨로 환자를 위로해야 한다. 왜냐하면 육체적 고통보다 영혼의 고뇌와 두려움이 훨씬 잔인하기 때문이다. 따라서 외과의사가 솜씨 좋게 수술만 잘하는 것도 중요하지만, 그의 눈은 환자를 강하게 만들고 위로하며 용기를 북돋아줄 줄 알아야 한다. 그의 마음이 말하게 해야 한다. 그가 진정 감수성을 갖추었다면, 사람들이 어떤 매력으로 불행한 사람을 속이는 줄 알 것이며, 또한 그를 위하여 희생자가 겪는 순간순간의 두려움을 어떤 식으로 가볍게 만들어 주는지 알 것이다.

용기와 인간사랑을 갖춘 사람이 확신에 차고 동정심 넘치는 손으로 냉혹한 행위를 하면서도 그것을 부드러운 목소리로 완화시킬 줄 안다면, 그는 얼마나 존경스러운가! 그는 환자가 거의 알아채지 못하는 사이에 고통을 뿌리째 뽑아내고, 고통에 힘들어하던 환자가 건강을 되찾을 때 함께 눈물을 흘릴 줄 안다. 수술을 할 줄도 모르면서 수술칼을 들고, 산 사람의 몸을 마치 시체 다루듯 칼로 북북 그어대는 야만인들과 그는 얼마나 다른가! 이 야만인들은 칼날로 남의 몸을 찢고 불구를 만들면서도 눈 하나 꿈쩍하지 않기 때문에 더욱 두려운 존재이다.

그러나 외과의사가 환자의 육체적 고통과 정신적 고통을 모두 치료해 주기 위해 얼마나 길고 복잡한 과정을 겪었던가! 치료술을 배우려고 수많은 장애를 극복한 사람들이 그동안 얼마나 노력을 많이 했는지 생각한다면, 그들의 노고를 그 누가 감히 모른 척 할 수 있으랴!

그들은 무덤에서 가져다 놓은 시체의 썩는 냄새를 참고 두려움을 억누르면서 의술을 배웠다. 그들은 인간이 남긴 몸뚱이에 끊임없이 입과 눈을 고정했다. 모든 감각이 역겹다고 하여도 혐오감을 억눌러 다스리고 거의 무한정 새로운 언어를 기억했다. 이 언어는 처음에는 메마른 원칙만을 전해주고 슬픈 관념만 불러일으키는 것이었다. 그러다가 다음 단계로 인류의 비참함을 모두 모아놓은 저장고로 들어갔다. 그곳은 산 자가 죽은 자보다 더욱 흉악한 곳, 죽음의 싹이 공기를 오염시키는 곳, 그리하여 조금만 접촉해도 위험해지는 곳이었다. 이제 그들은 활기 없는 몸이 뿜어내는 냄새에 용감히 맞서고, 죽어가는 사람의 쇠약한 심신은 물론 자신의 무기력과도 싸워야 했다. 끔찍한 상처 속으로 과감히 손을 넣었다. 부패하는 부위를 주의 깊게 살폈다. 이 두려운 장면의 한가운데서도 표정을 변화시키지 않으며, 모든 일에 지치고 피곤하며 싫어지고 용기가 꺾일 때에도 차분히 생각할 줄 알아야 했다. 외과의사가 되려면 이처럼 거의 초자연적인 힘을 갖춰야 했다.

그것은 돈 때문일까? 아니면 명예를 바라고서 이처럼 힘든 일을 감내했을까? 아니다, 양심만이 그 일을 시킨다. 인류애를 실천했다는 순수하고 내밀한 만족감이 그 대가이다. 많은 사람은 이같은 보상에 익숙하지 않다. 그러나 그것은 누릴 줄 아는 사람에게는 달콤하고 깊은 매력을 가진 것이다. 남들은 흥청망청 먹고 마셔대면서 쾌락을 추구할 때에도, 언제나 열의가 있고, 언제나 동정심 넘치며, 언제나 지칠 줄 모르고 자신이 덜어줄 수 있는 고통을 찾아다니는 사람이 있다.

이처럼 다른 사람에게 헌신적인 사람들은 드물었다. 그러나 그들은 오직 자기 의술을 베풀면서 살아간다. 그들은 날마다 자기 손을 어떻게 하면 더 유연하고 가볍게 놀릴 수 있을지 연구한다. 잔인한 수술에 걸리는 시간을 1분, 1초라도 단축하고, 두려움을 주는 도구를 없애려고 노력한다. 그들은 어떤 도구가 더 많이 굽었거나 휘었고, 어느 천이 더 부드럽거나 거칠고, 어떤 자세가 더 고통스러운지 아닌지 정성껏 배려한다. 그들은 통찰력을 가지고 환자의 증상을 듣고, 불행한 사람들의 느낌을 묻는다. 그리고 신성한 동정심에 이끌려, 사랑과 신뢰가 넘치는 말을 끊임없이 환자에게 들려준다. 그들은 이처럼 불행하게 고통을 당한 희생자들을 어디서 찾았는가? 바로 가난한 사람이 사는 찌그러진 지붕 밑에서이다. 그들이 수술칼을 들고 환자의 고통을 덜어주고 고쳐줄 때, 손에서는 황금이 빠져나갔다.

"이러한 사람이 나와 같은 부류의 인간이며 내 형제라니!"라고 말할 수 있는 것은 분명 인간에게 영광스러운 일이다.

사람들이 보상을 바라고 덕을 베풀고 또 그 결과로 보상을 받을 때, 실제로 덕을 믿고 싶어진다. 냉혹하고 메마른 사람들아! 제발 인류애야말로 보상임을 배우도록 하라. 세상 사람들은 덕을 자존심이라 부르기 때문에, 굳이 자존심이라는 말을 쓰기로 하고, 아무튼 그들의 자존심을 충족할 때는 그들이 이렇게 말할 때이다.

> 어떤 사람이 침대에서 고통으로 무기력해지고 있는데, 우리는 그에게 "일어나서 걸으라"고 말했다. 이 가장은 과부와 고아를 남겨 놓기 직전이었다. 우리는 그의 집이 흔들리는 것을 다시 붙잡아 주었다. 우리는 그의 아내와 어린 자식들을 절망에서 구해주었다. 확실히 그들은 알 수 없는 미묘한 즐거움을 다시 느꼈다고 우리에게 말해주었다. 선행을 하고 난 뒤에 느끼는 즐거움이야말로 우리의 능력 안에 있었다.

그들은 외진 곳에서 홀로 그 즐거움을 즐긴다. 그 즐거움은 그들의 생활에 휴식을 주어 안정시킨다. 그들의 머리가 하얗게 셀 때, 그들은 스스로 이렇게 말할 것이다. "우리가 비록 짧은 생을 누리면서도 계속 선행을 베풀 수 있어서 다행이었다."

외과의사는 가장 힘든 일이면서도 별로 감사를 받지 못하는 격무를 견뎌야 한다. 사람들은 대개 죽기 직전까지 갔다가 되돌아와

핏줄에 다시금 건강한 피가 돌면, 그는 언제 그랬냐는 듯이 과거를 잊어버린다. 단지 악몽이라도 꾸고 깨어난 것처럼 잊어버린다. 그는 자기 발밑에서 무덤이 입을 벌렸다가 닫자, 앞으로 다시는 무덤에 들어갈 일이 없으리라고 믿는다. 그는 일단 위험한 상태를 벗어난 뒤에는, 자기를 깊은 구덩이에서 구해준 손이 있음을 인정하지 않는다. 그는 자기를 구해준 사람을 잊어버린다. 오히려 누군가 자신을 극진하게 오랫동안 보살펴 줄수록, 감사의 마음을 벗어버리고 그 고마움을 기억에서 지워버리려고 애쓴다.

그러나 위대한 인간에게 용기가 필요한 때가 온다. 만일 그에게 입은 은혜를 저버린 사람이 뜻하지 않게 사고를 당하고, 다시금 죽음의 칼날이 자기 머리 위에 걸려 있음을 안다면, 자신이 곧 죽을지 모른다고 두려워하고 질색하면서, 수치심을 억누르고 조금도 낯을 붉히지 않은 채 지난번에 제대로 고마워하지도 않던 해방자에게 도와달라고 요청한다. 이 의사는 언제나 차분하고 관대하기 때문에 곧바로 환자를 구하러 달려가 환자의 병을 돌려놓고 모든 감각을 다시금 안정시켜 주면서도 조금도 그를 책망하려 들지 않고, 오히려 필요하다면 환자가 다시 한 번 자신의 노고를 무시하는 영광을 베풀어 준다.

덕을 미워하는 사람들은 "별 해괴한 이론을 다 펼치는군!"이라고 외칠 것이다. 그것은 비현실적인 승리라고 할 것이다. 빈말에 불과하고, 현실 속에서는 자취도 없이 사라질 승리라는 것이다. 그러나 날마다 일어나는 수많은 사례 가운데 아주 인상적인 사례는 외과학의 휘황찬란한 측면을 예증한다. 우리는 복수심에서 저지르는 모든 일을 당연하다고 믿는다. 그리고 자선과 자비심의 행위를 거짓이라고 말한다. 왜냐하면 자선과 자비는 남에게 보여주려고 호사스럽게 나팔을 불어대는 덕목이 아니기 때문이라 말한다. 이러한 덕목이 분명히 존재하고, 우리 주변에서 볼 수 있으며, 위대한 인간의 속성이고, 수많은 예술가가 고상한 차원에 이르도록 찬미했음에도 불구하고, 일반인은 과연 그런 일이 있을까 의심한다.

왕들은 분란을 일으키고 전쟁을 명령했다. 바로 이 끔찍한 순간 인류의 수치심이 나타난다. 외과의사의 업적과 영광을 생각해보라! 전쟁의 벼락이 멎었을 때, 전투원이 서로 목숨을 노리지 않게 되었을 때, 살육의 현장을 감추는 불길과 연기가 소용돌이치다가 흩어지고 공기가 정화되었을 때, 사람들은 한때 훌륭했던 부대원들이 고통을 받는 모습을 보았다. 군인들은 몸이 절단된 채 여기저기 쓰러져 피를 흘리고 있었다. 이제 전투의 천둥소리는 멎었다. 사방에서 울부짖거나 신음하는 소리만 들렸다. 이 미친 듯한 전투 현장에 인간의 위안자들이 이리저리 뛰어다니는 모습을 보았는가? 그들은 아직도 연기가 피어오르는 현장으로 들어간다. 그리고 아직 숨이 붙은 사람을 찾아 이리저리 둘러보면서 다닌다. 죽은이 밑에 깔려 죽어가는 사람을 끄집어내고 일으켜 준다. 그들은 시민과 적을 구별하지 않는다. 모두 똑같은 인간이기 때문이다. 이처럼 능동적인 관대함이 살인의 분노를 이긴다. 그들은 부상자를 소중히 옮긴다. 아스클레피오스[50]의 자식들은 전쟁의 악마로부터 희생자의 유해를 빼앗은 수호신들이다. 그들의 열성 덕택에 국가는 용감한 수호자들을 다수 보존할 수 있다. 그들은 번창하고 확고하며 정확하고 충실히 질서를 유지한다. 이 새로운 영웅 정신은 전쟁의 모든 악행을 이끈 사람들의 정신만큼 값지지 않은가? 그들의 자비로운 손은 피를 멈추게 하고, 상처에서 화살촉을 빼내며, 부러진 뼈를 다시 이어주고, 강심제를 주어

50 Asclepios: 아폴론과 코로니스의 아들로서 의학의 신.

쇠약한 기운을 되살리고, 필요한 경우 살짝 상처를 내서 4체액이 끓어오르지 않게 예방해 준다. 줄기를 살리려면 가지를 치듯이, 수많은 치료방법 가운데 오직 칼을 써야 할 때가 있다. 그런데 팔을 보존할 기술이 발달하지 않은 상황에서 팔을 자르는 일은 조국이 감독해야 한다. 그래서 팔을 자르는 일에 순순히 동의할 수 있는 것이다.

그런데 우리는 이 너그러운 사람들이 능동적으로 인간 목숨을 보존하느라 애쓰는데도, 정복자들처럼 월계관을 씌워주기는커녕 병원에서 피로가 겹치고 힘이 빠져 죽어가는 모습을 지켜보았다. 또 어떤 사람들은 전쟁의 불길이 약해지고 꺼져갈 때 사상자를 찾아다니다가 마지막 탄환에 맞아 숨지기도 하였다. 이들은 선물을 경멸하고, 가장 정당한 감사의 인사조차 거절했다. 이들은 자기 목숨을 걸고 죽음에서 구해준 사람들의 이름과 얼굴조차 잊어버렸다.

끝으로, 고통 받는 사람이라면 모두 똑같이 동정 받을 권리가 있다 해도, 민감한 외과의사는 (양심을 좇아 가장 먼저) 연약한 여성을 돌보려고 노력한다. 여성이 고통을 받아서는 안 된다고 생각하기 때문이다. 자연은 여성에게 우아하고 매력 있는 자태를 준 대가를 톡톡히 요구한다. 여성의 몸은 즐거움을 주고받기 알맞게 구성된 것처럼 보인다. 그런데 여성의 몸은 섬세하기 때문에, 수많은 원인으로 다치기 쉽다. 더욱이 고통을 눈앞에 두고서는 온갖 상상을 쉽게 할 수 있다. 여성이 날마다 모든 일에 지나칠 정도로 민감하게 반응하는 만큼, 이처럼 치명적인 성향을 예방하고 고치려면 세심하게 배려해야 한다.

젊고 소심한 아내가 처음 아기를 낳고 어머니가 되는 모습은 얼마나 감동적인가? 그는 가슴을 짓누르는 까닭 모를 불안감에 몹시 걱정한다. 아니, 자기 자신을 걱정하면서 몸을 떤다. 불안하고 걱정스러운 그는 남편의 다정한 품에 안겨서도 자기에게 이중의 위험이 닥쳤음을 안다. 고통을 처음 느낀 뒤, 남편은 정신적으로 혼란을 겪으면서 아내가 좀 더 용기를 가지게 되기를 바란다. 남편에게 아들을 안겨준다는 기쁨과 고통이 서로 싸운다. 그러나 고통이 더욱 자주 강해지면서, 처음에 짓던 온화한 웃음은 결국 눈물 속에서 사라진다. 아주 소박하기 때문에 아직 모든 것을 확실히 알지 못하는 그녀는 모든 이의 시선을 더듬고, 그 시선의 의미를 간파하려고 노력한다. 아기를 곧 낳을 것인지, 아직 아닌지? 정결한 사랑의 기쁨을 얻으려면 얼마를 더 기다려야 하는지? 사나운 호랑이라도 차분히 기다릴 것이다. 그녀가 애처롭게 흐느낄 때, 제아무리 애정으로 감싸 안아도 여전히 격심한 흐느낌은 듣는 사람의 가슴을 찢는다. 우리는 고통 때문에 지르는 소리에서도 온화한 영혼의 억양을 구별한다. 두려움과 혼란의 순간 가운데 그녀를 어디에 밀어넣을 것인가? 그녀가 예정된 순간을 기다리는 외과의사에게 보내는 어머니의 시선을 누가 설명할 수 있으랴! 외과의사는 단지 그녀를 달래줄 수 있을 뿐, 너무 서두르지 말아야 한다. 자연이 이처럼 신성하게 작용할 때, 주의 깊고 열정적이며 동정심 많은 외과의사가 있다면, 그는 이 연약한 어미를 잘 보살펴 줄 것이다. 그는 어미의 용기를 되살리고 북돋아주고 2배로 강화한다. 그는 어미를 적절하게 이끌어 준다. 마지막 노력으로 다행스럽게 아기가 갇혀 있던 곳에서 나온다. 이미 고통 따위는 잊었다. 단지 어미의 기쁨만 있을 뿐. 남편은 아내에게 뽀뽀하고 아비가 된 기쁨에 눈물을 흘린다.

외과학이 의학과 동떨어졌다고 생각해서는 안 된다. 치료 원리는 모두 같기 때문이다. 외과의사는 일반의와 똑같은 지식을 가져야 한다. 그도 약초학, 화학, 자연사를 익혀야 한다. 치료에 필요한 모든 분야를 공부해야, 다른 분야의 의사들과 서로 도와가면서 생명을 다루고 되살리는 일에 참여할 수 있을 것이다.

413 황제의 교사

물라 살레는 무굴제국의 황제 아우랑제브[51]의 교사였다. 그는 아우랑제브가 옥좌에 오르자, 은둔생활을 접고 황제를 알현하면서 무분별하게 수많은 것을 요구하고 탄원했다. 황제는 그를 애써 잊은 척하였다. 그를 모욕하지 않으려는 뜻이었다. 그럼에도 옛 선생이 진정한 뜻을 이해하지 못하자, 황제는 싫증이 난 나머지 좀 더 노골적으로 말했다.

선생, 내게 무얼 바라시오? 선생의 맹목적인 주장이 무엇이오? 나더러 선생을 내 궁정의 옴라[52]로 임명하라는 거요? 야망이 있다고 맡을 수 있는 직책인 줄 아시오? 재능은 물론 덕도 갖춘 사람이 맡아야 하오. 선생은 도대체 아는 것이 무엇이오? 아, 물론 있겠지요. 어린 내게 가르친 것 말이오. 분명히 말해 두는데, 선생의 가르침보다 더 얄팍한 것은 없을 거요. 선생은 이 세상에서 오직 우리나라만 주목해야 할 나라인 것처럼 내게 가르쳤소. 그리하여 다른 나라의 왕들을 마치 지방총독 정도로 깔보게 가르쳤소. 그들은 힌두스탄이라는 이름만 들어도 벌벌 떠는 조무래기 왕이라고 말이오. 선생은 내 어린 시절의 고지식한 성격을 헛되게 이용하였소. 선생은 내게 유치하다 못해 위험한 자만심

51 Aurangzeb(1618~1707): 샤 자한의 아들이며 후계자. 샤 자한은 아그라에 영묘 타지마할을 지은 사람이다.

52 옴라(omrah)는 무굴제국을 다스리던 최고위원회 위원으로 모두 24명이었다.

을 심어 주었소. 선생은 내 나라의 역사를 가르친다면서 몇몇 사소한 실습과 아무런 알맹이 없는 말, 무미건조하고 강파른 사실을 가르쳤을 뿐, 내가 꼭 알아야 할 내용은 장막으로 덮어 버렸소. 왜 선생은 자기보다 더 유능하고 지적인 사람에게 내 교육을 맡기지 않았소? 선생은 자연이 어린이에게 훌륭한 기억력을 준다는 사실을 몰랐소? 무릇 어린이의 두뇌는 유연하고 모든 것을 잘 받아들이기 때문에, 이때야말로 평생 그의 행실을 이끌어 줄 가장 소중한 지식을 새겨줄 가장 값진 시기라는 사실을 몰랐단 말이오? 선생은 본능적으로 큰 것들을 향해 도약하는 탐욕스러운 내 정신을 올바로 이끌어주기보다, 편협하게 만들어 놓았소. 선생은 내 정신을 빈곤한 단어와 헛된 질문이나 주고받는 무미건조하고 냉랭한 공론 속에서 꺼뜨려 버렸소. 그렇게 주고받은 문답은 그 어떤 욕구도 만족시키지 못하여, 내가 지금 나라를 다스리거나 일상생활을 하는 데 아무짝에도 쓸모가 없소. 선생은 내 행복한 천성을 망쳐놓았소. 선생은 내 상상력을 메마르게 하였소. 알라께서는 나를 크게 눈뜨도록 허락하셨소만, 선생은 나를 알라의 도움을 받지 못하는 위험한 바보로 만들려 했소. 선생이 자신에게 없는 지식을 내게 가르쳐 줄 수 없음에도, 우리 아버지가 성급히 내 선생으로 결정한 것은 사실이오. 그렇다고 해도, 선생은 나를 올바른 길로 이끌어야 했소. 물론 선생은 자신의 부족함을 알고 내게 훌륭한 책을 소개해 주었고, 나는 그 덕에 올바로 추론할 수 있는 정신력과, 높은 차원을 추구하는 영혼과, 인류애를 느끼는 마음을 갖추게 되었소. 그때 선생이 나를 잘만 이끌어 주었다면, 하늘이 내게 주신 중요하고도 무서운 소명이 요구하는 의무를 배웠을 거요. 또 나라의 우두머리인 군주, 옥좌와 국가를 묶어준 사슬, 군주와 신민을 묶어준 사슬이 무엇인지 이해할 수 있었을 거요. 그러나 선생은 나라는 존재가 강력한 권력자로서 홀로 서 있는 존재이며, 모든 것이 내 의지에 달렸다고 내 머리에 주입시켰소. 이렇게 해서 선생은 내가 가장 조잡한 잘못과 가장 위험한 거짓의 세계에 끼어들기를 바랐던 거요. 그대로 나갔다면, 나는 암초에 부딪쳐 산산조각이 났을 거요. 그리고 서둘러 죽음을 향해 나아가면서 수백만 명의 취약한 백성을 지치게 만들었을 거요. 그리하여 이들은 나를 축복하기는커녕 나를 역겨워 하였을 것이며, 그래도 마땅했을 거요. 만일 선생의 천하고 비열하고 그릇된 관념 가운데 단 하나라도 내 머릿속에서 싹을 틔웠다면, 전쟁, 기근, 외국인이 이 제국을 쳐들어 왔을 것이며, 피가 이 땅을 흥건히 적셔서 선생의 세 치 혀가 그토록 집요하게 주장한 어리석은 몽상을 키워 주었을 거요. 알라께서는 나와 백성을 불쌍히 여기셨소. 알라께서는 내게 슬기로운 신하들을 보내주셨소. 그들은 내 약점을 일깨워 주고, 내 진정한 힘이 무엇인지 깨우쳐 주었소. 나는 인간이 새겨야 할 단순하고 명석하고 친절한 격언을 그들에게 배웠소. 그리하여 나를 야만인의 바보로 만들 뻔한 어리석은 편견에서 해방되었소. 이러한 기적으로 나는 한때 암초를 향해 나아가던 내 이성을 구원했소. 알라의 뜻이 없었다면 나는 온갖 악행을 저지르고, 그 악행의 결과로 희생당할 운명이었다는 사실을 알고 몸서리를 쳤소. 그러니 선생은 이제 물러나시오, 이 가엾은 얼간이여. 당신이 태어난 마을로 되돌아가시오. 거기서 사람들이 생명의 이름으로 선생에게 마련해 준 무위도식의 생활을 죽을 때까지 평화롭게 이어나가시오. 나는 악인으로 판명난 사람을 싫어하지만, 그래도 선생에게 자비를 베풀겠소. 땔감, 음식, 잠자리를 주겠소. 그러나 내 나라에서 그 어떤 일에도 당신을 쓰지 않도록 하겠소. 만일 당신이 공직에 나아가면 목숨을 내놓아야 할 줄 아시오. 그것이 내 제국의 가장 천한 백성의 자식에게 무엇이라도 줄 수 있는 교훈이 되기를 바라는 마음이오.

414 왕자의 탄생

아침 6시였다. 밀을 거래하는 강둑길에 사는 알레토필[53]은 4시까지 깨어 있다가 깜박 잠들었다. 그는 갑자기 대포소리가 들리자 깜짝 놀라 깼다. 그레브 광장에서 난 소리였다. 바스티유의 대포가 거기 응답했다. 알레토필의 허섭스러운 침대가 흔들렸다. 집도 흔들렸다. 그가 읽다가 놓아둔 타키투스 책이 절름발이 상에서 바닥으로 떨어졌다. 그는 대포소리를 듣고 일어났다. 그의 좁은 집에 엉성하게 붙인 판자 사이로 여러 사람의 목소리가 뒤섞여 들어왔다. 그는 문을 열었다. 층계참에서 아낙들이 떠들고 있었다. "어제 왕자가 태어나셨대요! 오늘 불꽃놀이를 한대요." 그러자 둘째 아낙이 말했다. "아뇨, 처녀 600명을 혼인시킨다지요." 셋째 아낙이 말했다. "이러지 말고 아래로 가요. 광장에서 포도주를 나눠주겠죠. 순대와 작은 빵을 우리 머리 위로 뿌려주겠죠." 가장 젊은 넷째 아낙이 거들었다. "오늘 밤 그레브 광장에서 춤을 출 테죠." 다섯 째 아낙이 물었다. "특별 사면은 없나요? 탈영했다 잡힌 우리 오빠를 다시 만날 수 있을 텐데. 아주 잘 생긴 오빠죠." 마지막 아낙이 말했다. "빚을 갚지 못한 죄인들도 모두 석방하지 않을까요?"

불꽃을 쏴 올리고 진탕 먹고 마시면서 무대 위의 악사들이 연주하는 바이올린의 날카로운 소리와 휘황찬란한 조명 속에 마구 쏟아

53 그리스어로 밀가루를 먹는 떠돌이나 거지에서 파생한 말로, 알레토필(Alétophile)은 이러한 떠돌아 다니기를 좋아하는 사람을 뜻한다.

지는 종소리를 듣는다고 생각만 해도 일상의 질서를 벗어나는 즐거운 일이다. 갑자기 수다쟁이 아낙이 두 주먹을 허리에 올리고 소리쳤다. "나는 보았어, 그를 보았어!" "뭐요, 그를 봤다구요?" "그래." "정말?" "왕자님이 앙앙 울었어. 울었다구." 이들의 대화를 들은 철학자 알레토필은 "그가 울었다구?"라고 되뇌면서 자기 방으로 들어가 펜을 들었다. 그는 발밑에 떨어진 타키투스 책을 집으려 하지도 않고 헐어빠진 탁자 위에서 글을 썼다.

왕자는 운다! 그래, 그는 운다. 어느 날 왕이 될 왕자가, 운다! 왕자는 큰 힘과 함께 가장 큰 짐을 물려받겠지. 왕자는 큰 제국을 다스릴 거다. 이 비참한 관습에 얽매인 제국을. 울어라! 이 세상 모두가 왕자의 행동을 하나도 놓치지 않고 똑바로 볼 테니. 사람들은 왕자에게 가능한 일이건 불가능한 일이건 가리지 않고 요구할 테지. 모든 신민이 저마다 왕자가 모든 것을 주리라 믿는다. 마치 왕자가 신이라도 되는 듯이. 왕자는 왕국 안팎에서 일어날 모든 일을 걱정해야겠지. 다른 사람이 모두 잠들어도 왕자는 깨어 있어야 한다. 왕자는 먼 나라에서 올 고통도 겪어야 한다. 그리고 이처럼 높은 지위에 오른 분이 국사를 돌보지 않는다면, 그야말로 왕자가 모든 비난을 받아 마땅하다.

울어라! 진리를 찾으려고 가장 애써야 할 왕자여, 누군가 마음속에 진실을 담고 접근하지만, 왕조와 권력이 그를 멀리 내칠 수 있다. 그러면 진실은 대담하고 가장 덕망 높은 사람의 입 밖으로 나오지도 못한 채 사라지겠지. 그 뒤 왕자에게 진실을 말할 사람이 어디 있으리. 그렇게 된다면 그대가 직접 진실을 찾아 나서야 한다. 그러니 마음껏 울어라!

왕자가 유모의 젖을 빨 때부터 사람들은 군사적 용맹의 장식품을 가져다 바쳤다. 온몸에 상처투성이인 늙은 전사가 그다지도 원했지만 아직도 얻지 못한 십자가 표시를 딸랑이를 흔드는 그대의 배내옷 위에 새겨 놓았다. 성령기사단의 복장이야말로 궁정의 복장이다. 그러나 병사가 피를 흘린 대가로 받을 수 있을 만큼 가치 있는 장식품을 아직도 젖이나 빠는 그대는 고사리같은 손으로 만진다. 병사는 그대가 언젠가 자신을 명령하고 군대를 지휘할 날을 고대한다. 그러니 마음껏 울어라!

그대는 가장 생생하고 다양한 즐거움의 매력과 싸워야 한다. 사람들은 그대의 욕망을 경고하겠지. 그럼에도 그대는 온갖 쾌락이 가득 담긴 잔을 마시리라. 울어라! 누가 남아서 그대가 성인이 될 때까지 곁을 지켜주겠는가? 모든 쾌락 가운데 가장 큰 것이 인간의 행복을 지켜주는 것이라 하지만, 그것을 그대에게 가르쳐 줄 사람이 있겠는가?

그대는 육군과 해군과 요새에 국고를 쓸 것이다. 국고를 거기 쓰는 것은 합법적이지만, 궁전을 호화롭게 꾸미려고 세금을 걷겠지. 울어라! 여기서는 과부가 돈 한 닢을 가져다 바치고, 저기서는 노동자가 하루치 임금을 가지고 간다. 그는 수입의 절반을 그대에게 바친다. 나머지를 가지고 그는 거친 빵을 사서 아내와 자식들과 함께 나눠 먹는다.

시골에서는 가난한 농부가 무자비한 세리의 독촉을 벗어나려고 이부자리를 판다. 겨울이 오면 이 불행한 사람은 이부자리도 없이 겨울을 나야 한다. 이 같은 사람들이 그대의 나라에 수백만이나 된다. 울어라!

누군가 그대에게 이러한 말이 그릇되고 과장되었다고 말하겠지. 바로 그 사람이야말로 그대를 잘못 이끌어 줄 거짓말을 처음으로 하는 자이다. 그대가 큰 노력을 하지 않더라도 잘못을 저지를 수 있지만, 그 잘못은 순식간에 커진다. 그대의 주위에는 아첨쟁이가 들끓겠지. 그들은 부드러운 말씨로 조잡한 내용의 송가를 속삭이기 때문에 그대의 눈에 들겠지. 그들은 노예의 아들이라도 하루 열 번 이상 그대만큼 잘 해낼 수 있는 일도 그대가 했다는 이유만으로 무진장 특별한 일이라고 찬양하겠지. 그들은 이렇게 속삭이리라. 만일 그대가 정념을 좇는다 해도, "왕자님은 선행만 하십니다"라고. 그대가 신민의 피를 강물처럼 낭비한다 해도, 그들은 "참 잘 하셨어요"라고 말하리라. 그대가 세금으로 백성을 짓눌러도, 또 숨쉬는 공기에 세금을 매긴다 해도, 그들은 아주 듣기 좋은 목소리로 "참 잘 하셨어요"라고 말하리라. 만일 그대가 강력한 힘을 가지고 잔인하게 복수를 할 때에도 그들은 "참 잘 하셨어요"라고 말하리라. 알렉산드로스가 취해서 친구의 목에 비수를 들이댔을 때도 그들은 그렇게 말하지 않았던가?

아카데미에서 시와 찬가를 짓는 사람들이 그대를 요람부터 무덤까지 놓아주지 않겠지. 그들은 그대를 신이라 부르겠지. 아니면 최소한 신 같은 존재라 칭송할 테지. 그들은 돈으로 살 수 있는 향을 피워 그대를 질식시키리라. 그러나 그 뒤에는 그대의 행적을 영원히 역사에 새겨 놓으리라. 그러니까 역사에 무엇으로 남을 것인지 잘 생각해 두어야 한다.

역사, 그대는 그것을 두려워하지 않겠는가, 아니면 소중히 여기겠는가? 그대는 역사의 장엄하고 엄격한 얼굴을 똑바로 마주보고 싶은가? 왕이 되기 전에 인간이 되어라. 무엇보다도 인간이 되기를 열망하라. 우리와 함께 인간 사랑을 배우고, 인간의 즐거움, 진실, 사랑, 특히 다정한 우정을 즐기도록 노력하라. 가끔 그대의 노예들이 허락한다면 황금의 감옥을 벗어나라. 그들이 그대를 속박하는 문턱을 넘으라. 우리가 일상생활에서 즐기는 기쁨을 맛보러 오라. 그러나 그대의 호위대가 그대의 걸음을 영원히 제한하는 울타리를 넘어설 용기가 과연 있는가? 울어라!

내가 솔직히 말한 것이 어느 날 그대의 심기를 건드린다면, 더 이상 솔직히 말하지 않겠다. 그러나 그대가 인간에게 선행을 베풀 수 있기 때문에 그대를 사랑할 뿐이다. 그리고 그대는 백성에게 고통을 주지 않을 수 있으며, 고통을 겪는 백성을 위해 위대한 힘을 쓸 수 있기 때문에, 나는 그대를 사랑한다. 위대하고 중요한 개혁은 오직 그대처럼 절대군주만이 할 수 있다.

나는 각다귀의 날개까지 세심하게 조직한 하느님이 국가를 아무렇게나 건설하도록 내버려 두지 않았을 거라 믿는 만큼, 그대를 항상 지켜보고 있으리라 믿는다. 나는 하느님께 그대를 정의로운 사람이 되도록 이끌어 달라고 간청한다. 그러나 무슨 말을 해야 할까? 그렇다, '정의로운'이라는 말. 그대는 선할 필요는 없지만 정의로워야 한다. 그대는 무질서를 저지른 사람과 공범이 아니므로 그 사람을 벌해야 한다. 그렇다, 울어라, 왕자여, 울어라! 그대는 벌을 내려야 할 테니까.

나는 뚫어진 지붕 아래서 최고 존재에게 감사드린다. 그대가 짊어져야 할 짐을 내게 주지 않으셔서 고맙다고. 내가 물리쳐야 할 적은 오직 가난뿐이지만, 그대는 아첨, 거짓, 자만심, 그리고 자신의 권세와 싸워야 한다. 내가 그대에게 세금을 바치면, 그대는 나를 쉬게 할 의무가 있다.

그대가 왕위에 올라 자신과 남에게 모두 위험한 존재가 되지 않으려면, 서명할 때 (또는 사람들이 굳이 서명을 하지 않도록 할 때) 정신을 차려야 하며, 숨쉬는 자는 모두 먹어야 한다는 사실을 생각해야 한다. 왜냐하면 그것이 가장 근본적인 법칙이며, 인간의 규약보다 앞서 존재했던 법칙이기 때문이다. 만일 백성의 대다수가 가난하다면 왕관은 치욕스러운 것이 되며, 이름은 불명예스러워져 친구들조차 기억하려 들지 않게 된다.

'필요는 산업의 어머니'라고 처음 말한 사람은 정치적으로 폭군에게 유리한 격언을 만들어냈다. 산업은 결코 필요의 산물이 아니기 때문이다. 사람은 가난 때문에 쓰러지거나 무력해지거나 희망을 잃고 범죄를 저지르게 된다. 사회를 황폐하게 만드는 사람은 모두 재산에 목마르기보다 극단적인 결핍 상태에서 그 지경으로 내몰렸다. 왕자여, 이러한 잘못을 최소로 줄이고 싶은가? 생활필수품을 늘려주고, 각자 생업에 매달리도록 하고, 자기 일을 남에게 팔거나 떠맡기지 않게 하라. 그 결과 부자들에게도 이익이 생긴다. 왜냐하면 부자가 모든 것을 탐욕스러운 손으로 움켜쥐고 놓지 않으려 하면, 가난한 사람은 막다른 길로 내몰려 부자의 손아귀에 든 것을 강제로 빼앗으려 들기 때문이다.

만일 그대가 권위로 제국의 모든 압제를 파괴하기에 이른다면, 만일 그대가 그의 이름을 팔면서 자유를 짓밟는 군소 압제자들을 실제로 두렵게 만든다면, 사람들은 일제히 그대의 권위를 칭송하며 더욱 강력하고 신성하게 떠받들 것이다. 그러나 만일 실수든 허약함이든 그대가 머리 꼭대기에 앉은 정신이 시키는 대로만 한다면, 이 얼마나 무서운 전제정이 될 것인가! 그러니까 울어라!

인간의 운명을 결정하는 궁극적인 존재가 그대에게 지혜의 빛과 힘을 빌려 주시기를. 그대는 행복한 시대에 태어났다. 이 시대를 찬양하라! 이 시대는 그대를 위해 날마다 노력하고 빛을 낸다. 이 시대는 그대에게 새롭고 건전한 사상을 준비하고 모아준다. 프리드리히와 예카테리나는 그대를 그들 자신만큼 높은 수준으로 드높여 준다. 그러므로 그대는 읽을 줄만 알면 된다. 그러나 글을 읽고 싶은가? 그대여, 읽어라, 나는 읽기를 권고한다. 이 나라보다 덜 행복한 나라의 위대하고 고결한 프리드리히와 예카테리나가 이룬 업적을 읽고 배우라.

그대가 진정한 영광의 길로 들어서기 바라는 마음으로 우리가 더듬는 이 말없는 글귀는 그대의 권세에 가장 소중한 보배가 되리니! 그대는 마침내 권세를 인정받는다. 그대가 제아무리 자만에 빠져 있다 해도, 이 글귀는 자만심을 조금도 해치지 않을 것이다. 그대에게 말을 하는 것은 사람이 아니라 책이기 때문이다. 그대여, 책이 두려운가? 만일 책을 잡으면 너그러운 마음으로 곧 친숙해지리라. 그러나 쉽게 접근했듯이, 쉽게 떼어버릴 수도 있다. 그러므로 책을 펼치는 날이 오더라도 두려워 말라! 진실은 이처럼 조용하고 존중할 만한 길로 다가와 그대의 고결한 귀에 직접 속삭여 경고하면서 그대의 영혼 속으로 천천히 파고들리라. 그 목소리가 이 충고의 글을 그대에게 편안하게 들려줄 때, 그대는 좀 더 주의 깊고 믿음을 가지고 들어야 한다. 그대의 눈길은 이처럼 간단한 방법으로 가장 하층민의 계급까지 훑어 내려갈 것이다. 그리하여 그대의 궁전에서는 거의 잊고 있는 계급의 현실을 알려주리라. 하층 계급이야말로 땅속에 묻혀 보이지 않지만 나무를 무성하게 만드는 뿌리라는 사실을 잊지 말아야 한다. 그대는 이처럼 은밀하게 생명의 기운을 퍼뜨리는 통로 덕택에 풍요롭게 산다. 어째서 그대는 나무의 줄기만 보려 애쓰는가?

읽어라, 주위 사람들이 그대에게 날마다 말해주는 것과 반대의 목소리를 들으려면 읽어야 한다. 그리고 두 목소리가 상반된다 해서 어느 하나를 거부하면 안 된다. 만일 거부한다면, 그 뒤로 그대가 듣고 싶어해도 누가 매번 있는 그대로 말해줄 것인가? 그대를 속일 마음이 조금도 없는 사람, 그대와 멀리 떨어져 사는 사람, 그대를 한 번도 본 적이 없는 사람, 그대에게 한 번도 접근한 적이 없는 사람, 무덤에 있는 사람, 또는 죽기 직전인 사람이 아니고서야. 그는 자기가 눈으로 몸으로 귀로 직접 모은 것을 그대에게 가져간다. 그는 그대에게 아무 대가도 바라지 않고 그것을 제공한다. 그는 이 진실하고 자유로운 충고를 전한다. 그것은 그 어떤 조건에 있는 사람보다, 공공생활을 유지하는 사람들에게 가장 필요한 충고이다.

그대는 '네'와 '아니오'를 동시에 들을지 모른다. 왜냐하면 그대는 실제로 아무런 말도 하지 않고, 진실이나 거짓도 말하지 않으려는 사람들에게 둘러싸이기 마련이기 때문이다. 그들은 아주 복잡한 기술로·자기 생각을 포장한다. 그리하여 행정책임자가 영원히 우유부단한 상태에 있도록 한다. 그들은 미묘하게 이기심을 충족시키는 방향으로 교묘히 저울을 기울게 만든다. 그럼에도 광대한 제국을 다스리는 사람은 확고히 결정하는 것이 중요하다. 왜냐하면 결정을 내리지 못하면, 정치질서와 공공의 목적이 죽기 때문이다. 국가가 더욱 무거워질수록, 저울추가 기울면서 국가는 장엄함과 형평성과 힘을 잃게 된다.

읽고 은밀히 검토하여 비교하라. 이제까지 존재한 모든 공화국의 역사를 잊지 말라, 그것은 그대를 꿈꾸게 할지니. 책이 그대의 자문단보다 더 잘 결심하게 만들지니. 신의 선물이라 할 인쇄술은 그대에게 왕의 임무를 가르쳐 주리라. 그것은 입법행위를 하기 전에 설득하는 기술이다. 인쇄술은 강력한 진실을 말해 주리라. 그러나 온화한 목소리로 말해 주리라. 가장 훌륭한 논문은 인쇄기를 빠져나온 뒤에는 더 이상 방종을 모른다. 시민의 표현은 (우리가 모르는 사이 불타오르기 때문에) 언제나 온건하지 않으리니, 그때 그대는 마음을 누그러뜨리고 자유로운 공화주의 언어를 귀담아 들으려 노력할 것인가? 그 언어는 그대에게 더 훌륭한 내용을 더 잘 가르쳐 줄 것이다. 그대는 그 언어를 웅변가의 말과 비교해 보라. 법률의 전당에서 웅변가들은 두려움에 떨면서 소심한 진실만을 말하리니. 그 소심한 진실은 그대의 발치에 엎드린다. 왜냐하면 그것은 그대가 있는 곳에서 거북해하고, 그대가 옥좌에서 멀리 보내는 순간만을 기다리기 때문이다.

읽어라. 책에서 친구를 찾아라. 인류에게 소중한 이름이 어찌 그대의 심기를 거스를 수 있으리? 공공의 선을 실천하기 위한 계획 가운데서, 또 모든 제국을 거듭 태어나게 만드는 새롭고 행복한 사상 가운데서 훌륭한 계획과 사상을 골라야 한다. 인간정신은 이 땅 위에 자국을 남겼다. 옛날 어두웠던 지점 위에서 빛이 반짝거린다. 그대의 왕국에 유익한 지혜의 빛이 넘친다. 그 빛은 그대의 옥좌까지 올라가기를 바란다. 그것을 밤이라 부르겠는가? 이제 기다릴 여유는 없다. 자칫하면 시기를 놓칠지니. 우리가 물려받은 지혜의 빛이 없이 그대는 무엇을 할 수 있으랴? 그대의 권력이 없이는 가장 고상한 사상이 무슨 소용이랴? 한낱 꿈일 뿐.

읽어라. 읽은 것을 결합하여 영광스러운 발걸음을 내딛어라. 우리의 책은 부끄럽고 잔인한 편견을 파괴하였고, 똑같은 사물의 모든 측면을 다각도로 밝혀 주었으며, 그대가 태어나기 전부터 그대에게 봉사하였고, 중대하고 필수적인 활동의 길을 평평하게 닦아 놓았다. 지금까지 선의의 천재들이 축적한 업적을 조금도 무시하지 말고, 우리 시대 앞에 책을 읽겠노라고 약속하라. 그러면 우리 시대는 그대에게 너그럽고 완전히 성숙한 법을 제공하리니. 큰소리로 이렇게 외치라. "인류의 계몽된 친구들이여, 내게로 오라!" 그러면 우리는 그대를 보지 않고서 말하리라. 그대의 옥좌로 다가가지 않고서도 숭고한 진실을 알려주리라. 그 진실은 홀로, 그 누구의 부축도 받지 않은 채, 아무런 위엄도 부리지 않고 그대의 집으로 들어가리라. 그것은 그 어떤 작위나 훈장도 갖지 않을지니. 그것은 눈에 보이지도 않고, 아무런 욕심도 없다. 그대는 진실을 알고 나면 곧바로 그 순수한 매력을 받들어 모시리라.

그대의 조상은 이렇게 들었다. (그리고 믿었다.) 정치학은 추상적이고 개별적인 학문으로서, 단지 행복한 추종자 몇 명만이 발전시키고 인정한 것이라고. 그렇다면 홀로 계몽된 훌륭한 사상가들이 한 일인데, 어째서 그토록 믿을 수 없는 잘못이 그처럼 많이 나타나는가? 그들은 비상하고 막대한 노력을 하였음에도 어째서 계속 아무런 성과를 얻지 못하는가? 그 이유는 바로 잘난 체하는 그들이 책을 멀리한 나머지 아주 시야가 좁고, 아이만큼 편견을 가지고, 천박한 체계를 고집하고, 게다가 그들보다 더 위험한 공무원들의 영감을 받기 때문이다.

사람들은 그대에게 똑같은 말을 하고 그대를 속일 것이다. 그러나 책은, 책은 진정한 가정교사이다. 그것은 공적인 가르침을 준다. 그러므로 책이 그대의 자문위원이다. 국민의 외침, 이것은 그대의 행위를 조절해 준다. 모든 것에 빛이 들어간다. 모든 것을 보고, 가늠하고, 계산할 수 있다. 모든 부분이 상응하는 데서 유일한 원동력, 통일과 상식의 힘이 나온다. 바로 이 힘이 낡은 일상의 굴레, 간계, 형식, 외교적 신기루, 내각의 우스운 독단을 억누르리라.

내가 그대가 자라서 어른이 될 때까지 살면 좋으련만. 그때 그대는 굽이치는 머리결을 어깨 위에서 찰랑대면서 작은 숲속을 플루타르코스, 루소, 레날과 함께 돌아다니리라! 모든 제국의 최고조절자가 언제나 그대의 앞길을 보살펴 주고, 온화하고 능동적인 나날을 보내도록 도와주기를. 다시 말해서, 사람들에게 위안을 주어 영혼을 드높이고 강화하는 일로 나날을 보내도록 하며, 평생 영혼을 사랑하게 만드는 결과를 안겨주기를 빈다! 모든 시간을 덕의 길을 찾는 데 쓸 줄 아는 이 그 누구인가. 그대가 마침내 순수한 행복을 맛볼 수 있기를 빈다. 행복할 자격을 갖춘 인민을 번영시키려고 그대가 열정을 바칠 때, 비로소 그대는 순수한 행복을 맛보리니.

철학자 알레토필이 글을 쓰는 동안, 민중은 기쁨에 소리를 지르고, 마시고, 울부짖고, 느린 박자에 맞춰 포도를 쿵쿵 울렸다. 그리고 참담히 피를 흘리며 싸우던 사람까지 마차 바퀴 주위로 달려들어 땅에 흩뿌린 돈을 주웠다. 종이 울리고, 돌팔이 시인이 서투르게 시를 지었다. 교회에서는 유급 성가대가 부르는 노래가 울려 퍼졌다. 파리의 주민은 모두 거리로 쏟아져 나와 축제를 보고, 왕이 어쩌다 베푸는 선물을 나눠주는 모습을 보았다. 알레토필은 그레브 광장에서 대포 소리가 난 뒤 바스티유에서 대포 소리가 날 때까지 잠깐 사이에 미래를 생각해 보았다. 그는 발치에 떨어진 타키투스의 책을 바라보면서, 지금까지 우리가 읽은 글을 썼다. 그 내용은 시인들의 노래와 닮지 않았으며, 시인들의 노래를 후손에게 고발할 것이다.

415 라틴어 학자

오늘날 (글을 읽지 못하는) 프티 부르주아는 자기 아들을 라틴어 학자로 만들지 못해 안달이다. 그는 모든 이웃에게 아주 당당한 태도로 자신의 어리석은 계획을 말해준다. "아, 라틴어만 할 줄 알면 만사형통이지요. 우리 아들은 라틴어를 배울 거요."

이것은 아주 몹쓸 병이다. 어린이가 콜레주에 간다 해도 거기서 아무것도 배우지 못한다. 콜레주를 나온 뒤에는 아무 일도 하지 않으면서 수공업을 업신여기고, 자기 가족 중 가장 잘났다고 믿으며, 자기 아버지를 깔본다. 그가 모든 것을 결정한다.

그러나 그도 먹고 살아야 한다. 그렇다면 그는 어떤 일을 해야 하며, 무슨 일에 적합할까? 그의 아버지는 재산이 없다. 그를 대소인이나 공증인의 먼지 폴폴 날리는 사무실에 밀어 넣으면, 우리 젊은이는 서기나 사무원, 사업가의 자리를 꿈꾸겠지. 그러나 대부분의 경우 그는 실패한다. "무조건 라틴어를 배워야 만사형통이지."

12년 뒤 불쌍한 아버지는 깨닫는다. 아들을 더 이상 어쩌지 못하게 되었다는 사실을. 이제 아들에게 집안일을 맡겨야 한다. 그런데 라틴어 학자는 몸을 움직일 줄 모른다. 시기를 놓쳐 직업을 가지기도 어렵다. 키케로의 문장을 4개나 아는 이 박사님은 자격을 잃었다고 믿을 것이다. 자신이나 남에게 모두 쓸모없는 그는 사방으로 다니면서 일자리를 간청한다. 그는 세상도 모르지만, 옛 사람들도 모른다. 그는 학교 선생 밑으로 들어간다. 그런데 그를 고용한 선생은 잘 가르치든 못 가르치든 언제나 봉급을 제때 받기 때문에 자기 학생에게 별로 관심도 없이 그저 기계적으로 학급을 이끌어가는 선생이다. 라틴어 학자는 그러한 선생 밑에 들어가 그가 불러주는 대로 여러 주제와 시를 쓴다.

정부는 이 통합 과정 콜레주를 진작 금해야 했다. 왜냐하면 진정한 교육이 아니라 허울뿐인 교육을 하는 곳이기 때문이다. 그것은 겉보기에 무상교육처럼 보인다. 그리고 청소년기에서 가장 값진 시기를 탕진한다. 학비를 낼 돈이 없는 프티 부르주아는 아이들을 이처럼 아무 성과도 없는 학교로 서둘러 몰고 간다. 그런데 10년 뒤 이들은 농부의 집에서 키운 것보다 더 어리석고, 더 서투르며, 더 세상물정을 모르는 바보가 된다. 차라리 농부의 집에서 자랐다면 체육교육이나 받고, 채소에 대한 지식이라도 얻으련만….

소매상, 장인, 게다가 하인까지 자식을 일류 시민의 자식처럼 키우고 싶어 하고, 자식이 6학년 담임을 따라서 바보처럼 "오, 라틴어가 최고지"라고 반복하는 광경을 상상하며, 또 자기가 꿈꾸는 직업인이 된 후손을 눈앞에 그리면서 만족하는 모습은 얼마나 우스꽝스럽고 또 통탄스러운가?

통합 과정 콜레주는 경솔하게도 모든 사람에게 문을 열어주었기 때문에, 파리의 길거리에 쓸모없는 인재만 잔뜩 쏟아냈다. 이들은 아주 초보적인 교육만 받고 나와 사회의 모든 곳에 들어가 망쳐 놓는다. 이러한 재앙은 확산되고 번성하여 무위도식하고 한가히 지내는 사람들이 떼거리로 사회를 위협한다. 나는 원인을 완전하고 확실하게 알기 때문에 다시 한 번 말한다. 이러한 학교를 폐지해야 할 때다. 만일 그렇게 하지 않으면, 정부는 파리인의 다음 세대가 웅변가, 자유사상가, 얼치기 박사로 넘쳐나고, 이들이 1년 내내 극장, 카페, 논다니집으로 몰려다니면서 가산을 탕진하도록 장려하겠다는 뜻이다. 이처럼 유흥가를 떠도는 무리를 붙잡고 물어보라. 하나같이 콜레주 출신이라 할 테니.

프티 부르주아는 자식을 콜레주에 보내지 말고 직업을 주라는 왕령을 반포해야 한다. 그 곳에서는 비열한 담임선생들이 왕의 돈뿐 아니라, 젊은이가 가장 유익한 일을 배워야 할 시간도 훔치고 있다.

분명히 말하지만, 내가 지금까지 쓴 주제 가운데 이번 주제만큼 중요한 것은 없다. 상식 있고 배운 사람이라면 한 마디씩 거들리라. 가장이 내 글을 읽는다면 반드시 한탄하리라. "그의 말이 옳아. 우리 아들은 내가 콜레주에 보냈기 때문에 시간과 훌륭한 품성을 모두 잃었어." 프티 부르주아 계층에 병이 점점 더 확산된다. 병은 더 빨리 퍼진다. 이제는 진지하게 치료해야 할 때이다.

옛 언어와 문학을 공부하는 일은 몇몇 특별한 인재에게만 적합할 것이다. 이들은 거기서 열매를 얻을 것이다. 그러나 모든 학생에게 베르길리우스의 『에네이드』와 티투스 리비우스의 『로마사』를 가르친다면, 국가나 학생 모두에게 조금도 이롭지 않다.

파리 대학은 부끄러운 편견의 시궁창을 벗어나지 못한 채 오히려 날마다 더 깊이 빠져들면서, 6학년 어린 학생들에게 호메로스를 읽히려고 그리스어 구문론까지 가르쳐야 한다는 최종 결정을 내리지 않았던가? 불쌍한 어린이는 타키투스의 책과 데모스테네스의 웅변 숙제를 가지고 집으로 돌아가, 식품과 약품을 파는 아버지의 기름에 절은 계산대나 대저택 문지기의 난로 위에 던져 놓는다.

416 영세민[54]

부끄러울 정도로 가난한 사람들 중에는 언제나 검은 옷을 어색하게 차려 입고 조잡한 가발에 분을 떡칠 해서 쓰고 다니는 사람들이 있다. 그들은 교회나 길거리에서 느닷없이 다가서 낮은 목소리로 자신의 가난한 처지를 얘기한다. 그들은 눈물주머니를 달고 설득의 기술을 익혔다. 그들은 간청하는 몸짓으로 한숨을 내쉬는 것으로 족하다. 이처럼 말을 하지 않고서도 표현이 풍부한 몸짓이 백 마디 말보다 더 감동적이기 때문이다. 만일 거절이라도 한다면, 그들은 떼쓰지 않고 진짜로 고통스럽다는 표정을 지으면서 곁을 떠난다. 이때 마음이 움직이지 않는 사람이 어디 있으랴. 당신은 그 뒤를 따라가 무엇이든 쥐어 준다.

그들이 말없이 제 역할을 하는 동안, 그들의 아내나 동거녀는 거의 독실한 믿음을 가진 사람이나 남을 위해 돈을 걷는 사람처럼 차려 입고 특별한 편지를 가지고 집집마다 찾아다닌다. 편지는 여주인의 동정심을 찬양하는 내용을 담았다. 그들은 미리 잘 익혀둔 상황이 되면, 그때를 틈타 자신이 처한 비통한 처지에서 구원해 달라고 요구한다. 대부분의 경우 그들은 자신을 앞세우지 않고 산모나 죄수, 과부, 고아를 도와달라고 말한다. 그들이 늘어놓는 이야기는 너무 재

54 francs-bourgeois: 원래 가난하기 때문에 모든 세금과 공납금을 면제받는 도시민을 뜻한다. 14세기 중엽부터 이들을 구제하는 구호소를 세우기 시작했다. 메르시에는 여기서 게으른 가짜 영세민이 손쉽게 살아가는 방법을 이야기한다.

미있어서, 듣는 이는 그 끈을 놓치지 않고 끝까지 듣는다. 그 뒤 당신은 돈주머니 끈을 풀게 된다.

그들은 여러 가지 방법을 이용한다. 예를 들어, 어린애를 거리에 놓아두고 길을 잃은 척하면서 배가 고프다고 울부짖게 한다. 어미는 멀리 떨어져서 아이를 살핀다. 착한 사람이 어린이를 거둔다. 밤에 어미는 눈물을 뚝뚝 흘리면서 비극배우 뒤메닐처럼 아주 감동적인 장면을 연출한다. 어미는 절망적으로 제 가슴을 두드리면서 아이를 버리려 한 일을 자책한다. 그러나 더욱 강한 본능 덕택에 어미는 아이의 발자취를 더듬어 되찾게 되었다. 아이를 되찾아 기쁘긴 해도, 자기 품에서 가난에 찌들고 평생 모든 것이 부족한 상태에서 하루하루 살아야 하는 아이의 운명이 안타깝다고 슬피 운다.

인정 많은 가족은 가능한 한 어미와 아이를 잘 도와준다. 가짜 신부들이 이러한 작업에 끼어들기도 한다. 이들은 인간사랑을 실천하는 사람들이 선량한 빈자들에게 베풀어 준 몫을 빼앗는다.

20년 전부터 영세민은 오로지 거지 행세를 하면서 살아가며, 가장 통찰력 있는 사람의 눈을 속여 그 처지에서 벗어나려 하였다.

그러므로 영세민과 가난을 부끄럽게 여기면서 살아가는 진짜 빈자를 가려내기란 매우 어렵다. 영세민은 구호품을 빼돌려 이익을 취하는 아주 위험한 사람들이 되었다. 풍족하지 못한 구호품을 누군가 빼돌리면, 진짜로 고통 받는 사람들이 큰 피해를 본다.

그러므로 파리의 자비로운 사람은 구호품을 누구에게 전할지 잘 알아야 한다. 그래야만 부끄러워 숨어 지내고, 또 어떤 역할도 제대로 해내지 못하는 불행한 사람에게 전할 선물을 희극배우가 차지하지 못하게 막을 수 있다.

417 신병

왕이 열병하는 날에는 젊은이가 많이 입대하였다. 부대가 분열하는 광경, 북소리, 모자, 깃발을 보고 젊은이들의 마음이 움직였다. 날마다 한 자리에서 일하는 데 지친 노동자는 암울하게 사느니 차라리 왕 앞을 당당하게 지나가는 푸른 제복[55]의 부대에서 두각을 나타내리라 마음먹고 한시바삐 작업장을 떠날 날만 고대했다.

그는 뇌이이의 선술집에서 서명하고,[56] 전투에 나가 승리의 월계수를 모으는 영웅이 될 것이다. 장인은 벌판에 수많은 병사가 모여 있는 광경을 보았기 때문에, 하루빨리 입대하여 병사의 수를 늘이는 데 한몫 하겠다는 욕망을 억누르기 힘들었다.

만일 왕이 이 거대한 조직을 가지고 매년 열병식을 하지 않았다면 분명 병사를 구하기 어려웠으리라.

이 노동자가 사블롱 벌판[57] 근처에서 10에퀴에 자신을 판 돈으로 한 끼 잘 먹고 나서 이튿날 모병관을 만났을 때, 모병관은 그에게 이

55 군복은 17세기 후반부터 천천히 보급되었다(1666년 루부아가 발의한 왕령). 특히 푸른 제복은 프로이센 병사의 특징이었다. 1698년부터 사용된 이 제복은 다른 나라의 모범이 되었다. 프랑스에서는 슈아죌 내각(1758~1770)이 흰 제복을 보병, 푸른 제복을 기병, 녹색 제복을 용기병에게 입혔다.

56 18세기 후반 모병관들은 17세기처럼 폭력을 포함한 모든 수단을 사용하지 않았다. 그러나 그들은 여전히 속임수를 쓰는 '야바위꾼'이었는데, 술집에서 술꾼들에게 온갖 달콤한 얘기를 들려주면서 신병으로 만들었기 때문이다. 모병관은 라페라유, 뇌이이, 포르슈롱 지역에 나타나 신병을 구하였다.

57 사블롱 벌판은 파리의 서북쪽, 뇌이이와 테른 사이에 있었고, 거기서 해마다 왕의 근위대가 열병식을 거행했다.

렇게 말했다.

친구, 나는 연대의 마차를 기다리는 중이었네. 그런데 아직 오지를 않아, 이유를 모르겠군. 오늘은 날씨도 좋으니까, 함께 걸어 가세나. 걸으면 밥맛도 좋으이.

사실 말이 그렇지, 1,300리외를 걸어야 한다. 첫날 모병관은 몹시 지친 불쌍한 보병에게 말한다.

원래 이 여인숙에 묵으려 했네. 그런데 이 많은 사람이 잘 만큼 침대가 충분치 않아서, 부르주아의 집으로 들어가세나. 그는 우리에게 신선한 볏짚을 깔아줄 거야. 전하께옵서는 우리를 잘 대접하라고 그에게 명령하셨네. 만일 우리를 홀대한다면, 대신께서 그 사실을 알아내 전하께 고할 거야.

그들은 누추한 집으로 들어간다. 말솜씨가 빼어난 모병관은 이렇게 덧붙인다.

친구들이여, 전하께옵서 날고기를 내려주셨네. 저마다 식성이 다르기 때문이지. 누구는 구워 먹고, 누구는 삶아 먹고, 누구는 바싹 구워 먹으니, 각자 자기 몫을 받아 잘 익혀 먹으시게나. 새로 담근 포도주도 한 독 있으이. 목을 축이기 충분할 걸세. 새로 담근 술이 묵은 술만큼 맛이 좋아.

연대에 도착한 이튿날에는 이렇게 말한다.

친구여, 당신은 어제 마을을 여기저기 돌아다녔네. 내일 다시 나돌아 다니더라도 언제나 똑같은 광경을 보겠지. 그러니 다른 식으로도 똑같은 즐거움을 얻을 수 있어. 어서 성벽에 올라서게나.

그를 말뚝처럼 꼼짝도 하지 못하게 세워 놓은 뒤, 다시 곧추세운다. 그리고 어깨를 잡아 누르면서 "당신은 여인들 앞에서 가장 멋진 사나이가 될 거야"라고 말한다.

사실 모병관은 허가받은 야바위꾼인 동시에 보상까지 받는다. 그도 처음에는 단체정신에 물들어 칼을 차고 용감한 병사가 되어 가장 영웅적인 행동을 하고 싶어 했다. 그러나 단체정신이란 무엇인가? 그것은 구리 솥에 황금 칠을 하는 격이 아닌가! 다시 말해서, 부엌의 솥단지를 조국의 열렬한 수호자로 변화시키는 금박 같은 것이 아니던가? 그러나 이들은 반 년만 지나도 벌써 총을 벽에 꽂아놓고 사다리 대신 밟고서 높은 성벽 위로 올라가지 않는가! 단체정신? 우리는 그것을 보고 느끼지만, 뭐라 정의하기는 어렵다. 아무튼 그것은 연대의 이름이 만들어 내는 것이다. 언제? 왕이 사열하는 날. 뇌이이의 선술집에서 "전하의 건강을 위하여" 한 잔 마시고 나서, 그 누구도 물러서지 않을 때 생긴다.

418 공원의 산책로

파리인은 좀처럼 천천히 걷지 않고 달린다. 그들은 서두른다.

가장 아름다운 공원은 어느 날 어느 시간에는 텅 빈다. 왜냐하면 관습상 그날은 다른 곳에 모이기 때문이다. 왜 그렇게 하는지 이유를 모르지만, 사람들은 이러한 관습을 반드시 지킨다.

사람들이 모이는 가로수길에는 수많은 사람이 북적이기 때문에 서로 부딪치고 팔꿈치끼리 닿고 당혹스러워한다. 그래도 여전히 극장처럼 인파가 출렁인다.

칼 손잡이가 치맛단의 주름에 걸려 옷을 찢기도 하고, 칼집 끝이 실땀 사이에 꽂혀 20개 정도의 바늘땀을 뜯어 놓기도 한다. 금발 아가씨가 걸친 외투의 가는 실이 마주치는 사람의 단추에 걸려 끊기기 일쑤고, 뜻하지 않게 다른 여성의 긴 옷을 밟은 사람은 허리를 굽혀 사죄의 인사를 할 수밖에 없다.

거기서 어린아이 흉내 내는 버릇을 가진 늙은 과부며, 성숙하고 신중한 티를 내는 12세 소녀도 만날 수 있다. 파리에서는 귀여운 청소년을 극장에서 볼 수 없는 만큼, 사회에서도 보기 힘들다.

얼굴에서 나이를 감추는 법을 연구하지 않는 여성을 만나기란 매우 어렵다. 자연스럽게 생기는 주름을 없애려고 얼마나 남몰래 노력하는가! 그러나 목구멍을 훑는 발음[58]을 허약하게 하는 사람은 좀

58 r을 발음할 때를 말한다.

처럼 나이를 속이기 어렵다.

첩살이 하는 아가씨들은 아주 예절바른 태도를 보여준다. 그들이 계속 그렇게 처신한다면, 그들의 정체를 알아차리기 어렵고, 정숙한 부르주아 여성과 구분하기도 힘들다.

모든 산책로에서 여성은 세상을 주의 깊게 보고, 동시에 남에게 잘 보여야 한다.

얼굴에서 거의 눈만 보이게 마련이다. 그러므로 눈으로 감정을 표현하지 않을 때, 그 어떤 얼굴이 우아하고 반듯하게 보이겠는가? 윤기가 흐르고 혈색이 좋은 이마를 보면서도 아주 따분한 이유는 눈에서 재치를 뿜어내지 않기 때문이다. 눈은 다이아몬드처럼 투명해야 한다. 약간 나른한 기를 담은 눈은 강렬한 눈보다 더 아름답다. 눈이 기하학적 형태를 띠어서도 안 된다. 동그랗거나 완전히 길게 째지거나 툭 불거진 눈은 별로 보기 좋지 않다. 정신이 시선에 반영되고 아름다운 영혼을 가진 사람은 소수이기 때문에, 아름다운 눈을 만날 기회는 아주 드물다. 젊은 시절에는 눈에 불길이 타올라 반짝이지만, 그 불길은 정념이다. 그것은 감정을 표현하는 눈이 아니다.

튈르리 정원의 테라스에서 아가씨들이 머리를 깃털로 장식하고 물결치듯 오가는 모습을 내려다보면 아주 즐겁다. 수많은 사람들의 물결 속에서 그녀들의 모습은 빛이 난다.

산책로를 오가는 사람들을 보면서 신분을 알아맞히기란 어렵지 않다. 뚱보 대소인은 발로 땅을 쿵쿵 밟다가 앉아 있던 의자를 부순다. 가볍게 등이 굽은 원장신부는 때마침 미소를 짓는다. 즐겁고 귀여운 얼굴은 그가 두둑한 성직록을 받으면서 매사에 아주 무관심하고 게으르게 살았음을 보여준다. 꼼짝하지 않고 있는 과부는 주변에서 무슨 일이 일어나는지 전혀 알지 못하는 듯하다. 덤벙대는 얼굴, 수심 깊은 얼굴도 보인다. 어떤 이는 쉬러 오고, 또 어떤 이는 우울한 절망을 잠시 잊으러 온다.

때로는 튈르리 정원에서 가장 불쾌한 곳이 붐비기도 한다.[59] 이 곳에서 사람들이 소란스럽게 떼지어 남의 발을 사정없이 밟고 지나가기 때문에, 회복기 환자나 통풍 환자는 호젓한 길로 피신해야 한다.

얼마 전부터 잘 차려 입은 매춘부들이 대낮부터 나무 밑의 의자에 나란히 앉아서 행인들을 낚는다. 그녀들은 팔 대신 눈길로 잡아끌려 한다. 그러나 행인은 눈을 마주치지 않으려고 땅을 보며 걷는다. 그녀들은 정오쯤 누군가 밥을 사주는 사람이 나타나기를 기다린다. 그녀들이 실패하는 경우란 거의 없다. 그곳에는 언제나 휴가[60]를 얻은 장교가 몇 명쯤 나타나기 때문이다. 하릴없는 바람둥이가 낚아채기도 한다. 매춘부는 서로 연합하여 얼간이나 경솔한 남자를 유혹한다. 이렇게 해서 두 쌍이 생긴다.

정원 한가운데서 태양이 눈을 부릅뜨고 있을 때 저지르는 경솔한 행위는 특히 눈에 띈다. 그리하여 성실한 부르주아 계층은 시선을 돌려야 한다. 공공예절을 중시하는 사람은 예의범절을 대놓고 무시하는 행위를 보고 몹시 불쾌해진다.

매춘부는 밝은 데서도 손님을 유혹하지만, 그보다는 그늘과 어둠을 기다려야 유리하다. 왕궁의 정원이 어두워지면 가정주부는 서둘러 집으로 돌아가고, 그녀들만 남아 무질서한 행위를 하더라도 정원의 명예를 떨어뜨릴 파렴치하고 뻔뻔스러운 행동을 나무랄 일이 없기 때문이다. 하기야 그녀들이 앉는 의자에 어떤 가정주부가 앉으려 하겠는가? 그 의자 곁에는 일주일 내내 바느질을 하던 아가씨가 앉

59 공중변소를 뜻한다.

60 원어인 '반년치 휴가(en semestre)'는 군인의 휴가를 뜻한다. 장교와 사병은 2년에 한 번씩 휴가를 얻었다. 따라서 매년 군인의 절반이 얻는 휴가 기간은 7개월이었다.

아 감히 고개를 들지 못한다. 그녀는 오만한 매춘부가 신은 양말만 본다. 이 양말 때문에 아가씨는 전에는 느끼지도 못하던 욕망을 느낀다. 아가씨는 혼자 중얼거린다. "도대체 정절을 지킨다고 뭐가 달라지지?"

419 깃털장식의 높이

여성의 머리에 깃털과 온갖 장식을 달아 머리를 높게 꾸미기 시작한 역사는 길지 않다. 극장에서 오케스트라 석에 부인들이 나란히 앉으면, 바닥에서 구경하는 사람들은 무대를 볼 수 없다. 층계 석과 칸막이 석도 마찬가지이다.[61] 이같은 상황에서 구경꾼은 좌절한다. 그들은 큰소리로 중얼거린다. 그러나 그 말을 듣고서도 부인들은 웃기만 한다. 파리인은 예절 때문에 궁시렁거리기는 해도, 그 이상 더 뭐라 하지 않는다.

그런데 스위스 출신의 사내가 있었다. 몹시 성마른 그는 긴 가위를 뽑아들고 설쳤다. 칸막이 석에 앉은 여성의 머리가 자기 눈높이보다 높으면 자르겠다면서 으름장을 놓았다. 겁먹은 부인이 뒷자리로 옮겨 앉으면서 스위스인에게 자리를 권했고, 그는 흔쾌히 받아들였다. 그러므로 바닥 석 구경꾼들이 "여성에게 자리를"이라고 외치던 시대는 이미 지났다. 그때만 해도 과부나 애꾸 여성이 극장에 들어오면 자리를 확실히 차지할 수 있었다.

옛날에는 무대를 볼 수 없었다. 오늘날에는 무슨 소리를 하는지 들을 수 없다. 머리장식을 한 부인들이 시작부터 끝까지 계속 수다를 떨기 때문이다. 위층 칸막이 석에서 소란스러운 소리나 깔깔거리

61 극장의 구조를 보면, 1층 앞쪽에 무대를 향해 비스듬히 오케스트라 석이 있고, 그 뒤에는 의자가 없는 맨바닥에서 구경꾼이 서서 본다. 층계 석이 있는 극장이라면 바닥 석 뒤에 층계 석을 마련한다. 여성은 바닥 석에서 구경할 수 없었다.

는 웃음소리가 새나오기도 했다. 수다소리 때문에 무대에 집중하려는 사람은 다른 곳으로 자리를 옮겨야 했다. 자리를 옮기면서 그들에게 들으라고 큰소리로 불평했다. 수다쟁이 여성들은 그 소리를 듣고 조용해진다. 그러나 3분도 지나기 전에 다시 떠들썩해진다. 그녀들은 남성이 화를 내봤자 그뿐이지 해코지를 할 정도가 아니라고 생각한다. 오히려 그것은 더 좋은 결과로 바뀔 것이라고 생각한다. 왜냐하면 떠드는 여성에게 욕을 하면서 그들을 생각하게 되고, 결국 자기가 그만한 일로 기분이 나빠졌다는 사실을 깨닫고 씩 웃고 마는 수가 많기 때문이다. 이처럼 파리의 여성은 어떠한 상황에서도 남성의 분노를 두려워하지 않는다.

❦ 1782년 1월 21일 왕세자 탄생일에 파리 시가 베푼 축제, 루이 필리베르 드뷔쿠르

420 이사

보통 이사철은 1년에 네 번이다.[62] 3개월마다 8일부터 20일 사이에 파리의 모든 지역에서 짐수레에 가구를 탑처럼 쌓아서 힘겹게 옮기는 모습을 볼 수 있다. 이러한 이동은 영원히 지속된다. 오랫동안 충실히 봉사했음을 한눈에 알 수 있을 만큼 천이 너덜너덜한 안락의자가 생제르맹 포부르에서 생탕투안 포부르로 간다.[63] 10년 전부터 이 가구는 주인이 옮겨다니는 곳마다 따라다닌다. 파리 전역에서 싫건 좋건 '구멍 난 의자'[64]가 여행하는 모습도 봐야 한다. 공작부인이 지나는 길에도 어김없이 나타난다.

매춘부만큼 자주 이사하는 사람이 있다. 그들은 사람을 새로 사귈 때마다 그 이웃으로 가구를 옮긴다. 어떤 이는 장소가 마음에 들지 않아 옮기는데, 예상과 달리 전보다 더 못한 곳으로 간다. 어떤 이는 4년 동안 15번이나 이사했다. 그런데도 전보다 더 나아지지 않았다. 그의 뒤를 따라가 보면, 그는 마치 새가 이 나무에서 저 나무로 옮겨 앉듯이 이 거리에서 저 거리로 폴짝폴짝 옮겨 다닌다.

원래 집을 빌린 사람(임차인)과 그에게서 집을 빌린 전대인 사이

62 임대계약 기간이 보통 3개월이었기 때문이다.

63 센 강은 파리를 가로질러 동쪽에서 서쪽으로 굽이쳐 북쪽으로 흘러간다. 이때 상류 쪽에서 하류 쪽을 보면서 강의 왼쪽과 오른쪽을 나눈다. 생제르맹 포부르는 강 왼쪽에 있고, 생탕투안 포부르는 오른쪽에 있는데, 가구점이 많았다.

64 chaise percée: 좌변기를 말하며, 의자에 둥근 구멍을 뚫고 그 밑에 요강을 놓고 앉도록 만들었다.

에는 오직 불평만이 오간다. 집을 빌려 그 일부를 나눠서 세를 줄 때, 법적으로 해결하기 힘든 문제가 생기기 때문이다. 한 층에 4명까지 따로 계약하여 세를 주는 경우도 있다.

집주인이나 처음 세든 사람이 6주 전에 미리 계약 해제를 통지하면, 집을 비워달라고 할 권리가 생긴다. 크리스마스 철에 이사해야 하는 일이 가장 가혹하고 가장 고약하다.

1월 8일이나 15일에 이사를 한다면, 낮시간도 짧은데 안개, 눈, 얼음 때문에 고생이다. 집 없는 사람이 겪어야 할 시련이다. 환자나 죽어가는 사람도 살던 집에서 침구를 가지고 나가야 한다. 집주인은 세든 사람이 계약을 지키지 않을 때 그의 가구를 거리에 내놓을 권리가 있다.

이 추운 겨울에 이사하지 못하게 막을 수는 없는가? 치안당국은 이사를 봄철에 하도록 법으로 정할 수는 없는가? 그렇게 된다면, 적어도 이 기간만큼은 파리의 거리가 훨씬 한산해질 텐데. 그렇게 된다면 서민이 눈을 뒤집어쓴 가구를 끌고 다니는 모습을 보지 않게 될 텐데. 눈 맞은 가구에서 유해한 습기가 사라지려면 적어도 6주가 필요하다.

서민은 1년 내내 가난하지만, 특히 1월 8일쯤이 제일 가난할 때다. 바로 이 시기에 병원에 자리가 없다는 것이 이러한 사실을 증명한다.

가난한 일꾼이 몇 년 전 기묘하게 부자가 되었다. 어느 날 길을 걷는데, 어떤 노파가 그를 불러 세우더니 5층으로 데리고 올라가 벽 속에 아주 무거운 도기를 묻어달라고 했다. 그로부터 1년 반이 지나고, 그가 다시 그곳을 지날 때 그 집에 붙은 게시판을 보았다. "지금 빈 방 있음"이라는 글을 보고, 안으로 들어가 어느 방이 비었는지 물었다. 마침 5층의 바로 그 방이 비었다고 했다. 가난한 노파가 살다가 한 3~4일 전에 죽었고, 장례비 때문에 노파가 쓰던 침대는 팔았다고 했다. 그 일꾼은 이렇게 말했다. "그 방을 내게 빌려주시오." 그는 선금을 내고 가구 몇 개를 들여다 놓았다. 방을 편안하게 정돈한 뒤, 그는 벽을 뜯고 구두쇠 노파가 금을 모아놓은 도기를 꺼냈다.

윤리주의자, 법학자, 철학자여, 과연 이같은 상속이 정당한가? 대답해보라. 나는 당신들이 그저 종이에만 대답을 끄적거리리라는 사실을 잘 안다. 그렇게 하지 말고 입으로 직접 말해보라.

자기 손에 들어온 금품을 몰래 가질 수 있는데도 주인에게 돌려주는 청렴한 사람에게 일부를 주는 법률을 만들지 않는 이유는 무엇인가? 그러한 법률이 없기 때문에, 현재와 미래의 벽돌공이 모두 벽 안에 있던 금품을 몰래 차지할까 두렵다.

421 경마

우리나라 경마는 영국을 본떴다. 상금을 가져다주는 것은 짐승이다. 말을 모는 기수를 굶겨 몸을 가볍게 만든다. 내기가 시작되면, 돈을 많이 잃는다.

그리스인들도 경마를 몹시 좋아했다. 이 민족은 가장 빠른 말의 주인에게 영예를 안겨주고 유명인사로 만들었다. 전차를 모는 사람에게 영예의 관을 씌워주는 이유는, 그가 굳센 정신력과 솜씨를 보여주었기 때문이다. 그러나 그 승리자가 자신이 이긴 비결은 경쟁자보다 더 가벼운 암말을 사는 방법을 알았기 때문이라고 자랑할 때, 우리는 그를 조금이라도 웃음거리로 생각하지 않겠는가?

에우리피데스는 예전에 진기한 승리자를 찬미하는 동시에 완전히 웃음거리로 만드는 송가를 지었다.

> 오, 클리니아스의 아들이여, 신들이 그대에게만 호의를 베풀어 준 덕택에, 그대는 이 세상에서 가장 멋진 승리자가 되었노라. 그대는 세 번이나 일등상을 받았고, 수많은 갈채를 받으며 승리자로 선포되었다. 거의 힘들이지 않고.

거의 힘들이지 않고. 누가 이러한 반전을 기대했으랴!

우리가 하는 이 우스꽝스러운 짓이 우리의 창조적인 행위가 아니라는 사실은 유감이다. 그러나 우리는 기수의 장점을 영광으로 빛내주려고 했다.

따라서 우리는 더 이상 바르바리아의 말, 작은 공작에 대해서 말하지 않는다. 기사도 정신은 이제 완전히 사라지고, 경주마에 대한 취향이 뒤를 이었다. 우리는 야윈 동물이 달리는 광경을 보려고 사블롱의 벌판으로 간다. 동물은 6분 만에 땀에 흠뻑 젖은 채 쏜살같이 지나간다. 경주가 끝나면 우리는 아주 깊이 있고 중요한 토론을 시작하는데, 이 장면은 사실상 우스꽝스럽다.

우리는 이웃나라의 경마를 흉내 냈지만, 처음 생각한 것과 달리 아직 경주를 완전히 복원하지 못했다. 이러한 올림픽 경기를 오직 왕족, 거물급 귀족들만 즐기도록 했기 때문이다. 이러한 경기는 비교적 낮은 계층에게는 별로 유익하지 않았다.

작은 희극 작품이 있다.[65] 이 작품의 주제는 사람들이 어떤 여성을 차지하려고 다투고, 그녀를 걸고 경마를 하는 이야기이다. 그러나 이 주제는 현실적으로 있을 수 있는 일처럼 보이지 않는다. 이 주제로 사람들이 언쟁을 벌일 때, 어떤 남자가 아주 점잖은 말씨로 말한다. "자네는 백작부인이 달리면 좋겠나?" 이 연극에 나오는 남자들은 이런 식으로 대화를 나누며, 우리는 이러한 방법을 잘 안다. 이것은 재미있고 독특하게 보였다.

65 로 드 부아시(Laus de Boissy)는 1777년 「경마, 또는 기수들, 1막짜리 희극」을 발표했다. 메르시에가 말하는 희극은 이 작품이다.

422 쥐

파리에는 우리가 상상하지 못할 만큼 쥐가 많다. (나는 사람 머릿속에 사는 쥐에 대해서는 말하지 않겠다.) 쥐는 겨울 내내 강변에 쌓아놓은 나뭇단 속에 숨었다가, 여름이면 강가로 내려간다. 거기서 놈들은 지나치게 뚱뚱해진다. 놈들은 모두 지하 세계에 살면서 놀라울 만큼 땅굴을 판다. 놈들은 강물이 불 때 동굴로 들어가 닥치는 대로 갉아댄다. 물과 가까운 곳에서는 쥐 부대를 퇴치할 고양이 부대를 키워야 한다. 쥐는 덩치가 커서 가장 자신만만한 로미나그로비[66]를 만나서도 떨지 않는다. 둘이 붙어 싸워도 조금도 밀리지 않는다.

집집마다 하녀는 쥐덫을 확보해야 하고, 닥치는 대로 먹거나 쏠아대는 이 동물에게 양초나 음식물을 내주지 않으려고 2배나 노력해야 한다. 놈들은 집집마다 넘쳐난다. 사람들은 집안에 쥐가 들끓는 것을 보고 불쾌해지고, 심지어 고대 이집트의 운명을 생각한다.

덩치가 큰 사람이 긴 장대를 가지고 산책을 나섰다. 거리에는 쥐약을 먹고 몸이 퉁퉁 부풀은 채 죽은 쥐가 즐비하게 널려 있기 때문에 장대를 들고 이리저리 헤쳐도 헛일이다. 치료약이 병보다 더 고약한 예이다. 비소나 쥐약을 무분별하게 아무 구멍에나 뿌려 놓으면 사고의 위험도 높거니와, 몽크리프가 역사책을 썼듯이 이 엉큼한 동물이 다시 나타나지 않아 더욱 골치 아픈 일이 생긴다. 집

66 로미나그로비(Rominagrobis)는 라미나그로비(Raminagrobis)를 뜻한다. 이 고양이는 라퐁텐의 우화에서 족제비와 새끼 토끼의 재판관 노릇을 했다.

집마다 낮은 곳에는 쏠아대는 종자들이 살고, 지붕에는 수고양이와 암고양이가 떼로 살아간다. 고양이는 하도 야옹거려 사람들의 잠을 방해한다. 가끔 낮에도 고양이끼리 사랑을 차지하려고 싸움을 벌이다가 마당으로 떨어지기도 한다. 패배자가 마당에서 일하던 집주인의 등에 떨어질 때, 강하고 행복한 승리자는 홈통을 타고 바삐 올라간다.

'집 잃은 고양이' 이야기는 아주 재미있다. 수많은 집에서 사람들은 도망자들을 다시 오라 부른다. 남의 집 고양이를 힘이나 꾀로 붙잡는 것은 원래 주인의 권리를 침해하는 일이다. 남의 고양이를 만지는 일도 금지이다. 사람들은 1년 내내 '고양이 찾음'을 붙인다. 집착이 강한 어떤 여성은 '내 고양이 찾음'이라 써 붙였다. 장미색 리본을 목에 단 고양이였다. 그 여성은 그 광고지 아래에 이렇게 써 놓았다. '인쇄와 공고를 허락함, 르누아르.[67]'

층층이 5만 여 해골을 정돈해 놓은 이노상 공동묘지에서는 가끔 기적이 일어난다. 해골이 저절로 움직여 구르면, 사람들은 급히 거기로 달려간다. 그런데 그것은 해골 안에 둥지를 튼 쥐가 일으키는 소동이다. 그 쥐는 해골을 아주 쉽게 드나든다. 이 세상에서 가장 오싹한 광경이 펼쳐지는 납골당에서 쥐들이 인간의 유골 속에 살고, 유골을 마구 흩어놓고 뒤집어, 마치 죽은 이가 되살아난 듯하다. 우리는 죽은 사람들이 단 위에서 차지한 자리를 보면서, 사람이 죽으면 옛날에 차지했던 지위를 누리지 못하고 몸집에 맞는 자리를 차지할 뿐임을 안다. 그러나 결국 그들은 모두 흙으로 돌아간다. 가장 강력한 권력자는 사회의 마지막 계층의 사람에게 손을 내밀면서 이렇게

67 Le Noir(1732~1807): 1774년 8월에 파리 치안총감이 된 인물. 당시 출판법에서 벽보를 붙일 때는 치안총감의 허락을 받아야 했다.

말할 수 있으리라. "그렇다, 우리는 모두 흙으로 돌아간다." 그렇다면 쥐들은 나를 어디로 데려갔던가?

423 수도원의 문

복음서에서는 "불쌍한 사람과 빵을 나눠 먹으라"고 말했다. 예전에는 수사들이 가난했다. 그러나 오늘날에는 부유해진 그들이 보시하는 처지가 되었다. 그런데 그들이 가난한 사람들과 빵을 나눠 먹는 방식을 보자.

아침에 수도원 문 앞에 비렁뱅이들이 모인다. 그들은 누더기를 걸쳤다. 수사가 문을 연다. 그는 거지를 집 안으로 들이지 않고, 거지가 내미는 그릇에 진한 국물을 조금씩 부어 준다. 거지들은 이 국물을 조금 더 많이 차지하려고 다툰다.

이러한 장면을 보면서, 수사들이 복음서가 시키는 대로 가난한 사람들과 빵을 나눠 먹는다고 할 수 있겠는가?

나는 수사가 불행한 사람들을 수도원 안으로 들여서, 식당에서 밥을 먹이고 자비롭게 대해주기 바란다. 수도원의 접시 닦는 물에 오래 된 빵껍질을 적셔 거지의 나무 그릇에 던져주면서, 어떻게 가난한 사람과 빵을 나눠먹는다 하겠는가?

424 바가지 씌우기

영세상인은 대개 물건 값을 2배나 부른다. 참으로 어처구니없는 일이다. 그러면 무슨 일이 일어날까? 손님은 값을 후려친다. 가장 하찮은 일로 두 사람이 오랫동안 옥신각신한다. 상인이 먼저 부른 값의 절반을 제시한다. 그러나 손님은 영세상인이 터무니없이 부르기 때문에 아직도 더 깎을 수 있다고 생각할 것이다. 이런 상황에서 어떻게 합리적인 토론을 거쳐 정당한 값을 매길 수 있겠는가? 파는 사람은 언제나 자기가 뜻밖에 상대의 제안을 받아들일까봐 겁낸다. 그래서 그는 일부러 시간을 끌기도 하고, 종종 가장 싼 값을 부르지도 않고 내뺀다.

상인은 자기네끼리 상품 정액제를 실시하자는 규칙을 정하고 지켜야 하지 않을까? 일단 정액제가 정착하면 상거래에서 믿음이 부활할 것이다.

작은 가게 앞을 지나다 보면, 상인이 손님에게 "내 양심을 걸고" 또는 "내 명예를 걸고"라고 하는 말을 들을 수 있다. 지팡이나 시곗줄을 팔려고 이런 말을 아끼지 않는다. 말뿐만 아니라 몸짓도 상당하다. 게다가 몇 푼 때문에 맹세까지 한다. 가난한 영세상인은 이렇게 도매상이나 심지어 무역업자의 이름까지 욕보인다.

가게 점원을 '쿠르토'[68]라 부른다. 왜냐하면 주인은 값을 흥정하

68 courtauts: 점원을 낮춰 부르는 말로, 이는 개(courtaud)와 발음이 같기 때문이다.

다가 가는 손님을 급히 따라가 데려오라고 그들을 보내기 때문이다. 가게 주인은 일단 가게를 나간 손님이 되돌아오는지 보려고 기다린다. 손님이 되돌아오지 않으면 점원에게 이렇게 말한다. "빨리 뛰어가서 그 손님 데려와."

425 집행관들의 행진

아주 즐거운 행렬이다. 삼위일체 첨례일의 다음날, 집행관들은 채찍을 들고 말에 탄다. 경매 심사관들은 긴 검은색 옷을 입고 말을 몬다. 사람들은 그들에게 그렇게 할 자격이 없다고 생각하기 때문에, 이 법의 앞잡이들이 말을 이리저리 뛰게 만들고 줄도 맞추지 못하는 꼴을 보고 웃는다. 조그만 충격에도 말갈기를 잡고 늘어지는 꼴이란! 책상 앞에 앉아 글씨나 쓰라고 달아준 손이 글씨라도 삐뚤빼뚤 쓰지 말아야 좋으련만, 말재갈도 제대로 잡지 못한다. 그들의 글씨만 남이 알아볼 수 없는 것이 아니다. 얼굴마저 글씨를 닮았다. 그들은 주요 법관들에게 인사하러 가는 중이다. 사람들은 법원의 하급 직원들이 나쁜 술책을 써서 개인에게 손해를 입힐 때 그들을 고발할 수 있다고 말한다. 그러나 법관들은 그들을 좀처럼 처벌하지 않는다. 100명이 탄원하면, 겨우 하나나 통할까?

인지를 붙인 서류를 무더기로 팔아야 하기 때문에, 쓸데없는 말로 종이만 검게 칠하는 손은 언제나 그러한 서류를 쌓아놓는 선반을 비운다는 사실에 신이 난다. 사람들은 그들을 꾸짖을 때가 있지만, 대개 꾸짖는 척할 뿐이다. 그들은 6개월 뒤에는 전보다 더욱 뻔뻔하게 다시 시작한다. 하기야 이들이 활발히 펜대를 놀리지 않는다면, 총괄징세청부업은 어떻게 수지를 맞추겠는가?

426 훌륭한 태도의 채무자

사람들과 접촉을 꺼리는 채무자가 아주 편하게 살 만한 곳이 있다면 바로 파리이다. 그는 문지기가 있는 집을 차지하고, 채무자가 오더라도 문지기를 거치도록 한다. 그 어떤 나리도 그를 거치지 않고서는 안으로 들어가지 못한다. 집행관이 법을 집행하러 오더라도, 수위실을 마음대로 지나가지 못한다.

어떤 계층의 사람들은 집사를 둔다. 불평이 있는 사람은 모두 그를 통해야 한다. 그는 절대로 매수할 수 없는 사람으로 보여야 하기 때문에, 주인보다 더 피도 눈물도 없이 행동한다.

법원에서 유예명령을 폐지하게 만들 수 없는 사람은 얼마나 불행한가! 그는 수위가 문을 열어주지 않아서 문 앞에서 굶어죽게 생겼다. 잘 해야 집사를 만나겠지만, 집사는 그를 좋은 말로 달래서 돌려보낸다.

만일 집행관이 영장을 전하러 가서 깜박 잊고 문지기에게 12수짜리 한 닢을 주지 않으면, 문지기는 영장을 불 속으로 집어넣는다. 그것은 집행관이 다음에 올 때는 부디 기본 예절을 배워서 오라는 뜻이다.

점잖은 태도에 상인과 노동자보다 더 잘 속는 사람은 없다. 파리에서 지체 높은 양반에게는 그 어떤 빚도 신성하지 않다. 그들이 돈을 빌리고 나서 몇 년 뒤 조금이나마 갚으려 한다면, 그것은 일종의 은혜라 할 수 있다.

어떤 공작부인이 속옷, 겉옷, 하인들이 덮을 이불을 외상으로 샀다. 그러고는 외상을 준 상인들을 무시한다. 상인들은 빚을 받으러 가서도 벌벌 떤다. 공작부인은 그들이 보는 앞에서 금화를 꾸러미로 만들어 저녁에 쓸 노름밑천이라고 자랑한다. 그러고는 상인들을 아주 무례하게 돌려보낸다.

어떤 후작은 제빵업자에게 상당한 빚을 지고 죽어갔다. 제빵업자는 후작의 집사에게 순박하게 말했다. "아, 이 나리께서는 내가 빚 받으러 가면 꼭 나를 곁에 앉히셨어요. 그분이 비록 돈을 갚지는 않았지만, 그분만큼 정직한 분은 없지요."

427 수비대의 음악

얼마 전부터 공식 행사에 군대음악을 도입하기 시작했다. 연대장은 음악병들이 평판이 나쁜 집만 드나들지 않는다면 그들이 원하는 곳에서 재능을 갈고 닦을 수 있게 허락했다.

화창한 여름날, 수비대가 신작로에서 세레나데를 연주한다. 사람들이 달려가고, 마차들이 앞다투며 몰려든다. 모든 사람은 음악을 실컷 듣고 물러난다. 군악대는 음악을 들려주면서 사람들에게 깊은 감동을 주고 사랑을 받는다. 옛날 이 연대는 규율을 지키지 않고 못된 행동으로 악명 높았다. 오늘날 사람들은 이 연대를 달리 보게 되었다. 연대장이 부대를 완전히 탈바꿈시켰다. 한없이 망나니질만 하던 병사들이 이제는 성실하고 유익하게 변했다.

병사를 병사답게 만드는 데 군대음악만큼 적절한 것도 없을 것이다.

우리는 여태껏 군대음악을 너무 무시했다. 25년 전만 해도 제대로 소리를 내는 것은 트럼펫 하나뿐이었다. 박자를 제대로 맞추는 북은 하나도 없었고, 클라리넷도 틀린 소리만 냈다.

지난 전쟁 동안[69] 보헤미아, 오스트리아, 바이에른의 농민은 모두 타고난 음악가였기 때문에, 규율을 잘 지키는 부대는 아주 엉터리의 불협화음만 내는 악기를 가진다고 믿을 수밖에 없었다. 그리하

69 7년 전쟁(1756~1763) 동안 프랑스군은 오스트리아군과 동맹하여 싸웠다.

여 그들은 우리나라의 전통 있는 부대를 새로운 부대로 착각하면서 경멸하였다. 틀린 음을 내는 용감한 악사, 무식한 음악가들이 얼마나 많이 죽었는지 그 수를 세기도 어렵다. 전쟁 도구 중에서 감각을 자극하는 것을 무시하면 안 된다는 말은 옳다.

레날 신부가 말했듯이, 프로이센의 왕은 몇몇 사람 덕택에 그처럼 빠른 속도로 진격할 수 있었지만, 진정 전투적인 음악을 연주하는 몇몇 악사들의 공로도 무시할 수 없다.

428 루브르 궁

루브르 궁전의 공사는 영원히 끝나지 못한다는 선고를 받은 것 같다. 그리고 사실 그대로이다. 유럽이 어느 날 뜻밖에도 애초에 먹었던 생각에서 깨어나려 할 때에도, 프랑스인은 한 번 먹은 마음을 영원히 간직하려는 듯이 이 멋진 건축물을 결코 완성하지 않은 채로 남겨둘 것이다.

이 훌륭한 주랑 앞 광장에서 가난한 헌옷장수들은 한 곳에 누더기옷과 넝마를 펼쳐놓는다. 건물과 장사꾼의 물건이 보여주는 묘한 차이가 보는 사람에게 무엇인가 말을 한다. 장엄함과 가난이 나란히 있다.

(건축 아카데미를 빼고) 아카데미 셋[70]이 루브르에 자리를 잡았다. 그러나 이 드넓은 울타리 안에 아직도 집이라고 부를 만한 것은 뼈대조차 없다. 특히 층계는 건물의 위용과 조금도 어울리지 않고, 또 그 때문에 사람들이 사는 숙소가 불편한데, 어쨌든 사람들에게 숙소를 판다.

아카데미 소속의 화가 여럿이 루브르에 작업실을 갖고 있었다. 그곳에는 쥐가 들끓는다. 재능 있는 사람들은 통상 쥐들을 수행원으로 거느린다.

루브르에 살던 사람이 죽어도 그집 문에 검은 장막을 드리우지

70 아카데미 프랑세즈, 금석학 아카데미, 미술과 조각 아카데미를 말한다.

못하게 한다. 장례식을 치르지 않고, 또 사람들이 보지 못하게 시체를 옮겨야 한다. 가족의 고통을 알리는 음울한 표시도 벽에 달지 못하게 한다.

뒤프레니는 루이 14세에게 말했다.

> 소신은 루브르를 볼 때마다 이렇게 외칩니다. "우리의 가장 위대한 왕들의 힘을 보여주는 훌륭한 건축물이여, 만일 그대를 탁발수도회에 맡겨 거기서 참사회를 열게 하고, 교구장을 살도록 한다면, 그대는 완공될지니!"

루브르 건축 계획은 아주 훌륭했다. 그러나 베르사유 궁 때문에 버림받았다. 재정 상태가 좋지 않았기 때문에 공사가 자꾸 지연되었고, 게다가 정치 문제까지 겹쳐서 언제나 처음 계획을 충실히, 그리고 완전히 이행할 수 없었다. 앞으로도 프랑스의 왕들은 십중팔구는 파리에서 살지 않을 것이다. 그리고 군주 한 사람에게만 어울리는 이 궁전은 결국 공사가 중단되고, 앞으로 수세기 뒤에는 지금의 화려한 모습을 절반 이상 잃을 것이다.

429 성무일과서

수도하는 사제는 언제나 성무일과서를 주머니에 넣거나 끼고 다닌다. 산책하거나 여행할 때도 가지고 다닌다. 가끔 그것을 주의 깊게 읽는 척하지만, 이러한 행위가 일종의 과시이기 때문에 책을 읽으면서 지겨워진다.

사람들이 그것을 보고 웃은 뒤부터, 이처럼 여러 사람 앞에서 광적으로 기도하는 관행은 줄어들었다. 역마차에서 사제가 라틴어를 서투르게 중얼거리면서 동승객들에게 존경을 간청하는 모습은 웃기지 않는가?

사제가 자신을 신성하게 만들려고 성무일과서를 읽어야 한다면, 자기가 읽는 내용을 명상할 수 있는 혼자만의 조용한 장소에 있어야 한다. 한 마디로 산책길이나 사람들이 모인 곳에서 자신의 행위를 과시해서는 안 된다.

요즈음 사제 가운데 바보나 위선자만이 이러한 허례허식을 지킨다. 자존심이 있는 사제는 빈정대는 사람들 앞에서 절대로 입술을 움직이거나 성호를 긋거나 하늘을 쳐다보지 않는다. 사제는 날마다 성무일과서를 읽어야 하고, 그 감동적인 매력을 가슴에 새겨야 한다. 아무도 그걸 막지 않는다. 그러나 남이 없는 곳이나 자기 집에서 그렇게 해야 한다.

파리 주교구의 성무일과서를 읽으려면 날마다 4~5시간이 걸린다. 성직록을 받은 사람은 이 일을 거를 수 없다. 만일 어기면 죄를 짓는 것이 된다. 주교와 수도원장은 자면서도 외운다.

어떤 고위성직자는 이런 말을 들었다. “만일 당신이 성무일과를 외우지 않으면, 그 사실을 고백해야 할 것입니다.” 그는 이렇게 대답했다. “아무렴 그렇지요. 그것이 바로 내 계획이었다니까요. 성무일과서를 전부 읽는 것보다, 그렇게 하지 않았다고 고백하는 편을 택했지요.” 그 성직자를 본받아 파리의 아가씨들은 1년 동안의 쾌락을 한 15분 동안의 (비록 모든 것을 말하지 않는다 해도) 고백성사로 살 수 있다고 결론 내렸다. 그들은 부활절의 2주간에 고백하고, 곧바로 나머지 11개월 반을 애인과 즐긴다. 이 계산을 어떻게 생각하는가?

430 사순절의 고기

사순절 기간에도 푸줏간은 문을 연다. 개신교도와 환자들은 이 기간에도 기름기를 사먹어야 하기 때문이다. 사실, 속 좁은 사람은 그 앞을 지나가면서 노엽게 보다가, 분을 못이겨 안으로 들어가 이 파렴치한 짓에 항의한다. 그러나 다행히 행정당국은 기름진 음식이나 소찬은 각자 뱃속과 양심의 자유를 따르도록 하는 편이 적절하다고 생각했다. 각 소교구 사제는 사순절의 의무를 면제해 줄 수 있다. 가벼운 보시로 금욕을 대신할 수 있고, 모든 사람은 그 편이 낫다고 생각한다.

환자에게 고기 국물을 보내주려는 사람이 가발상자 속에 감춰가지고 다녀야 하던 시절은 어디로 갔는가? 내가 젊었을 때만 해도, 나는 콩데 공의 저녁을 중단시키는 현장을 보았다. 어느 법률기관 소속인지 모를 사람들이 무장한 채 콩데 공의 저택으로 들어가 저녁밥상을 빼앗아 마자랭 길의 죄드폼[71]으로 가져갔다. 그들은 왕족의 국과 닭요리를 빼앗았던 것이다. 이처럼 유치한 일은 더 이상 없다. 그러나 아직도 바보들은 기름진 음식을 빼앗아 길거리에 늘어놓는 관행을 이제는 엄격히 지키지 않는다고 한탄한다.

71 Jeu de Paume: 두 사람이 채로 공을 치는 놀이로, 그 놀이를 할 수 있는 구장을 뜻하기도 한다. 테니스 또는 테니스 코트라 옮기기도 한다.

431 장난

파리 사람들이 저지르는 어리석은 짓 가운데, 사육제 기간에 긁리기'라 부르는 장난이 있다. 사람들은 다른 사람의 몸을 아무데나 잡는다. 40시간 기도에 가려고 문을 나선 노파의 검은 외투에 쥐 모양의 흰 표찰을 달아주기도 한다. 그리고 노파에게 걸레를 달아주기도 하고, 포도 위에는 불에 달군 쇳조각과 못을 박은 은조각을 뿌려 놓기도 한다. 서민은 이처럼 비열한 짓을 상상할 수 있다는 것만 가지고도 한없이 즐겁다.

사육제 기간에 서민층은 추잡한 이야기만 한다. 그들은 추잡한 주제를 놓고 여러 가지로 해석할 수 있는 수천 가지 음탕한 이야기를 주고받으면서 큰소리로 웃는다. 모든 구역마다 부인과 아가씨의 창 밑으로 가면이 지나간다. 그는 속옷 차림에 반바지는 걸치지 않은 것처럼 보인다. 속옷 입은 가면은 등에 겨자를 지고 간다. 이 겨자 행상인의 뒤에는 가면행렬이 순대 조각을 들고 잰걸음으로 따라간다. 민중은 이 역겨운 농담에 박수를 치면서 사람들을 헤치며 나아간다.

훌륭한 취향과 계몽주의의 중심지인 파리의 한 가운데서 10만 명이 무리를 지어 이 토할 것 같은 광대놀음을 따라다닌다. 곧이어 그들은 『염세가』를 지은 사람을 책망한다. (지은이는 극단장으로서 민중을 위해 일해야 하는 사람이었다.) 또 이 극작가가 쓴 『푸르소냑 선생』[72]에 나오는 얼간이들의 행렬을 비난한다. 코메디 프랑세즈 극단원들은 그 당시에는 반드시 『아르메니아의 동 자펫』과 함께 풍자희극을 무대에 올렸다. 관객은 무대 위에서 요강을 비우는 장면, 약사가 젠체하는 모습, 설사 환자가 매 순간 오만상을 찌푸리면서 변소로 뛰어가는 모습을 보면서 깔깔댔다.

천민은 사거리에서 웃고, 상류층은 극장 오케스트라 석과 층계석의 벨벳을 덮은 의자 위에서 웃는다. 왕립극단의 배우 프레빌은 거리의 부랑아만큼 열정적으로 또 그만큼 실감나게 아주 역겨운 가면극을 잘 연기했으며, 관객들의 음탕한 몸짓도 거의 마찬가지였다.

눈뜨고 봐주기 어려운 농담 가운데 가장 고약한 것이 있다. 어린아이 인형을 묶는다. 인형은 등을 돌리고 몸을 굽힌다. 마치 땅에 떨어뜨린 사과를 줍는 모습이다. 지나던 사람이 아이를 보고 안쓰러워 사과를 대신 집어 어린이에게 준다. 곧 불량배들이 행인에게 빈정대며 야유한다. 그런데 왜 이처럼 훌륭한 행동이 놀림감이 되어야 하는가? 나는 이같은 야유를 조금도 쉽게 넘기기 어렵다.

나는 고대 로마인의 축제에 무슨 일이 일어났는지 모른다. 아무도 로마에 대해 제대로 그림을 그리지 않았기 때문이다. 그러나 고대 세계의 그 어떤 도시에서도 파리 서민의 야비하고 거친 오락과 비슷한 것을 찾기 어렵다고 믿는다. 판화 상인은 변소나 옷장의 모습만 걸어놓고 팔며, 로토를 파는 행상인은 "똥의 로토, 1등 상금 10만 리브르. 무엇이든 다 삼키는 사람 서명"이라고 인쇄된 로토를 판다. (제대로 승인을 받고 글귀를 인쇄했는지 알 길이 없다.) 민중은 사육제의 3일 동안 정말 불쌍한 생각이 들게 행동한다. 그들의 심심풀이에는 온갖 어리석은 행위와 추잡한 행위가 담겨 있다. 그때 그들의 취향은 난봉꾼의 취향과 가깝다. 이 불쌍한 사람들은 앞으로 가장 교

72 몰리에르의 『푸르소냑 선생(*Monsieur de Pourceaugnac*)』은 코메디 프랑세즈 극단의 무료 공연에 자주 올리는 연극이었다.

묘한 발명에 의존할 생각을 조금도 하지 않는 것 같다. 아마 그들을 이처럼 어리석은 통음난무 상태에 확실히 잡아두어야 할 것 같다.

오, 그리스인이여, 우리의 현학자들은 당신들을 자주 인용하지만 제대로 인용하지 못한다. 그러면서도 그들은 끊임없이 파리와 아테네를 비교한다. 데모스테네스와 알키비아데스 시대의 꽃 파는 처녀와 장인들은 과연 우리 시대에나 볼 수 있는 이 부끄러운 행위를 뒤섞어 쾌락을 추구했던가? 절대 아니라면, 무슨 까닭인가? 아테네에는 연단이 있어서, 대중연설가가 생선장수 아낙에게 부끄러움을 가르쳐 얼굴을 붉히게 만들었기 때문이다. 그러나 나는 어디서부터 손을 대야 하겠는가?

새해가 되면 사람들은 롬바르드족 길의 과자점에서도 장난을 본다. 이때의 장난은 아주 유치하다. 거기서는 과자 상자에 모든 형태의 과자를 담는다. 아티초크, 깜부기불, 담배꽁초, 아스파라거스 묶음 등등. 상자도 다양하고 이상한 모양으로 만드는데, 때로는 그날의 사건과 관련된 모양으로 만든다. 10년 전 어떤 과자점은 사려 깊지 못하게도, 통 위에 루이 15세의 머리를 얹은 사탕과자를 만들어 팔았다.[73] 경찰은 이 과자점을 즉시 닫으라고 명령했다.

과자점의 2층으로 올라가면 디저트의 장식으로 '그라나다[74] 정복'을 볼 수 있다. 포탄, 회반죽, 대포, 소총, 벽, 깃발, 병사, 장군, 이 모든 형상을 아삭아삭 씹어 먹을 수 있다. 과자 디자이너는 벌써 지

73 이 과자는 루이 15세와 뒤바리 백작부인을 풍자했다. 뒤바리의 이름은 통과 발음이 같다.

74 그라나다는 서인도 제도의 섬으로 1650년 프랑스 식민지가 되었지만, 1752년 영국인이 점령하여 1763년 파리 조약에서 완전한 식민지로 만들었다. 1779년 데스탱 제독이 다시 점령했다가, 1783년 파리 조약에서 다시 영국에 내주었다.

브롤터 공방전[75]을 준비해 놓았다. 그는 그 장식품을 선보이면서 호기심 많은 사람들의 찬사를 기대했다. 그러나 그는 함락시킬 수 없을 만큼 단단한 바위를 다시 녹여야 할 것이다.

75 프랑스의 동맹국 에스파냐 군대가 1779년 지브롤터를 봉쇄한 사건을 말한다. 1783년 파리 조약으로 지브롤터의 소유권은 영국에 돌아갔다. 메르시에는 이 장에서 아메리카 전쟁의 주요 사건을 암시한다.

432 보기 흉한 요리

길모퉁이 좁은 노점에서 뭉개진 음식을 보면 무슨 생각이 들까? 벌써 곰팡이가 슬기 시작하는 대궁은 어디서 나온 것일까? 그것은 어떤 주교의 집에서 버린 음식 쓰레기일 것이다. 주교가 잠시 입에 댄 뒤 물린 것을 하인이 내다버렸으리라. 주교는 맛있는 음식을 골라 먹다가 남겼을 텐데, 설거지꾼도 먹으려 들지 않았기 때문에 하인이 내다버렸으리라. 주교가 물린 대궁은 배에 기름진 설거지꾼만큼 야윈 빈자들의 뱃속으로 내려갈 운명이다. 가난한 사람들이 이집 저집 쓰레기통을 뒤져 대궁을 닥치는 대로 모아 팔면, 음식 찌꺼기 상인이 사서 한데 펼쳐 놓고 판다. 누가 저런 음식에 침을 넘길 것인가? 두고 보자. "배가 고프면 눈에 보이는 것이 없다" 하지 않았던가! 그러나 아무리 배가 고파도 그 음식 상태가 어떤지 보이지 않을 리 없다. 어둑해질 때, 몹시 궁색한 사람이 프록코트를 걸치고 다락방에서 내려와 이 메스꺼운 음식 찌꺼기를 산다. 대저택의 종복들이 욕을 퍼붓던 음식 찌꺼기를 사서 감춰가지고 집으로 간다. 정직한 그는 한때 잘 나가던 사람이었다. 갑자기 불운이 겹친 뒤, 그는 전보다 잘 먹지도, 잘 자지도, 또 종복보다 행복하지도 않다.

자비롭지만 자기가 내놓는 보시가 제대로 전달되지 않을까 두려워하는 사람은 이러한 노점으로 가서 고상한 염탐꾼이 되라. 그리고 차가운 찌꺼기 음식 곁에 서서 과연 누가 그런 음식을 먹느니 차라리 배고픔을 겪겠다고 하는지 지켜보라. 분명히 말해서, 이런 음식물을 찾아서 오는 사람은 진짜 가난한 사람이다. 분명히 말해서, 음식을 사가는 사람은 모든 것이 필요한 사람, 절실히 필요한 사람이다. 보기만 해도 끔찍한 대궁은 비천한 성격을 잃어버리고 시금석으로 다시 태어날 것이다. 그것은 배고픔을 참고 견디는 사람을 구별해 줄 테니까. 그러므로 적선의 정확한 뜻은 제때에 준다는 것이다. 파리의 길을 포장하느라 돈을 얼마나 많이 쓰는가! 굉장한 부자가 그다지도 많으련만, 도대체 은혜를 베푸는 사람은 몇 명이나 될까? 이런 사람들이 음식 찌꺼기를 파는 노점상 근처에 잠복하여, 가난한 사람들이 어둠이 깔릴 때 말없이 다가와 음식을 가져가는 모습을 보면 좋겠다. 그들은 곧 마음이 짠하고 눈시울이 뜨거워질 것이다.

베르사유 궁에서 생기는 음식 찌꺼기는 조금도 불쾌한 구석이 없다. 왕과 왕자들의 밥상 위에서 나오는 음식은 거의 손도 대지 않은 것이라서, 부르주아에게 먹여도 조금도 창피해하지 않을 것이다. 왕족의 밥상에 올랐던 음식은 언제나 건강에 좋고 맛도 좋다는 평판을 듣는다. 베르사유 궁의 4분의 1이 왕이 물린 음식으로 배를 채우고, 왕의 요리사들은 잡인들의 배를 채워 주려고 고기를 손질하는 격이다. 왕실 요리사가 한껏 재주를 부려 마련한 요리는 원래 잡인들을 위한 것이 아니었지만, 결국 그들 차지가 된다. 아르투아 백작의 상에 올렸던 커다란 생선은 한 번 펄떡여 고스란히 모자장수 밥상으로 가서 그 식구를 진탕 먹인다. 이들은 아주 맛좋은 요리를 먹는다. 그러므로 자기 집에서 특식을 요리할 필요가 없다.

베르사유 궁에서 나오는 음식은 파리의 음식처럼 대낮에 버림받지 않는다. 그 반대로, 아무개가 칼을 차고 궁으로 들어가 넙치나 부드럽고 진귀한 연어 머리를 산다. 그런 부분은 다른 곳에서라면 돈을 많이 줘야 구할 수 있다. 그는 베르사유 궁에서 나온 음식을 샀다고 자랑한다. 그가 파리의 빈민구제 음식에 대해서 말할 때에는 구역질을 할 것이다. 지금까지 말한 것은 내가 이방인에게 가르쳐 주어야 할 차이점이다. 모든 것은 저마다 무한한 차이를 가진다. 그 차이는 진상을 잘 드러내 준다. 그리고 입법가와 윤리주의자들의 업적이 무엇인지 밝혀줄 것이다. 그렇다, 이들은 내 글을 주의 깊게 읽어야 한다.

그러므로 왕이 사는 도시에서 십자훈장을 받은 장교[76]가 대신을 만나러 갈 때는 구운 닭고기를 마련하여 손수건에 깨끗하게 싸가지고 가야 한다. 그가 저녁에 초대받았다면 더욱 잘된 일이다. 그가 가져간 닭고기를 그에게 대접할 수 있을 테니까. 이같은 주제의 일화가 있다. 여기서 굳이 말하지 않으련다. 뇌샤텔의 신문발행인은 이러한 이야기를 하나도 알지 못하면서도 내가 이야기하지 말아주기를 바라기 때문이다.

그 발행인이 원치 않더라도, 나는 퐁뇌프 끝에서 일어나는 일에 대해 말하겠다. 튀김장수 아낙의 이야기이다. 그는 한데다 화덕을 놓고 프라이팬을 올려놓았다. 그 앞을 지나다니는 사람은 기름 냄새를 맡는다. 그는 버터 대신 보통 기름이나 돼지기름을 쓴다. 몇 번이고 사용한 기름이나, 심지어 마차 바퀴에 칠하는 기름을 훔쳐다 쓴다. 누더기를 걸친 개구쟁이들이 끈적하고 질척거리는 튀김이 나오기를 기다리다가, 나오자마자 뜨거운 채로 입에 넣고 뭇사람이 보는 앞에서 삼킨다. 지나던 사람이 놀라서 멈추고 말한다. "녀석, 목구멍에 철판 깔았군." 어디서나 펄펄 끓는 국물을 마시는 모습을 보면 파리 사람인 줄 쉽게 알 수 있다.

튀김장수 옆에는 밤장수 아낙도 있다. 그는 밤을 굽거나 삶아서 판다. 그는 아침부터 밤까지 외친다. "따끈따끈한 군밤, 쩔쩔 끓는

76 1693년에 창설된 생루이 기사단 소속을 뜻한다.

삶은 밤!" 너그러운 총괄징세청부업자가 (이물질을 섞었다 할지라도) 소금을 1리브르에 13수를 받고 판다면, 밤장수 아낙은 밤을 굽거나 삶는 가마솥에 깨끗한 소금을 넣을 것이다. 그러나 그는 소금값을 줄이려고 천일염이나 암염을 쓰지 않고, 쓴다 해도 불법제조한 소금을 쓴다.

이제 허름하고 매캐한 연기가 가득 찬 변두리 식당으로 가보자. 그곳에는 미장공이 회반죽이 묻은 빵을 겨드랑이에 끼고서 그가 부리는 일꾼과 함께 시시한 음식을 끓이는 솥으로 잠수할 기세로 달려든다. 이런 모습을 '국물에 적시기'라 한다. 3수를 내면 국물에 빠질 수 있다. 얼마나 장한 솥단지인가! 또 얼마나 훌륭한 국물인가! 그러나 조금 더 자세히 들여다보면 구역질이 날 것이다. 섬세한 미식가들이여, 안심하라, 더 이상 얘기하지 않을 테니. 그러나 가장 많이 일하는 서민이 어떻게 먹고 살아가는지 아는 일은 분명히 중요하다.

이제 대저택의 문 앞으로 가보자. 멀리서 식욕을 자극하는 맛좋은 냄새를 맡을 수 있다. 거리로 난 부엌 창문 창살 사이로 내뿜는 짙은 연기 냄새만 맡아도 벌써 잘 먹은 느낌이다. 머리를 들이밀어 보자. 이글거리는 장작불 위에 냄비가 30개이다. 흰 조끼를 입은 요리사들은 냄비 안을 부드럽게 휘젓는다. 양념장은 10번이나 맛을 보면서 만든다. 모든 종류의 요리로 밥상을 장식해 놓고, 5~6명의 쾌락주의자가 둘러 앉아 까탈부리면서 접시 20개를 깨작이리라. 그들은 제아무리 모든 것을 독점한 부자가 모든 종류의 음식물 값을 올려도 아랑곳하지 않는다. 이 세상에 과연 부족함이 없는 사람이 있을까라고 생각할 필요가 없는 사람들이기 때문이다.

433 문에 자기 이름 쓰기

상류층은 일주일에 두세 번 남의 집을 방문하느라 4~5시간을 쓴다. 마차들이 도심과 변두리의 모든 거리를 달린다. 집을 방문할 때마다 대문에 자기 표시를 하는데, 이렇게 표시를 남기는 집이 스무 집 정도이다. 어떤 사람은 한 15분 동안 5~6집을 돈다. 그날은 대원수 부인, 재판장 부인, 공작부인의 날이라서 살롱으로 가서 빈 의자를 차례로 찾아 앉으면서 인사해야 한다. 그는 이렇게 해서 적어도 80명에서 160명까지 새로 친분을 맺을 수 있다고 진지하게 믿는다.

이렇게 파리에서 오가는 모습은 사교계의 특징이다. 그들은 하루에 열 집을 방문한다. 그래봤자 반은 실제 방문이고, 반은 허구의 방문이다. 그들은 이처럼 한가하게 여기저기 돌아다니며 살면서도, 자기네는 사회에서 가장 중요한 의무를 이행했노라고 말한다.

살롱을 여러 곳 들려보면, 하나같이 하찮은 이야기만 주고받는 모습을 볼 수 있다. 똑같은 이야기를 무한 반복하고, 솔직함이란 눈을 씻고 봐도 없다. 모든 의견은 진술하지 않다. 한 마디로 살롱에서는 결코 자기 속내를 털어놓지 않는다. 방문하는 곳마다 그날의 소식을 다시 얘기한다. 똑같은 이야기를 모두 8번이나 계속 하고 다닌다. 어쩌다 수다쟁이가 말 중간에 치고 들어오더라도 정중한 태도로 끝까지 들어주어야 한다.

살롱은 60회나 문을 여닫는다. 사람이 아니라 이름이 거기 들어간다. 사람들은 서로 입은 옷을 검사한다. 모두 조용조용 말한다. 모두 용케 빠져나가 마차에 올라 또 다른 곳에 모인 무관심한 사람들을 찾아간다. 그리고 새로운 모임에 끼어들어 이미 아는 얘기를 들어준다. 배워봤자 아무런 도움도 되지 않는 이야기를 다시 듣는다.

이렇게 한가한 떠돌이 인생은 무위도식의 연속으로서, 정서와 이성을 완전히 비워준다. 사교계 인사를 수행하는 사람들의 인생도 똑같이 흘러간다. 태어날 때부터 남보다 유리한 조건을 갖추었기 때문에 이처럼 인생을 낭비해야 하는 벌을 받았는가? 그리고 그들은 실제로 알지도 못하는 사회 계층을 무시하는 체한다. 왜냐고? 그들은 실제로 자기가 아는 사회 계층을 무시하기 때문이다.

살롱에서 저녁때가 되어 어스름해지면, 공증인과 뚱뚱한 서기는 시종에게 '촛불(bougies)'을 가져오라 말하고, 심리부 판사와 재판장들은 '빛(lumières)'을 가져오라 말한다. 그러나 대귀족과 왕족은 '초(chandelles)'를 가져오라고 말한다. 왜 그럴까? 왕은 언제나 초를 '샹델'이라 말하기 때문이다.

사교계 인사들의 의상에 관한 한 부조리한 면이 있다. 제복을 갖춰 입은 종복은 아침마다 규칙적으로 안주인이 어떤 옷을 입을지 알아봐야 한다. 그러나 그는 자신의 임무를 안주인에게 알려서는 안 되는 의무가 있다. 사람들은 그저 만나서 인사를 하고, 칭찬을 하고, 이웃지간으로 살아간다.

어떤 부인들은 날마다 자기 생활을 써서 보내주기를 좋아한다. 이것은 지나친 우정이며 격정이다. 그들은 남이 없으면 살 수 없다. 그들은 서로 정서적으로 얼마나 친한지 세상에 알린다. 그러나 6개월 뒤, 그들은 서로 무관심해진다. 그렇게 미칠 듯이 좋아하던 부인들이 서로 아는 체도 하지 않는다.

오래전부터 새해 첫날에는 남의 집을 방문하지 않는다. 아주 불편한 방문이기 때문이다. 더욱이 예전 같으면 설날 상사가 사무실 직원이 인사하러 올 때만 기다리다가 직원이 오면 보호자로서 위엄을 갖추고 맞이했지만, 이제는 더 이상 그렇게 하지 않는다.

급료를 받지 않는 사람은 남의 집을 방문하지 않는다. 그들은 하인을 시켜 서로 연하장만 주고받는다.

작은 우체국이 방문 업무를 맡기도 한다. 직원은 검은 옷을 입고, 옆에 칼을 차고, 대문 두드리는 쇠를 들어올린다. 대문이 하품하듯 열리면, 직원이 연하장을 들이민 뒤 다시 닫는다. 이처럼 편리한 제도가 어디 있으랴, 아무도 보이지 않고 일을 처리하다니. 각자 자기 집 문을 성실히 닫기만 하면 그만이다. 우체국 직원은 연하장을 부치는 사람의 이름으로 어디나 방문한다.

새해가 된지 3일째, 사람들은 사교계로 다시 뛰어든다. 그들은 구두장이와 재단사가 귀족인 양 행세를 해도 넘어가 준다. 이러한 일은 40년 전 사교계에서도 익숙한 일이었다. 이렇게 해서 새로 태어나는 시대에 우리를 억압하는 이 하찮고 거북한 관행을 알게 모르게 파괴했다.

434 잿빛 수녀들

잿빛 수녀들[77]은 파리의 여러 교구 본당에 소속한 수녀이며, 옷 색깔이 회색이라서 이런 이름을 얻었다. 그들은 가난한 환자를 돌보고, 도와줄 일이 생기면 어디라도 달려간다. 애덕 수녀회의 수녀들은 종교가 승리하는 감동적인 날을 만든다. 고통받고 비참하고 헐벗은 사람들이 그들 덕택에 구원과 치료와 위로를 받는다. 이렇게 고귀하고 유익한 일을 하는 수녀와, 호젓한 곳에서 무미건조하고 이해할 수 없는 시편이나 평생 낭송하는 수녀는 얼마나 다른가!

그들은 열성과 자비심을 갖추었기 때문에, 나는 그들을 볼 때마다 존경심이 우러난다. 그리고 나는 이처럼 존경할 만한 단체가 번성하기를 빈다.

언젠가 머지않은 장래에 (더 이상 수녀가 아니라) 미친 처녀들이라 부를 여성들을 남김없이 죽여버리기를 모든 사람이 열망하는 순간에도, 잿빛 수녀들의 교단만은 존중받을 것이다. 힘들어도 꾸준히 활동하는 그들의 노고에 대중은 감사할 것이다.

병원에서 환자의 병상 주위에 있는, 그리고 수많은 젊은 외과의, 약사, 의사들 한가운데 있는 자매들은 사실상 몸을 잘 파고드는 원

77 soeurs grises: 첫째, 애덕 수녀회 소속 수녀들과 애덕 수녀회에 속했지만 수녀가 되지 않은 채 공동생활을 하는 여성을 가리킨다. 둘째, 성 프란체스코회의 병원이나 구호원 소속 수녀를 뜻한다. 이들은 '환자의 병상 주위에 있는 자매들'이라서 잿빛 수녀들이라는 비유가 생긴 것 같다.

자와 활발한 미럽자가 넘쳐나는 병실에 갇혀 지낸다. 그들은 1분에 한 번씩은 환자의 벗은 몸을 뒤집으면서 쾌락과 육욕의 아주 생생한 맛을 본다. 그런데 그것은 그들이 밤낮을 가리지 않고 환자를 돌보려고 고달프게 노력한 데 대한 작은 보상이 아니겠는가? 가장 지나친 엄격주의자라 할지라도 모든 덕 중에 자비심을 으뜸으로 치지 않을 사람이 어디 있겠는가? 이 간호사 수녀들은 측은한 마음을 먹을 때 더욱 동정심에 휩싸인다. 그들의 영혼이 쾌락의 목소리를 듣고 흔들리지 않는다 해도, 고통의 소리에는 조금은 귀를 열었다. 그들은 끊임없이 용기를 가지고 덕을 실천함으로써, 장소, 나이, 직업, 외로움, 상황 때문에 거의 피할 수 없이 생기는 약점을 충분히 감춘다.

그들은 병상에 친 장막 아래서 환자들과 함께 산다. 어떤 젊은이는 그들이 보살펴준 덕에 곧 화색이 돌면서 건강을 되찾는다. 어떤 노인은 그들에게 소중한 아버지처럼 대우받는다. 그들은 병, 회복, 죽음의 감동적인 장면을 번갈아가면서 본다. 생명의 빛이 덧없이 사라지는 과정은 그들에게 소명이 무엇인지 일깨워 준다. 그들은 동정심을 자주 발휘하지만, 불구나 고통으로 신음하는 사람을 만나면 동정심을 끊고 단호하게 고통의 영원한 측면에 맞서며, 이렇게 해서 환자를 고통에서 벗어나게 하는 즐거움을 맛본다. 남성의 4분의 3이 몸서리를 치고 뒷걸음치는 의무를 누가 홀로 뒷받침해 줄 것인가?

특히 상처를 치료하고 환자를 돌보며 고통받는 이와 함께 살아가는 사람들은 어째서 감각적 쾌락을 추구하는 대신, 다른 사람들보다 훨씬 더 강한 성향을 가지는지 누구든 설명해 주지 않겠는가?

435 재정가의 아내

만일 어떤 희극작가가 「무례한 여인」이라는 작품을 쓰려고 한다면, 그 길로 재정가의 아내 2~3명을 만나보라고 말해주고 싶다. 통상 상류층 여성은 귀족으로서 재치와 수완을 모두 갖추었다. 그녀들은 신랄하게 말하면서도 우아하게 말하기 때문에 날카로움을 완화시킨다. 그러나 재정가의 아내는 본능인지 일부러 그런 척하는지, 아니면 둘 다인지 모르겠지만, 콧대가 높고 냉혹하다. 그들의 남편에 대해서는 애써 무시하는 척하지만, 아무튼 남편의 지위가 그들의 마음에 영향을 끼친다. 그들은 결코 상류층 여성답게 쉬운 표현이나 편안한 말을 쓰지 않는다. 황금이 성격을 비뚤게 만든 것 같다.

재정가의 아내는 비난을 두려워하면서도 비난받을 일만 골라가면서 한다. 그래서 남들이 그녀를 비난하는 것은 정당하다. 법관의 부인들에게는 귀여운 괴벽이 있다. 그러나 재정가의 아내는 최고로 무례하다는 사실을 까발리기라도 하는 투로 말한다. 이미 우리는 무례함의 원인을 생각해 보았다.

조르주 당댕의 희극[78]은 평민임에도 상당한 집안에 장가들고 싶어 하는 어리석은 생각을 조금도 고쳐주지 못했다. 재산을 보고 결혼해서 가난에서 벗어난 여성은 오히려 자기가 선량한 재정가와 결혼함으로써 남편을 명예롭게 해주었다고 믿는다. 그녀는 남편보다

78 몰리에르의 1668년 작품 「조르주 당댕, 또는 헛갈리는 남편」의 주인공 당댕은 자기보다 지체 높은 가문의 딸과 결혼하여, 아내의 모든 변덕을 참으며 살아야 했다.

두각을 나타내고 남편에게 수백만 리브르를 벌게 해주었다는 사실만 믿는다. 군소 귀족들을 저녁에 초대할 때, 남편이 함께 밥상에 앉는다는 사실만 가지고서도 부끄러워한다. 그녀는 남편이 아이들에게 아버지 노릇을 하도록 허락하지 않는다. 왜냐하면 아버지를 본받아봤자 훌륭한 자질을 키울 수 없기 때문이다. 그녀는 자식들의 결점이 모두 아버지를 닮았기 때문이라고 생각할 뿐 아니라, 거의 드러내 놓고 그렇게 말한다. 무엇이든 고급이 아니면 그녀는 기절초풍한다. 그녀는 자신이 어떻게 계산에 밝은 남편을 만나 호화저택에서 살게 되었는지 알지 못한다. 남편의 이름은 그녀에게 가장 큰 근심거리이다. 그래서 그녀를 즐겁게 해주려면, 그녀가 혼전에 쓰던 이름을 불러주어야 한다. 남편이 비록 부유하지만 평민신분이라는 사실 때문에 그녀는 날마다 한탄한다. 그녀는 남편에게 반감이 있기 때문이 아니라, 남편의 하찮은 신분을 기억에서 지울 수 없다는 사실 때문에 그를 경멸하고 될수록 멀리한다. 그녀가 남편에게 돈을 요구하는 것은 격에 맞지 않다. 그녀가 남편에게 지불요구서를 주면, 남편은 마치 은행처럼 아내에게 돈을 내주어야 한다.

조르주 당댕의 희극은 무슨 결과를 낳았나? 지금까지 아무런 영향도 끼치지 못했다. 오늘날 재정은 우리의 지식과 풍속에 깊숙이 자리를 잡았고, 귀족의 품위와도 그다지 큰 차이 없이 조화를 이루었다. 단지 불쾌한 외관은 사라졌지만, 근본은 바뀌지 않고 남았을 뿐이다. 그러므로 이 이야기를 새로운 각도로 접근할 필요가 있다. 우리가 본 재정가는 아내 앞에 무릎을 꿇는 바보가 아니라, 아직도 낡은 편견에 젖어 아내의 조상 앞에서 정신적으로 꿇어 엎드리는 연약한 사람이다. 그는 장인 장모에게 딸과 감히 잠자리를 같이 하고자 하니 은혜를 베풀어 달라고 요구하는 것 같다. 그는 조건, 가문, 집, 태생 같은 위압적인 표현에 잘 속는 사람인 만큼, 사람들은 완전히 메마른 가문의 마지막 자손에게 황금을 쏟아붓게 만들려고 그의 귀에 대고 그러한 표현을 속삭여 준다.

내세울 것이라고는 가문뿐인 여성, 부모가 응석을 받아주면서 결혼의 권위를 무시해도 좋다고 가르쳐 허영과 자단심만 가득한 여성과 결혼하려는 엉뚱한 욕망은 아직도 널리 퍼져 있다. 그래서 저마다 새로운 각도에서 묘사하지만, 등장인물의 품위, 언어, 태도가 늘 비슷하다. 따라서 우리의 희극은 30년마다 상투적 표현을 완전히 바꿔야 한다. 그림의 밑바탕은 조금도 변하지 않은 채, 모양이 꼭 같은지 아닌지 결정해 주는 미묘한 차이가 무한히 많기 때문이다. 오늘날은 몰리에르 시대와 본질적으로 같지만, 그가 창조한 인물과 완전히 닮은 사람을 찾을 수 없다.

436 일용직 하인

파리에 하인을 두지 못한 경우, 하루 40수를 주고 한 명 이상 하인을 부릴 수 있다. 그들은 이방인에게 기꺼이 달려든다. 그들은 파리를 잘 알기 때문에 이방인에게 길을 잘 알려주고, 시장 안내와 물건 사는 것을 도와준다.

이러한 하인은 무슨 일을 하는가? 그들은 상인의 집으로 가서 이익을 나누는 방법을 정한다. 상인은 값을 비싸게 부르고, 이방인은 바가지를 쓰고 물건을 산다. 하인은 심지어 음식점 주인까지 상대한다. 그들은 결과적으로 자신을 고용한 사람에게 하루 20수까지 더 지불하게 만들어 자기 주머니에 넣는다. 이 정도 이익을 보는 일은 관행이다.

그들은 주로 이방인을 상대하는 하인이기 때문에 그런 대로 이방인을 잘 섬기는 편이다. 그들은 파리에 대해 속속 안다. 논다니집이 어디 있는지, 시설은 어떠한지, 가격은 얼마인지 잘 안다. 그들은 한편으로 고용주의 돈을 훔치기도 하지만, 그 대신 다른 사람이 고용주를 속이지 못하게 보호한다. 이러한 종자 가운데 진정한 질 블라[79]를 뛰어넘는 사람도 있다. 그리고 옛날 희극작품에 나오는 질 블라 같은 사환은 이러한 계급에서만 볼 수 있다. 솜씨 좋고 꾀바르며 눈치 빠른 그들은 고용주가 원하는 것을 미리 알아서 챙긴다. 그들

79 Gil Blas: 르사주(Lesage)의 악당소설 『상티야의 질 블라』에 나오는 주인공으로, 능수능란하지만 정직하지 못한 사환이다.

은 은행원, 어음할인 중매인, 고리대금업자, 전주를 잘 안다. 무한정 외상을 줄 상인도 안다. 물론 고용주의 행동을 염탐하기도 한다. 그것은 부수입을 올리는 길이다. 그러나 싹싹한 그들을 고용하든가, 아니면 온종일 뾰루퉁한 채 일을 하는 하인을 고용할지의 문제는 고용주에게 중요하다.

우리가 혀와 손발을 활발하고 민첩하게 움직이는 그들을 보다가 보통 하인을 보면 마치 기계를 보는 것 같다. 그만큼 그들은 일반 가정에 들어가 일하는 하인을 얕본다.

그들은 유럽의 방방곡곡에서 파리로 돌아오는 사람들을 기다린다. 그들은 외지에 나갔다가 돌아오는 사람들이 세계의 중심지 파리로 반드시 들어오리라는 사실을 잘 안다. 그들은 평화를 열렬히 추구한다. 평화는 그들의 승리와 정복의 시간이기 때문이다.

그들은 실제로 세상을 정복한다. 그들은 우연히 만난 주인을 따라다니면서, 가스코뉴의 정신과 랑그독 지방의 재치를 북쪽 지방에 사는 사람들에게 보여주어 놀라게 한다. 다시 말해서, 그들은 주인을 따라서 도피네 지방을 거쳐 파리까지 북으로 가면서 조상이 물려준 정신과 재치를 발휘한다. 그들은 수많은 지방뿐만 아니라 사람도 겪었다.

우리가 지금까지 보고 고려해본 결과, 이방인은 나긋한 신부나 치밀한 야바위꾼의 손에 들어가기보다는 차라리 이런 부류의 하인을 고용하여 안내를 받는 편이 낫다. 더욱이 야바위꾼은 새로 온 이방인의 뒤를 밟다가, 기회만 생기면 이른바 고상한 집으로 안내한다. 고상한 집이라고 데리고 간 곳에는 사실상 안주인과 아가씨들이 이방인의 지갑을 털려고 정숙하게 공모하고, 한 껍데기 완전히 벗긴 뒤에는 그가 어찌되든 무시하는 집이다.

437 납치

조용히 거리를 걷는다. 아주 잘 차려 입은 젊은이가 앞서 간다. 갑자기 자객 4명이 그에게 달려들어 목을 잡고 벽으로 밀어붙인다. 본능적으로 그를 구하러 가야겠으나, 차분한 증인은 내게 냉정하게 말한다. "내버려 두시오, 아무 일도 아니오. 경찰이 납치하는 장면일 뿐." 그들은 젊은이에게 수갑을 채운 뒤 어디로 데리고 사라진다.

나는 작은 뒷길로 들어간다. 그곳을 경비대원이 지키고 있다. 수많은 사람이 창문으로 내다본다. 내가 묻는다. "무슨 일이 있어요?" "아무 일도 아니오. 매춘부 30명 정도를 한꺼번에 잡아가는 거요." 온갖 색깔 리본을 맨 매춘부들이 경비대에게 이끌려 행진한다. 경비대는 총구를 내린 채 아가씨들의 팔을 우아하게 잡아끌고 간다.

보통 밤 11시나 새벽 5시, 누군가 문을 두드린다. 하인이 문을 열어주면, 치안총감의 심복 부하들이 방으로 들이닥친다. 그들은 정확한 명령을 받았고, 저항해도 소용없다. 그들은 무기가 될 만한 물건을 치운다. 하사관은 필통을 마치 권총이나 되는 것처럼 빼앗는다. 나중에 그는 분명히 자기의 용감한 행동을 자랑하리라.

이튿날 옆집에서 일어난 소동을 들은 이웃이 도대체 무슨 일이 있었는지 묻는다. "아무 일도 아니오, 경찰이 한 사람을 잡아갔을 뿐." "도대체 그가 무슨 짓을 했길래?" "모르지요. 아마 누구를 죽였거나, 의심스러운 책자를 팔았겠지요." "하지만 두 가지는 전혀 다른 죄목이 아닌가요?" "그럴 수도 있겠지요. 그러나 아무튼 그는 잡혀갔어요."

그들은 사람을 잡아가면서도 명령서를 제시하지 않는다. 그냥 마차에 태워 문을 꼭 닫고 어딘지 모를 곳으로 데려간다. 바스티유, 샤랑통, 피에르 앙 시즈, 암 성, 소뮈르, 심지어 루르드의 감옥, 또는 지하 감옥에 집어넣는다.

사회에서 추방하는 명령은 어디서 나오는가? 그것을 정확하게 말할 수 없다.

그러나 우리가 봉인장에 반대하려고 두꺼운 책을 쓸 필요는 없다. "그것은 정당성이 없는 행위이다"라고 말할 때, 이미 그것이 가져올 결과를 쉽게 추론할 수 있다. 그러나 납치라고 해서 모두 똑같이 부당하지 않다. 법률을 정상 집행하는 과정에서 인지하고, 체포하고, 벌주기 불가능한 은밀하고 위험한 범죄는 수없이 많다. 치안총감은 유혹당하거나 속지 않고서도, 또한 개인적 정념에 복종하지 않고 맹목적인 예방책을 쓰지 않으며 부당하고 가혹하지 않을 때에도, 종종 질서를 교란하는 난폭한 시민을 격리시키려 한다. 오늘날의 경찰은 마치 기계를 가동할 때처럼 즉각적이고 능동적으로 무질서를 진압하는 힘이 없이는 움직일 수 없을 것이다.

우리는 특별재판소가 생기기를 바랄 뿐이다. 그리하여 사람을 잡아갈 때마다 그가 정확히 무슨 일을 했기 때문에 잡혔는지, 다시 말해서 그가 신중하지 못했는지, 아니면 실제로 범죄를 저질렀는지, 펜과 단검 중 어느 것을 사용했고, 책과 중상비방문 중 무엇을 썼는지 판단해 주기 바랄 뿐이다.

경찰관들은 그 나름대로 하위의 납치행위를 결정한다. 그러나 대개 남의 말만 듣고 그렇게 결정한다. 그리고 그들의 희생자는 거의 모두 최하층민이기 때문에, 그들에게 이처럼 세세한 부분의 권한을 쉽게 넘겨주어도 별 문제가 없다.

모든 사람은 자기 기분 내키는 대로 살아간다. 그러나 거기에 탐욕이 끼어들지 않았는지, 그리고 돈을 주지 않은 사람보다 돈을 준 사람에게 유리하게 행동하지 않았는지 그 누가 알 수 있겠는가? 그러므로 가장 가난한 사람과 최하층 시민들에게 일정액을 부과하면서 자유를 허용하는 관행이 존재한다. 말하자면, 매춘부, 전문노름꾼, 돌팔이 의사, 행상인, 야바위꾼, 사기꾼에게 이상한 세금을 물린다. 이들은 모두 악을 저지르고, 따라서 벌을 받아야 할 사람들이지만, 일정한 기간에 이들이 저지르는 무질서한 행동의 특허를 사거나 일정액을 지불하면 그 일을 할 수 있도록 허용한다.

어째서 불행한 여성이 자신은 치안총감의 보호를 받는다고 큰소리로 떠들고 다니는 것인가? 어째서 그는 동료들보다 더 고개를 빳빳이 세우고 걸으며, 자기가 얻은 신용으로 동료들을 위협할 수 있는 것인가? 그는 노름꾼, 야바위꾼을 대하는 감독관의 잣대가 아주 다양하게 움직인다는 사실을 안다. 또한 사람들이 자기 이웃이 감독관에게 작은 선물이나 특별한 사실을 고자질하여 자기 머리 꼭대기에 서려 할 때, 그에게 필요한 본때를 보여줄 정도로 약삭빠르다는 사실을 잘 안다. 그래서 그는 그렇게 큰소리를 뻥뻥 치는 것이리라. 그는 특별한 결과를 끌어낼 수 있다고 확신할 때, 마지막 한 푼까지 아끼지 않는다. 줄이 쇠를 갈듯이, 파렴치한 행위를 밝히고 응징하는 사람은 천민이다. 이들은 같은 족속의 파렴치 행위, 지나친 행위, 은근한 폭력을 모두 까발린다.

우리는 영국인들로부터 복스홀, 래널러, 카드놀이, 펀치 음료수, 모자, 경마, 기수, 도박, 보험을 배웠다. 우리가 이런 것보다 더 중요한 인신보호법을 배울 날은 언제인가?

438 인도(人道)

런던에는 인도가 있지만, 우리의 수도에는 최근까지 하나도 없었다. 마침내 테아트르 프랑세 극장 앞에 새로 낸 길의 한편에 인도를 만들기 시작했다. 그러나 잘못 만들었기 때문에, 마차바퀴가 인도로 올라가지 못하게 막는 경계석을 제대로 설치하지 못하였다. 마부는 마차바퀴가 인도의 경계석에 부딪치지 않게 조심해야 한다. 마차 3대가 편안히 지나다니던 길에 이제 단 2대만 달릴 수 있다.

오래전, 로를로주 강둑길의 가장 좁은 곳에도 비슷한 잘못이 저질러졌다. 경계석 때문에 마차 2대가 겨우 지나간다. 경계석이 길을 좁게 만들었다. 무엇이 더 보이는가? 이렇게 중대한 잘못을 어떻게 두 번이나 거듭 저지르는 것일까?

런던의 인도는 아주 낮고 경계석도 없다. 마부는 경계석 위로 마차를 몰 필요가 없다. 조금 높게 만들어도 충분하다.

투르농의 아름다운 거리에는 양쪽 모두 경계석을 설치하였다. 인도를 6인치 정도 높게 만들고 쇠로 가장자리를 둘렀다면, 마차바퀴가 인도로 들어오지 못하게 만드는 동시에, 보행자에게는 더욱 편안한 길을 만들어 주었을 텐데, 아쉽다.

오래전부터 불쌍한 보병대는 이 복잡한 도시의 거리를 좀 더 평화롭게 행진하려고 이처럼 피난처를 만들어 달라고 요구했다. 여러 거리에 인도를 만들어 줄 수 있다. 인도를 만들어 줄 만큼 길도 넓다. 그러나 인도를 놓고 포석 덩어리를 깔기보다 넓적한 판석을 덮어야 한다.

인도는 수도로 들어오는 모든 길에 특히 필요하다. 우기에 포석을 깐 대로의 곁에 있는 길로 사람이 다니기 어렵다. 만일 차도로 걷는다면 마차바퀴에 깔리기 쉽다. 그러므로 울며 겨자 먹기로 미끄러운 진흙탕을 걸어가야 한다. 짐이라도 지고 가다가는 넘어져 다치기 일쑤이다.

생드니 방책부터 라샤펠까지 벽이 불길하게 늘어서 있다. 대개 음식물들이 등짐으로 이곳을 거쳐 도착한다. 따라서 수많은 여인의 팔과 무릎에 상처를 입힌다. 이같은 일이 몹시 자주 일어난다.

생라자르의 수사들이 자비로 이 벽을 따라서 인도를 건설해 주면 좋겠다. 모든 종류의 채소를 우리에게 공급하는 수많은 남녀 짐꾼에게 이같은 선물을 주면 진정한 자선행위로 존경받을 것이며, 수도원의 토지는 새로운 가치를 평가받을 것이다. 우리가 지켜보면 알겠지만, 공중에게 베푸는 선행은 대체로 그 보상을 받기 때문이다.

439 구멍가게

얼마 전부터 강변에 구멍가게가 줄줄이 늘어섰다. 상점을 세운 사람들은 거기서 이익이 생기리라 예상했다. 그러나 구멍가게는 좋은 자리를 잡지 못하였다. 라페라유 강둑길과 퐁뇌프의 내리막길에 선 가게는 모두 눈에 잘 띄지 않는다. 이 구멍가게들은 일주일에 두 번 꽃시장이 서는 자리를 빼앗았다. 그래서 장날에는 이곳의 구멍가게마다 모든 종류의 꽃과 나무를 분에 담아 내놓고 팔기도 한다. 이미 좁아터진 강둑길은 아주 혼잡하고 너무 혼란스럽기 때문에 걷기도 힘들다. 어쩌다 마차나 말을 탄 채 이 길로 들어서기라도 하면, 뒤로 물러날 수도 없고 옆으로 나가는 샛길도 없기 때문에, 그저 앞만 보고 끝까지 가야 한다. 밤이면 소매치기와 도둑이 날뛴다. 그들을 잡으려고 뒤쫓으면, 그들은 마리옹 홍예문 아래로 빠져 달아난다. 왜냐하면 수비대는 홍예문 밑으로 말을 몰 수 없기 때문이다. 그러므로 이 강둑길은 밤에 아주 위험한 곳이다.

파리에서 가장 통행이 많은 강둑길은 구멍가게 때문에 아주 불편한 곳이 되었다. 작은 가게가 줄을 이어 서면서 공공도로가 흉하게 좁아졌지만, 그 반면 가게세를 받는 사람들의 주머니는 두둑해졌다. 그러나 이곳에 가게를 세운 사람들의 이익보다 공공의 안전과 편리가 우선이어야 하지 않는가?

군대의 병사를 모으는 징병관이 어슬렁거리는 곳은 언제나 라페라유 강둑길, 또는 라메지스리 강둑길이다. 예전에 가발공 노릇을 하다가 징병관이 된 사람이 이곳에 제복을 입고 나타난다. 허리에 칼을 차고, 머리에 깃털장식 모자를 쓴 그는 고개를 빳빳이 쳐들고 걷는다. 그는 북을 앞세우고 포도 위를 쿵쿵대며 걷는다. 적당한 몸집의 사내를 만나면 군복무가 얼마나 좋은지 너스레를 떤다. 젊은이의 비위를 맞추고, 농부와 포도재배자, 농업노동자가 병사보다 못하다고 하여 부끄럽게 만든다. 그들의 노동이 얼마나 밥맛 없는 일인지 설명해 주려고 애쓴다.

제복을 입은 징병관이 어느 날 누더기를 걸친 시골뜨기를 불러 세웠다. 시골뜨기는 징병관을 냉랭하게 보면서 말했다. "그만 하세요, 충분하네요. 나를 내 누더기 옷처럼 너덜너덜하게 만들지 마세요."

구멍가게에 발이 묶인 영세업자들은 주일을 지켜야 하는 의무를 어떻게든 저버린다. 이날 주일을 지켜야 한다는 사람과 어기는 사람은 넝마전쟁을 일으킨다.[80] 이러한 모습은 우리가 심심치 않게 본다.

경비 보병대는 시시각각 순찰을 돌면서 철물점 간판과 낡은 속곳 모양의 간판을 압류한다. 그러나 항상 그들보다 한 발 앞서 다니는 사람이 있다. 그는 구멍가게 주인의 돈을 받고 경비대가 어디로 향하는지, 언제쯤 가게에 도착할지 알려준다. 주인은 황급히 물건을 가게 안으로 숨긴다. 그러나 병사들이 지나가면 물건을 다시 길바닥에 늘어놓는다.

일요일이 되면 토요일 저녁이나 일요일 아침 급료를 받는 노동자가 이곳으로 와서 허리띠 죔쇠나 구두, 셔츠, 조끼, 망치 따위를 산다. 그는 이날 아니면 필요한 물건을 살 시간이 없다.

80 가게를 여는 사람은 주일을 지키지 않는 사람이고, 손님은 주일을 지키는 사람이다. 양쪽 의견이 다르다는 점을 이용해서 메르시에는 전쟁이라 표현했다. 이들이 중고품 옷을 흥정하는 모습을 상상해야 한다.

손님은 길에서 속곳을 입어본다. 이날 미사에 가려고 거리로 나온 하녀들과 반쯤 닫힌 문을 밀고 들여다보는 의심 많은 경비대 때문에 시장통이 막힌다.

진짜 진기한 일은 헌옷 시장이 정기적으로 열린다는 것이다. 거기서 옷을 맞바꾼다. 어떤 이는 까마귀처럼 완전히 검은 옷을 입고 가게에 들어갔다가 앵무새처럼 초록색 옷을 입고 나온다. 헌옷을 교환하는 도중 여성은 옷감을 이리저리 뒤집어 꼼꼼히 살핀다. 그들은 이 헌옷 시장을 이끌어간다. 품이 좁은 옷이나 구멍에 잘 들어가지 않는 단추를 친절하게 손봐준다. 그들은 가죽 반바지에 정통하고, 아카데미 회원처럼 취향에 대해 말하며, 진짜 셈 가죽은 몸에 착 감기는 우아한 맛이 있어야 한다고 말한다. 그들은 손님을 머리부터 발끝까지 입혀준다. 그들이 누구를 만날 때는 포르슈롱 구역에서 간식을 먹으려고 빈틈없이 준비한다.

경비대 병사는 느릿느릿 걷지만 신이 났다. 그들의 아내, 자식, 친구, 부모를 모두 이 시장에서 만날 수 있고, 근무 중이 아닐 때에는 직접 물건도 고르고 살 수 있기 때문이다.

오, 안식일을 정한 고대법이여, 이웃을 입히려고 바쁜 장사꾼 아낙들이 그대의 규칙을 조금도 침해하지 않기를 바라노라! 그러나 무엇보다도 공공장소에서 수치심을 일으키는 일을 삼가야 한다. 바로 이곳이야말로 이 말을 들어야 할 곳이다. "필요 앞에는 법률도 소용없다."

파리는 자연의 영원한 체제를 본받았다. 그리하여 거기서는 그 어떤 것도 사라지지 않는다. 원자 하나, 낡은 셔츠, 뚫어진 속곳, 원형을 잃은 신발, 그 어느 것 하나도 사라지지 않는다. 사라져야 할 것은 하나도 없다. 아무렴, 하나도 없다. 개인들이 이처럼 곧바로 팔려 나갈 준비를 갖춘 거푸집을 제대로 골라 입는다. 거기 걸려 있는 속

곳이 행인을 부르고, 필요한 사람이 유혹당한다.

대주교와 법관들이여, 일꾼이 신성한 주일날 새것처럼 고친 거푸집에 들어갈 수 있게 허용하시라. 아담은 무화과 나뭇잎을 걸쳤고, 그처럼 죄인인 손자는 라메지스리 강둑길을 따라 걸으면서 알몸을 가릴 거푸집을 찾는다.

440 어린이의 옷을 벗긴 여인

지금까지 몇몇 산책길에 대해 말했다. 이제 또 다른 산책길 이야기를 하겠다. 그곳에서 만나는 여성은 헐벗은 사람, 또는 저녁기도부터 라쿠르티유[81]로 갈 때까지 입을 옷이 있으면 좋겠다고 바라는 사람들에게 옷을 입혀주지 않는다. 그들은 남에게 옷을 입혀주기는커녕, 어린이의 옷을 벗겨간다. 나는 그러한 여성을 소개하려 한다.

파리처럼 인구가 많은 도시에서 아주 길고 구불구불하고 어두운 (그리고 거기 살지 않는 사람은 들어갈 이유가 없다고 생각할 만한) 길은 이상하고 흉악한 절도에 적합하다.

이러한 여성들은 사탕과 어린이옷을 모두 준비한다. 물론 싸구려 옷이다. 그들은 잘 입은 아이가 지나가기를 기다린다. 능숙한 솜씨로 아이가 입은 좋은 리넨옷, 비단옷, 은장식을 빼앗고, 그 대신 남루한 옷을 입혀준다.

여인이 아이를 어르고 물건을 빼앗아 달아난 뒤, 아이는 울거나 소리를 지른다. 그와 한 패인 여인이 가정교사나 되는 듯이 아이를 엄격하게 꾸짖어 입을 다물게 한다. 오가는 사람은 그 모습을 보면서 이렇게 말한다. "아, 말썽꾸러기는 매로 다스려야지!" 만일 불쌍한 자식이 입혀 내놓은 옷보다 2배나 크고 이나 벼룩이 득실대는 옷

81 La Courtille: 파리의 북쪽 입시세관 방책 밖에 위치한 곳으로 면세 포도주를 파는 선술집이 많았다. 그러므로 메르시에게 말하는 "저녁기도부터 라쿠르티유로 갈 때까지 입을 옷"은 몸만 가릴 수 있는 수준의 옷을 뜻한다.

을 걸치고 나타날 때 그 아비는 무엇이라 말할까? 늙은 이삭은 이렇게 말했다. "목소리를 들으면 야곱인데, 옷은 아니로구나."[82]

이 강도짓은 드넓고 인구도 많은 도시에서나 일어날 수 있다. 이런 일을 당한 부모가 거듭 탄원을 하자, 당국은 그때까지 범죄 목록에 오르지도 못하던 죄를 저지른 범죄자를 뒤쫓기 시작했다. 1779년 6월 8일 파리 고등법원의 명령은 샤틀레 재판소의 판결을 확인해 주었다. 재판소는 레이스를 고쳐 다는 여성을 채찍으로 때리고 몸에 도둑의 표시를 한 뒤, 가슴과 등에 '어린이의 옷을 벗긴 여인'이라고 써붙여 저잣거리의 말뚝에 묶어 놓았다가, 살페트리에르 병원에 9년 동안 감금하도록 언도했다.

82 「창세기」, 27장 22절을 옮긴 것이다.

441 영적 지도자

50년 전만 하더라도 그는 사회에서 가장 중요한 인물을 기르는 사람이었다. 그는 지체 높은 여성들의 양심을 바르게 이끌고, 고백을 듣고 문제를 해결할 실마리를 주는 일을 했다.

이제 그들은 찾아보기 힘들 정도로 희귀한 존재가 되었고, 사회에서 완전히 상류라 할 수 없는 여성의 곁에만 남아 있을 뿐이다. 지체 높은 여성은 그런 사람이 있다는 정도만 안다. 그들을 보려면 늙은 재판장 부인이나 판사 부인이 변두리에 처박혀 외롭게 살아가는 곳으로 찾아가야 한다.

영적 지도자는 도시를 떠나 변두리 지역으로 가서 이웃이나 친구라는 이름으로 살아간다. 어떤 여성은 재산이 없는 조카딸을 맡아 기르다가, 결혼시키기 전에 그에게 기독교 교육을 받도록 했다.

그의 얼굴은 근엄하지만 화색이 돌고, 그가 걸친 법복은 좋은 천으로 만들었다. 그는 긴 외투를 우아하게 걸어 올리고, 광을 낸 신발을 신는다. 그는 거의 고위성직자 같은 풍모와 위엄을 갖추었다. 덕, 청렴, 신심이라는 말을 끊임없이 쏟아낸다. 그는 사람들의 성격을 연구하고, 꾸밈없이 칭찬하며, 조금씩 자기가 원하는 정도까지 영향력을 끼친다. 곧 그는 집안의 모든 일을 결정한다. 그리하여 가장 까다로운 문제를 해결하려면 그가 판단한 대로 하게 된다.

조카딸들은 그가 반대편에 설까봐 두려워하기 때문에 그의 비위를 맞춘다. 그러면 그는 그들의 사소한 비밀까지 모두 알아낸다. 그는 자기 입이 얼마나 무거운지 너스레를 떨고, 알아낸 비밀을 아주 능숙하게 활용한다. 그는 누가 의견을 물어야 비로소 대답한다. 그러나 처신을 잘하여, 남이 언제나 자신에게 의견을 묻게 만든다. 그리고 그가 일단 대답한 뒤에는 아무도 토를 달지 못한다.

그는 고백을 들어줄 신부, 설교를 들어야 할 신부를 지정해 준다. 그러나 저택에는 그 어떤 종교인도 발을 들여놓지 못하게 만든다. 그가 홀로 저택을 지배해야 하며, 함께 사는 사람들은 그가 저택 안에서 경쟁자의 코빼기도 보지 않도록 배려해야 한다.

밥상머리에서 그는 가장 좋은 음식을 받는다. 하인들은 주의해서 그를 모신다. 그는 커피, 리쾨르 술을 좋아하고, 깊이 생각하는 듯이 마시면서 맛을 즐긴다. 조금 자유로운 화제가 나오면, 그는 아무것도 안 들리는 척한다. 모든 사람이 무분별한 말을 좋아한다는 사실이 근엄한 얼굴에 드러날 뿐이다. 그는 개화한 사람이지만 예절도 아주 바르다. 그는 수많은 문제에 대해 확실한 판단을 내리는 모습을 보인다. 그의 앞에서 타르튀프라는 이름을 말해도, 그는 처음 듣는 말이라는 표정을 지을 것이다.

그는 언제나 조카딸들과 결혼할 듯하면서도, 아주머니의 말을 따르고, 아무것도 하지 않는다. 사람들이 자기가 원하는 것을 쉽게 믿듯이, 조카딸들은 언제나 그가 자신을 챙겨준다고 상상한다. 그는 비교할 수 없는 재치를 발휘하여 조카딸들을 조마조마하게 만들어 숨조차 마음대로 쉴 여유를 주지 않는다.

이런 부류의 사람들은 처음에는 가장 지체 높은 집에 살았지만, 시간이 흐르면서 부르주아 계층을 향하여 내려가고 있다.

그들이 1세기 전에 남을 꾸짖던 태도는 오늘날 눈을 씻고 봐도 없다. 그들의 말은 겸손하고 살랑댄다. 그들은 마음에 들지 않는 사람이 있다 해도 감히 퇴짜를 놓지 못한다. 그들은 단지 자신의 중용, 평화, 사랑, 억제력만 남에게 강조한다. 그 어떤 것도 그에게 충격을 주지 못한다. 선배들처럼 지나친 열정을 보이는 대신, 그들은 현대 철학에 분명히 놀라겠지만 아무런 내색도 하지 않고 새로운 사고와 주제를 경청한다.

사제들은 자신들과 경쟁하는 이 독립파를 조금 질투한다. 그러나 이 독립파의 단골손님은 특정 계층의 사람에 한정되고 소수라는 사실을 알기 때문에, 여성들이 다른 종교인을 두는 것보다 영적 지도자를 두는 편이 낫다고 생각한다.

442 돈자루

100만 리브르 나리[83]의 흐트러진 팔다리를 모아서 집어넣기 좋게 질긴 천으로 만든 긴 자루이다. 참 안된 이야기이지만, 실제로는 부자가 아니면서도, 돈을 나르는 사람들이 사용하는 자루이다.

우리는 돈을 나르는 사람들이 값진 짐을 지고 굵은 땀방울을 뚝뚝 떨어뜨리는 모습을 본다. 할인은행이 발행한 어음은 이 금고에서 저 금고로 무거운 자루와 물건을 옮기는 사업을 위축시켰다. 이렇게 부의 무거운 표시를 지갑이 대신하게 되었다.

할인은행은 언제나 임시 수단일 뿐이다. 그것을 바탕으로 공중이 스스로 신용기관을 세우고자 하는지 검토할 수 있다. 신용기관은 국가가 세워야 마땅하다. 그런데 국민은 은행에 대해서 조금도 생각하지 않는다. 국민은 신용, 통화라는 낱말에 어떤 의미도 부여하지 않는다. 국민은 언제나 제2의 테레[84]가 쇠망치 같은 주먹으로 모든 것을 파괴하고 모든 것을 움켜쥘까봐 두려워한다. 시중에 돈이 완전히 메마를 때, 자본가가 그들 말대로 '도대체 무슨 일이 일어나는지' 보려고 돈을 회수할 때, 은행이 있다면 유익하고 유리하겠지만, 거의 모든 사람이 이러한 기구를 좋아하지도 않고, 심지어 불신한다.

83 100만 리브르 나리(Seigneur-million): 크기가 다른 여러 종류의 자루에 100만 리브르를 담아 징세청부업자 사무실 타일 바닥 위에 위풍당당하게 놓은 것을 보면서, 구두쇠는 그 돈을 마치 팔, 다리, 엉덩이, 손가락이 달린 사람처럼 생각한다. 그는 자기 우상을 존경하고 사랑하기 때문에, 아주 쉽게 사람 취급한다.

84 Terray: 1769~1774년까지의 프랑스 재무총감.

파리 사람들은 은행이라는 것이 어떤 역할을 하는지 이론이 아니라 실제로 보여주어야 비로소 그것이 무엇인지 이해하게 될 것이다. "우리는 돈을 시청에 냅니까?" "네, 그러나 그건 시간이 걸리지요." "그러면 우리는 돈을 국고로 다시 가져가야겠군요." 이처럼 통화와 신용을 보는 시각은 양극단이다.

이렇게 대화를 하는 사람들에게 재산은 시민들의 금고보다는 시민들의 머릿속에 있는 개념이어야 한다고 말해주어야 한다. 권력은 사람마다 그것이 실재한다고 믿고 의존할 때 비로소 작동하는 것과 같은 이치이다. 사람들은 호화 양피지 계약서[85]에는 아낌없이 돈을 낼 것이다. 그러나 그들은 동전 한 닢이라도 질 좋은 종이, 이른바 은행권이라 부르게 될 지폐와 바꾸려 들지는 않을 것이다. 따라서 그들이 한사코 반대한다 해도 그들에게 유익한 일을 해주려면, 모든 것의 이름부터 바꿔야 한다.

85 호화 양피지 계약서(parchemins-contrats)는 종이를 사용하기 전 시대의 유물을 뜻한다. 전통에 젖은 사람들이 새로운 것에 저항하는 태도를 빗대어 말하려고 사용한 개념이다.

443 공상

공상은 큰 재산을 메마르게 하고 망치며 소진하게 만든다. 또 사람을 냉혹하고 탐욕스럽게 만들며, 동정심을 갖지 못하게 하고, 심지어 정의롭지 못하게 만든다. 돈을 쏟아 부어 기이한 정자, 지겨운 정원, 금빛 찬란하지만 어딘지 모르게 음산한 응접실을 만든다. 차라리 그 돈을 다른 곳에 쓰면 더 즐거울 텐데.

어떤 여성은 특히 옷, 반지, 레이스에 돈을 쏟아 붓는다. 공상이 열정으로 바뀐다. 변덕스러운 여성은 좀처럼 만족할 줄 모르고 언제나 좀 더 엉뚱한 공상을 하게 된다. 그들은 다른 사람의 시선을 즐기려고 노력한다. 사람이 이러한 재앙을 키우면, 사회생활에서 꼭 필요한 의무, 다시 말해서 서로 다정하게 지내도록 만들어 주는 의무와 즐거움을 저버리게 된다.

특히 부자들은 이러한 재앙의 씨앗을 품고 있다. 그들은 거의 모두 기이하다. 기이한 사람이 아무런 근거나 제한이 없는 계획을 불쑥 불쑥 세우듯이, 부자는 다나이드의 고통[86]을 꿈속에서 겪는다.

86 그리스 신화에서 다나오스(Danaus)는 에깁토스(Aigyptos)와 쌍둥이였다. 다나오스는 딸 50명을 두었는데, 이들을 다나이드(Danaïdes)라 하였다. 에깁토스는 아들만 50명을 두었다. 에깁토스는 이집트를 정복한 뒤 자기 아들들과 조카딸들을 결혼시키려고 하였다. 그러나 다나오스는 딸들을 두려워하였기 때문에 아테나의 도움을 받아 그리스의 연고지 아르고스로 도피하였다. 훗날 다나오스는 에깁토스의 제안을 받아들여 딸들과 조카들을 결혼시켰다. 그러나 다나이드는 첫날밤 사촌이자 남편들을 모두 죽였다. 아버지의 명령을 실행한 그들은 지옥으로 떨어져 밑빠진 독에 물을 채우는 벌을 받았다.

그들은 즐기지 못한다. 그들은 남의 슬픔을 달래주는 선행의 샘을 막아버리고, 그 대신 그릇되고 덧없는 감각에 몸을 맡긴다.

444 궁정의 분위기

궁정은 예절의 중심지이다. 왜냐하면 관습과 예절의 품위를 결정하는 곳이기 때문이다. 말단 시종과 사소한 출납계원은 마음속에 궁정의 분위기를 새긴다. 그들은 거물급 인사를 본받아 짐짓 겸손한 태도를 보이다가, 곧 거만하고 당당하게 보인다. 시종은 궁정 밖에서는 웃음거리가 될 만한 몸가짐으로 생활한다.

궁정에서는 모두 으스대며 걷는다. 조신들은 가볍게 인사하고, 얼굴을 보지 않은 채 묻고, 깃털처럼 가볍게 미끄러지듯이 걸어다니며, 높은 어조로 말하고, 모든 모임을 앞장서서 이끈다. 그러나 거기서 자기보다 더 거물급 이름이 뜨면 곧 어조를 낮춘다.

궁정의 예절은 아주 유명하다. 그것은 권력의 중심지에서 나오기 때문일까, 아니면 실제로 좀 더 세련된 취향에서 나오기 때문일까?

궁정에서는 다른 데보다 더 우아하게 말한다. 더 고상하고 더 간단한 말을 쓰며, 가장 편안한 준칙을 지키고, 태도와 농담도 더욱 섬세하다. 그러나 판단은 별로 정당하지 못하며, 감정은 메말랐다. 그것은 아무 일도 하지 않으면서 욕망만 크고, 자만심에 차서 비천한 일도 마다하지 않으며, 무절제한 욕망을 앞세우면서도 일을 하는 대신 재물만 바라고, 비굴하게 진실을 두려워하기 때문이다.

조신들은 덕이 있는 군주를 두려워한다. 그들은 군주가 악덕을 행하면 좋겠다고 생각하고, 군주가 약점을 보여주기만 고대한다. 부패한 사람은 남을 홀리는 겉치레로 진심을 덮고 말을 꾸미면서 아첨이나 하고 뻔뻔하게 행동한다.

조신 가운데 어중이떠중이와 뒤섞이는 모험가도 있다. 어디서나 볼 수 있는 이들은 대단치 않은 소식이나 퍼뜨리고 다닌다. 그들은 몹시 바쁘게 돌아다닌다. 하릴없이 오고가는 그들은 도대체 무엇을 바라는 것일까? 그들은 무엇을 요구하는가? 누가 알겠는가? 그들은 아무것도 얻지 못하고 죽을 텐데.

조신은 거리를 가다가 만나는 사람에게 인사하지만, 기상의식이나 미사에서 그를 다시 만나도 알아보지 못한다.

사람들은 얼마나 쓸데없이 베르사유로 가는 길을 분주하게 오가면서 신발창만 닳게 하는가! 자신이 추구하고 열렬히 좋아하던 대상 앞에서 수척해져 죽는 조신은 이제 더 이상 생기지 않기를 바랄 뿐이다.

> 이익에 눈먼 하릴없는 조신들이
>
> 베르사유에 한자리를 차지하러 간다, 멸시나 받으려고,
>
> 그들이 파리에서 한자리 얻어 갑자기 되돌아오기를 비노라.
>
> - 볼테르

대신을 임명하는 날이다. 그는 여태까지 본 사람 가운데 가장 훌륭한 천재이다. 그의 통찰력과 공평함을 따를 자 없다. 그를 찬미한다고 하면서 오히려 욕을 보이는 일이 많았다. 그는 남의 칭찬을 들을 때마다 얼굴을 붉혔기 때문이다. 그리하여 그동안 그에 대한 칭송이 자자했다. 그러나 이제 대신이 된 그는 시간이 흐르자 마음이 흔들린다. 사람들은 곧 멸시, 비난, 격한 감정으로 그의 인격과 행동을 공격한다. 더 이상 그에게 아무것도 기대하지 않게 된다. 그를 발기발기 찢는다.

게다가 대신으로 임명받은 이튿날부터 전혀 알지 못하는 사람들

이 그를 찾아와 친척과 친구라고 말한다.

조신들은 아무리 얼굴빛을 감추려 해도 불안감을 얼굴에 써가지고 다닌다. 웃어도 거짓 웃음이며, 남을 쓰다듬는 척해도 발톱을 감추고 있다. 조신은 자기가 알지도 못하는 사람들의 명성에 해를 끼치는 일을 한다. 그래야만 자기가 아는 사람들에게 더 확실하게 해를 끼칠 수 있기 때문이다. 이것을 시합 전의 몸풀기라 한다.

445 가제트 독자

튈르리, 팔레루아얄, 아르스날 정원의 벤치, 오귀스탱 강둑길에 앉은 사람들을 보자. 일주일에 세 번 그들은 가제트를 열심히 읽는다. 모든 연령층과 모든 신분층이 정치 소식에 호기심을 보인다.

그러나 열렬하고 관대한 독자는 이러한 소식을 미리 자르고 삭제해서 파리에 유통시킨다는 사실을 잘 모른다. 급료를 많이 받는 검열관이 이 정치 신문에 무한정 가위질을 해댄다. 가제트를 담당하는 최고감독관이 소박한 성격의 믿음직한 소식을 준비해 준다는 사실을 독자는 눈치 채지 못한다. 감독관은 진실이 담긴 면을 잘라버리거나, 진실을 가리고 빼버리라고 명령한다. 그리하여 모든 사건 소식을 손에 넣은 기사 작성자와 교정자는 그날의 체제와 사상에 맞게 재단하고 포장해서 내보낸다. 어젯밤에 쓴 내용과 오늘 아침 쓴 내용이 달라진다. 간부는 사소한 사건의 일화를 정돈하거나, 똑같은 구절을 어떤 때는 지우라 하고 또 어떤 때는 되살려 주기도 하지만, 사실 자신이 허용하거나 막아야 할 것이 실제로 무엇인지 모르는 경우가 많다. 심부름꾼은 이번 신문이 체제를 갖출 때까지 사무실의 여기저기를 20번이나 왔다 갔다 한다. 그러나 언제나 기사를 삭제할 결심을 하는 경우가 많다는 점은 확실하다. 왜냐하면 그것이 가장 시간을 단축하는 길이기 때문이다. 고분고분하지 않은 정기간행물이 울리는 경종이 얼마나 두려우면 그리할까!

파리 시민은 항상 속으면서도 이튿날 또 속으리라. 그는 남이 건네주는 그릇된 정보에 속으려고 태어난 사람인가보다. 그는 매번 똑같이 그릇된 정보를 주어도 그 사실을 알아차리지 못한다. 그가 확실하다고 믿는 사실은 모두 며칠 뒤면 불명확해지지만, 그는 그 점도 깨닫지 못한다. 그가 믿는 진실이란 사실상 약간의 진실을 교묘한 거짓의 현란한 색으로 칠해서 아주 생소한 차원으로 제시한 것일 뿐임에도, 그는 알아차리지 못한다.

『메르퀴르』[87] 지가 나올 때마다 영국에는 더 이상 함대, 무역, 은행도 없고, 파산 상태라는 기사가 뜨지 않았던가? 카페에서 사람들은 『가제트 드 프랑스』를 읽으면서 영국민은 궁지에 몰렸고, 3개월 뒤면 분명히 망한다고 장담한다. 그렇게 말한다고 해서 도대체 무슨 이득이 있는지 모르겠다. 카페 한구석에 식품상이 커피와 설탕을 보면서 멋진 예언을 한다. 그는 밤에 집에 돌아가서 아내에게 신문에서 읽은 사실을 이야기해 주면 좋아할 것이라고 말한다. 그는 자기 아내가 영국인을 싫어하는 이유는 그들이 이단이기 때문이라고 말한다.

지난 6년 동안 이처럼 활기차고 용감하고 당당한 국민의 활동을 제대로 보도하지 않고 지나갔다. 영국민은 창조적이고, 자기의 힘을 느끼는 민족이며, 정치적 상황을 한 번도 감춘 적이 없다. 영국 정부는 진실을 전하는 신문에 전쟁의 성공과 실패를 솔직하게 알린다. 영국인은 자신의 사고방식을 세상에 드러내 놓고 발표하기 때문에, 조국이 필요로 하는 일에 자발적으로 재산의 일부를 바친다. 왜 그럴까? 그는 양심의 자유를 누리며, 시민으로서 동료 시민에게 자기

87 메르퀴르(Mercure)는 그리스 신화에서 신들의 사자, 사랑의 사자이기 때문에 신문 이름으로 적합했다. 1672년 장 도노 드 비제(Jean Donneau de Visé)가 '메르퀴르 갈랑(Mercure galant, 예절 바른 메르퀴르)'이라는 이름으로 문예비평지를 창간했다. 1724년에 『메르퀴르 드 프랑스』가 되었다.

의견을 자유롭게 발표할 수 있기 때문이다.

영국보다 더 자원이 풍부하고 불굴의 정신과 체력과 천재성을 갖춘 나라를 한 번도 보지 못하였다. 항구에서 마술처럼 빠져 나가는 함대는 기적에 가깝기 때문에, 후손에게 그 역사를 이야기해 준다 해도 잘 믿으려 들지 않을 것이다. 그만큼 영국에서 가장 특별한 일을 수행하도록 만들어 주는 위대한 추동력은 자유이다. 인간에게 가장 고상한 태도를 제공하는 이 국민의 운명에 어찌 관심을 갖지 않을 수 있으랴! 영국민의 용기, 애국심은 정부가 길러준 것이다. 영국은 은밀한 동맹국들이 움직여 주지 않기 때문에 한 팔만 가지고 프랑스, 에스파냐, 홀란드와 싸웠다. 혼자서 이웃의 3대 강국과 세력 균형을 이루었다. 고유한 천재성을 가진 국민만이 할 수 있는 일이다. 우리가 우리 자신의 생각으로 무장할 때 팔을 힘차게 휘두를 수 있는 법이다. 입법가들이여, 이러한 반사작용을 연구하라. 또 눈만 제대로 뜨면 볼 수 있는 이러한 관계를 인식하라.

진실한 논문이 어쩌다 파리에 나돌아다닐 때, 인쇄물 감독관실은 부들부들 떤다. 그리고 마치 우리가 우리끼리 이방인이나 외국인처럼 대하듯이, 유럽을 뒤흔드는 사건에 대해 절대 침묵을 지켜야 한다고 주장한다. 우리를 가장 밑바닥에 앉은 불쌍한 민중 취급하는 것이다. 감독관실은 우리에게 『가제트 드 프랑스』 이외의 신문이 필요 없다고 주장한다. 그 신문만 봐도 모든 사상, 사실을 완전히 알 수 있다고 주장한다. 그리고 가끔 빠뜨리는 기사가 있다면, 그것은 선량한 시민, 평화로운 금리생활자를 너무 슬프게 만들지 않으려고 배려했기 때문이며, 그들의 민감한 애국심을 불안하게 할 의도가 없기 때문이라고 주장한다.

만일 감독관실에 돈을 내면, 아마 국외의 정치 소식을 들여올 특허를 얻을 수 있을 것이다. 그러나 감독관실은 그 소식을 검토하고 수정할 것이며, 생생한 진실은 결코 들어오지 못할 것이다.

아, 17세기에 한가함, 노쇠, 아주 희귀한 (그러나 파리 방책 안 어딘가에 숨겨 놓은) 관찰 정신이 필요하다는 사실을 예감하고, 우리나라의 관료에게 풍부한 광산을 개발하여 정보의 욕구를 풀어준 르노도여! 모든 사무직은 이러한 신문, 정기간행물을 보면서 살겠노라고 맹세했으며, 앞으로도 정기간행물을 풍족하게 접하면서 살아갈 것이다. 언젠가 자신의 권리를 침해하는 사람들이 사라지는 날을 항상 생각하는 대중의 호기심은 마르지 않는 샘물과 같기 때문이다.

그러나 버젓이 거짓을 보여주는 신문이 사라지는 날도 과연 올 것인가?

재치 있는 말 한 마디는 특허 받은 신문이 세운 건물을 한순간 뒤집어 놓을 수 있다. "지브롤터[88] 공격은 어떻게 될까? 좋은 결과가 나오겠지. 이제 포위 공격을 풀기 시작했으니까." 사람들은 이 말을 계속 옮긴다. 카페에서 나온 말은 극장 바닥으로 떠다닌다. 모든 사람이 웃는다. 식료품상까지. 그러다 갑자기 공중은 정신이 번쩍 들고, 마침내 무엇을 버리고 무엇을 지켜야 할지 잘 알게 된다.

유럽이 보는 앞에서 거짓말을 팔아먹을 때, 현 세대의 이익을 야비한 방식으로 저버릴 때, 그래서 앞으로 나타날 후손에게 멸시를 받으려고 안달일 때, 뇌물 받은 사람과 뇌물 주는 사람을 모두 비탄에 빠뜨릴 때, 신문장이라는 말처럼 멸시의 대상이 어디 있으랴.

오늘날 사람들이 게걸스럽게 찾으면서 기꺼이 돈을 주고 사보는 신문에 실린 모든 소식은 보름만 지나면 사람들의 관심 밖으로 밀려난다. 평화가 찾아오면 오늘 불어대던 요란한 나팔은 잠잠해지리라.

88 영국은 1713년부터 지브롤터를 소유했다. 이 포위 공격은 1779~1782년까지 계속되었다.

날마다 전하는 소식은 망각의 바닥으로 깊숙이 떨어지리라. 역사가는 신문에서는 오직 중요한 날짜만 확인하고, 소심함, 정열, 무지가 아무리 바꾸려고 노력해도 조금도 바꿔 놓지 못한 기록을 다른 곳에서 찾을 것이다.

역사가는 여러 나라 국민들이 얼마나 피를 흘렸는지 설명해 주는 중대 변혁 과정에서 시민들의 정신을 묘사할 때 굉장히 곤혹스러우리라. 도시 주민이 이처럼 끔찍한 충격에 어느 정도 관심을 가졌는지 어떻게 묘사할 수 있을까! 파리는 이유도 모르는 채 어떻게 폭동을 일으켰는지, 또는 억측의 결과를 조금도 알지 못한 채 어떻게 폭동을 일으킬 수 있었는지 어떻게 묘사할 수 있겠는가?

무지한 사람들은 흔한 미국 이름, 전쟁이 벌어진 장소를 늘 헛갈리고 잘못 안다. 우리의 귀부인들은 '대해양의 자유'라는 위대한 말을 뜻도 모르고 쓴다. 우아한 신사들은 함선을 타보기라도 한 듯이 말하지만, 돛과 밧줄도 구별하지 못한다. 유럽은 갑자기 아메리카에 뿌리를 내리고, 지구는 남극에서 북극까지 신생 공화국으로 덮이며, 각 나라마다 그 나름의 프랭클린과 "그는 하늘에서 번개를 낚아채고, 폭군의 손에서 왕홀을 낚아챘도다"라는 좌우명을 가졌다. 사람들은 자유분방한 저녁 모임에서 이렇게 당치도 않은 화제를 입에 올리다가, 헌병대 하사관이 불쑥 찾아가면 얼굴이 하얗게 질린다. 아, 이 얼마나 묘사하기 어려운 기괴한 장면인가!

그라스 백작의 명령을 받는 우리 함대가 참화를 입었다는 소식을 듣고, 파리인은 고통과 분노로 고함을 질렀다. 파리인은 템스 강에 훌륭한 전함 빌 드 파리 호가 떠다니는 모습을 눈앞에 그리지 못하였다. 사람들은 이러한 충격은 파리인에게 완전히 새로운 성격을 각인시켜 줄 것이라고 말했을지 모른다. 그러나 파리인은 큰소리로 불평하고 소란을 피운 뒤, 조용하라는 명령을 받고 갑자기 입을 꼭 닫았다.

지난 7~8개월 동안 대수롭지 않은 소식통들은 일정한 시간에 카페 앞이나 신문을 읽는 사람이 모이는 곳에 나타났다. 경찰이 임명한 연설가는 청중을 교육했다. 그에게 반론하는 사람은 거의 없었다. 감히 연설가와 싸우고 그가 불러주는 가르침에 토를 달려는 사람은 곧바로 경찰 끄나풀에게 추적당했다.

이러한 집단들은 (예전에는 순찰대가 들이미는 소총 앞에서 해산했겠지만) 오늘날에는 포도 위에서 흐르는 물에 발을 적시면서 헛소리를 늘어놓아도 괜찮다. 가끔 마차가 지나다니면서 시끄러운 바퀴소리로 웅변가의 열변을 방해할 뿐이다. 현대의 데모스테네스의 목소리는 마차바퀴에 짓뭉개진다.

가장 놀라운 일은 누더기 옷을 걸친 가난한 악마들이 최근 소식을 열심히 듣는다는 것이다. 그들은 마치 빵이나 되는 것처럼 소식을 실컷 듣는다.

청중 가운데 몇몇은 야전사령관이 되고, 또 어떤 사람은 소식을 전달하는 전령 노릇을 한다. 이렇게 해서 저녁 먹을 때를 잊을 정도로 소식에 굶주린 무리들은 수다스러운 말로 정신의 허기를 채운다. 소식은 이렇게 그들 사이에 퍼진다. 그들은 한데서 어리석은 이야기나 귀담아 듣는 괴상한 버릇을 가졌다.

경찰도 그들이 어쩌다 누리는 즐거움을 인정해 준다. 관찰자가 이 괴상한 인물을 검토하고, 반영국 정신으로 물든 신문의 편견과 잘못을 여전히 소중히 간직하는 괴상한 견해를 듣는 일은 아주 생생한 자선행위이다.

446 중이층

가장 거드름 피우는 거리에 모든 곳에서 볼 수 있을 만큼 높은 현대식 건물을 짓는 건축가는 가게의 바로 위에 가게 주인이 살림할 수 있는 독방을 갖추어야 한다고 판단했다.

그리하여 중이층[89]을 지었는데, 이것은 일종의 지하실처럼 아치형 천장이 낮은 방이다. 천장이 별로 높지 않기 때문에, 보통 키만 되도 머리가 닿을 지경이다.

거기서 살림해야 하는 사람은 평소에도 공기가 잘 돌지 않지만, 특히 모든 문을 닫는 밤 시간에는 더욱 꽉 막히기 때문에 건강을 해치기 쉽다.

이처럼 좁은 공간에서 어떻게 병을 다스릴 수 있겠는가? 임산부가 어떻게 거기서 아기를 낳고 몸조리를 할 수 있겠는가?

건축가는 바닥에서 몇 층까지는 아주 높이 짓지만, 중이층은 납작하게 만든다. 그리고 4층부터 높은 층으로 올라갈수록 층 높이가 조금씩 줄고, 8층은 마치 중이층처럼 낮게 짓는다.

비인간적인 건축가여, 당신은 죄를 지었다. 당신은 부자의 정신을 본받았다. 당신은 부자처럼 계산했다. 모든 것을 그들의 눈으로 보고, 반대편은 조금도 생각하지 않았다. 당신은 인색하게도 공기의 무게까지 저울로 달았다. 당신은 잔인하게 말했다. "침대 하나 더 들

89 1763년 7년 전쟁이 끝난 뒤 개인 저택을 짓는 바람이 일어났고, 중이층(entresol)을 마련하는 것이 유행이었다. 메르시에는 이러한 유행을 비판한다.

일 자리가 없습니다. 6척 장신이라도 지하감옥에서 자유롭게 팔다리를 움직이고, 몸을 뻗을 수 있습니다." 당신은 방이 아니라 칸막이 좌석을 만들어 놓았다. 이 야만스러운 사람아! 왜 당신은 건축주의 탐욕에만 맞추려 하는가? 냉혹한 그들이 다른 사람을 모욕할 때 공모자가 된 당신은 숭고한 건축 예술을 비천하게 만들었다. 건축술은 사람들의 보금자리를 거의 똑같은 넓이로 마련해 주라 하지 않았던가? 꿀벌을 보라. 그들이 어디서는 넓게, 어디서는 좁게 구멍을 내는 것을 보았는가? 절대 그렇지 않다. 그들은 규칙적으로 짓는다. 왜 당신은 이 곤충을 본받으려 하지 않는가? 도대체 건축가의 천하고 쩨쩨한 사고방식을 고치지 못하는 이유가 무엇인가?

건축가여, 당신은 모든 사람에게 이렇게 말하리라. "우리는 단도를 만들거나 팔도록 허락받지 못했다." 그리고 당신은 느리게 숙고한 뒤, 당신만큼 존귀한 사람이 태어나고 숨쉬고 자라고 살아가야 할 곳임을 분명히 알면서도, 오염된 냇물에서 10자 떨어진 곳에 컴퍼스 끝으로 비위생적이고 닭장 같은 방의 천장을 구부려 놓았다.

당신은 폭정에 비위를 맞추려고 자기 황소를 거푸집에 던져 넣은 주조공과 똑같은 죄를 짓지는 않았지만, 당신에게는 인정, 예지력, 존엄성이 없었다. 사람들이 당신을 빛과 공기가 제대로 통하지 않는 중이층에 평생 살라고 판결을 내려도, 당신은 그 판결이 부당하다고 항변하지 못할 것이다.

나는 누구라도 이처럼 인색하게 그림을 그리고 이 치사스러운 설계도면을 새 건물을 올리는 데 쓰라고 내미는 사람은 앞으로 전당, 극장, 병원, 그 밖의 넓고 웅장한 건물을 맡을 자격이나 능력이 없다고 분명히 말해둔다. 그는 현 세대나 미래 세대에게 찬탄을 불러일으킬 정도의 공익성과 위대함을 구현하지 못할 것이기 때문이다.

447 냉차장수

냉차장수는 등에 흰 금속 물통을 지고 다닌다. 모자에는 표찰과 왜가리 깃털장식을 달고, 허리에는 흰 앞치마를 둘렀다. 행인이 오가는 길목에 서서 끊임없이 외친다. "냉차가 왔어요, 냉차 드실 분 안 계세요?"

허리춤에 은컵 2개를 사슬로 묶고 다닌다. 한 잔 마시던 사람이 깜박 잊고 가져갈까 봐서이다. 만일 누가 컵을 가지고 사람들 속으로 금세 사라지면 컵을 잃기 십상이다. 물론 사슬은 땅에 컵이 닿을 정도로 길고 말려 있다. 한 잔 마시는 사람이 마지막 한 방울까지 다 마시지 못하는 경우도 있다. 지나가는 사람이 실수로 사슬을 밟으면, 컵과 액체가 공중에서 춤을 춘다. 현대판 탄탈로스[90]가 게걸스럽게 마시려던 감초 우린 물은 입술에 닿기도 전에 거기 둘러선 사람에게 쏟아진다.

감초 우린 물은 걸어다니는 물통 안에서 잘 뒤섞인다. 저절로 거품도 난다. 어린이, 하녀, 재단사, 소학생은 여름날 냉차장수 주위에 모인다. 그는 꼭지를 정확하게 여닫는다. 모든 사람이 같은 잔에 마신다. 잔을 헹군다면 시간이 오래 걸릴 뿐만 아니라, 그렇다 해도 쓸데없다. 목이 말라 급히 마시고 싶은 사람은 기다릴 시간이 없다. 그럼에도 냉차장수는 잔을 헹구는 척한다.

90 Tantalos: 그리스 신화에서 제우스의 아들이며 리디아의 왕으로, 그는 신들에게 벌을 받아 영원한 갈증에서 벗어나지 못하였다.

10자 높이 사다리에 올라서서 마셔도 잔을 입술에 댈 만큼 줄은 충분히 길다. 그런데 천천히 마시지는 못하게 한다. 만일 천천히 마시면 상인이 줄을 잡아챈다. 상인은 줄지어 기다리는 사람들에게도 마시는 방식을 알려주고자 그렇게 한다. 상인은 이렇게 외친다. "삼켜요, 그것은 콩드리외의 포도주, 카나리아의 포도주라오."

옛날에는 1리아르만 내면 두 번 따라주었는데, 이제 좋은 시절은 지났다. 모든 물가가 오른 뒤에는 3드니에에 한 번만 따라준다. 부르주아 계층의 짠순이들은 한 잔을 사서 둘이 나눠 마시기도 한다. 약삭빠르게 할당액을 낮추는 방법이다.

이방인은 이렇게 물을 것이다. 사람들은 어째서 공동우물을 이용하지 않고 이런 음료수를 사 마시는가? 그건 참으로 속 편한 소리이다. 사람들은 공동우물에서 물을 마시려 하지 않는다. 물탱크도 없고, 수도꼭지가 너무 낮게 달렸고, 대개 물도 나오지 않기 때문에 마시고 싶어도 마시지 못한다. 한 모금 마시려다가 이를 부러뜨리는 일도 생긴다.

냉차장수는 일요일 샹젤리제와 신작로를 천천히 걸어다니며 먼지에 질식하는 입술을 축여 준다. 그들은 하루에 12통에서 15통까지 판다. 그렇게 해서 여름철에는 하루 4프랑까지 번다.

감초 한 단을 통에 넣어두고 한 번도 바꿔 넣지 않기 때문에, 감초단은 하루 종일 통바닥에서 계속 이리저리 흔들리면서 부딪친다. 그리고 즙이 모두 빠진다. 새로운 맛을 유행시키려는 사람은 레몬을 몇 조각 집어넣는다. 사람들은 멀리서 그 냄새를 구별한다. 그래서 레몬을 넣는 장사꾼은 다른 장사꾼보다 더 자부심이 강하다. 수탉 깃을 머리에 높이 꽂아 펄럭이며 다닌다.[91] 사람들이 그를 오라고 불러도 그는 못들은 척한다.

냉차장수가 "시원한 냉차"를 외쳐도, 그것은 그의 잘못이 아니다. 그는 되도록 담을 따라 걸어다닌다. 그러나 공공산책로는 강변에서 멀다. 햇살이 감초 물을 끓게 만들어도, 그의 잘못이 아니다. 그는 자기 머리를 깃털장식 모자로 가리듯이, 대중이 마시는 음료수 통을 지고 그늘로 다니지 않았던가? 그가 어떻게 부릅뜬 해의 눈을 감길 수 있으며, 3드니에를 받고 파는 음료수를 시원하게, 또는 얼음을 띄워서 팔 수 있겠는가?

겨울철이 되면, 그는 이제 "따끈한 온차요"라고 외친다. 그러나 여름만큼 팔리지 않기 때문에, 장사꾼은 목마르지 않은 사람들을 불러 모으느라고 용을 쓰는 대신, 절망감을 이기려고 코담뱃가루 장수로 변신한다.

목마른 서민의 목구멍을 축여 주는 사람 가운데 재치 있는 이도 있다. 그는 한 손으로 거품 나는 음료를 나눠주면서, 혀로는 마시는 사람을 즐겁게 해준다. 그는 통속적인 수수께끼를 끊임없이 늘어놓는다. 그는 목을 축이고 여유를 찾은 손님이 입이 찢어지도록 웃으면 비로소 혀를 쉰다. 이 모두 1리아르에 포함된다.

해부학자여, 그의 목구멍은 어떻게 생겼기에 그처럼 주인의 명령을 고분고분 따르면서 끊임없이 소리를 지르고 고저 장단에 맞춰 상품을 선전하는지 설명해 주기 바란다. 나는 그 장사치를 보면서 언제나 놀란다. 그의 후두부는 진짜 우수하다. 내가 잘못 듣지 않았다면, 그의 발성 기관은 앵무새처럼 아주 특별한 구조를 가졌음이 분명하다. 이 세상 그 누구도 낼 수 없는 목소리로 외치는 그는….

음악, 재치 있는 말, 감초, 그는 모든 것을 아낌없이 준다. 그러나 가끔 멈추기도 하면서, 길에서 사라져 선술집으로 부랴부랴 들어간

91 수탉은 프랑스인에게 특별하다. 국조이며, 농촌의 멋쟁이를 '마을의 수탉(le coq de village)'이라 불렀다.

다. 등에 지고 다니는 통에 든 맛없는 물이 포도주로 변하는 순간이다. 이런 모습을 볼 때, 그들은 아무 장소에서나 기꺼이 외쳐댄다는 점에서 윤리주의자와 닮았다. 그러나 아무데서나 훈계하는 사람과 달리, 그들은 도덕을 음미하는 일을 다른 사람에게 맡긴다.

448 호기심

조금 전 우리는 등에 물통을 지고 다니는 장사꾼을 보았다. 이제 요지경을 볼 차례이다. 그것도 사람이 등에 지고 다닌다. 이 작은 상자에는 볼록렌즈를 달아 안에 있는 사물을 확대한다. 그 안에는 콘스탄티노플, 베이징, 런던, 마드리드가 있고, 퐁트누아 전투가 벌어진다. 루이 15세는 이 전투를 직접 이끌어 승리했다. 해전이 벌어져 대포에서 화약 연기가 피어오른다. 물론 이 해전에서도 프랑스인이 이겼다. 그림이 잇따라 지나가고 설명도 순조롭다. 그러나 설명은 상자 안에서 지나가는 대상과 정확히 맞지 않는다. 울긋불긋한 그림보다 더 빨리 말한다. 그러나 극장장은 바쁘다. 한 시간에 12편을 보여주어야 하기 때문이다. 빌어먹을, 이 무슨 걸작이란 말인가!

장막이 호기심 많은 사람을 덮는다. 장막은 구경꾼들의 등 위에 덮여 울퉁불퉁하다. 아름다운 장면에서 구경꾼들은 만족하고, 장막이 출렁거린다.

다음 차례를 기다리는 사람들은 안달이다. 그들은 렌즈의 절반을 잡는다. 훼방꾼 때문에 멋진 이야기가 끊긴다. 이 훼방꾼은 일생에 이처럼 큰 실수를 저지른 적이 없을 것이다. 자리를 잘못 잡아서 구경을 제대로 못하다니.

파리인은 돈을 많이 쓰지도 않고, 또 사고도 당하지 않고 여행했다. 그는 경이로운 상자 속에서 평생 가보지도 못할 나라를 모두 다녔다. 그는 많이 배웠다고 느낀다. 그는 대양이 무엇인지, 잔잔하거나 폭풍우 몰아치는 바다 위에서 돛을 활짝 펴고 물살을 가르는 배

❦ 호기심, 익명의 판화(1764년)

가 어떻게 생겼는지 배웠다. 호기심이 많지만 조신한 아가씨는 원양 항해선이 별로 흥미를 끌지 못하자, 도대체 나리의 후궁은 언제 보여줄 거냐고 묻는다. 후궁이 지나가고, 아가씨는 사촌동생을 집어넣은 수녀원과 완전히 다른 모습이라고 안심하면서 집으로 돌아간다.

아가씨가 알고 싶은 것은 바로 그것이었다. 그러나 백인 환관 때문에 아직도 마음을 진정하기 어렵다. 아가씨는 자기가 좋아하는 황녀의 곁에서 환관을 보았다. 그러나 그가 어떤 사람인지 더 이상 알지 못하였다. 그런데 입이 걸죽한 해설자는 바로 그때 아주 알아듣지 못할 만큼 빨리 설명하면서 장면을 바꾸었다. 아가씨는 특히 그때 지나친 내용에만 호기심이 생기고, 그것을 알고 싶어 못 견딜 지경이다.

구경꾼들이 6드니에씩 내면 기적극도 보여주었다. 모든 자리는 평등하다. 칸막이 석도 없고 바닥 석도 없다. 명백히 법을 위반하는 이 구경에서 극장장의 목소리는 결코 존재하지 않는다. 장면이 바뀌고 잠깐 쉬는 시간에, 그는 악기 하나로 합주단의 모든 악기 소리를 표현한다. 악사, 배우, 좋은 자리를 달라고 매수해야 할 검표원이 한 사람도 없고, 혼자서만 정신적·물질적으로 공연책임자 노릇을 한다. 그는 혼자서 설명의 틀을 짜고, 변화하는 장식을 논평한다. 게다가 어깨까지 튼튼해서 극장을 지고 다닌다. 그는 극장을 지고서 아직까지 좋은 취향이 남아 있는 구역들을 돌아다닌다.

449 살롱전

이 살롱은 아마도 유럽의 그 어느 궁정에서도 볼 수 없을 만큼 가장 크고 네모 반듯한 방이리라. 2년에 한 번씩 살롱 전시회가 열린다. 시와 음악은 미술만큼 애호가를 끌어모으지 못한다. 살롱전이 열리면, 사람들이 몰려간다. 인파는 6주 동안 아침부터 저녁까지 끊이지 않는다. 하루에도 수시간씩 숨이 막힐 만큼 사람이 많다.

높은 천장에는 18자짜리 긴 그림을 걸어 놓고, 가슴 높이에는 손가락 너비의 세밀화를 걸어 놓았다. 신성함, 속됨, 비장함, 괴기함, 역사적 주제나 전설적 주제, 이 모든 것을 다룬 그림이 뒤죽박죽 걸려 있다. 그 자체가 혼란스럽다. 관람객도 잡다하지만, 그들이 감상하는 대상이 더 잡다하다.[92]

어중이떠중이는 우화에 나오는 인물을 보면서 천국의 성인이라고 믿는다. 티폰을 보고 가르강튀아라 하고, 카론을 보고 성 베드로라 하며, 사티로스를 보고 악마라 한다. 『연중행사』를 쓴 시인이 말하듯이, 노아의 방주를 보고 오세르의 거룻배라 한다. 그림에 대한 지식이 전혀 없는 사람은 본능적으로 가장 눈길을 끄는 그림, 가장 사실적인 그림으로 간다. 그런 그림은 반드시 있다. 그는 그림을 보면서 사실과 자연스러운 특징을 판단한다. 이 모든 그림을 최종 판

92 살롱전은 왕립 미술과 조각 아카데미 회원만 참가할 수 있으며, 2년마다 한 번씩 생루이의 날인 8월 25일 열린다. 전시회장은 루브르 궁전의 카레 안뜰이었다. 1763년 이후 출품작은 계속 늘어나 1763년 220점이었다가 1791년에 800점으로 늘었다.

단할 사람은 바로 대중이다.

피곤하고 가끔 반발심을 불러일으키는 작품도 있다. 살롱에는 흉상, 이름 모를 남성의 초상화, 또는 대중에게 해로운 일을 가장 많이 하는 사람의 초상화가 늘어 서 있다. 징세관, 징세청부인, 거기서 일하는 서기관, 애달픈 후작부인, 이름 모를 백작부인, 보잘것없는 재판장 부인의 모습을 보는 우리는 어쩌란 말인가? 특히 여성은 연지를 바른 모습으로 그려야 하기 때문에 뺨을 붉게 칠했지만, 처량하게 보일 뿐이다. 차라리 웃는 모습으로 그렸으면 좋으련만. 살롱전에 걸린 그림을 보면, 마치 미친 사람들의 모임 같다. 그들은 괴상하게 차려 입고, 귀밑까지 찢어지게 웃으면서 서로 놀려댄다. 그래도 그들의 얼굴은 이렇게 말하는 듯하다. "나는 캔버스나 대리석으로 이 전시회에 참여하려는 오기를 부려 돈을 지불하였다." 살롱전에 나온 얼굴이 제아무리 천민 계층의 얼굴이 아니라 해서, 특별한 점이 과연 무엇이란 말인가? 덕, 재능, 조국에 대한 봉사야말로 진정 인간을 두드러지게 만들어 주는 요인이 아니겠는가!

화가가 돈 많은 한량, 아양 떠는 여성, 거만한 사람이나 그린다면, 그런 그림은 방이나 규방에 걸어두어야 한다. 그런데 어디서 감히 국민이 드나드는 곳에 버젓이 걸어 놓는 것인가! 게다가 저명한 전사, 천재, 공증인의 흉상을 그들과 같은 줄에 놓다니, 당치 않은 일이 아닌가?

살롱전이 열리는 동안 안내책자가 다량으로 나오는데, 저자를 세 부류로 나눌 수 있다. 남이 쓰니까 샘이 나서 쓰는 사람, 아무것도 모르면서 쓰는 무지렁이, 그 나름의 미술 애호가가 그것이다. 각자 저 나름대로 그림을 공부하려는 편집증을 보여준다. 대체로 문필가는 요즘 들어 미술 용어를 부쩍 많이 사용하긴 해도, 그림을 잘 모른다. 아무튼 안내책자가 마구 쏟아져 나와도, 사람들은 몹시 비판을 받은 그림 앞으로 몰려간다. 선입견을 가지거나 난해한 작가가 이의를 달아도, 어린이는 자기에게 말을 거는 그림을 보면서 미소 짓는다.

화가들이 서로 질투하기 시작하면, 그들은 시인들보다 더 심하게 질투한다.

역사화를 그리는 화가는 풍속화를 그리는 화가보다 서열이 높다.[93]

17세기 미술은 교회와 왕들의 전유물이었다. 그것은 성전과 궁전만 장식했다. 바로 이 때문에 역사화를 그리는 화가가 아직도 거만하고, 언제나 서열 1위를 유지하기를 바란다. 그렇지만 그 서열은 그들 자신으로부터 나온다. 그들이 고상하고 흥미로운 주제를 선택하여 훌륭한 작품을 완성시키면 그만한 대접을 받아 마땅하리라.

우리의 불행한 비극에는 언제나 왕이 있다면, 이 왕이 언제나 폭군이라면, 언제나 그를 칼로 찔러 죽이고 생명과 함께 왕관도 빼앗는다면, 그림도 언제나 피비린내 나는 장면으로 끝나는 사랑의 비극처럼 순교자, 고문, 화형대, 절단하거나 태운 몸을 표현하는 편집증의 어둡고 긴 역사가 있었다. 교회에 들어가 보라. 아치형 천장에서 마치 오락으로 고문하는 듯한 망나니의 표정과 고통을 참는 성인들만 보리니.

오랫동안 화가는 수사들의 광신을 대변하거나 가장 분명한 아침을 담은 그림을 그렸지만, 이제는 마침내 부드럽고 기분 좋으며 감동적인 구성으로 되돌아왔다.

주제도 예전보다 더 잘 고른다. 주제는 윤리, 목가적인 시대, 또

93 17세기부터 그림의 범주에 서열이 생겼다. 즉 정물화, 풍경화, 풍속화, 인물화, 역사화 순으로 높이 평가되었다.

는 애국심이며, 종교적 희생자를 명예롭게 기린다는 뜻으로 우리의 교회 벽을 피로 물들이던 폭정과 잔인한 장면을 더 이상 보지 않게 되어 다행이다. 그러나 만일 순교자들이 이루 말할 수 없는 행복을 누린다면, 어째서 그들을 숭배하고 기도하러 오는 수줍고 동정심 많은 영혼에게 망나니들의 잔인한 형상까지 보게 하여 소름을 돋게 만드는가?

오늘날의 풍속은 젊은 화가들을 해친다. 그들은 선배들보다 덜 부지런하다. 그들은 아주 방탕하게 살기 때문에, 대작을 만드는 데 필요한 시간을 내기 힘들다. 방탕한 생활은 예술가와 천재성을 타락시키기도 한다. 한때 숭고함을 지향하던 예술가가 붓을 꺾거나, 그림의 성격을 바꾸거나, 흔히 보는 속된 그림으로 수준을 낮춘다. 인간의 역사에서 불멸의 사실을 우리에게 그려주도록 태어난 화가는 시골 풍속화, 또는 큐피드 2명이 요정의 넓적다리 근처에 있는 그림이나 그린다.

우리는 살롱전에서 프랑스 화가들이 분칠한 머리와 연지 바른 뺨을 그리려고 아주 혼이 났음을 본다. 그러나 법복을 입은 판사를 그릴 때는 상황이 싹 바뀐다. 검은 천을 몸에 두르고 햇볕에 그을린 얼굴에 눈부시게 흰 가발을 뒤집어 쓴 모습보다 더 우스운 그림이 어디 있겠는가? 이처럼 조화를 이루지 못하는 색은 이 세상에 없다. 자연은 이런 장면을 한 번도 만들어내지 않았다. 모든 요소를 완벽하게 그렸다 치더라도 이런 모습 하나면 그림을 망치기 충분하다. 나는 시장과 부시장들이 머리부터 발끝까지 긴 옷을 질질 끌고 멋있는 소맷부리를 자랑하며 헝클어진 가발을 쓴 채 등장하는 시청 그림이나, 생트주느비에브 그림보다 더 우스꽝스럽고 이상한 그림을 보지 못하였다. 이상한 상상력의 한계 때문에 이 사람들의 머리 위에 아무것도 그려 넣지 못하였으리라. 아무튼 지상의 모든 민족의 옷을 다 가져와도 이보다 더 우스운 옷을 내놓지 못하리라. 라파엘로, 티치아노, 루벤스라면 미치지 않고서야 어찌, 아니 터무니없는 돈을 받지 않고서야 어찌 흰 물결치는 머리모양을 그려 넣으리?

이제부터는 분을 뿌린 가발과 검은 옷을 그리지 않았으면 좋겠다. 호텐토트족의 옷이 화가에게는 100배나 더 친숙하리라. 화가는 법관의 옷만큼 미개인의 옷을 딱딱하게, 그리고 부조화스럽게 그리지는 않으리라.

여인들의 연지에 대해서도 할 말이 많다. 그러나 이처럼 연지를 바른 초상화를 본능적으로 자기 초상화라고 생각하지 못했던 여성이 한 사람 이상은 된다는 것은 아주 명백한 사실이다. 그들은 눈을 사용하고 움직이는 모습과 얼굴의 특징을 남에게 보여주면서 살아갈 수 있다고 어디선가 들었다. 또한 연지를 떡칠하는 일, 다시 말해서 캔버스 위에 이러한 가면을 씌우는 일은 고약한 취향과 원형을 왜곡하는 오점을 영원하게 만들고자 하는 의도라는 말도 들었다.

반쯤 흐린 파리의 하늘은 색칠하기 적합하지 않다. 로마에서 파리로 오는 화가들은 처음에는 신선하고 화려한 솜씨를 뽐내다가도, 자기도 모르게 이를 잃어버린다. 우리는 언제나 색채를 가지고 루브르 화파를 구별할 수 있으며, 다른 화파보다 대체로 못하다고 생각한다.

450 도로 청소부

도로 청소부는 각 가정에서 포도 경계석까지 쓸어낸 쓰레기를 치운다. 가정에서 쓰는 빗자루만으로는 도시가 깨끗해지지 않는다. 청소부는 도시를 깨끗이 만든다. 삽으로 쓰레기를 퍼서 수레에 담을 때, 행인은 재빨리 지나가야 한다. 자칫 적당한 때를 놓치면, 또는 정확하게 건너뛰지 못하면, 청소부는 삽으로 행인의 주머니에 쓰레기를 부어준다. 눈을 빨리 움직이고, 발을 확실히 디뎌야 한다. 지저분한 옷을 입은 청소부는 깨끗한 옷을 입은 꼴을 좋아하지 않기 때문에 사람이 지나가도 하던 일을 멈추지 않는다. 그가 일하는 곁을 지날 때 한눈을 팔아서는 안 된다. 그들은 행인을 보지 않고, 행인이 있다고 생각하지도 않으며, 쓰레기를 성수처럼 퍼붓는다. 그들이 거리를 깨끗하게 만들기는 하지만, 행인에게 피해를 주지 말라는 명령을 받지는 못했다.

쓰레기 수레는 물기 있고 거무스름한 진흙 찌꺼기도 실어 나르기 때문에 출렁거리는 모양이 끔찍하다. 수레의 틈으로 물기를 머금은 쓰레기가 거리로 뚝뚝 떨어진다. 수레는 쓰레기를 말로 받고 되로 나눠주는 격이다. 삽, 빗자루, 사람, 수레, 말, 모두가 같은 색깔이다. 그리하여 그들은 지나치는 모든 사람도 똑같은 색으로 칠해주기를 바라는 것 같다. 청소부가 일하는 곳의 반대편이 특히 위험하다. 행인은 수레바퀴가 움직이지 않는 것을 보고 안심하면서 길을 가는데, 갑자기 쓰레기 한 삽이 머리 위로 쏟아지기도 한다.

시냇물이 오염되고, 사회는 도덕적으로 부패한다. 청소부가 사회를 오염시키는 쓰레기 같은 영혼을 삽으로 수레에 퍼담아 도시 밖으로 내다버릴 수 있다면 이 얼마나 근사한 일이며, 그의 삽은 치안에 얼마나 값진 역할을 하겠는가!

청소부가 이처럼 물질적인 일을 하듯, 감독관[94]은 윤리적인 일을 한다. 그러나 그는 모든 것을 치우지 못한다. 이 대도시에서는 청소부의 삽이나 비천한 계층의 입에서 튀기는 얼룩을 피하면서 살 수 없다. 빗자루 때문에 오물을 뒤집어 쓰듯이, 심술궂은 입의 공격을 피하기란 어렵다. 그러면 몸을 씻고, 조용히 입을 다물어야 한다.

파리는 몇 년 전부터 더 더러워진 것 같다. 이처럼 청결을 돌보지 않는 풍조는 어디서 왔는가? 부르주아는 자기 문 앞을 쓸 의무가 있지만, 전혀 쓸지 않거나 건성건성 치운다. 치안당국은 청소부들을 고용하고, 집집마다 돈을 조금씩 내게 해서 그들에게 임금을 지불하였다. 그러나 부르주아는 아주 적은 세금도 두려워한다. 왜냐하면 세금을 일단 걷기 시작하면, 그것은 더 훌륭한 명목으로 더 증액되게 마련이라는 사실을 그들은 잘 알기 때문이다. 그래서 부르주아는 청소부를 고용하는 돈을 내려하지 않았다. 그래서 남의 말을 잘 듣지 않는 부르주아가 더 이상 참지 못하겠다고 소리를 지를 때까지 기다리는 지혜가 필요하다. 그때가 되어야 비로소 부르주아는 공사를 만들어 청소부를 고용하는 데 웃는 낯으로 따르게 되리라. 나는 지금도 청소 공사를 한시라도 빨리 세워야 한다고 믿는다. 남녀 하인만 가지고서는 집 앞 쓰레기를 말끔히 치울 수 없다. 게다가 집의 빗자루는 길 한가운데의 도랑까지 닿지 않는다. 왜냐하면 다른 곳도 그

94 1708년 2월 왕령으로 파리에는 치안감독관직이 46개 신설되었다. 이들은 특히 도시계획과 관련된 규정을 적용하는 일을 맡았다. 나중에 20명으로 줄었지만, 이들은 1789년까지 존속했다.

렇겠지만, 특히 파리에서는 각자 제멋대로 살고, 더구나 공공이익을 별로 신경 쓰지 않기 때문이다.

부르주아 계층과 치안당국이 돈을 더 내니 마니 하면서 진을 뺄 때까지, 부자는 호화마차를 타고 비웃으면서 돌아다니며, 마차바퀴 쇠가 닳아 쇳가루가 섞인 먼지가 돈을 내려고 하지 않는 사람이건 기꺼이 내려하는 사람이건 가리지 않고 날아가 붙는다. 기름 얼룩을 빼는 세탁인이 그 덕에 돈을 번다. 그러나 그들의 기술로는 지울 수 없는 얼룩도 많다. 특히 수많은 얼룩이 옷감을 상하게 만들고 또 검게 만든다. 파리는 이중의 시궁창 같은 곳이라서 물질과 윤리가 모두 얼룩지는 곳이다.

451 짐수레

짐수레꾼은 언제나 말들이 끌기 벅찰 만큼 짐을 넘치도록 싣는다. 포도가 미끄러울 때, 조금이라도 높은 다리나 길을 만나면 올라가지 못한다. 지옥의 장면처럼 소란스러워진다. 짐수레꾼보다 더 잔인하고 어리석고 야만스러운 사람이 어디 있으랴. 그는 언제나 짐승에게 욕하고 채찍질한다. 불쌍한 말들이 힘줄이 끊어지도록 용을 써도 수레는 꿈쩍도 하지 않고, 짐승의 발 밑에서는 포도만 반짝거린다. 말들은 짐의 무게를 이기지 못한다. 말들은 발굽으로 포도석이 움푹 파이도록 땅을 치지만, 엉덩이를 찢는 채찍 소리가 거리로 울려 퍼지기만 할 뿐. 파리의 거리는 모든 짐승에게 가장 쓸모 있는 고문의 투기장으로 변한다.

말을 비인간적으로 다루는 모습을 보면서 두려움에 몸서리치고 고통을 느끼지 않을 영국인은 한 명도 없다.[95] 영국인이 보기에 짐수레꾼은 그가 마구 때리는 말보다 한참 못하다. 그들의 잔인함이 말을 제대로 걷지 못하게 만드는 요인이다. 말을 더 잘 먹이고, 짐을 적당히 실어주면, 말은 더 빠르고 더 오랫동안 주인에게 봉사하리라.

치안총감은 말을 잘 보살피라는 취지로 법령을 내릴 필요가 있지 않을까?

95 메르시에는 1783년 이와 같은 주제를 다룬 풍자시를 인용했다. "오, 야만스러운 영국인이여, 잔인하게 칼을 휘둘러 / 왕들의 머리를 자르고, 말들의 꼬리를 자른다!"

452 튀르고틴[96]

튀르고가 전매특허를 주면서 왕국의 모든 운송업을 통합하는 공사를 설립하였을 때, 거기 소속 마차를 이렇게 불렀다.

그러나 그 제도 때문에 불편을 겪은 사람들은 튀르고를 착취자로 부당하게 평가하게 되었다. 공사 소속 호화마차의 객실은 좁아서 승객이 끼어 앉아 여행해야 하고, 내릴 때에는 다른 사람에게 팔이나 다리를 조금 치워달라고 부탁해야 했다. 승차대는 너무 높아서 여성이 오를 때 불편하고 까다로웠다.

불행히도 배가 나오거나 어깨가 넓은 승객이 올라타면, 모든 승객이 고문을 당했다. 목적지까지 끙끙 앓으며 가든지, 일찌감치 내리든지 결정해야 했다.

겨울철 오후 4시까지 다음 역참 사무실에 도착하려면 새벽 2시에 승객을 태우고 출발해야 한다. 마차가 목적지에 도착하면 짐을 하나하나 검사하는 데 시간이 걸리기 때문에, 시간을 벌기 위해 새벽에 출발해야 한다고 하지만, 막상 도착지에서는 짐 검사를 건성으로 한다. 어떤 사무실에서는 한밤중 아름다운 별을 보면서 수많은 상품 보따리를 내리느라 여행객을 오랫동안 잡아두기도 한다. 이에 불평이라도 하면, 직원은 이렇게 대답한다. "이건 왕이 시켜서 하

96 루이 16세의 재무총감으로 발탁된 튀르고는 여러 가지 개혁을 단행했다. 그중 1775년 여객과 화물 수송업을 통합하는 공사를 설립한 업적이 포함되었다. 이렇게 생긴 공사에 속한 마차는 튀르고의 이름을 따서 튀르고틴(Turgotines)이라 불렸다.

는 일이라오." 건방진 직원이 왕이라는 묵직한 말로 시민을 놀리면서 입을 닫게 만든다. 더욱이 프랑스에서는 대신과 지하실의 서생원[97]이 왕이라는 낱말을 온갖 양념에 버무려 내놓는다.

직원은 아주 야윈 역참마, 그것도 살가죽이 벗겨진 말을 이 괴물 같은 기계에 묶은 뒤 사람을 태우고, 지붕에는 상자와 여행가방을 잔뜩 싣는다. 오로지 정신병자만이 이처럼 무거운 마차를 움직여 다음 역참까지 갈 수 있다고 상상할 수 있으리라. 그러나 창의성이 풍부한 사람들은 말을 녹초로 만들고 사람을 창백하게 만들면서 별로 당황하지 않는다. 수입, 바로 이것만 생각해도 기계는 저절로 굴러가게 마련이다. 그리고 실제로 자의건 타의건 수레는 길 위로 굴러가야 했다. 그러니 도대체 왜 놀라야 하는가? 마부는 샹틀루의 철책을 보면서 역참에 거의 다 왔음을 안다.

전매특허를 받은 이 마차 사업은 아주 멋진 규칙을 갖고 있다. 상품의 이익이 언제나 승객의 이익보다 앞선다는 규칙. 임산부, 회복기 환자, 허약한 체질의 사람은 모두 마차 축[98]이 너무 딱딱하여 견디기 힘들고, 자리가 비좁으며, 내릴 때 아주 위험하다고 생각한다. 그리하여 마차에 탈 때는 고문실로 들어가는 것 같고, 내릴 때는 행복이 시작된다고 생각한다.

런던의 마부는 훨씬 가벼운 마차를 모는데, 그렇다고 해서 마차가 튼튼하지 못하다는 것은 아니다. 그것은 말을 덜 피로하게 만들어 주려는 배려이다. 그에 비해 우리나라의 마차는 짐을 바리바리

97 지하실의 서생원(rat-de-cave)은 특히 보조세관원을 얕보는 말이다. 보조세(Aides)는 특별한 물품을 소비할 대 매기는 세금이다. 예를 들어, 음식물과 포도주 같은 상품이 보조세 대상 품목이다. 그러므로 보조세관원은 선술집의 지하실로 들어가 포도주통을 검사하고, 도매시세의 8분의 1을 세금으로 매기고 통에 표시한다.

98 마차와 말을 묶는 축을 말한다.

신는다. 그것을 더 이상 마차라 부를 수 없다. 차라리 땅덩어리가 움직인다고 말할 수 있다.

그처럼 무거운 마차는 지나가면서 그 주변을 두렵게 한다. 멀리서 우레같은 소리가 나면서 마차가 다가온다는 소식을 전한다. 언덕길을 빠른 속도로 내려갈 때는 뒤집어지기 십상이다. 실제로 사고가 일어나 거대한 마차가 뒤집어지기도 한다. 팔 다리를 잃은 승객이 역참사무소장에게 돈을 청구한다 해도 헛일이다. 소장은 냉랭한 태도로 전매특허를 보여주면서, 승객을 마치 마차에 실었던 짐짝처럼 대한다. 그는 짐짝에 대해서 사고 책임을 질 이유가 없다. 물체의 충격과 마찰이라는 영원불변의 법칙이 그러한데, 배상할 일이 어디 있단 말인가?

누군가 아주 편안하고 충격완화 장치를 단 마차를 제공해 주어 여행 중 잠시 눈을 붙일 수 있게 해준다면, 필시 행정당국자는 이 마차를 빼앗고 친절한 사람을 파멸시키려 들 것이다. 환자건 건강하건 모든 여행자는 거북하고, 밟히고, 부러지고, 위험에 몸을 맡긴 채 4시간 동안 한숨도 제대로 쉬기 힘들다. 왜냐하면 전매특허를 받은 회사는 그 권리를 따려고 왕에게 돈을 주었을 것이 분명하기 때문이다. 그 회사가 이 돈으로 막대한 이익을 보려면 어떻게 해야 하겠는가? 불쌍한 대중이여, 항상 그대가 밥이다. 돈지갑을 열고 돈을 지불한 만큼 졸음마저 지불하라. 날마다 더 많이 지불하고, 입은 다물라. 전매특허는 바로 그것을 노린다.

453 큰 길

파리 주위에서 끝없이 곧게 뻗어나간 차도보다 더 멋진 것은 없으리라. 양편에는 나무를 심은 산책로까지 거느렸다. 이런 차도는 날로 늘어간다. 더욱이 상당히 넓기도 하다. 땅을 하나도 아끼지 않고 길을 만들었음을 볼 수 있다. 이방인 철학자에게 그런 곳이 있다고 귀띔하고 나서 눈을 가리고 그곳으로 데려가 보여주면, 그는 이렇게 소리칠 것이다. "맞아, 바로 여기다. 바로 여기서 군주의 손길을 느낄 수 있다. 군주는 이렇게 말했다. "이 땅을 바둑판처럼 자르라. 구부러진 곳이 없도록 하라." 그 뒤 땅은 고분고분하게 복종하고, 밭은 길을 열고, 수많은 유산은 가로 세로로 뻥 뚫렸다. 비록 손해를 보는 개인이 있을지라도, 그 결과 아주 위대한 재산, 오랫동안 존속할 재산이 생겼다.

그러나 한가운데 차도, 말하자면 포도는 조금 초라하게 보인다. 이왕 만들려면 마차 2대가 편안하게 마주보고 지나갈 정도로 넓게 만들어줘야 할 텐데, 거기까지 신경을 쓰지 못하였다. 그래서 언제나 한 바퀴를 포도 경계석 위에 걸치고 비껴가야 하기 때문에, 포도석이 상하기도 하고, 또 바퀴가 다시 물렁한 땅에 떨어지면서 박히기도 한다. 마차가 노새 등처럼 볼록하게 솟은 포도를 만나면 미끄러지면서 제대로 앞으로 나아가지 못한다. 게다가 점토질 땅에 바퀴가 빠지기도 한다.

우리는 이런 길 위에서 불쌍한 짐마차꾼만 본다. 그들은 멀리서 공영회사 소속 마차(튀르고틴)의 우레같은 소리가 들리면 겁부터 집어 먹는다. 그들은 짐수레를 황급히 기울여 충격을 피하려고 하지만, 결국 충돌하여 마차 2대가 파손되는 일도 자주 일어난다.

물론 통행료는 받지 않는다. 멀리까지 가도록 통행세를 받는 방책을 설치하지 않았다. 사람들은 이 길을 마음대로 다녔다. 가고 싶으면 가고, 오고 싶으면 왔다. 영국의 길은 농부의 초가집 모퉁이를 깎는 대신 돌아간다. 그러나 프랑스에서는 농부를 부역에 내보냈다. 사람들은 농가의 헛간 위, 농민이 땀 흘리며 물을 주던 밭 위로 다니게 되었다. 사람들은 헛간을 허물고 밭을 뭉갠 뒤, 네모난 돌을 가져다 박았다. 그렇게 땅을 빼앗아 도로를 낸 뒤에는 아무런 후회도 없이, 또 동전 한 닢도 보상해 주지 않고 다닌다. 악행을 저지른 것이다.

정치적으로 볼 때, 선은 악에서 나온다. 악을 가능한 한 가장 넓은 범위의 선에 맡기면서 고치자. 이처럼 학대를 받고 태어난 큰 길은 모두 자유로운 교역에 이용되기만 바랄 뿐이다. 또한 혐오감을 일으키는 국내 관세의 대상이 되지 않기를 바란다. 맹수나 맹금류가 동물의 세계에 어울리지 않는 것처럼, 우리는 국내 관세를 철폐하고, 세관을 왕국의 국경지대로 내몰아야 할 것이다.

454 경매심사관[99]

경매심사관 직(모든 관직은 왕이 파는 것이 아니던가?)은 날이 갈수록 더 큰 이득을 안겨준다. 사치품이 많을수록 사치품에 굶주린 사람은 더 많기 때문이다. 안락함과 빈곤이 말없이 싸울 때 수많은 물건을 팔고 사는 일이 벌어진다. 손실, 파산, 사망, 이 모든 기회가 경매심사관에게 유리하다. 급격한 부침, 재산 변동, 장소와 신분의 변화를 겪는 사람은 마지막에 가서는 언제나 본의 아니게, 또는 자발적으로 물건을 팔게 마련이기 때문이다.

그러므로 경매심사관은 인간생활에 영향을 끼치는 크고 작은 사건에서 돈을 번다. 파리 주민의 절반은 절대적인 물자부족 상태에서 고통을 받기 때문에, 살아가려면 끊임없이 무엇이건 내다 팔거나 맞바꿔야 한다. 돈을 몇 푼 받아도 곧 상품으로 바뀐다. 다른 물건도 그랬듯이. 경매심사관은 이러한 사실도 잘 안다.

좋은 시절이나 나쁜 시절 모두 물건을 사는 사람이 있고 파는 사람도 있게 마련인데, 경매심사관은 물건을 사고자 하는 사람이나 이익을 보고 팔려는 사람 모두가 자기에게 얼마나 이익을 줄지 계산한다. 그리고 경매심사관과 그들 공동체 기금은 그들에게 받아야 할 돈을 미리 징수한다. 물건이 조금 나쁜 경우 값을 낮출 수도 있으련만, 아무튼 그것은 공동체 기금을 위해서는 확실한 가치를 가졌다.

99 Huissiers-priseurs: 1692년 7월 22일 왕령으로 신설된 직책으로, 이때 파리에 120명을 두었다.

더욱이 이 일을 하는 사람들이 쓰는 잔재주도 있다. 경매심사관은 허가 없는 장사꾼 노릇을 하거나, 상인들과 결탁하기도 한다. 경매 중에 그는 자기가 은밀히 노리는 이익이나 몸을 숨긴 공범자의 이익이 생기지 않는다고 생각하면, 적당한 때 '마개를 자를 줄' 안다.[100] 다시 말해서, 경매를 유찰시킨다.

낙찰은 돌이킬 수 없는 '선고'이다. 그러나 결정적인 판결이 나오기 전까지는 무진장 소란스럽다. 경매심사관은 급료를 받는 경매인, 목소리가 큰 사람을 고용해야 한다. 입찰자들은 "1수, 1수" 하고 끊임없이 반복하고, 경매인은 그 나름대로 "한 번, 두 번, 세 번"을 외치는데, 이렇게 소란스러운 소리가 경매장을 꽉 채운다. 경매에 나온 물건은 현장에서 낙찰되어야 한다. 왜냐하면 경매인은 언제나 이렇게 외치기 때문이다. "마지막으로 묻습니다, 더 부르실 분 계십니까, 안 계십니까?" 그러면 입찰자들은 "1수, 1수" 하고 거듭 외친다. 가격은 1수씩 오르다가 갑자기 처음 값보다 1천 리브르나 더 오른다. 1수가 저울대를 기울이거나, 1수가 저울대를 움직이지 못하게 붙잡는다.

검은 옷을 입은 경매심사관은 맑고 부드러운 소리로 말하고, 그 곁에는 낡은 옷을 걸치고 독한 술을 진탕 마신 경매인이 유리창도 흔들어 놓을 만큼 쩌렁쩌렁한 목소리로 떠든다. 두 사람은 시인 루소가 말하듯이 '공중에게 말하려고' 가슴을 들썩인다. 같은 말을 들어주기 어려울 정도로 크게 반복해서 말하는 바람에 귀가 몹시 피곤해진다. 잡다한 사람들이 경매장에 모여 물건을 서로 주고받으면서

100 '마개를 자르다(couper la broche)'는 말은 포도주 상인들이 쓰는 용어이다. 포도주 통을 막는 마개는 나중에 빼기 쉽게 통 위로 나와 있는데, 이 부분을 자르면 포도주를 따를 수 없다. 그러므로 일을 진행시키지 않고자 할 때 쓰는 말이 되었다.

사고 싶거나 필요한지 검사하고 무시하기도 할 때, 이들의 소리가 마구 뒤섞여 소란스럽다. 그러나 경매인의 목이 쉬었다고 해도 그가 "조용히"를 외치면 수많은 사람이 마구 떠드는 소리보다도 조금 더 크다.

이처럼 야단법석을 떠는 경매 현장에 다녀오면, 그 뒤 보름 동안 단조로운 외침 소리와 웅웅거리는 소리가 귓전을 맴돌 것이다.

사람들은 루벤스 그림부터 팔꿈치가 닳아 구멍난 낡은 웃옷까지 경매한다. 물건의 고유 가치는 철학적 증거 속에 존재한다. 셔츠, 침대 요, 의자, 외투가 다이아몬드, 보석, 책 따위보다 더 실용적이기 때문에 찾는 사람이 많다.

죽은 사람의 물건을 팔 때, 머리를 납작하게 빗어 붙인 주물장수가 언제나 장을 연다. 왜냐하면 죽은 사람에게 더 이상 필요하지 않은 부엌 용품부터 팔기 시작하는 일이 흔하기 때문이다. 주물장수는 다이아몬드, 불 풍의 가구,[101] 레이스를 사러온 사람들과 함께 죽은 이가 쓰던 방으로 들어간다. 죽은 이가 쓰던 의류, 그리고 코담뱃곽부터 관장기까지 모든 잡동사니를 구매자들이 주의 깊게 살펴볼 수 있게 내놓는다. 구매자들은 죽은 이의 특별한 취향을 파악한다. 죽은 이가 홀로 간직한 공상의 세계는 그를 땅에 묻은 뒤에 현실로 나타난다. 그때에야 비로소 사람들은 그를 알게 된다. 무심코 던지는 말이 그의 장례사가 된다. 그것은 깊은 연구 결과가 아니라, 단지 눈앞에 펼쳐놓은 물건을 보고 저절로 나오는 장례사이다.

경매심사관은 외설스러운 책과 음란한 판화를 골라 따로 보관하고, 경매에 내놓지 않는다. 그러나 상속인이 그것을 나누어 가지며,

101 meubles de Boulle: 17세기 가구 장인 불(Boulle)이 주로 제작한 상감 가구.

아무 생각 없이 자기 아버지가 쓰던 침대, 속옷, 겉옷을 판다. 먼저 그에게 관련된 것, 그가 쓰던 것을 모두 분류한다. 그러나 상속인은 고인의 환상이 담긴 물건을 가장 신성하게 보존해야 한다고 생각한다.

봉인을 뜯고 유품 목록을 이것저것 살펴보면 모든 것이 다 들어 있다. 사람들이 각자 무엇에 심취했는지 훤히 드러난다. 죽은 사람의 내밀한 고백이 그의 장롱 속에 눈으로 읽을 수 있게 씌어 있다.

구매자들은 고인이 살던 방이나 그의 집에서 자유롭게 큰소리로 논평한다. 그리고 모든 사람은 살아 있는 동안 혼잣말을 중얼거릴 수 있다. "이 청동제품, 이 그림은 아주 비싸게 보이네. 수집가가 보기 전에 감춰둬야겠군. 이것들은 내가 죽은 뒤 내 취향을 알려줄 좋은 증거가 되겠군." 죽은 뒤에 이러쿵저러쿵 하는 이야기를 살아서 들을 수만 있다면! 이처럼 여분을 변화시켰을 텐데…. 그렇다면 나는 무슨 일을 할 것인가? 경매심사관은 세간의 평을 들을까?

인간은 모두 죽을 때 발견된다. 그가 숨긴 악덕, 광적 성향, 이상한 취미가 모두 드러난다. 죽은 뒤 발견된 모습에 대한 세간의 평가는 하루 이상 지속되지도 않을 것이다. 가끔 아주 이상야릇한 물건, 아주 미지의 물건이 나온다. 오직 경매심사관만이 온갖 변덕을 부리는 인간의 상상력을 고려하여 그 물건의 쓰임새를 알아맞힌다. 그러나 우리말에는 이러한 물건을 설명할 낱말이 하나도 없다.

가장 진기하기 때문에 소유자가 자랑하였을 수집품은 이렇게 해서 한순간에 뿔뿔이 흩어진다. 그리고 아무 일도 하지 않고 돈에만 관심 있는 아들은 아버지의 정념을 얕보면서, 아버지가 평생 부지런히 끌어모은 수집품이 집에서 팔려나가는 과정을 건방지고 무관심하게 바라본다. 값진 진열장이 녹아버리고 아무런 흔적도 남기지 않는다. 과학이나 열광의 결말도 이렇다.

경매심사관은 폐렴에 잘 걸린다. 주물장수, 남녀 고물장수로 꽉 들어찬 방의 질식할 만한 공기가 그들의 폐를 감염시킨다.

그들이 이 일을 반드시 수행해야 할 임무가 있지만, 그래도 좀 더 다행스러운 일은 생 미셸 광장 같이 바깥에서 물건을 파는 때도 있다는 점이다. 가난한 채무자의 물건을 차압해서 팔 때, 채무자는 침대를 떠나보내면서 한숨을 쉰다. 피도 눈물도 없는 경매심사관은 간밤에 도매상, 주교, 공작부인처럼 부를 누릴 만큼 누리다가 죽은 사람들이 남긴 고상한 취향의 청동상, 다이아몬드, 포도주 값을 매길 때와 똑같은 어조로 빚쟁이들에게 유리하게 값을 매겨준다.

문필가가 죽으면, 경매심사관이 할 일은 오직 한 가지이다. 그는 굳이 경매인을 돈주고 고용할 필요가 없다. 보통 경매장에는 미어터지도록 밀려드는 구매자가 모이지 않기 때문이다. 문필가가 살던 아파트는 텅 비었거나, 거의 비었다. 경매 목록에 레이스, 다이아몬드, 부억용품이라고는 하나도 없다. 옛 철학자의 초상화와 연기에 그을린 판화 몇 점, 널빤지 위에 라틴어 책 몇 권, 비평가가 높이 평가할 원고만 남겨놓고 그는 떠났다. 서적상이 도둑고양이처럼 찾아와 검사한다. 그의 집에서는 속된 사람들의 욕망을 부채질할 물건이란 하나도 없다. 그러나 비록 저자의 책상이 빈약하다 해도, 친구들은 슬퍼하며 울어줄 것이며, 그의 이름은 영원히 영광에 휩싸이리라.

이러한 경매에 여러 번 가보니, 내가 대학교수라면 했음직한 생각이 떠올랐다. 통합 과정 콜레주에서 가장 유명한 라틴어 교사라 할지라도 경매심사관이 작성한 목록이나 보고서를 베르길리우스, 키케로, 테렌티우스, 심지어 플로투스의 언어로 번역하기란 불가능할 것이라는 생각이 문득 들었다. 나는 그리스어를 말하지 못한다. 사실, 그리스어까지 말하는 사람이 어디 있겠는가?

6권

아무도 사람들을 속이지 않았고,
사람들은 아무도 속이지 않았다

455 구두닦이

파리가 옛날에 루테시아,[1] 즉 '진흙탕 도시'라고 불렸던 것을 우리는 알고 있다. 하지만 이 더럽고 거대한 도시에서 오늘날 너무나도 필수적인 '구두닦이 기술'이 어느 시대에 태어났는지 정확하게 아는 사람은 없다. 발끝으로 걸어도 소용이 없다. 아무리 능란하고 민첩하더라도 진창이 튀는 것을 피할 수가 없다. 포도를 쓰는 빗자루가 하얀 양말에 검은 점들을 튀기는 경우도 자주 있다. 그럴 때 길모퉁이에서 아주 유익한 구두닦이가 친절한 솔과 재빠른 손을 내민다. 구두닦이 덕에 우리는 높으신 분들과 귀부인들의 집에 출입할 수 있게 된다. 약간 남루한 옷, 싸구려 셔츠, 보잘것없는 치장은 무방하지만, 시인일지라도 구두에 진흙이 묻은 채 도착해서는 안 된다.

구두닦이들로 유명한 곳은 퐁뇌프이다. 여기는 더 잘 닦아주고 더 편하다. 마차들이 끊임없이 지나가도 작업을 중단하지 않는다. 최고라고 소문이 난 이곳 구두닦이들은 신속하고 깨끗하게 닦아주는 것이 특징이다. 다른 곳에서는 엉터리 초짜를 만날 위험이 있다. 작은 솔 대신 큰 솔을 사용하는 초짜들은 시꺼멓고 끈적거리는 왁스를 하얀 비단 양말에까지 묻히는 바람에, 아무리 솜씨 좋은 세탁부도 지울 수가 없게 된다. 하얀 비단 양말이 한 켤레밖에 없는 사람이 공작부인 집에 초대받아 짧은 희극이나 연애시를 낭송하려고 가는 길

1 '루테시아'의 켈트어 어원은 습지에 더 가깝다.

에 이런 일을 당한다면 무슨 재앙이란 말인가!

이런 낭패를 두려워하는 작가들은 퐁뇌프의 구두닦이에게 가야 한다. 그들은 비가 오거나 햇볕이 뜨거우면 손님 손에 양산까지 들려준다. 그 덕에 여러분은 분을 바른 컬한 머리칼을 그대로 유지할 수 있는데, 이런 멋은 깨끗한 구두보다 더 낫다.

구두닦이들은 통제를 받지 않고 왕에게 세금을 내지 않는다. 발판과 솔 2자루만 구하면 자신의 재능을 어디서나 써먹을 수 있는데, 이런 특혜는 파리에서는 아주 드문 것이다.

말을 하고 글을 쓸 줄 아는 사람이, 전제적인 관습 때문에 재능을 발휘하여 변호사를 할 수 없는 경우가 적지 않다. 구두닦이들에게는 '실습'이란 것이 없다. 그들은 동료들이 일하는 것을 팔짱 끼고 보지 않는다. 그들은 솔을 들고 그 유명한 화가처럼 말한다. "나도 구두를 닦는다."

구두닦이들 사이에는 시기심이 전혀 없다. 구두닦이를 부르면 4~5명이 손에 발판을 들고 달려와서, 열성이 지나친 나머지 약간은 거칠게 발판을 손님의 다리를 향해 내민다. 선택을 하면 다른 구두닦이들은 불평하지 않고 즐겁게 비켜준다. 약육강식의 세계가 아닌 것이다. 솜씨 좋은 사람이 동료를 파멸시키거나 조롱하지 않는다. 저 고명하신 아카데미와 왕국의 다른 단체들에서는 이런 평등을 찾아보기가 어렵다.

요금은 딱 정해져 있다. 사법보좌관[2]들의 요금도 그렇게 고정되어 있길 신께 기도해 본다. 이 떠돌이 사부아 사람들은 부정이나 독점을 알지 못한다. 아주 오래전부터 계절을 막론하고 극장 출입문이

2 secrétaires des rapporteurs: 파리 고등법원 판사들의 업무를 보조하던 직으로, 판사에게 돈을 주고 그 자리를 샀기 때문에 수수료가 천차만별이어서 사람들의 불평을 샀다.

나 다른 곳에서 양말과 구두의 때를 벗기려면, 식료품 가격과 통화 가치의 변동에 관계없이 언제나 2리야르를 내면 된다.

구두닦이들은 선량한 시민들이다. 그들이 열렬히 "국왕 전하 만세"라고 외치는 덕에, 냉담하고 산만한 사람들도 흥이 나서 함께 소리를 지르는 경우가 자주 있다. 또 구두닦이들은 '영국제'라는 말이 싫어서 절대로 '영국제 왁스'를 쓰지 않는다. 그들은 검은 때를 기름에 녹이는 방식을 선호한다. 이런 식으로 닦은 구두를 신고 마차에 오르는 예쁜 부인들은 흰 치마가 온통 얼룩이 져서 결코 지워지지 않는다. 국민적인 반감에 신경 쓰지 않는 여인들은 얼룩이 조금도 지지 않는 '영국제 왁스'를 추천해야 할 것이다.

루이 15세의 병이 나아서[3] 파리 전체가 기쁨에 들떠 하늘이 소중한 국왕을 돌려주신 것에 감사하고 있을 때, 한 구두닦이가 대중의 환희를 함께하기 위해 양초를 한 개 사서 넷으로 잘라 자기 발판의 네 구석을 밝혀 놓았다. 발판은 그만의 유일한 공간인 것이다. 또 다른 구두닦이는 배우들이 『시나』를 무료공연하고 시청이 선심을 베푸는 차원에서 서민들에게 무료로 빵을 나누어 줄 때, 무료로 구두를 닦아주었다.

오페라 극장의 배우인 샤세가 어느 날 구두를 닦았는데(오페라 남배우들은 마차가 없고 오로지 여배우들만 있다), 일이 끝나자 구두닦이가 돈을 받으려고 하지 않았다. 샤세가 물었다. "도대체 왜 그래?" "동료들끼리는 요금을 받으면 안 되거든요. 당신이 왕 역할을 하는 것처럼 나는 오페라에서 괴물 역을 맡거든요." 아가멤논 역과 괴물 역

3 루이 15세가 1744년에 메스(Metz)에서 큰 병에 걸렸다가 회복된 것을 말한다. 왕의 병환에 대해 거의 모든 사람들이 크게 걱정했기 때문에, 병이 나은 다음에 왕에게 '사랑받는 왕'이라는 별명이 붙여진 것이다.

을 등등하게 취급하는 이 괴짜 구두닦이를 보라!

구두닦이들은 괴물 역을 맡기도 하지만, 올림포스 산에서 날아 내려오는 '신들'의 대역도 한다.[4] 날개가 달린 신이 허공을 가로질러야 하는 경우에 유명 배우의 목이 부러지는 일이 없도록, 신과 비슷한 옷을 입은 구두닦이가 수평으로 걸린 밧줄을 타고 극장을 가로지른다. 눈속임이다. 배우는 자신의 즐거운 인생을 도르레 놀이에 걸 필요 없이, 무대 뒤에서 의기양양하게 걸어 나오면 되는 것이다.

언제나 겸손하고 항상 유익한 구두닦이들은 최근에 대중에게 아주 중요한 봉사를 했다. 신작로에 오페라의 임시 극장[5]을 지을 때 그 안전성을 확인할 필요가 있었다. 그래서 구두닦이들과 파리의 사부아 사람들을 모두 불러 모았다. 그들은 칸막이 좌석, 악단 석, 일반객석을 가득 채운 다음, 계단, 휴게실, 출연자 대기소, 복도 등을 발로 힘껏 굴러 보았다. 이렇게 하라고 시킨 것이다. 건물이 잘 버티는 것을 확인하고, 그 다음날 잘 차려입고 향수를 뿌린 사교계 인사들이 안심하고 행차를 하셨다.

이것을 '극장을 시험해 본다'고 말한다. 구두닦이들 없이는, 건물을 세운 사람이 아무리 신중하고 능력이 있더라도 건물이 무너지지 않을 것이라고 사교계 인사들을 안심시킬 수 있는 방법이 없을 것이다. 그런데 구두닦이들은 오페라 극장이 새 건물일 때는 공짜로 방

4 구두도 닦고 굴뚝 청소도 하는 아이들이 이따금 하는 부업을 가리키는데, 여기서 당시 사회가 어린이들에 대해 아주 냉혹했다는 것을 알 수 있다. 이런 참상을 빅토르 위고가 『레미제라블』의 가브로슈를 통해 상기시키게 된다. 이런 아이들은 몸집이 작기 때문에 괴물 모형 속으로 들어갈 수 있어 괴물 역을 맡는 것이다. 신의 대역은 커다란 사고를 당할 위험이 있지만, 사부아 꼬마는 불구가 되더라도 큰 말썽거리가 되지 않았다.

5 생토노레 길의 오페라 팔레루아얄 극장이 1781년 6월에 화재로 없어진 다음에 포르트 생마르탱에 6주 만에 임시 극장을 지어 1781~1794년까지 사용하게 된다. 이 극장을 무료공연을 통해 '시험해 보았는데', 오로지 빈민들만 목숨을 담보로 초대되었다.

문하길 좋아한다. … 그들에게 돈을 받지 않고 극장 문을 열어주면 그들은 아무런 부담 없이 즐기고 가는 것이다. 극장이 무너지지 않을 것이라는 점을 궁정과 도시에 보장하기 위해 우리 시대가 만들어낸 이 심오한 방식에 대해 나중 사람들은 뭐라고 할까?

456 가정부

파리에서 결혼은 쉽지 않다. 특히 중년에 재산이 별로 없는 남자에게 그렇다. 모든 여자들이 요구하는 독립은 관두고라도, 아내를 부양하고 생활비를 대고 매년 유행에 따라 달라지는 변덕을 충족시키려면 엄청난 돈이 든다. 그래서 부자가 아니거나 절약을 원하는 남자 또는 자유를 간직하려는 남자는 가정부, 다시 말해서 첩을 둔다. 이런 여자는 나대지 않고 가사에만 매달려서 식탁과 살림을 돌보고, 주인이 혼자 있을 때는 함께 식사를 한다.

여자들이 치장과 낭비에 환장하게 된 이래 파리에서는 이런 타협책이 아주 일반적이 되었다. 경멸하는 집안일은 하인들에게 맡기고, 요리라는 말만 들어도 몸서리치며, 자기가 살림이나 하려고 지참금을 4만 프랑이나 가져온 것은 아니라고 남편에게 말하는 부르주아 신분의 여자들이 많다. 이 4만 프랑의 지참금에 콧대가 높아진 부인은 양장점 여주인하고 거래하고 푸주한은 거들떠보지도 않는다.

이런 여자들은 프랑스 원수, 고등법원장의 부인과 친구가 될 수도 있다고 믿는다. 하지만 남편의 하녀나 다름없는 상인, 서기, 수공업자의 부인과는 상대하지 않는다.

지참금을 뽐내는 부르주아 여성은 대공이나 공작의 것과 똑같은 모델의 결혼계약서를 작성하게 만들고, 대공부인과 공작부인이 지엄한 남편을 항상 따르지 않듯이 자신도 순종을 거부한다. 다소곳하고 부드러운 목소리의 처녀가 결혼계약이 체결되자마자 딱딱거리고 거만해지는 것이다. 부창부수 대신 불화와 무질서가 판을 치지만, 결혼이란 매듭은 풀 수 없는 것이라서 아무런 대책이 없다.

이렇게 자연의 질서가 뒤집히는 것을 본 남자들은 결혼이 자기들을 옭아매는 속박이라고 간주하고 두려워하게 되었다. 그래서 순종할 줄 알고 본연의 의무인 가사를 책임지는 여자를 구하는 것이다. 영리하고 유순한 가정부를 찾아낸 남자는 평화롭게 산다. 삶을 편안하고 달콤하게 만드는 것은 계속 되풀이되는 작은 배려들로 인해서이다. 이런 배려들은 개별적으로는 별것 아니지만 모이면 연속적인 즐거움이 된다. 이 사소한 보살핌이 행복에는 아주 중요하다. 행복의 토대는 평온과 휴식이다. 바로 그래서 못생기고 진절머리 날 것 같은 여자가 어떤 남자에게는 최고의 행복을 가져다 주는 것이다. 그는 다른 모든 여자들보다 그녀를 더 좋아한다. 매순간 그녀의 작은 봉사가 작은 기쁨을 주기 때문이다. 작은 기쁨은 커다란 기쁨과는 달리 즐거움만 주고 피곤하게 만들지 않는다.

병약한 문인, 혼자 사는 사교계 남자, 신분 때문에 외로운 성직자, 이런 사람들이 가정부에게 몸을 맡긴다. 가정부는 대개는 유연하고 능란하여 주인의 정신을 지배하게 된다. 몇몇은 권리를 악용하여 주인으로 하여금 자기랑 결혼하게 만들고, 다른 가정부들은 유언장을 작성하게 시킨다. 돈 많은 노인네의 가정부는 보통 대단한 자리가 아니다. 조카들은 그녀를 증오하고 두려워하면서도 잘 보이려고 애쓰고, 아저씨에게 말 좀 잘해달라고 애원한다. 아저씨가 사망하면 가정부는 한밑천 잘 챙겨서 떠나고, 조카들은 유산 다툼을 하게 된다.

법규가 풍습에 더 이상 제동을 걸지 못하게 되었을 때에는 풍습을 따라서 조금씩 변해야 한다. 예전에는 첩을 두었었는데, 이 여자들이 별도의 신분을 구성했다. 이 신분을 폐지한 것은 잘못된 일이다. 이 신분이 많은 수의 주민과 관계가 있어 다시 생겨난 것이다. 모든 신분과 모든 조건의 사람들이 다 똑같은 계약을 맺는 것은 불가능하다. 결혼을 파기할 수 없다는 것 때문에 많은 불편이 발생하고 있다. 법원이 결정하는 별거는 2명의 외톨이를 만든다는 점에서 이혼보다 더 위험하다고 본다. 결론적으로 종교와 국가의 이익을 위해 이 분야의 법을 바꾸어야 한다. 오로지 군주만이 관련법을 개정할 수 있을 것이다.

지금으로서는 공정하게 판단을 해야 한다. 사회가 그런 여자들의 지위를 인정하지 않는다고 해서 그 여자들을 경멸해서는 안 된다. 타락한 여자들은 경멸해야 한다. 하지만 형편이 어려워서 가정부나 첩의 신분이 되었지만 얼마든지 고귀해질 수 있는 여자들은 불쌍히 여기고 관대하게 대해야 한다. 악덕을 칭찬하자는 이야기가 아니다. 하지만 약점을 매도하거나 범죄로 취급할 필요는 없다. 가정부도 과오를 미덕에 의해 씻어냄으로써 남자들 그리고 자기 자신의 존경을 받을 자격이 있다는 점을 알려주는 것이 더 낫지 않을까? 약점이 있다고 해서 장점이 없는 것은 아니기 때문이다.

존경을 받게 된 가정부가 여럿 있다. 장자크 루소의 가정부는 나중에 이 위인의 부인이 되었다. 그녀는 지칠 줄 모르는 정성과 변함없는 인내심으로 루소에게 특이한 영향력을 끼치게 된 것이다. 천부적인 재능을 타고난 남자들은 자신들과 공통점이 전혀 없는 것 같은 여자들의 지배를 받게 될 운명이라고 말해야 할까?

457 초상화가

초상화가들은 정말 바쁜데, 이는 사람들의 자존심 덕이다. 누구나 거울을 들여다 본 다음에는 자기 초상화를 원하게 된다. 거울에 비친 자기 모습이 있는 그대로라고 믿는 사람은 없다. 자신을 쳐다보면서 미화를 하지 않을 수가 있을까? 바보의 외모도 그 자신의 눈에는 바보처럼 보이지 않는다. 바보가 자신이 바보라고 고백할 수는 있지만, "나는 눈이 멍청해 보여요"라고 말하는 법은 결코 없다. 초상화가들은 세밀화와 에나멜화[6]를 그린다. 그들은 항상 여자들에게 은총을 잔뜩 베푼다. 하기야 남자들도 더 멋있게 그려지길 좋아한다.

여자들은 자기 초상화를 자주 그리길 원해서 초상화가가 집에 드나든다. 처세에 능한 화가 부인은 아름다움을 영원하게 만들 붓을 위해 조언을 해줄 누군가가 있어야 한다는 것을 잘 안다. 화가의 눈이 세세한 것을 모두 파악할 수는 없으므로 감정인이 필요하다. 감정인은 감식안이 있어야 진정한 아름다움을 알아볼 수 있다고 말하면서 자기 의견을 말한다.

화가는 자신이 감정인만큼 감식안이 뛰어나지 못하다고 고백하고, 감정인의 모든 지적을 세심하게 따른다. 어떤 여자는 초상화 그

6 "세밀화는 물에 녹인 아주 연한 물감과 기름 없는 고무로 제작한다. 세밀화는 더 섬세하여 가까이에서 보아야 한다는 점에서 다른 그림들과 구별된다. 세밀화는 독피지나 서판에 그려야 하고, 작은 크기로만 제작하는 것이 용이하다. 에나멜화는 에나멜을 빻아서 가루로 만든 다음 불의 힘으로 녹이고 다시 구워서 유리처럼 만들어 물감으로 사용하는 그림을 말한다."(『트레부 사전』)

리는 데 3개월이나 걸린다. 미술을 너무나 사랑한 나머지 능숙한 붓이 빛나는 화실을 떠날 수가 없는 것이다. 하기야 뛰어난 솜씨와 취향의 가구가 딸린 이웃집들에는 비밀 출입구까지 있다. 감정인은 무시로 드나든다. 화가는 재치가 있고 그 부인은 매력적이다. 미치도록 그림을 사랑하는 여자는 남편에게 갖다 줄 수 있을 정도로 자신과 충분히 닮은 초상화가 제작되도록 모든 수단을 동원한다. 발랄하고 만족스러운 모습이 그려지도록 말이다.

여자는 남편에게 초상화를 선물하면서 너무나도 순진하게 소리친다. "여보, 내가 당신에게 드리는 것은 복제본이 아니에요."

일반 부르주아는 화가를 집으로 부른다. 남이 첫 번째로 알려주는 화가를 무조건 부른다. 화가의 붓이 제멋대로 부인의 얼굴을 그릴 때, 남편은 함께 자리를 지킨다. 남편은 부인의 모든 매력이 드러나도록 멍청한 미소를 짓는다. 부인은 교태를 부리고, 화가는 실제보다 더 추하고 더 찡그린 얼굴을 그린다.

부인의 초상화가 완성되면, 부인의 권유대로 남편이 화가 앞에 선다. 제일 좋은 가발을 쓴 큰 얼굴을 그리게 하는 것이다. 이 진귀한 초상화는 그의 부인이 평생 차고 다닐 팔찌를 장식하게 된다. 남편의 표정도 어색하지만, 화가는 더욱 서툴러서 정말 형편없는 초상화가 그려진다. 부인과 남편의 초상화 둘 다 실물과 닮은 점이 없지는 않지만, 망친 것이다. 그래도 상관없이, 가족 전체 그리고 집에 드나드는 모든 사람들에게 자랑스럽게 보여준다. 이 우스꽝스러운 초상화들은 남편의 애정이 최고조에 달한 시절을 추억하게 만들 것이다. 이따금 화가는 자기 작품이 불러일으킨 격정의 증인이 되어 우쭐거리기도 한다. 부부는 과장되고 울긋불긋한 초상화에 감격의 눈물을 흘리면서 서로 입을 맞추고 최고의 걸작이라고 감탄하는 것이다. 부인은 남편의 지갑 안에서 찡그린 얼굴이고, 남편은 부인의 화려한 팔찌 위에서 뾰로통한 표정이다. 부부의 얼굴이 정확하게 닮아 보이는 순간들이 있는 법이다.

수많은 엉터리 화가들이 형편없는 솜씨로 먹고 산다. 그들은 몇몇 이발사들이 머리를 손질하는 것처럼 그림을 그린다. 하지만 이 모든 것이 다 지나가게 마련이고, 잘못 그려진 얼굴과 잘못 손질된 머리가 후대에 전해지게 될 것이다. 부르주아 부인의 초상화를 그리는 엉터리 화가도 불멸의 영광을 거론하는 세상이다.

458 악기 연주자

루이 13세는 보잘것없는 오케스트라를 구성하는 데 엄청나게 애를 먹었다. 당시만 하더라도 바이올린 연주자가 아주 드물었다. 루이 13세는 표트르 대제의 방식처럼 채찍질로 교향곡을 연주하게 만들지는 않았다. 하지만 박자를 담당하는 사람이 모든 연주자들에게 도음을 미리 알려주어야 했었다. 오늘날엔 음악가들이 넘쳐난다. 카페의 이동식 간이무대에 올라선 남녀 성악가들이 익살스런 아리에타와 희가극 노래를 부르고, 좋은 교향곡을 연주하는 것이 어렵지 않다. 프랑스 왕 60명이 들어보지도 못한 연주를 재단사가 한 잔 하면서 즐길 수 있게 된 것이다.

음악적 재능이 너무 보편화된 나머지 바이올린 활을 켜는 손이 동냥통을 내미는 지경이 되었다. 대개 동전 몇 닢을 던져준다. 여가수는 목소리의 매력을 한껏 뽐낸 후에는 구걸을 한다. 이렇게 공공연한 구걸 때문에 예술이 타락했다고 볼 수도 있다. 우리가 아직 그런 것에 익숙하지 않기 때문이다. 그러나 아름다운 연주를 공짜로 즐기는 것은 옳지 않다. 파리에서는 모든 것에 돈을 내야 하므로 악기 소리도 마찬가지이다.

하지만 한 푼 없는 게으름뱅이도 연주를 즐길 수 있다. 카페에 앉아서 몸을 녹이며 저녁 내내 음악을 듣다가, 종업원이 숙박은 불가하다고 알리는 11시에야 이 안식처에서 나오는 것이다. 언제나 공짜인 자리를 차지한다고 비난하는 카페 주인은 없다. 1년 내내 음악 대접을 받고 몸을 녹이면서 한 푼도 내지 않는다. 배는 곯아도 귀는 즐겁고 교향곡이 저녁을 대신한다. 신작로의 모든 카페 주인들이 게으르거나 할 일이 없어서 철저하게 무위도식하는 수많은 사람들에게 난로와 의자 그리고 오케스트라까지 무료로 제공한다.

노동을 혐오하고 인생이 끔찍하게도 길다고 여기는 사람들이 얼마나 많은지는 카페를 돌아다녀 보면 분명히 알 수 있다. 그들은 모두 죽음의 평온에 대비하고 삶보다 영면을 훨씬 더 바라는 것 같다. 그들이 숨을 거두면, 죽는 것이 아니라 카페 출입을 중지하는 것일 뿐이다.

459 주임신부

주임신부들이 청렴하다는 평판은 대개는 근거가 있다. 그들은 휘하의 신부들보다는 아는 것이 많고 덜 광신적이다. 그들은 종신직 획득으로 야심을 거의 충족시킨 셈이라서 온화하고 온건하다. 그들은 자기 소교구 안에서는 작은 주교라고 볼 수 있는데, 소교구가 클 때는 특히 그렇다.

그러나 소교구들은 규모와 보수에서 매우 차이가 난다. 드넓은 생탕투안 포부르에는 소교구가 하나뿐이고, 생제르맹 포부르도 마찬가지이다. 시테 섬에는 4~5개의 소교구가 다닥다닥 붙어 있다. 어떤 집은 소교구 2개에 속하기도 한다.

규모가 큰 소교구들의 성직자는 너무 수가 많은 것 같다. 중백의를 입은 연대라고 불릴 정도이다. 이 모든 신부들이 무슨 일을 하는가? 그들은 장례 행렬에서 양초를 운반하고, 창미사에서 들러리를 서고 행진에 참가한다. 이런 피상적인 의식에는 신부들이, 사무실에 서기들처럼 너무 많다. 소교구들의 성직자를 4분의 1로 줄일 수도 있을 것이다. 하지만 그들이 주임신부 주위에서 일종의 궁정을 이루고 있고, 주임신부는 이 성직자 군단을 거느리고 있기 때문에 축소는 어림도 없는 일이다.

이런 신부들은 모두 속인들처럼 산다. 여자들과 소녀들이 사는 여염집에서 거주하고, 여자들의 고해를 듣고 첫 번째 성체배령과 견진성사를 준비시킨다. 그들은 세속사회 속으로 편입되어 있다. 신부가 아침에 자기와 같이 미사를 본 사람들하고 함께 저녁에 카드를 치는 것은 너무나 흔한 일이다.

주임신부는 부하 신부들을 통해 비밀 이야기를 엄청나게 많이 알게 된다. 신부들은 교회의 이익에 봉사하기 위해 눈을 크게 뜨고 귀를 기울인다.

빈민을 위한 자선은 대개 신부들의 손을 거치므로, 가난한 사람들은 신부들을 반긴다.

규모가 큰 소교구들에서는 하급 신부가 이 거룩한 임무를 담당한다. 하지만 그에게는 주임신부의 친절, 동정심, 기품이 없다.

지금은 조금 진정이 된, 종부성사 거부 사건 이래 파리의 주임신부들은 아주 신중하고 조심스럽게 처신하고 있다.

모든 주임신부들의 임명권자인 대주교가 보좌신부 등에게 행사하는 영향력이 얼마나 클지 생각해보라. 신부들은 대주교와 똑같이 생각하고 느끼는 척한다. 그들은 주임신부가 되려고 운동을 하고 자신을 추천하며 음모를 꾸민다. 신비한 사실을 밝혀내는 사람에게 우선권이 주어진다. 일단 주임신부로 임명되면 그 자리는 빼앗길 염려가 없기 때문에 자기 주장을 고집하고 대주교의 의견에 반대한다.

'샤포'라는 이름의 주임신부는 종신직에 오르자마자 자신을 오른팔로 여기던 고 크리스토프 드 보몽[7]에게 반기를 들었다. 그래서 대주교가 모자[8]를 잃어버렸다는 농담이 유행하게 되었다. 드 보몽 대주교는 파리의 주임신부들과 겸상을 하지 않았다. 그들과 일정한 거리를 두기 위해서였다고 한다.

덕망이 있는 사람이 주임신부가 되면 많은 선행을 할 수 있으며, 선행을 하는 주임신부들이 적지 않다. 그들이 끈기 있게 요구하기

7 Beaumont(1703~1781): 프랑스의 고위성직자로 파리 대주교를 역임하였다.
8 프랑스어 샤포(chapeau)는 모자라는 뜻이다.

만 하면 된다. 생쉴피스 주임신부인 랑게는 교회당 건립을 위한 막대한 금액을 손쉽게 얻어냈다. 그가 간청하자 아무도 감히 거절하지 못했다.

적지 않은 종교적 관행의 속박이 깨진 이 시대에 주임신부들은 선배들에 비해 많은 곤란을 겪고 있다. 사람들의 마음을 얻기 위해서는 훨씬 더 많은 기술이 필요한 것이다. 불신자와 부딪히지 않고 피할 줄 아는 동시에, 신도들의 신앙심을 저버리지 않아야 하는 어려운 경우들이 발생한다.

주임신부들은 불만을 감추고 신중한 침묵을 선택한다. 그들은 추문에 대한 징벌을 추진하는 것이 아니라, 앞장서서 추문을 덮으려고 한다. 가톨릭 동맹 시절에는 난폭하기 짝이 없었던 그들은 평화사상을 받아들인 다음에는 아주 온건해졌다. 그들의 행동은 온화하고 가시 돋친 말은 하지 않는다. 그들은 주교만큼 높지는 않지만 더 인기가 있고, 교구인들을 위로하고 도와줄 줄 안다. 또 자기들만이 알고 있는 내밀한 상처를 치료해 주고, 자신들이 막을 수 없는 악습은 묵인한다. 종교적 규범이 세속적 관용에 맞설 수 없다는 것을 알기 때문이다.

주임신부와 교회 재산관리위원들이 완전하게 화목하는 경우는 결코 없다. 재산관리위원회는 언제나 주임신부에게 어느 정도의 반대 의견을 제시한다. 그러나 이런 내부적인 불화가 양측의 권리를 유지시키고, 주임신부와 그 성직자들이 지나치게 큰 권력을 장악하는 것을 막아준다. 그렇지 않았더라면 행정의 여러 부분들이 피해를 보았을 것이다.

460 폭동

폭동이 반란으로 악화될 가능성은 거의 없어졌다. 경찰의 감시, 언제든지 출동할 준비가 되어 있는 스위스와 프랑스 근위연대, 궁내부, 파리를 둘러싼 요새 도시들, 궁정의 이익을 지키려는 무수한 사람들. 이 모든 것이 심각한 봉기의 싹 자체를 근절해 버린 것이다.

지난 50여 년 동안 파리에서는 두 번의 폭동[9]밖에 없었고, 그것도 신속하게 진압되었다. 프롱드 난 이래로 파리는 대체로 평온한 편이다. 기마헌병대는 사방에 배치되어 있고, 군대가 일드프랑스를 에워싸고 있으며, 폭도들의 집결은 불가능하다. 이렇게 유지되는 평온이 오랫동안 지속되고 있어서 더욱 굳건해졌다.

농민들이 많이 모이는 것은 금지되어 있다.[10] 그들이 분노할 일이 생겼더라도 몰려갈 곳도 할 수 있는 일도 없다. 기마헌병대가 바로 근처에 있고, 그 다음에는 근위대가 달려올 것이고, 마지막으로는 군대가 진군할 것이다.

때때로 동요하기도 하는 파리인들이 반란을 일으킨다면 파리라는 거대한 우리에 즉시 가두고 곡식을 끊어버릴 것이다. 먹을 것이 떨어지면 곧 용서와 자비를 구하게 된다.

9 메르시에는 1750년 5월의 폭동과 1769년 봄의 폭동을 언급하는 것 같다. 전자는 사실이 아니지만 그럴듯한 소문이 퍼진 어린이 유괴 사건들 때문에 발생했다. 식량 위기로 촉발된 후자는 곡물거래의 자유화가 결정적인 원인이었다고 본다.

10 이 엄격한 조치는 튀르고가 '밀가루 전쟁'을 진압하기 위해 내린 1775년 5월 4일자 칙령에 의해 취해졌다. 이러한 금지를 위반하면 계엄령의 적용을 받았다.

대상서 모푸는 경호원 몇 명만 대동하고 고등법원 건물로 들어가 기존의 고등법원을 해산시키고 자기 방식의 고등법원을 세웠다. 모푸는 아무도 대항하지 못할 것이라는 점을 잘 알고 있었다. 사람들은 놀라고 분개했지만, 그 사건은 구경거리에 지나지 않았다. 아무 일도 없었고 모푸는 의기양양하게 돌아갔다.

1개 분대만 있으면 500~600명의 군중을 어렵지 않게 해산시킬 수 있다. 군중은 처음에는 기세가 등등하지만, 병사들이 거친 말로 위협하거나 2~3명의 폭도를 체포하면 순식간에 흩어져버린다.

이처럼 반란은 즉각 진압되기 때문에, 파리는 최근 런던이 조지 고든[11]의 난으로 경험한 공포로부터 안전하다.

극장에서도 마찬가지이다. 관객들이 어떤 대사에 대해 격하게 반응하고 배우의 몸짓을 불만스럽게 생각할 때마다, 경비가 시시한 시인이나 삼류 배우의 편을 들어 소란스러운 장내를 정돈한다. 몇 번 함성이 터져나오지만, 결국에는 총을 든 경비가 이기게 마련이다.

고든 경이 런던에서 일으킨 반란은 파리인들에게는 꿈같은 이야기이다. 또 그런 혼란의 와중에서도 일종의 절제가 있어서 어떤 집은 불태우고 이웃집은 놔두었다는 것은 파리인들에게는 훨씬 더 놀라운 일이다. 실제로 파리인들이 어느 정도의 한계를 넘어선다면 훨씬 더 과격해질 것이다.

런던 주민은 반란 중에도 냉정함을 유지한다. 자기 분노를 다스려서 특정 사항에 대해서만 분풀이를 하고, 스스로 정하고 책임을 질 수 있는 선을 절대로 넘어서지 않는다.

11 유명한 영국 의원인 고든(George Gordon, 1750~1793)은 하원에서 개신교도들을 옹호하고 그들의 진정서를 공개했다. 청원의 대가인 그는 의회의 종교적 관용 조치들에 반대하는 집회를 조직했는데, 이것이 1780년에 폭동으로 변질되었다.

그러나 파리 민중을 흥분하게 내버려두고 야경대원과 기마 야경대원, 파출소장과 경관이 출동하지 않으면 그 혼란에는 어떤 절제도 없게 된다. 하층민이 익숙해진 통제에서 풀려난다면 어디에서 멈추어야 할지를 모르기 때문에 더욱더 잔인한 폭력을 저지르게 될 것이다.

파리에서는 폭동이 드물기 때문에 만약 심각한 폭동이 한 번 일어난다면 위험천만한 일이 벌어질 것이라는 예측이 가능하다.

그러므로 폭동이 발생하면 초기에 아주 신중하고 절대 온건하게 대처해야 한다. 피를 보지 않도록 해야 하는 것이다. 그렇게만 되면 하층민의 분노는 저절로 사그라질 것이다. 바로 이 점을 관리들이 최근 두 번의 폭동에서 간파했다. 이렇게 냉정하고 의연한 대처 덕에 소요가 더 확산되지 않았다.

마음만 먹으면 봉기할 수 있는 런던의 민중이 누리는 자유는 성가시고 위험한 것이다. 하지만 이 난폭하고 집을 때려 부수는 민중 출신이, 아무것도 두려워하지 않는 불굴의 병사와 선원이 되기도 한다. 이런 민중을 성마른 경찰의 회초리로 억누른다면 그들은 더 이상 싸울 줄 모르게 될 것이다. 그리고 영국은 방종에서 비롯되는 기개와 힘을 잃게 되리라.

전투에서는 맹렬하고 도시에서는 유순하기 짝이 없는 민중은 찾아보기가 쉽지 않다.

민중이 기개와 담력을 간직하면서도 권위에 도전하지 않게 만드는 것이 최상의 정치이다. 우리 프랑스는 큰 위기의 순간에서 민중의 오만함 또는 자부심이 어떤 역할을 했는지 아직 정확하게 평가하지 못하고 있다. 도대체 폭동과 반란은 얼마나 다른 것일까?

정치적으로 말하자면, 한 30년마다 사투르누스 축제[12]로 난동이 벌어지더라도 큰 위험은 없는 편이다. 국민적 용기는 이따금 깨지는 유리창, 폭행을 당하는 경관들, 법관 얼굴에 던지는 썩은 사과에서 나오는 것인지도 모른다. 문제는 이런 보이지 않는 연관성을 연구하는 사람이 없다는 것이다. 감시와 진압에만 혈안이 된 경찰이 정신과 기개를 얼마나 억압하는지를 따져보는 사람이 없는 것이다.

12 루소는 『신 엘로이즈』의 유명한 포도 수확 이야기에서 사투르누스 축제라는 공상 세계를 등장시켰다. 이는 통제되어 있고 불의의 사고가 없는 축제이다. 축제 동안에 사회적 역할들의 교체가 이루어지지만, 아무런 위험도 없다.

461 부제 파리스[13]

그의 생존 시에는 그가 죽은 다음에 이렇게 유명해질지 전혀 생각하지 못했다. 예수회 일당은 그를 성자로 만들려고 온 힘을 다했다. 그들은 떼거리로 그의 무덤으로 몰려가 경련을 일으키고 발작을 하기도 하였다. 이런 광분이 확산되었더라면 후유증이 컸을 것이다. 다행히 철학의 빛이 이 터무니없는 소동을 일소하고 자칭 개혁가들과 기적을 행하는 자를 웃음거리로 만들어 버림으로써, 이 정신적인 전염병을 걱정하던 정부를 도와주웠다. 종교와 기적에 도취하여 흥분한 사람들이 무슨 짓을 저지를지 모를 정도로 착란이 널리 퍼졌다. 노망이 든 공작부인은 부제의 낡은 바지를 1천 에퀴를 주고 사서 그것으로 눈을 닦았다. 이보다 훨씬 더 경악스러운 일도 벌어졌다. 파리스 신부의 소위 기적들을 그림과 함께 수록한 4절판 대형 책자까지 나온 것이다. 몽주롱[14]이라는 사람이 펴낸 이 책은 나름대로 명저이다. 우리의 지성을 모욕하고 우리가 언제나 빠질 수 있는 탈선에 대해 경고하고 있기 때문이다.

13 Pâris(1690~1727): 오라토리오회 신학교를 마치고 부제가 되었다. 그러나 얀센주의를 단죄한 교황 클레멘스 11세의 「우니게니투스(Unigenitus) 교서」(1713)를 둘러싼 논쟁에서 얀센주의를 지지함으로써 성직을 포기했다. 파리 생마르소 포부르로 은둔한 그는 고된 노동과 자선 그리고 고행에 전념하다가, 지나친 단식과 육체적 학대 때문에 요절하고 만다. 사후에 성자로 간주된 그의 무덤에 얀센주의 신도들이 몰려가 묵상을 하기 시작했고, 기적의 치유가 이루어진다는 소문이 들불처럼 확산되었다.

14 Montgeron(1685~1754): 파리 고등법원 판사로서, 파리스 부제의 무덤에서 일어난 기적들을 묘사한 『기적의 진실』을 발간하고 '발작자들'을 옹호한 죄로 수감되었다.

이런 광신자들은 경련과 발작을 은밀하게 계속해 왔다. 그들이 정말 놀라운 힘을 보여준 것은 사실이라고 인정해야 한다. 만약 이성이 기만적인 감각을 이겨내지 못한다면, 그들이 보여주는 시련 속에 초자연적인 무엇이 있다고 믿게 될 것이다. 이 광신자들은 장작으로 얻어맞고 칼에 찔리고 쇠꼬챙이로 몸을 지지고 십자가에 매달리는 등 괴상망측한 시련을 보여줌으로써 자신의 사명을 예고한다. 자기들이 본 것에 저항하지 못하고 믿게 되는 사람들이 적지 않았다. 그러나 특별한 비밀 또는 극한적인 상상의 힘에 의지하여 기적을 보여주지 않는 종파는 없었다.

파스칼은 자신이 받아들인 종파가 광신도들을 양산하게 될 것이라는 점을 알았을까? 어쨌든 내 생각이 틀리지 않는다면 파스칼은 그들과 용모가 비슷하다.

파스칼은 정확하고 문체가 간결한 좋은 작가였다. 또 그는 수학 천재였다. 하지만 그는 진지한 광인 중의 하나, 추론을 극단으로 몰고 가는 편집광 중의 한 사람이었다. 그는 건강의 위험을 알고 있으며, 병이 기독교인의 자연스러운 상태이기 때문에 자신이 아픈 것이 기쁘다고 말했다. 그래서 자기는 건강한 사람을 괴롭히는 모든 육욕으로부터 자유롭다는 것이다. 모든 쾌락을 포기해야 된다는 관점에서 그는 음식의 맛을 즐기지 않으려고 매우 노력했다. 그는 바늘이 박힌 쇠 허리띠를 매고 다니며, 대화에 즐거움을 느낄 때마다 허리띠를 조여서 바늘이 훨씬 더 세게 찌르도록 했다. 즐거움을 느끼지 못하게 하기 위해서였다. 미녀를 만났다는 말을 들으면 그는 크게 화를 냈다. 그 말 한 마디가 죄를 짓게 만든다는 것이었다. 겸손을 최우선시한 그는 "내가 말했다", "내가 했다"라는 표현을 사용한 적이 단 한 번도 없다. 어떠한 왕의 명령이라도 그것에 저항하는 것은 신의 명령에 거역하는 것이고, 왕권은 신권에 직결된다고 단언했다.

이는 정말 터무니없고 괴이하기 짝이 없는 주장이다. 그는 좋아하는 사람에 대한 애정이 조금도 없었다고 한다. 사랑은 신에게만 바쳐야 하는 것이고, 다른 사람에게 조금이라도 집착하는 것은 신의 물건을 훔치는 것이기 때문이다. 당연히 아무도 그를 사랑하지 않기를 바랐다. 이런 논점을 따라가면, 그가 자기 옆에서 심연[15]을 보았다는 것이 놀랍지 않다. 이처럼 광기와 천재성은 이웃하는 것이다. 뇌 속 섬유에 너무 강한 긴장을 주면 마음이 흐려지고 논리도 영향을 받는다. 그런 논리는 훨씬 덜 예리하지만, 훨씬 더 건강한 정신에는 조롱의 대상일 뿐이다.

15 파스칼이 언제나 자기 왼쪽에서 보았다고 믿은 심연 이야기는 장자크 부알로 신부의 저서에서 유래했다. 여기서 메르시에는 파스칼을 준엄하게 비판한 콩도르세의 저서 『찬사와 파스칼의 '팡세'』(1776)를 참고했다.

462 방탕아

이 단어[16]는 '지고한' 상류사회가 스스로를 가리키기 위해 만들어낸 것이다. 범죄와 형벌을 생각나게 하는 표현을 골라서 그토록 경솔하게 사용한 그 높으신 분들을 이해하기는 쉽지 않다. '사랑스러운 방탕아'라고 말하기까지 한다. 프랑스어를 좀 안다고 여기는 외국인은 도대체 "사랑스러운 방탕아가 무엇이오?"라고 물을 것이다. 덕성도 원칙도 없지만 기품과 재능을 동원하여 자신의 방탕을 고상하고 매력적으로 보이게 만드는 사교계 남자를 이렇게 부른다. 이렇게 복잡한 개념에서 새로운 단어가 태어난 것이다. 방탕아들이 모두 차형을 당하지는 않는다라는 말도 있다.

무슨 일이든 해도 되는 높으신 분을 '대단한 방탕아'라고 부른다. 그의 방탕과 야심은 뻔뻔함과 대담성에 의해 정당화된다. 그가 승리하여 경쟁자들을 쓰러뜨리면 이 영광스러운 명칭을 간직하고, 패배하면 빼앗길 것이다.

우리말이 이런 단어를 받아들일 수 있다는 것에 놀라는 외국인이 있다면, 고약하고 잔인한 농담들이 오랫동안 사용되었고 지금도 여전하다는 점을 알려주고 싶다.

16 이 단어(roué)는 섭정 오를레앙 공작의 난봉 친구들인 '방탕아들' 때문에 섭정기에 이런 의미로 유명해졌다. 지나친 탈선으로 그레브 광장의 차형을 받아 마땅한 사람들이라는 뜻이다. 원래 roué는 '차형을 당한 죄수'를 가리키는데, 이때부터 '상류사회의 방탕아'라는 의미도 추가되었다.

30년 전에 신부가 위조지폐를 만든 죄로 교수형을 당했다. 이 불쌍한 사람은 교수대 밑에서 계단에 매달렸다. 사형집행인이 그에게 "자 신부님, 어서 올라오세요, 어린애처럼 굴지 마세요"라고 말했다. 이 이야기는 파리 전체에서 반복되었다.

한 주정뱅이가 밤에 그레브 광장의 술집에서 나오는 길이었다. 오후에 차형 집행을 당한 죄수가 바퀴 위에서 울부짖고 있었다. 그는 고통 때문에 욕설과 저주를 퍼부었다. 자기에게 하는 욕설이라고 여긴 주정뱅이는 죄수에게 크게 쏘아붙였다. "차형을 당하면 다야? 예의를 지켜야지." 파리는 이 괴상망측한 구절에 반했다. 모든 모임에서 회자되었음은 물론이다.

다미앵이 능지처참형을 당할 때 아카데미 회원이 사형집행인의 기발한 고문을 더 가까이 보려고 필사적으로 군중 속을 헤쳐나오고 있었다. 그를 발견한 사형집행장은 "선생님에게 길을 비켜 주시오. 그 분은 애호가요"라고 말했다. 이 단어 역시 아무 곳에서나 폭소를 터뜨리며 인용하고 있다.

볼테르가 여러 날 전부터 말 한 마디 안 하고 침울한 것을 본 샤틀레 부인은 도대체 무슨 일이냐고 묻는 사교계 사람들에게 이렇게 말했다. "여러분은 짐작도 못할 테지만 나는 잘 알고 있어요. 3주 전부터 파리에서는 아주 당당한 자세로 처형된 그 유명한 도적의 차형 이야기만 하는 바람에, 볼테르의 비극은 거들떠보지도 않아요. 그래서 차형을 당한 그 죄수를 질투하는 거예요."

아카데미 프랑세즈는 이 단어를 상류사회가 즐겨 쓰는 용어의 하나로 인정하고 사전에 수록해야 할 것이다. 알다시피 프랑스 상류사회는 유럽 전체에 모범을 보이려고 하는데, 이런 짓궂은 단어는 서로 빌리고 빌려주게 마련이다. '반역자', '배신자', '악당' 같은 단어들은 한물 가버렸다. 또 처음부터 '극악무도한 놈'이라고 말할 수는 없다. 그 단어는 너무 강하기 때문이다. 그래서 '방탕아다'라고 부르면, 누구나 그 사람의 빛나는 악습과 숨겨진 악습을 동시에 알아차릴 수 있는 것이다.

프랑스인들이여! 용맹하고 충성스러운 기사들인 여러분의 선조들이 돌아와서 자기 후손들이 이런 언어를 사용하는 것을 보면 뭐라고 하겠는가?

감수성이 무뎌지는 만큼 말은 거칠어지게 마련이다. 하지만 재기가 부족한 이웃나라 사람들이 이 단어를 어떻게 번역할지 궁금하다.

또 다음과 같은 표현을 독특하고 꾸밈이 없다고 즐겨 인용하는 우리들을 보고 뭐라고 할지도 궁금하다. 쇠약증에 걸린 남편을 독살했다고 고발된 부인이 외쳤다. "그 사람을 열어봐요! 독살이 새빨간 거짓말이란 것을 알게 될 거예요."

다미앵의 능지처참형과 데뤼의 만행이 자주 이야기되며 비슷한 성찰의 대상이 된다. 악명 높은 살인범들의 성격과 말이 분석된다. 오페라 극장에서 나오는 길에 형사재판 개혁을 논하면서 그레브 광장의 차형수를 궁정의 방탕아처럼 이야기하는 것이다. 서로 상대방의 평가를 대수롭게 여기지 않게 되면서, 남이 자신을 묘사하기 위해 사용하는 용어에 별로 상처를 받지 않게 되었다. 『위험한 관계』의 작가에 대해 '방탕아'의 필치를 구사한다고 말했다. 그는 이 단어를 나쁘게 해석하지 않았을 것이다. 이제 '지고한' 상류사회 사람들과 동일시되었기 때문이다. 이처럼 이 단어 하나로 외설성까지 의미할 수 있는 것이다.

463 길거리 가수

길거리 가수는 두 부류가 있다. 한 부류는 성가를 애처롭게 부르고, 또 다른 부류는 활기찬 가요를 부른다. 보통 그들은 서로 멀리 떨어져 있지 않다. 전자는 게시판에 꼬리가 달린 빨간 옷의 악마를 그려 놓고 그를 물리치는 축복받은 수사의 옷을 찬미하며, 후자는 유명한 승전을 찬양한다. 전자나 후자나 모두 기적을 노래하기는 마찬가지이다. 청중은 서서 한쪽 귀로는 성스러운 노래를, 다른 쪽 귀로는 속세의 노래를 듣는다. 불쌍한 사람을 황금으로 매수하기 위해 변신한 악마의 유혹, 그리고 친히 전투에 나선 장군의 영웅담을 동시에 듣는 것이다. 성스러운 노래를 하는 사람은 머리가 단정하고 멍청해 보인다. 전투를 노래하는 사람은 명랑해 보이고, 얼굴에 붉은 색칠을 했다. 이 사람 주위에 청중이 더 많은데, 이런 차이는 신의 선민은 소수이고 다수는 버림을 받았다는 것을 잘 보여준다.

즐거운 가요 때문에 수사 옷을 파는 사람의 노래를 듣는 사람은 없다. 혼자 남은 그는 걸상 위에서 인류의 원수인 악마의 뿔을 막대기로 가리키지만, 아무도 쳐다보지 않는다. 그가 약속하는 구원에는 관심이 없고, 저주받아 마땅한 가요에만 청중이 몰리는 것이다. 버림받은 자들의 가수는 포도주와 사랑을 들먹이며 마르고[17]의 성적 매력을 찬양한다. 성가와 보드빌 사이에서 잠시 망설이던 2수짜리 동

17 margot: 수다스럽고 행실이 나쁜 여자의 통칭.

전은 세속적인 가수의 주머니 속으로 들어가고 만다.

두 사람 모두 목이 터져라 "치안총감 각하의 윤허를 받았습니다"라고 외치고 또 게시판에 써놓는다. 이렇게 치안총감 명의의 허가가 커다란 글자로 새겨져 사방에 게시되어 있으므로, 서민들은 치안총감이 파리의 절대적인 주인이며, 그의 의지만 있으면 무엇이든 할 수 있다고 믿게 된다. 그들에게는 실권을 장악하고 있는 이 대신만이 보이고 다른 관리들은 안중에도 없다. 경관과 형사가 역할을 하는 중앙부처 같은 것은 생각도 못한다.

이런 성가, 가요, 보드빌은 모조리 검열관 모씨의 사전 승인을 받아야 한다. 이 사람도 노래를 만들지만, 그의 노래는 거리의 노래만큼 자연스럽고 유쾌하며 쉽지 않다. 검열관은 시인보다 열등한 법이다.

교수형과 차형을 당한 죄수들에 관한 얘가도 있는데, 민중은 눈물을 글썽이며 듣고 앞을 다투어 악보를 산다. 유명인사가 교수대에 올라가면 퐁뇌프의 시인이 그 죽음을 시로 만들어 바이올린 반주로 노래한다. 이처럼 파리에서는 모든 것이 노래가 된다. 프랑스 원수이건 사형수이건, 노래로 불리지 않는 사람은 아무런 소용이 없다. 민중은 그를 기억하지 못하고 만다. 파리 거리에서는 데뤼가 볼테르보다 더 유명하다고 단언하는 바이다.

464 암탕나귀 젖

모든 의사들이 암탕나귀 젖을 강력 추천한다. 이 젖은 무절제와 방탕으로 허약해진 원기를 보강해 준다고 한다. 매일 아침 포부르의 당나귀떼 중에서 젖이 잘 나는 암놈을 폐가 손상된 높으신 분의 저택으로 모셔간다. 고상하신 분의 젖형제가 새끼 당나귀라니, 그분이나 우리나 다 같이 웃음이 나온다. 후작부인은 남편의 건강을 회복시켜 줄 이 사랑스러운 암탕나귀를 매우 소중하게 생각한다. 각별한 은혜를 입은 후에, 그녀는 아량을 베푼다. 암탕나귀를 영지로 보내서 어떤 일도 시키지 않고 풀을 먹고 뛰어다니게 놔둘 것이다. 그녀는 다정하고 감사하는 마음에서 이런 선행을 계획한다. 그녀는 많은 사람들 앞에서 자기 과시를 하며 이 계획을 밝힌다. 사람들은 속으로는 비웃으면서도 감탄해 마지 않는다.

465 새끼 당나귀

어미 당나귀 다음에 새끼 당나귀 이야기를 하자. 내 붓은 차별을 하지 않는다. 젊은 귀족의 젖형제도 그려주어야 한다. 뷔퐁 선생은 새끼 당나귀가 예쁘다고 했다. 그러나 그도 나처럼 꽃이 가득한 광주리를 나르는 당나귀를 보았을까? 봄날에 생기 넘치는 꽃집 아가씨가 모는 당나귀를 보았을까? 이 동물과 아가씨의 모습은 눈을 즐겁게 해준다. 얌전한 당나귀는 채찍질 당하며 재갈을 물어뜯는 말 옆을 지나간다. 당나귀는 살갗이 벗겨지고 얼굴은 일그러진 채 마차를 끄는 여윈 말을 앞지른다. 당나귀는 진흙투성이 개, 도살당하러 가는 소와 마주친다. 당나귀는 깨끗하고 늘씬하며, 푸주한을 두려워할 필요도 없고 막대기로 얻어맞지도 않는다. 당나귀의 눈과 코는 즐겁다. 주인과 마찬가지로 민첩한 당나귀는 몸매 좋은 멋쟁이보다 훨씬 더 경쾌하게 흙탕길을 걸어가면서도 발굽은 멀쩡하게 깨끗하다. 당나귀는 짐보다는 치장에 더 가까운 꽃들을 문 앞에 내려놓고 바로 시골로 돌아간다. 아무리 부유한 파리인도 토요일 저녁이 되어야 시골에 간다. 하지만 당나귀는 결코 시내에서 자지 않는다. 당나귀는 동이 트면 즐겁게 떠났다가, 오후에 시골로 돌아온다. 오두막 주위의 풀을 충분히 먹으면 해가 진다. 장밋빛 뺨의 꽃집 아가씨가 아름다운 손길로 쓰다듬어주면 아무런 걱정 없이 잠이 든다.

궁정에서 당나귀 타기는 유행이 지나버렸다. 왕녀들이 이 온순한 동물을 즐겨 타던 시절이 있었다. 뷔퐁은 경멸의 대상이던 당나귀를 예찬했다. 당나귀는 자신이 누리는 영광을 알아차리지 못했다.

꽃집 아가씨가 아니라 왕비를 태운다고 해서 더 뽐내지 않았다. 왕비 전하와 시골 여자 사이의 차이를 느끼지 못했다. 옆구리를 부드럽게 누르는 것은 어쨌든 여자의 허벅지였기 때문이다. 이렇게 당나귀를 타고 다니는 산책에서 수많은 농담들이 태어났다. 그러다가 이야깃거리가 떨어지자, 당나귀 타기는 시들해져 버렸다. 이 세상의 모든 쾌락들이 다 마찬가지이다. 아무리 강렬한 쾌락도 언젠가는 시들해진다. 우리가 기억하는 노래 몇 개가 없었더라면, 프랑스 궁정에서 당나귀의 전성시대는 이미 잊혀지고 말았을 것이다.

466 산모

산모는 화사한 시트에 덮여 긴 의자에 반쯤 드러누운 채 크고 작은 베개들 사이에 파묻혀 있다. 보기 좋게 주름이 잡힌 레이스와 커다란 리본 뭉치밖에 보이지 않는다. 산모는 이 옥좌에서, 발치를 덮는 이불까지 감탄의 대상이 되도록 모든 준비를 마치고 사람들의 방문을 기다린다.

경비 역할을 하는 여자가 문 옆에 앉아서 들어오는 사람들의 냄새를 맡는다. 방문객이 들어올 때마다 경비는 "향수 안 뿌리셨죠?"라고 반복한다. 한 귀족부인이 "안 뿌렸어요. 나에게서는 기름 냄새가 날거요"라고 소리친다. 그녀가 들어서자 향수 냄새가 방 전체에 퍼진다.

산모에게 말을 걸지 말아야 한다고들 하지만, 그녀가 당한 고통에 대한 관심이 너무 커서 밤새 잠을 이루지 못했노라고 이야기하게 된다. 방문하는 모든 여자들이 이런 식으로 인사를 한다. 산모의 용기를 칭찬한 다음에는, 옷차림과 레이스에 대해 찬사를 늘어놓는다. 매번 "조용히 말합시다"라고들 하지만, 이런 충고를 한 여자의 목소리가 제일 먼저 커진다.

예전에는 남자들은 들어오지 않았지만, 오늘날엔 그렇지 않다. 하기야 남자들이 여전히 달콤한 말을 건네는 것은 이런 때뿐이다. 산모에게는 얼굴의 장밋빛이 조금 창백해졌을 뿐이라는 남자들의 찬사가 쏟아진다. 초췌해져서 더욱 아름답다는 것이다. 그러나 남편은 들어서는 순간부터 아주 어색한 미소와 야릇한 표정을 어쩌지 못하다가, 산모의 온갖 애교에도 불구하고 사람들의 시선을 견디지 못해 후다닥 나가버린다.

산모가 이마를 만질 때마다 여자들이 떠난다. 오페라처럼 극적인 이야기를 들으러 왔던 그녀들은, 밖으로 나와서는 체면 때문에 제대로 물어보지 곳했다고 불평한다.

파리의 산모에게는 가장 중요하고 그녀를 더 존경스럽게 보이게 만들었을 매력 하나가 부족하다. 요람 안의 아기에게 모유를 먹이지 않는 것이다. 한동안은 산모들이 직접 수유를 했지만, 이런 유행은 지나가버렸다. 파리 생활은 이 신성한 의무의 이행을 가로막는다. 모유 문제를 감히 부모에게 제기하지 못하고 있는 것이다.

산모는 분만 후 12일 정도 지나면 일어날 수 있지만, 21일째 날까지 기다린다. 그녀는 누가 오면 얼른 긴 의자에 쓰러져 탈진한 것처럼 연기하면서, 정원을 거닐며 상쾌한 공기를 즐기는 대신에 30명의 방문을 받는다.

아픈 여자는 숨이 다할 때까지 병문안을 받아야 한다고들 말한다. 물론 병자의 친구들만 받아들이지만, 그녀는 언제나 집이 가득 찰 정도로 친구들이 많다.

죽어가는 사람을 절대로 혼자 내버려두지 않는 것이 오늘날의 예절이다. 많은 사람이 찾아가는 것이 도리라고 생각한다.

병세가 심해질 때마다 가족과 친구들이 주위에 있어야 한다. 침대 바로 옆까지 사람들로 가득 차야 한다. 예전에 우리 조상들이 편찮았을 때는 필요불가결한 인력만 옆에 있었다는 점을 고려한다면, 우리가 훨씬 더 예민해진 것 같다.

병문안을 가지 않는 사람은 하루에 두 번 안부를 묻고, 특히 의사 이름을 알려고 한다. 사교계 인사들은 의사의 처방을 들으면, 공작부인이 며칠이나 더 버틸지 안다. 의사가 무조건 환자를 돌려보내는 병들이 있다. 그러면 마부조차도 일주일 후에는 저택 앞에 마차를 세울 일이 없어진다는 것을 알게 된다. 그래서 마부도 무슨 병인지 알아본 다음, 고개를 가로저으며 예언을 한다.

467 바캉트[18]

아주 최근에 모자와 의상을 일부러 난잡하게 하고 다니는 여자들을 이렇게 부른다. 그녀들의 품행과 언사도 난잡하다. 예를 들자면, 열불이 나는 도박장에서 모자를 쓴 채로 도박을 하는 것이다. 그래서 노기 띤 아름다운 눈을 하늘을 향해 치켜뜰 수 있다. 또 벌컥 성질을 내며 도박장에서 나와버린다. 다시는 도박을 하지 않겠다는 맹세도 어조와 옷에 어울리게 격하게 한다. 도박장의 남자들은 스토아 철학자들처럼 냉정하고 표정이 변하지 않기 때문에 점잖은 도박꾼이라는 평가를 받는다. 여자들은 매력적인 얼굴을 있는 대로 찡그려도 아무런 비난을 받지 않는다.

이런 여자는 용처럼 활보를 하고 다닌다. 용의 몸짓과 눈초리로 걸리적거리는 모든 것에 욕설을 퍼붓고, 남자들에게 명령하고 식탁에서 일부러 게걸스럽게 먹고 포도주를 마신다. 그래서 시골 성에서 20년을 지내고 파리로 돌아온 남자가 옆 사람에게 "저 여자분이 연기하는 역은 어떤 연극에 나옵니까?"라고 질문한다. 이 정도로 그녀는 난리를 치고 다닌다.

바캉트는 우리를 즐겁게 하지만 어디서나 인기를 끄는 것은 아닌데, 이 점은 정말 유감스럽다. 남자들은 물만 마시고 품행과 언사를 극도로 조심한다. 그래서 대담하고 거만한 역할을 여자들이 맡은

18 바캉트(Bacchantes)는 '바카스 신의 여제관', '주정하는 또는 음탕한 여자'라는 의미이다.

것이다. 그녀들은 낡은 살리카 법[19]을 폐기해야 한다고 난리칠 정도로 성질이 대단하다.

19 프랑크족의 일파인 살리족이 구전으로 전승하다가 6세기 초에 성문화된 법. 살리족의 왕이던 클로비스가 6세기 초에 프랑크 왕국들을 통합하고 살리카 법을 성문화했다. 프랑스는 이 법에 의지하여 여성에게 왕위 승계를 허용하지 않았다.

468 인장

원하는 사람은 로를로주 강둑길에서 가문(家紋)을 얼마든지 구할 수 있다. 저명한 집안의 문장을 원하는 대로 얻을 수 있다. 판각사에게 화려하기 짝이 없는 문장을 새겨달라고 말하면 된다. 판각사는 당신과 함께 고안한 특별한 문장들을 모조리 새겨줄 것이다. 판각사는 돈을 받고 당신의 인장에 문지(紋地), 기본도형, 인물도형[20] 등을 넣어준다. 당신이 문장학의 모든 기술을 동원한 밀랍 자국으로 매일 거짓말을 하더라도 아무도 뭐라고 하지 않는다.

십자군 전쟁 후에 여러 유서 깊은 집안의 수장들을 모시던 시종들이 다 이렇게 했다. 영지를 처분한 다음 출전하여 사라센인들에게 살해당한 사람들이 시종들에게 방패꼴 가문을 물려준 셈이다. 시종들은 사자의 군기를 의기양양하게 가져와서 자기 것으로 만든 다음 후손에게 넘겨주었다. 찬탈자인 시종의 아들은 자기가 유서 깊은 집안의 후손이라고 주장한다. 그 유명한 바다 건너 여행의 시대에 훔친 이런 명예는 시간이 지나면 아무도 이의를 제기하지 않고 정당화된다.

우리의 허영심은 정말 우스꽝스러운 것이다. 하지만 가공의 선조

20 "문장학 용어에서 문지는 방패꼴 문장의 바탕을 가리킨다. 문지는 문장을 구성하는 여러 도형들로 나누어진다. 기본도형은 문장의 주요 도형으로 문지의 3분의 1까지 차지할 수 있다. 인물도형은 문장에 태양, 바람, 천사 얼굴 등으로 그려진 사람 얼굴을 가리킨다."(『트레부 사전』)

들을 만들어 내려고 애쓰는 것은 허영이라고 생각하지 않는다. 이렇게 터무니없는 날조를 한 다음에는 있는 대로 거만을 떤다. 인간이 저지를 수 있는 모든 비열한 짓거리 중에서 이것이 가장 치사하고 어리석은 짓이라고 본다.

인장에 문장으로 새겨져 있는 100개 글자 중에서 99개는 거짓이다. 가문이 새겨진 인장을 자랑하고 싶어서 안달하는 사람들이 적지 않다. 그들의 아버지가 시계공, 석수, 모자장수라는 것을 우리가 잘 알고 있는데도 말이다. 정말 가소로운 허영심이다. 그러나 그들은 십자군 시대에 얻은 작위처럼, 시간이 지나면 아무도 이의를 제기하지 못하게 될 것이라고 기대한다. 그래서 어떤 이발사는 아들에게 이 멋진 희망을 품게 하고, 오를로주 강둑길의 판각사들에게 후하게 지불하라고 권유한다.

판각사들은 온갖 금속에 어떤 거짓말이라도 새겨준다. 영웅의 트로피나 사랑의 트로피나 그렇게 비싸지 않다. 투구와 창 또는 큐피드의 화살과 불꽃이 주로 선택된다. 잘 다듬어진 날카로운 끌로 모든 유럽 귀족들의 문장을 새겨주면, 상놈들은 그것을 회중시계 줄에 매달고 다닌다.

팔에 낀 삭모를 단 모자, 목에 걸린 다이아몬드, 인장이 달린 회중시계를 뽐내면서 귀족 행세를 하는 이 멋들어진 신사들이 넘쳐나는 곳은 파리밖에 없다. 그들의 어머니와 아저씨는 귀족들이 경멸하는 일을 하면서 돈을 벌려고 안간힘을 쓴다.

469 곰

알프스에서 태어나 유럽을 굽어보는 웅장한 계단 강당 같은 눈 덮인 산에서 내려온 곰이 사로잡혀 사슬에 목이 묶인 채 파리로 끌려왔다. 스위스 전체가 숭배하고 베른 시 성벽 안에서 사육되는 이 스위스적 자유의 상징이 수치스럽게도 퐁뇌프에서 춤을 춘다. 자유인들 옆에서 살아야 할 곰의 이국적인 모습에 구경꾼들은 즐거워한다.

곰은 자유롭게 돌아다니던 고산지대와 전나무 숲을 그리워하는 기색이다. 곰은 몽둥이의 지휘 아래 미뉴에트를 추면서 끙끙거린다. 곰의 진지한 태도는 태어난 지역에서 타고난 것이다.

용맹스러운 베른인들 그리고 나머지 12개 주(州)의 스위스인들이여, 여러분이 애지중지하는 동물이 전락하여 모욕을 당하고 혹독한 겨울을 위한 털이 파리의 진흙으로 더럽혀진 채, 동물의 둔중한 춤에 박장대소하는 서민들 앞에서 뒤뚱거리며 맴도는 것을 본다면 그대들은 무슨 말을 하겠는가?

자존심 강한 표범은 이런 모욕을 당하지 않는다. 표범이라면 날카로운 발톱으로 주인과 관객을 할퀴었으리라. 스위스의 곰이 사다리를 올라가서 주인의 모자를 내밀면, 그의 율동을 불쌍히 여긴 사람들이 푼돈을 준다. 고개를 높이 쳐들고 쥐라 산맥을 오르던 곰은, 부리망이 씌워진 채 후려치는 사슬을 따라 무거운 발걸음으로 계단을 오른다. 자기 몸을 팔지도 않은 곰을 왜 이렇게 학대하는가?

노상강도 같은 곰 조련사들이 곰을 이용하여 행인들의 돈을 털었다. 곰을 조련하여 범죄나 다름없는 짓을 시킨 조련사들에게 정부가 주목했다.

귀족 집안의 바보 자식이나 어린 독일인 또는 홀란드인의 교육을 맡아 세상을 알게 해 주려고 여행을 시키는 가정교사를 '곰 몰이꾼'이라고 부른다. 대개 스위스인들이 이 직업을 자원한다.

470 앵발리드 병원

앵발리드 병원은 위대한 세기의 가장 적절한 기관이다. 에드워드 영[21]이 이야기한 것처럼 "용감하게 싸운 덕에 구한 왕국을 돌아다니며 남아 있는 팔을 내밀어 구걸하는" 상이군인들은 이제는 없다.

음식을 입으로 가져갈 수 없는 사람들을 위해 매일 비공식적인 봉사가 이루어진다는 점은 참으로 감동적이다. 전쟁의 무분별한 광기가 남긴 비참한 잔재, 어느 시인의 표현대로 "무덤이 이미 절반을 차지한" 이 육신들은 더 이상 조국의 무관심은 범죄라고 비난할 수 없다.

다정한 정부가 지나치게 엄격한 규율을 없애버렸다. 이 건물이 평화와 휴식 시설이고 보상이기 때문에, 천막에 진을 치고 전투 중인 병사들에게 적합한 준엄하고 고통스러운 규칙들은 배제했다.

이 넓은 건물은 돌로 지어져서 노병은 두꺼운 벽 안에 갇혀 있는 셈이다. 여름에도 해가 들지 않는 궁륭 때문에 이 거대한 공간은 노인에게는 아주 춥고 어둡고 지겹게 느껴진다. 기다란 건물의 몸체, 검은색 계단, 얼음같이 찬 복도는 이 거대한 건조물을 왠지 슬프게 만든다.

병사들은 뒤죽박죽 수용되어 있고, 이렇게 드넓은 방들에서는 청

21 Young(1683~1765): 영국의 낭만주의 시인으로, 1742~1745년에 출판한 『밤의 명상』은 프랑스에서 1769년에 『영의 밤』으로 번역되어 엄청난 인기를 끌고 낭만주의의 고전이 되었다.

결함을 기대하기가 어렵다. 하지만 장교들은 병사들에 비해 사정이 좋은 편이다. 장교들은 모두 자기 처지에 상당히 만족하는 것 같았는데, 이런 고백은 전적인 찬사라고 볼 수 있다.

전쟁터에서와 같은 형제애는 찾아볼 수 없다. 각자 혼자 지내고, 예전에는 그토록 단결되어 있던 이 사람들 사이에는 철두철미한 무관심뿐이다. 더 이상 위험한 전투도, 전우애도, 짓누르는 피로도 없기 때문이다. 부대가 뒤섞인 병사들은 서로 알아보지 못한다. 그래서 서로 친절을 베푸는 경우가 거의 없다. 군인정신은 영광에 대한 몽상을 할 때만 발현된다. 모두 제대하여 승진과는 아무런 관계가 없으므로, 오로지 현재만을 위해 살고 과거의 추억만을 즐긴다.

노병들은 고질병이 있고 화를 잘 내므로 달래주어야 하는데, 몇 년 전부터 그렇게 하고 있다. 관리규칙이 조금도 엄격하지 않아서 상당한 재량권이 주어진 덕에 각자 알아서 해결하고 만족해 한다. 까다로운 일반 법규로는 불가능한 특별한 장점이다. 거듭 말하지만, 여기는 휴식 시설이므로 병사들이 최대한 휴식을 취해야 하고, 바로 이것이 그들에 대한 주된 보상이다.

건물의 돔은 정말 멋있어서 외국인들의 찬탄과 호기심의 대상이다.

어마어마한 가마솥들과 수많은 꼬챙이들로 인상적인 식당은 음식을 신속하고 균등하게 배급한다. 포도주를 납잔으로 제공하는 방식은 놀랄 만큼 빠르고 독특하다.

이 상이군인들이 음식을 배급받을 때만 식당에 나타나는 것을 보면, 인간이 강제적인 규칙을 얼마나 혐오하는지 새삼 확인하게 된다. 그들은 받은 음식을 자기들 좋은 대로 교환하거나 분배한다. 이런 자유 덕에 모두 만족해하고 불평이 크게 줄어들었다. 모든 사람들이 규칙적으로 제공되는 즐거움보다, 사소하지만 거북살스럽지 않은 즐거움을 선호한다는 것은 이미 입증되었다.

루이 14세가 유언에 의해 기탁한 심장을 예수회는 자기들 교단에 대한 왕의 정표로서 보관해 두었다.

오늘날엔 예수회가 없어졌으므로 그것을 앵발리드로 이전시킨다면 루이 14세의 유지에 반하는 것일까? 이 웅장한 신전에 보관하는 것이 더 위엄이 있지 않을까?

루부아는 앵발리드 교회당 밑의 장엄한 지하공간을 왕들의 묘지로 정하여 생드니의 묘들을 이전시킬 생각도 했었다.

부이용 추기경은 로마 대사 재직 시 조카인 튀렌 원수를 위한 석관을 솜씨 좋은 예술가들에게 의뢰하여 만들었다. 이 위인의 영광과 위업을 기리기 위한 기념물은 조국 프랑스의 한복판에 설치될 계획이었지만, 추기경의 실총으로 보류되고 말았다. 튀렌 원수의 석관은 로마에서 운반된 상자 안에 그대로 보관된 채, 클뤼니 수도원의 헛간에 방치되어 있다.

이 작품을 앵발리드로 옮기는 것이 용감한 군인들의 애국심에 보답하는 길이 아닐까? 그들이야말로 이 위대한 장군의 후예이기 때문이다.

앵발리드의 작은 해자 옆에 화포들이 있다. 국왕 전하가 지나갈 때 대포를 쏜다. 대포 소리가 들리면 파리인들이 모두 귀를 기울인다. 승전을 알리는 대포 소리라고 내기를 건 소문꾼이 내려와서 묻는다. 토끼 사냥을 가는 왕의 행차를 알리는 것이라는 대답을 들은 그는 승전보를 전하지 않는 대포를 욕하며 다시 올라간다.

471 샤틀레 재판소

샤틀레는 민사, 경찰, 형사를 총괄하는 재판소이다. 샤틀레 재판소장은 재판소에 한 번도 나타나지 않는다. 샤틀레 재판소장은 '왕국 수도의 정치적인 상임 제1판사의 자격'으로 삼부회에 참석할 권한이 있다. 그러나 샤틀레 재판소장만큼 할 일이 없는 사람도 없다.

샤틀레 재판소장의 보좌관 3명, 즉 민사재판관, 형사재판관, 치안총감이 모든 일을 처리한다. 그들에게는 샤틀레 재판소장과는 비교할 수도 없는 권위와 영향력이 있다. 그들 셋[22]은 모두 옛날 '게으름뱅이 왕[23]' 시절의 궁재들과 거의 마찬가지로 재판소장의 이름으로 일을 처리한다.

치안총감이란 자리는 민사재판관에서 떨어져 나온 것이지만, 가지가 몸통보다 훨씬 더 커졌다. 오늘날 치안총감은, 민사재판관은 물론이고 샤틀레 재판소장조차도 전혀 알지 못하고 또 알 수도 없게 되어 있는 행정의 모든 영역을 관장한다.

샤틀레 재판소에는 소송이 계속 쌓여 끝이 보이지 않는다. 누가 이 사태를 정리할 수 있을까? 법조인들이 온갖 책략을 다 부려서 값비싼 유예가 너무 쉽게 남발되어 소송이 종결되는 법이 없다. 그래

22 치안총감직을 신설한 1667년 3월 15일자 칙령은 민사재판관의 업무에서 치안총감의 업무를 분리시켰다. 그때까지는 민사재판관이 경찰을 지휘했었다.

23 후기 메로빙거 왕조의 왕들은 대개 어린 나이에 왕위에 올랐는데, 대귀족들이 권력 통제를 위해 젊은 왕의 방탕을 조장하였다. 이런 왕들을 '게으름뱅이 왕'이라고 불렀다.

❦ 샤틀레 재판소 앞의 민중들, 토마 샤를 노데

서 정상적인 상태로 처리되는 것은 불가능하다고 단언할 수 있다. 이 심각한 난맥상은 빨리 바로잡아야 한다. 그렇지 않으면 사법은 쓸모없고 헛된 것이 되어 이름만 남을 것이다.

민사재판관은 근무 중에는 자기 시간이 한순간도 없다. 끊임없이 이어지는 긴급한 업무 때문에 시간을 쪼개서 써야 한다. 법관이 담당하는 자리 중에서 가장 한심하고 가장 지겹고 가장 단조로운 일이다. 치안총감 자리는 비교적 재미가 있다. 치안총감의 일은 드물고 신기한 상황들과 야릇하고 독특한 사실들과 관련되므로, 통찰력을 발휘해야 하고 지성과 감성이 동시에 필요하다. 민사재판관의 업무는 무미건조하며 진저리나고 까다롭기만 하다. 소소한 법률적 절차가 끊임없이 그를 괴롭히고, 판결을 내리면 모두 곧바로 항소한다. 양식을 따르고 관용을 베풀려고 해도 그럴 수가 없다. 철저하게 법을 따라야 하는데, 법은 대부분 야릇하기 때문이다. 파리에서 엉망으로 작성되는 인지 붙은 서류는 모조리 그에게 올라온다. 봉인, 재산목록, 급속심리 판결, 미성년 사건, 재산관리, 유언장, 요즘 아주 빈번한 지불연기 계약, 금치산, 압류, 별거, 체포 등등. 이 모든 것에 일일이 대답을 해야 한다. 하루가 72시간이라도 모자랄 지경이다.

지난번의 고등법원 추방 사건 후에 민사재판관 혼자 대상서와 대신들을 궁지에 몰아넣은 적이 있었다. 그가 판결을 거부하고 폐정해 버렸더라면 엄청난 일이 일어날 뻔했다. 공증인, 법원 서기, 소송대리인, 집행관 등 모든 것이 정지되어 정달 난감하게 되었다. 사소한 무게가 저울의 균형을 깰 수 있다는 것을 절감하고 겁에 질려 애원하는 수밖에 없었다. 잘 보이지도 않던 톱니바퀴 하나가 갑자기 기관 전체의 움직임을 좌지우지하는 정부를 어떻게 평가해야 할까?

전제주의, 군주제, 귀족주의, 과두정치와 같이 명확하지 않은 개념들을 나열해 보았자 아무 도움이 되지 않는다. 이론보다는 경험에 의해 훨씬 더 분명히 확인된 것은, 모든 정부는 혼합체라서 상반된 요소들로 구성되어 있다는 사실이다.

최근 샤틀레 재판소 판사들이 종교재판관 역을 담당하여 자기들이 독해할 능력도 없는 물리학과 도덕론 책을 심판하려고 했다. 그들은 특권을 행사하듯이 이런 짓을 50년마다 한다고 한다. 자기들의 오래된 요구가 여전히 무시되고 있다는 것을 상기시키기 위해서란다. 그들이 이 고상한 학문을 손대려다가 당한 조롱 덕에 앞으로는 자기들 영역만을 지키게 되길 바란다.

472 도시의 문장(紋章)

파리의 문장은 떠 있는 배이다. 이 문장이 의미하는 대로 파리가 해변 도시였으면 좋았을텐데!

이 문장의 기원을 밝혀내려고 기나긴 토론이 이어졌지만, 너무나 간단한 결론이 나왔다. 어떤 화가가 조각배를 커다란 배로 변신시킨 결과 멋진 범선이 태어났다는 것이다.

화가의 실수는 위험하지는 않다. 그러나 군함이 어떻게 만들어지고 움직이는지도 모르는 모씨가 해군을 지휘하려고 한 적이 있다. 많은 프랑스인들이 몰리에르 연극의 후작들과 마찬가지로, 단 한 번도 배우지 않은 것을 너무나 잘 안다고 자신하기 때문에 그런 일이 벌어진 것이다.

파리는 문장의 배에도 불구하고 국가에 선원을 제공하지 못한다. 파리인들은 생선을 먹지만, 대양의 썰물과 밀물이 무엇인지도 모른다. 뱃사공들이 긴 배들을 몰고 간다기보다는 질질 끌고 간다고 말해야 한다. 배들의 좌초가 끊이질 않는다. 물을 싣고 생폴 또는 라투르넬 나루에서 '위풍당당하게' 출발하여 강을 오르고 내려가는 작은 거룻배들이 전부인데, 파리의 문장에는 멋진 범선이 그려져 있다. 센강 강물이 불어나면 거룻배 선단은 큰 위험에 처한다. 그래도 돛을 있는 대로 올리고 항해하는 배를 그린 문장은 시청 청사 정면에 그대로 걸려 있다. 이런 광경이 런던에 사는 영국인에게는 정말 익살맞게 보이는 것이다.

473 프티 샤틀레[24] 철거

마침내 이 낡고 보기 흉한 건물이 없어졌다. 다고베르트[25] 시대의 이 야만적인 기념물은 품격 높은 건축물들 한가운데 있어서 더욱 흉물스러웠다. 여기서 16인 위원회가 브리송, 라르쉐, 타리디프[26]를 체포하여 교수형에 처했었다. 감옥으로 쓰이던 이 고딕 양식의 둔중한 건물을 얼마 전에 철거하고 그 자리는 공공도로로 만들었다.

그 잔해[27] 위를 거닐어 보았더니 정말 충격적이었다. 갈라진 궁륭들 그리고 처음으로 공기가 통하게 된 지하감옥들은 그 암흑이 삼켜버린 희생자들의 참혹한 모습을 행인들의 겁먹은 시선에 각인시켜 주는 것 같았다. 그 깊숙한 동굴을 내려다보면 자기도 모르게 소름이 끼치면서 혼잣말을 하게 된다. '이런 장소, 저 깊은 땅속, 시체들을 놓아야 할 구덩이에 살아 있는 사람들을 가두어 두었던 말인가?'

앞으로 이 감옥들은 여기에 새로 지을 집들의 지하창고로 쓰일 예정이다. 하지만 그 벽들은 여전히 한숨과 절망으로 젖어 있을 것

24 프티 샤틀레 감옥과 그랑 샤틀레 감옥은 각각 센 강 좌안과 우안에 있었다.

25 Dagobert(602~638): 메로빙거 왕조 클로타르 2세의 아들로, 622년에 아우스트라시아의 왕이 되었다.

26 당시 파리의 16개 구역에서 한 명씩 선발되어 구성된 16인 위원회는 가톨릭 동맹의 집행기구였다. 16인 위원회는 1591년에 고등법원 판사 브리송, 라르쉐, 타르디프가 앙리 4세의 편을 들었다는 이유로 교수형에 처했다.

27 프티 샤틀레는 센 강 좌안의 오텔디외 병원 근처인 프티퐁 입구에 있었다가 1782년에 철거되었다.

이다. 감히 누가 거기에 포도주 통을 두겠는가? 포도주를 마실 때마다 비좁은 감옥에서 육체의 고통, 그리고 훨씬 더 무서운 영혼의 고뇌로 신음하던 불행한 사람들 생각이 날 것이다.

현명한 정부의 적극적인 조치에 의해 야만의 마지막 흔적들이 사라지길 간절히 기대한다.

474 생장 아케이드

시청 바로 옆에 초라할 뿐만 아니라 위험하기까지 한 아케이드가 있는데, 아름다운 생탕투안 길에서 내려오는 모든 것이 여기를 지나가야 한다. 이 극도로 불편한 통로를 지나면, 꼬불꼬불하고 울퉁불퉁한 길이 생제르베 교회당의 아름다운 정면 현관 맞은편까지 이어진다. 이 정면 현관은 워낙 높아서 반밖에 보이지 않는다.

생탕투안 길로 이어지는 길을 하나 낼 필요가 있다고 본다. 이 음산한 아케이드 밑에는 마차를 피할 수 있는 곳이 전혀 없기 때문에 최소한 보행자용 인도는 만들어야 한다.

이 장소는 그레브 광장에서 가깝지만, 이 인적이 드문 궁륭 밑은 강도질 하기에 좋은 곳이다.

강도가 자정 무렵에 한 남자를 붙잡아서 목에 권총을 겨누고 지갑을 요구했다. 초보가 분명한 강도의 손이 떨리고 있었다. 방아쇠가 당겨질까 걱정하던 남자가 태연자약하게 말을 건넸다. "떨지 마쇼, 선생. 내가 드리리다."

475 얼굴이 훼손된 성인들

교회의 정면 현관에는 많은 고딕 양식의 인물들이 조각되어 있다. 하지만 이 인물들이 이제는 너무 시꺼멓고 흉측스럽게 변해, 천당에서 영광의 관을 쓰고 있는 선민들이 아니라 비난의 대상으로 간주될 정도이다.

이 오래된 성인들에게는 코나 귀 또는 팔 하나가 없다. 천사들은 날개를 잃어버렸고, 최후의 심판의 대천사는 나팔을 부는 자세이지만 나팔은 보이지 않는다. 세월의 공격을 받아 상처투성이가 된 이 천상의 얼굴들은 끔찍한 표정을 짓고 있다. 검게 변한 이 조상들에 싱싱한 화관을 씌워 더욱더 검게 보이게 만들 필요가 있을까? 이런 대조는 정말 눈에 거슬린다. 눈부신 장미꽃들로 뒤덮인 성인은 악마처럼 보인다. 신앙심에도 심미안이 필수적이다. 엉터리 심미안 때문에 영광스러워야 할 성인들의 이미지만 손상되었다.

노트르담의 정면 현관은 야릇하기 짝이 없는 만물상을 이루고 있어서 신학, 신비주의, 화학 등의 지식을 동원하여 각자 마음대로 해석할 수 있다. 한 연금술의 달인이 그 모든 일그러진 얼굴들에 현자의 돌의 비밀이 새겨져 있다고 나에게 단언한 적이 있다. 그런데 그 불가사의한 상징을 해독할 줄 알아야 한다는 것이다.

476 사마리텐

이 작고 보기 흉한 정사각형 건물은 퐁뇌프를 등지고 말뚝 위에 세워져서 센 강의 멋들어진 경치 감상을 방해한다. 이 오막살이는 하나의 정부 같다.

이 정부[28]의 관리자는 벽시계를 관리하는 기능이 있지만, 벽시계는 꼼짝하지 않는다. 수많은 행인들이 보는 문자반은 여러 달 동안 시간을 가리키지 않는다. 주명종(奏鳴鐘)은 벽시계만큼 문제가 많아서 공개적으로 엉터리 시간을 알린다. 어쨌든 주명종을 무시할 권리가 있다.

주명종은 공식 행사 때마다 울리는데, 특히 왕의 행차 시에 그렇다. 왕은 자기 고조부가 즐겼던 음악을 들을 수 있다. 바로 근처에 있는 앙리 4세의 얼굴[29]에 귀가 달렸더라면 그 곡을 끝까지 연주할 수 있었을 것이다.

유럽 전역에 자자한 사마리텐의 명성을 고려한다면 문자반과 벽시계를 방치해서는 안 된다. 그러나 사마리텐은 정부랑 똑같아서 작은 종들이 단 한 번도 일치하지 않는다.

28 펌프가 설치된 3층 별채인 사마리텐은 1604년에 앙리 4세가 주문하여 플랑드르의 기술자 장 린트레에 의해 건설되었다. 건물의 정면은 야곱의 우물에서 예수와 사마리아 여인이 만나는 장면을 새긴 저부조로 장식되어 있었다.

29 시테 섬 끝에 있던 앙리 4세 동상은 1614년 8월에 공식적인 제막식이 거행되었고, 1792년 8월에 파괴되었다. 지금 있는 동상은 복고왕정기인 1818년 8월에 건립된 것이다.

루브르 강둑과 테아탱 강둑[30] 사이에서 양쪽 강변 전체의 경치를 망치고, 1년의 4분의 3은 말라 있는 물탱크 몇 개에 물을 끌어올리는 역할밖에 하지 못하는 이 보기 싫은 건물을 언제나 철거하게 될까?

30 현재의 볼테르 강둑길.

477 1리야르에 영국인 3명

난생 처음 파리에 온 영국인은 퐁뇌프 끝과 사거리에서 수많은 여자들이 아침부터 저녁까지 "1리야르에 영국인 3명"이라고 전혀 음이 안 맞는 합창을 하는 듯한 소리를 지르는 것을 듣고 무슨 의미인지 전혀 감을 잡지 못한다.

퐁뇌프의 이 외치는 소리는 지난번 영국과의 전쟁 동안에 인기를 끌었다. 이 여자들은 광주리에서 영국산이라고 하는 작은 배들을 판다. 여자들은 "1리야르에 영국인 3명, 1리야르에 영국인 3명!"이라고 계속 소리쳐서 행인들과 동네 전체를 어리둥절하게 만드는 것이 재미있고 또 애국적이라고 여기게 되었다. 우리 이웃나라 사람들의 풍자가 대개는 더 가혹하지만 더 기발하다.

478 승마

파리인은 미끄러운 도로에서 균형을 잡고 말을 피하고 달리는 마차와 바퀴 사이로 빠져나가는 법을 일찍부터 배운다. 파리인은 가스코뉴 사람[31]처럼 배를 집어넣어서 몸을 날씬하게 만들 줄 안다. 그들은 넓은 개울을 경쾌한 걸음으로 건널 줄도 안다. 숨을 몰아쉬지 않고 계단 7개를 단번에 올라갔다가 불빛 없이 내려올 줄도 안다. 그러나 그들은 말을 탈 줄은 모른다.

이 활동을 위한 공간이 부족한 것이다. 승마 학원들은 너무 비싸고 몇 개 되지 않는다. 승마 교육은 아직도 승마 학원들이 독점하고 있는 특권이다. 그것은 왕이 하사한 특권이기 때문에, 이 대도시에서 부르주아는 말을 이용할 수 없다. 조금 먼 길을 가려면 삯마차를 타야 한다. 오늘날의 파리인은 승마에 대해 정말 문외한인데, 앞으로도 변함이 없을 것이다.

31 가스코뉴 사람들은 지갑이 텅 비어서 배가 나오지 않았다는 소문이 있다.

479 가마

파리의 혼잡한 진흙투성이 길에서 누구를 이동시키는 일은 쉽지 않다. 그래서 가마는 아침에만, 또 몇몇 한산한 구역들에서만 다닐 수 있다. 지체 높으신 마나님들은 가마를 타고 미사에 가고, 하인이 기도책을 넣은 수가 놓인 빨간색 벨벳 손가방을 들고 따라간다. 연로한 법원장 부인께서는 어렸을 때의 자잘한 죄를 신에게 용서해 달라고 빌면서 무릎을 꿇을 때 사용하는 손가방이 주목받길 원한다. 가마꾼은 말과 경쟁을 한다.

편자 박힌 큰 신발을 신은 2명의 건장한 날품팔이가 땀을 비 오듯 흘리며 비만과 통풍 때문에 걷지 못하는 남자를 태우고 간다. 그들은 길모퉁이에서 겁에 질린 동시에 위협적인 소떼와 마주친다. 뿔 하나가 채를 들이받는 바람에 가마가 뒤집힌다. 가마가 터질 정도로 살이 찐 뚱보는 소떼가 다 지나갈 때까지 꼼짝달싹도 못 한다. 소들이 지나가면서 가마 안을 들여다본다. 뚱보는 뿔이 지나갈 때마다 벌벌 떨며 몸을 웅크린다. 가마를 바로 세워 문을 열지만, 이 사고 때문에 열을 받아서 혈관이 팽창된 뚱보를 끌어내는 데 상당히 애를 먹는다. 뚱보가 지팡이로 가마꾼들을 때리려고 하자, 그들은 얼른 달아난다. 격분하여 펄펄 뛰는 뚱보는 가발이 벗겨진 것도 알아차리지 못한다.

바퀴 2개가 달린 가마는 옆으로 넘어지는 경우는 드물다. 하지만 곱게 차려 입고 단장을 한 아씨가 탄 가마가 채가 위로 가게 뒤집어지면 희한하기 짝이 없는 자세가 된다. 아씨는 단정하지 못한 자세를 감추고 구경꾼들의 말을 듣지 않기 위해서 일부러라도 기절을 해야 한다.

480 마차야 달려라!

촌사람은 전세 마차에 오르면서 아직도 이렇게 말한다. "마차야 달려라!" 여보게, 그렇게 쉽게 도착할 것이라고 생각하는가? 말의 걸음을 멈추게 하는 장애물을 세어본 적이 있는가? 여기서는 도로 청소부가 길을 가로막고 2시간 동안 쓰레기를 치운다. 저기서는 너무 무거운 돌을 실은 손수레 때문에 말들이 나아가질 못한다. 한 걸음 한 걸음 나아가는 것이 기적이라고 여겨질 정도이다. 물통을 실은 마차들이 워낙 많아서 걸핏하면 통행을 방해한다. 이 마차들은 각 집에 물을 공급하기 위해 비스듬히 정렬해 있다. 덮개가 달린 짐수레들은 수레꾼이 주위를 잘 살필 수도 들을 수도 없기 때문에 거치적거리다. 수레에 실린 긴 목재들이 흔들릴 때마다 마차와 말의 옆구리에 구멍을 낼 것 같다.

빈 배들을 정리할 때는 난장판을 뚫고 나가야 한다. 간신히 길이 뚫리는 듯하지만, 그렇지 않아도 좁은 길에 여러 달 동안 어지럽게 쌓여 있는 건축용 석재들이 통로를 막는다.

게다가 마부들은 마차 사이의 간격을 최대한 좁히면서 한 뼘이라도 더 나아가려고 한다. 이 어리석은 성급함 때문에 길은 더욱더 막힌다.

전세 마차가 지나갈 때마다 보행자는 불쌍하게도 배를 홀쭉하게 만들어야만 1피에 정도 튀어나온 마차축을 운좋게 피할 수 있다. 세탁부가 집 안에서 계산을 하느라 마차를 3시간 세워놓으면, 400대의 마차행렬이 멈추어 선다. 순간적으로 길이 뚫리자 흉악한 1두 이륜

마차 한 대가 혼잡한 대열에서 아슬아슬하게 빠져나와 마치 먹구름에서 벼락이 치듯이 내달린다. 심보 나쁜 마부가 낭비한 시간을 만회하려고 동향인들의 몸 위로 마차를 모는 것이다. 사람들이 벌레들에 불과한 것처럼 비난의 함성을 무시하고 폭주하는 그 몰지각한 악당은 어디로 달려가는가? 그는 매춘부에게 달려가는 길이다. 이미 그의 이마에는 난봉의 창백한 자국이 새겨져 있다. 3주 후에 그는 끔찍한 마차 사고를 당해 온몸이 갈가리 찢겨지고 아무런 도움이 안 되는 수술을 받을 것이다.

나태하고 타락한 인생에서 죄악을 하나 더 저지르고, 추잡한 방탕만이 아니라 야만적인 잔인성까지 이마에 공개하고 다니더니 꼴좋게 되었다! 이처럼 방탕과 잔인성은 거의 언제나 서로 통한다.

가련한 촌사람이여, 마차에서는 인내심을 가져라! 거리는 알고 있었지만 시간이 얼마나 걸릴지 계산해보지 않았기 때문에, 중요하건 중요하지 않건 모든 약속에 늦을 것이다.

481 토끼가죽

토끼가죽은 아무리 인색한 주인이라도 하녀들에게 그냥 주어버리는 하찮은 것이다. 오베르뉴에서 파리로 올라온 이 토끼가죽 장수들은 가죽을 소매로 구입하여 모자 제조인들에게 도매로 되판다. 토끼가죽 장수는 가죽을 너무 많이 들고 다녀서 머리와 팔이 잘 보이지 않을 정도이다. 목소리가 들리기 전에 냄새로 알 수 있을 만큼 그는 고약한 가죽 냄새에 절어 있는데도 잘 버틴다. 그의 고함 소리는 극도로 귀에 거슬린다. 그가 나타나면 고양이들은 얼른 달아난다. 그는 고양이 가죽도 벗길 사람이다. 고양이들은 그가 모든 네발동물의 모피를 탐낸다는 것을 알아차린 것 같다.

더구나 그는 주머니에 칼이 있어서 언제라도 수고양이를 거세할 수 있다. 그가 집 안에 들어서기가 무섭게 암고양이들은 야옹거리며 지붕 위로 달아난다. 고양이들의 애처로운 울음은 그 야만인에 대해 불편한 심기를 잘 표현한다.

"토끼가죽"이라는 고함은 "중고모자"라는 고함과 대조가 된다. 후자가 더 날카로운데, 여자의 목에서 나오기 때문이다. 이것이 모피의 운명이다. 털 상태에서는 장수가 '토끼가죽'이라고 알린다. 학자의 머리를 장식한 후에는 때에 절어 '중고모자'로 장수의 어깨 위를 전전하다가, 학식과는 전혀 무관한 무식한 일꾼에게 팔린다. 모자의 역사는 사람 머리의 역사와 거의 마찬가지로 파란만장하리라.

482 돼지고기

파리에서는 매년 약 3만 마리의 돼지를 소비한다. 돼지고기 장수들은 돼지를 100가지가 넘는 다양한 방식으로 변형시킨다. 소시지, 순대, 순대소시지, 혀순대, 내장순대 등으로 불리는 것은 다른 지역에서는 흉내 내지 못할 정도로 맛이 뛰어나다. 돼지고기 장수들이 포크로 나누어 주는 소금으로 간을 한 고기는 서민들이 저녁과 밤참으로 매일 먹는다. 이 돼지고기 조각과 15수짜리 파이가 없다면 서민 계층의 식사 시간은 4분의 1로 줄어들 것이다.

쇠고기집 여주인은 뚱뚱하고 얼굴이 붉은색에 생기가 있는 반면, 돼지고기집 여주인은 창백하고 혈색이 좋지 않다. 뜨거운 고기에서 나오는 증기가 미용과 건강에 모두 안 좋기 때문이다.

뚱보왕 루이의 아들이 파리를 가로지르는데 돼지 한 마리가 말 다리에 걸리는 바람에 말이 넘어지고, 젊은 왕자는 낙마의 충격으로 죽었다.

오늘날 프랑스의 아들들은 말 8마리가 끄는 사륜마차를 타고 이 도시를 질주한다. 그들의 질주는 소, 양, 돼지떼는 물론이고, 심지어는 사람들 무리에도 구애받지 않는다.

483 벽보

예전에는 시사 문제에 대해 비판적인 벽보가 붙는 것이 상당히 흔한 일이었다. 하지만 벽보 붙이는 사람들에 대한 추적이 크게 강화된 나머지 이런 행위가 불가능하게 되었다. 풍자문을 붙여서 동상을 훼손하는 로마와 파리는 사정이 전혀 다르다. 결연하기 짝이 없는 풍자꾼도 경찰의 조사를 받는다고 생각하면 재치 있는 단어들이 떠오르지 않는 법이다. 경찰은 가볍게 경고 한 번 하고는 바로 투옥하거나 추방해 버린다. 재치 있는 단어들과 풍자시는 입에서 입으로 전해지고 베껴 쓰기도 하지만, 벽보로 붙지는 않는다.

경찰의 감시가 덜 철저하고 범위가 더 좁았을 때는 다음과 같은 술책으로 길모퉁이에 벽보를 붙였다.

커다란 광주리를 등에 맨 남자가 멈춰 서서 차단석[32]에 몸을 기댄다. 지친 표정의 그는 광주리를 등에 맨 채 차단석 위에 올려놓는다. 그러자 광주리 속에 웅크리고 있던 작은 소년이 두 손을 내밀어 풀칠이 된 벽보를 벽에 붙인다. 소년은 광주리 양쪽 테두리에 가려서 잘 안 보일 뿐만 아니라, 얼굴을 가리고 순식간에 다시 웅크린다. 남자는 재빨리 사라지고 글은 호기심 많은 사람들에게 남겨진다.

이런 종류의 풍자문은 더 이상 벽에 붙지 않는다. 풍자문은 은밀하게 유포되는 소책자에 실린다.

32 차단석(borne)은 차도와 인도를 분리시키기 위해 박은 돌로, 마차가 인도의 보행자들을 다치지 않게 해주는 등의 역할을 한다.

오늘날엔 설사 벽보가 붙더라도 서민들은 아무런 관심이 없다. 나날이 먹고 살아야 하고 절박한 문제들을 해결해야 하기 때문이다. 서민들은 무슨 일이 일어나건 상관이 없다. 이미 오래전부터 공적 사건들의 흐름을 놓쳐버렸고, 세상일을 누가 주도하는지 알지 못한다. 하기야 그런 것에 조금도 개의하지 않는다. 누가 키를 잡아도 마찬가지이다. 서민들에게는 배의 항로가 항상 똑같다. 그래서 비웃고 싶은 마음도 없다.

경찰 행정이 완벽하고는 거리가 멀기 때문에 이따금 그에 관한 벽보가 붙는다. 하지만 물정을 아는 나리는 그냥 웃어넘긴다. 능란한 마부는 언제든지 가벼운 채찍질 한 번으로 모든 동작을 제어할 수 있는 말의 울음에 조금도 신경을 쓰지 않는 법이다.

이제 풍자문은 소책자에서만 볼 수 있다. 사교계 사람들은 이런 소책자를 보고 재미있어 하지만, 심각하게 받아들이지는 않는다. 사실에 입각했건 아니건, 풍자문은 어리석은 일이 벌어진 후 대개 1년이 지나야 나온다. 그런데 풍자문은 학교의 징계와 마찬가지로 시기를 놓치면 그만큼 효과가 떨어진다.

높으신 분들에 대한 이런 복수는 이제는 그들에게 위협이 되지 못한다. 그들은 아무런 오점도 남기지 않고 평온하게 경력을 마칠 것이다. 그들이 죽은 다음에야 역사가 과오를 밝혀낼 것이다. 그들은 생존 시에는 진실을 방종의 산물이라고 치부하고 무시해 버린다. 그러나 감추어진 진실은 반드시 드러나게 마련이다.

이와는 반대로 작가들은 하나만 틀려도 30명의 비평가들이 난리를 친다. 심지어는 잘 쓴 글에 대해서도 욕설을 퍼붓는 경우가 자주 있다. 정부는 작가들의 명성과 수입에 해를 끼치는 풍자문들만 보호한다. 반면, 높으신 분들의 정치 관련 저술에 대해서는 검토도 질책도 용납하지 않는다. 정말 대단한 권리이다.

교황들은 입에서 물을 뿜는 조각상 '파스키노'와 '마르포리오'의 건립을 허용했다. 풍자문과 전단이 서민들을 즐겁게 하고 유순하게 만들었다. 풍자가 가슴속에 갇혀서 부글부글 끓고 신랄해지는 것보다는, 조각상의 입을 통해 표출되는 것이 훨씬 더 바람직하지 않을까? 말로 불만을 충분히 토로하면 민심이 가라앉아 봉기가 일어나지 않는 법이다.

484 벽보꾼들

벽보꾼들은 아카데미 프랑세즈 회원들과 마찬가지로 40명[33]이다. 아카데미와 닮은 점 또 하나는, 읽고 쓸 줄 모르는 사람은 벽보꾼으로 받아주지 않는다는 것이다. 벽보꾼은 다른 재능은 없어도 되는데, 이것은 전제군주와 비슷하고, 작시가인 대신이 만든 그 고명한 학회에서도 이따금 존재하곤 한다.

벽보꾼들은 단춧구멍에 동판을 꽂고 사다리, 앞치마, 풀 항아리, 솔을 들고 다닌다. 그들은 벽보를 붙이지만, 자신을 선전하지는 않는다. 40명의 불사신[34]들에게는 이런 겸양의 미덕이 없다.

벽보꾼은 무관심의 화신이다. 종교, 세속, 법률, 사형판결, 개 분실 등에 관한 벽보를 언제나 무표정한 얼굴로 붙인다. 자기가 벽에 붙이는 것이 법관의 허가를 받았는지만 확인한다. 법관의 이름만 있으면 자신에 대한 사형선고도 붙일 것이다.

30년 동안 연극과 오페라 벽보를 붙이면서도 극장에는 단 한 번도 가본 적이 없다. 그들은 벽보를 붙인 다음, 글자가 똑바르면 만족한 표정으로 쳐다보고 떠난다.

교회와 수도원의 문과 벽에는 연극, 소설, 세속적인 책 벽보가 금지되어 있다. 애매한 제목들도 있지만, 신전의 기둥들은 관용을 잘 베풀어서 벽보꾼이 주는 것을 말없이 받아들인다.

33 1740년 4월 16일자 규정은 벽보꾼 수를 정하고 그들에게 메달 착용을 의무화했다.

34 아카데미 프랑세즈 회원들은 '불사신(immortel)'이라고도 불린다.

차단석 옆에서 벽보를 크든 작든 소리 내어 읽는 것은 신중하지 못한 일이다. 그것은 위험이 따르는 유혹이다.

벽보의 중요한 문장을 읽다가 달려오는 마차 때문에 황급히 중단하고 몸을 피하는 사람이 한둘이 아니다. 글을 읽을 때에는, 심지어는 벽보를 읽을 때에도 성찰이 필수적인데 말이다.

차단석 뒤는 안전하다고 생각할 수 있다. 그곳에서는 위험을 무릅쓰고 편안하게 읽을 수 있을 것이라고 여긴다. 하지만 대부분의 차단석은 조그만 마차축에 뚫려서 구멍이 나 있다. 마차축이 뚫린 구멍으로 들어와 차단석 뒤에서 벽보를 탐독하는 사람의 장딴지를 찌르는 사고가 종종 일어난다.

❦ 벽보꾼, 에티엔 조라(1760년경)

485 외설 판화

강둑길과 신작로에서 외설 판화를 파는 곳들이 많아졌다. 이런 판화 속 나체들은 정숙한 사람을 당황하게 만들고, 그 음탕한 자세는 젊은이들에게 방탕을 조장하며, 어린이들의 시선까지 오염시킨다.

너무나 외설스러운 나머지 글로는 도저히 묘사할 수 없는 판화들도 있다. 이런 판화들의 주제는 종종 극단적인 타락인데, 이것이 추잡한 글보다 훨씬 더 반감을 갖게 만든다. 무슨 말인지 이해할 것이다.

여자들이 가슴을 드러낸 채 저녁에 남자들을 멈춰 세우고 집요하게 유혹하는 것을 내버려두는 것은 비난받아 마땅하다. 음란한 판화들을 아침부터 저녁까지 공적인 장소에 방치함으로써 순진한 사람들에게 방탕한 생각을 주입하고, 반쯤 타락한 사람들에게는 추잡함을 정당화하는 것은 새로운 인간 종족이 근원에서 그대로 절멸되는 것을 원하는 짓이다.

부셰[35]는 회화에서 좋은 화파를 타락시킨 다음에, 고급 매춘부들의 규방을 위해 일했다. 또한 그의 사위 보두앵은 파렴치한 화가로서 부셰보다 더 난잡한 그림을 그리고 미풍양속을 해치는 짓만 했다.

화가들은 싫증난 영혼들의 환심을 사기 위해 방탕하고 때로는 역겨운 내용을 상상력에 의해 표현하려고 애쓴다. 「튈르리 궁전의

35 Boucher(1703~1770): 로코코 양식을 대표하는 프랑스 화가로, 외설적인 그림들 때문에 디드로에게 많은 비난을 받았다.

야회」는 기품과는 거리가 먼 그림이다.

나체를 야하게 그린 새로운 판화들은 도덕만이 아니라 예술에 대한 죄악이기도 하다. 그런 판화들이 고상하고 감동적인 그림처럼 대우를 받는 일은 결코 없을 것이다. 골동품실에 처박아두기만 하는 음란 서적들과 마찬가지로, 외설 판화들 역시 수치스러운 운명에 처해질 것이다. 예술가들이여! 왜 명예를 포기하려고 하는가? 왜 이름을 더럽히려고 하는가? 품위 있는 것이 오래 가는 법이고, 이 점은 우리 후손들도 동의하리라.

철학 서적들을 많이 탄압했지만, 이런 책들은 소수만 읽고 다수는 이해할 능력이 전혀 없다. 추잡한 판화가 공개적으로 인기를 누리고 있다. 누구나 보고 충격을 받는데, 순진한 사람들은 당황하고 정숙한 사람들은 얼굴을 붉힌다. 상인들이 뻔뻔하게도 가게 밖에까지 진열하는 외설 판화들을 그들의 지갑 안으로 치우도록 강력한 조치를 취할 때이다. 처녀들과 정숙한 부인들도 그런 길을 지나다닌다는 점을 명심하자.

486 양탄자

성체첨례 행렬 시 사람들은 거리의 양탄자들을 통해 성체가 지나가는 곳에서 신화에 나오는 신과 여신들의 음란한 사랑을 볼 수 있다. 제우스는 가니메데스[36]를 유괴하고 주노를 애무한다. 디오게네스는 에리고네스의 젖가슴 위에서 술에 취한다.[37] 살마시스[38]는 저항하는 젊은 남자를 껴안는다. 아폴론은 다프네를 뒤쫓아가고, 아프로디테는 아도니스에게 미소를 보낸다. 성인 중의 성인을 경배하기 위하여 경건한 신앙심으로 걸어놓는 그림들이 이런 것들이다.

신부들이 오비디우스의 『변신』을 숭배하는 것이다. 고대 이교문명이 가장 가공할 기독교 종교의식에 바쳐진 경의의 모든 비용을 대고 있는 셈이다. 기독교에 의해 지옥에 떨어진 이교도가 갑자기 그 구렁텅이에서 빠져나와서 이런 행렬을 구경했더라면, 그는 자기가 숭배하는 신과 우상들을 어디서나 볼 수 있을 것이다.

36 그리스 신화에 의하면, 트로이의 왕자인 가니메데스(Ganymède)는 가장 잘 생긴 남자라는 평가를 받았다. 제우스가 독수리로 변신하여 그를 유괴한 다음 자기 애인으로 삼고 신들에게 술을 따르는 임무를 부여했다.

37 오비디우스의 『변신』, 6권 125절에 나오는 이야기이다. 에리고네스(Erigone)는 이카리오스의 딸이다. 이카리오스는 디오니소스의 방문을 받은 다음에 아티카의 농민들에게 포도주 만드는 법을 알려주었다. 하지만 그들은 술에 취하자 이카리오스가 자기들을 독살하려고 했다고 오해하고 그를 살해한다. 포도송이로 변신한 디오니소스의 유혹에 넘어간 에리고네스는 부친의 죽음을 알고 목을 매어 자살한다.

38 그리스 신화에 따르면 샘의 요정인 살마시스(Salmacis)는 헤르메스와 아프로디테의 아들인 헤르마프로디토스에게 반한다. 그가 거절하자 그녀는 그를 껴안고 아버지 포세이돈에게 둘이서 영원히 한 몸이 되게 해 달라고 애원한다. 이 소원이 이루어져 둘은 양성을 지닌 한 몸이 된다. 살마시스와 헤르마프로디토스 신화는 플라톤이 『향연』에서 언급한 남녀 양성체와 유사하다.

호화로운 우상들이 가톨릭 건물의 정면을 의기양양하게 장식하고, 살아 있는 신을 모시고 가는 신부들이 이교신학의 인물들 한가운데를 경건하게 행진하리라고 누가 상상이나 할 수 있었겠는가!

고대의 가짜 신들이 임시제단[39]의 발치까지 점령하고 있다. 벼락으로 무장한 주피터는 성모 마리아에게 벼락을 내릴 기세이다. 바로 옆에서 아폴론과 9명의 뮤즈들은 민중에게 내리는 축복을 받는다.

양탄자들은 노골적이다. 긴 사다리 꼭대기에 걸린 양탄자에 그려진 바커스 신의 여제관들은 제단 바로 위에서 지팡이를 휘두른다. 태양 광선[40] 사이로는 프로세르피네스의 유괴 장면이 보인다.

로마시대에 키벨레와 세레스의 사제들이 행진할 때는 어떤 공적 장식을 했는가? 우리 시대의 공적 장식과 많이 달랐을까?

루이 15세가 기적적으로 회복된 다음에 신의 은총에 감사를 드리려고 노트르담을 방문했을 때, 부르주아들은 가톨릭의 가장 성대한 축제에서처럼 양탄자로 길을 장식했다.

아파트에서는 양탄자의 대형 인물들이 가구에 의해 보기 싫게 잘리기 때문에 그런 양탄자들은 부속실로 밀려났다. 3색의 균등한 무늬의 피륙이, 너무 크고 딱딱하며 단정하지 못해서 여자들에게 호소력이 없는 이 인물들을 대신하게 되었다. 성체첨례 날에는 다락방에서 양탄자를 꺼낸다. 양탄자를 시골에 보내서 지붕밑 방을 장식하기도 한다.

어쨌든 성체첨례일에 양탄자들이 사다리를 따라서 올라갔다가 내

39 성체첨례일에 성체를 모시기 위해 서둘러 세우는 작은 예배당으로, 구체제 시대에 부르주아들은 이것을 짓는 것을 자랑으로 여겼다고 한다.

40 이 용어는 성체첨례일에 운반되는 성체 현시대의 금 또는 은으로 된 원반을 가리킨다. 광선이 둘러싼 이 원반 중앙에는 성체의 빵을 받는 이중 수정이 박혀 있다. 원반 받침대는 대개 수정이다.

려오는 것을 볼 필요가 있다. 모든 문들이 양탄자로 장식된다. 행렬이 지나가고 그 꼬리는 아직 남아 있는데도, 사람들이 못을 빼고 신화를 그린 양탄자들이 모두 한꺼번에 밑으로 떨어지면 순식간에 양탄자들을 접어서 치워버린다. 다른 곳에서 사용해야 하기 때문이다.

정말 기적 같은 일은, 높게 곤두세운 수많은 사다리들이 돌아다니고, 수많은 망치가 허공을 가르며, 수많은 행인들이 기우뚱거리는 사다리 밑과 부딪히는데도 양탄자꾼들의 작업에서 순교자가 생기지 않는다는 점이다. 그들이 그날만큼은 양탄자를 걸고 철거하는 데 종교적인 열성을 발휘하여 밑으로 지나가는 행인들의 머리를 포석이라고 여기는데도 말이다.

487 팔레루아얄 공원

프랑스의 섭정 오를레앙 공작이 이 궁전에서 살았다. 그는 아주 대담한 원칙하에 왕국을 다스렸다. 그는 사람들을 매우 경멸했는데, 그들 모두가 자기 주위 사람들만큼 엉터리이고 천박하며 탐욕스럽다고 여겼다. 이런 개인 집단을 다스리는 일은 그의 천재성에 어울리지 않아서 그는 과감하게 그들을 갖고 놀았다.

역사적으로 루이 14세와 그의 통치 원칙들을 비교해 보면 색깔이 정말 다르다. 모든 것에 순종하는 프랑스 국민은 단번에 바뀌어 버렸다.

오늘날의 풍속은 야릇한 이 시대에 형성되었고, 앞으로도 상당한 기간 동안 지속될 것이다. 도덕의 토대가 반쯤 뒤집혔는데, 섭정기가 초래한 이 급격한 변화의 영향력은 아직도 끝나지 않았다.

팔레루아얄의 벽시계가 12시를 알리면 사람들이 모인다. 할 일 없는 사람들은 회중시계를 손에 들고 바늘을 11시 60분에 맞춘 다음 하루 종일 자랑하고 다닌다.

다른 사람들은 카페 카보[41]에서 쓸모없고 문학적인 문제들, 수천 번 되풀이되었지만 오늘날 소심한 젊은 작가 세대가 아직도 다루고 있는 문제들을 토의한다.

샤르트르 공작[42]이 자기 정원에 건물을 지으려고 했을 때 다들

41 팔레루아얄의 회랑 지하에 들어섰던 5개 카페 중 하나.

42 Duc de Chartres(1747~1793): 섭정 오를레앙 공작(1674~1723)의 증손자. 샤르트르 공

자신이 소유자인 것처럼 난리를 쳤다. 이 정원에서의 산책을 기득권이라고 간주하던 대중의 아우성에도 아랑곳하지 않고 공작은 도끼로 나무들을 자르게 했다. 오페라의 여자들이 밀회를 즐기던 그 나무 그늘들은 이렇게 사라져버렸다. 정숙한 나무의 요정들이 이 유명한 가로수길보다 더 얼굴이 빨개지는 곳은 결코 없었다. 그래도 유럽에서 가장 아름다운 댄스홀이라고 볼 수 있는 이 길이 단 몇 시간만에 파괴되었다.

대중은 아우성을 쳐도 나무들이 사라져버리자 입을 다물었다. 공작이 채택한 계획에 따라서 몇 년 후에는 파리인들이 득을 보게 될 것 같았다. 그러면 파리인들이 항상 그렇듯이 성급했다는 점만 부각되리라. 이곳이 소유자의 의지에 따라 화려한 동시에 편안한 장소로 변신하여 이전보다 더 좋은 산책을 즐길 수 있게 될 것 같았다.

사소하기 짝이 없는 변화에도 어리석은 반대를 일삼고 여전히 무지한 파리인들이여! 당신들의 지루한 습관을 깨버리는 손이 없었더라면 이 도시가 시궁창이 되었을 것이라는 점을 잊어서는 안 된다. 권세가들이 당신들의 주거지를 바꾸게 놔둬라. 오늘의 파리를 누가 만들었는가? 다른 사람들이 아니라 바로 그분들이다. 별 볼일 없는 부르주아들아, 입 다물고 높으신 분들이 쾌적한 기념물들을 지어주시게 놔둬라. 당신들 주위를 둘러보라. 모든 것이 그들의 창작품이다. 거드름 피우는 글쟁이들아, 좀 더 멀리 다녀보고 당신들의 둔하

작이었다가 조부가 사망한 1785년에 오를레앙 공작(오를레앙 공작 루이필리프)이 되어 부르봉 직계 다음으로 왕위 계승권이 있는 '제1왕족'이 되었다. 혁명에 적극 동조하여 자코뱅 클럽에 가담했으며, 1792년에 필리프 에갈리테('평등'이란 뜻)라고 이름을 바꾸고(평등공 필리프라고 불렸다) 국민공회 의원까지 역임했지만, 1793년에 반혁명죄로 처형되었다. 그는 1781년에 건축가 빅토르 루이에게 팔레루아얄 회랑 건축을 의뢰했다.

고 배은망덕한 머리로는 꿈도 꾸지 못하는 웅장하고 즐거운 선물을 기다려라.

아름다운 그림들을 보고 싶으면 팔레루아얄의 회랑[43]으로 가라. 최고로 우아한 최신 의상 차림의 예쁜 여자들이 보고 싶으면 대계단의 통로에 서 있어라. 맛있는 아이스크림을 먹고 싶으면 지하실로 가라. 하지만 이 동네 서점들에서는 자극적인 신간은 구할 수 없다.

43 오를레앙 가문이 수집한 그림들은 1791년에 평등공 필리프가 처분하기 전까지는 프랑스에서 가장 중요한 소장품의 하나였다.

488 관습

뉴멕시코 북부의 경도 241도 근처에 위치한 타훅랑크족(Tahuglanks) 이야기를 한다. 개화되고 찬란한 예술도 보유한 민족이라고 이야기 한다. 다만, 관습이 아주 이상하다는 것이다.

타훅랑크족의 왕은 방 한가운데에 구멍이 뚫린 의자에 앉아서 왕실과 사람들을 알현한다. 이것은 그가 소중하게 여기는 특권이다. 군주는 이 움직이는 왕좌에 앉아서 변비에 걸렸건 설사를 하건, 베일도 병풍도 없이 공개적으로 또 있는 대로 얼굴을 찌푸리며 대변을 본다. 키가 큰 하인이 서서 주의를 기울이다가 왕에게 면 걸레를 바치고, 왕은 그것으로 닦는다. 하인은 사용된 면 걸레를 배석자들의 눈앞에서 버터 빵처럼 차곡차곡 싸놓는다. 전하의 배설물이 보이면, 신하들의 후각이 아무리 의연하게 버티려고 해도 암모니아 냄새를 피하지는 못한다.

문안을 드리고 은총을 받길 원하는 귀부인들이 그 의식 중에 도착하는 경우가 가끔 있다. 그래도 그 부인들은 돌아가지 않는다. 관례에 어긋나기 때문이다. 귀부인들은 남아서 세상에서 제일 편안한 태도로 대화를 나눈다.

아침에 찾아오는 모든 사람들 코앞에서 대변을 본 타훅랑크의 영주는 그 다음날엔 군주를 찾아가고, 군주는 귀족이 한 일을 똑같이 한다. 군주는 구멍 뚫린 의자에 훨씬 더 당당하게 앉아서 귀족에게 냄새를 풍길 것이다. 귀족은 그 전날 가신들에게 강요한 태연자약한 태도를 이번에는 자신이 취해야 한다. 감히 고개를 돌리지 못하고, 마치 가장 감미로운 향수가 방 전체를 가득 채우는 것처럼 대화를 계속해야 한다. 영주는 뿌린 대로 거둔다는 말을 생각하며 태연하게 냄새를 맡는다. 그리고 3일 후에 자기가 하제를 먹고 아주 편안하게, 그리고 가능한 한 여유 있게 얼굴을 더욱더 찡그리며 일을 보더라도 자신의 신하들은 온화하고 차분한 표정을 보여줄 것을 확신한다.

정말 이것은 새로운 라블레가 다루기 좋은 주제이다. 나는 이런 이야기를 할 수 있을 만큼 유식하지 못하다. 이런 관행이 언제 시작되었고, 어떻게 계속되어 왔는가? 신문들이 미적 감각, 예절, 매력이 있다고 칭찬한 이 민족에 그런 관습이 어떻게 아직도 남아 있는가? 이 관습은 티베트의 모든 군주와 신하들에게 자신의 마른 똥을 선물하는 달라이라마 이야기에서 유래한 것일까? 하지만 달라이라마의 경우는 가루 똥이고 오로지 그만이 이런 특권을 누린다. 타훅랑크 왕족의 피를 한 방울이라도 물려받은 귀족은 대변을 보고 뒤처리를 하는 구경거리에 모든 사람을 초대할 권리가 있다.

어떤 증인들에 따르면, 구멍 뚫린 의자를 치우는 사람들이 정말 능숙하고 신속하여 냄새를 거의 느끼지 못할 정도라고 한다. 다른 증인들은 냄새가 말 그대로 진동한다고 반박한다. 또 왕자가 드신 저녁의 찌꺼기는 짐꾼의 조잡한 찌꺼기와는 전혀 다르다는 것이다. 누구 이야기를 믿어야 하나? 어쨌든 내가 역사가로서 하지 않을 수 없는 이야기에 만족하지 못하는 사람은, 괜찮은 하제를 구입하여 실험을 해본다면 이것이 꾸며낸 이야기가 아니라는 점을 확신하게 될 것이다.

489 파출소장

파출소장은 업무가 다양하고 상반되기도 한다. 난투극과 봉인 붙이기, 시체 수거와 상속인들 간의 분배 사이에 어떤 상관성이 있단 말인가?

그들의 주된 임무는 치안 유지이다. 소란을 일으킨 사람들은 모두 야경대가 파출소장에게 데려온다. 파출소장은 그들을 즉석에서 감옥에 보낼 수 있다.

파출소장은 개별적이고 종종 예상 밖의 수많은 사건들을 신중하게 처리하고 지혜를 발휘해야 한다. 말다툼, 주먹질, 사고, 중대한 모욕은 우선 파출소장에게 재판을 받는다. 그는 당사자들의 말을 들어보고 신속하게 결정을 내려야 한다.

절도, 강간, 폭력과 다른 범죄들에 대한 고소 역시 파출소장이 접수한다. 그는 여론을 들어본 다음, 죄인을 신문하고 투옥시킨다.

세입자 부재 시에 동산에 대한 압류가 집행되고, 연고가 없는 개인이 방에서 사망했을 때, 파출소장은 강제로 문을 열게 한다. 또 돌연사나 의문사의 경우에는 파출소장이 샤틀레 재판소의 의사와 동행한다.

파출소장의 직무는 거의 언제나 암울하거나 마지못해서 하는 일이다. 손상되고 유혈 낭자한 시체가 발견되면, 그것을 검사하는 것은 파출소장의 눈이다. 그는 살인자와 피살자 사이에 위치한다. 그는 배신, 분노, 우연에 의해 야기된 모든 상처를 살펴보아야 한다. 모든 범죄사건이 그의 펜에서 시작된다. 그가 작성하는 조서는 형사소송의 토대가 된다. 판사들은 그의 의견서에 따라 판결을 내린다. 얼마나 중대한 업무인가!

파출소장은 피의자를 신문한다. 파출소장의 상위직들이 담당하는 피의자도 파출소장이 신문한다. 능란한 파출소장은 걸려들기 쉬운 질문을 계속 던진다. 도와줄 마음이 전혀 없는 이런 사람에게 신문을 받는 일은 정말 위험하다. 파출소장만큼 공평한 정신, 절제, 수완, 특별한 지식이 필요한 직업도 드물다. 공증인, 소송대리인, 경매심사관 중에서 어떤 직을 택할지 고민하는 서기가 대개는 파출소장이 된다.

어떤 파출소장은 너무 엄격해서 문제이고, 또 어떤 파출소장은 평판이 나빠질까봐 겁을 낸다. 중용을 지키는 파출소장은 거의 없다. 보호자가 없는 서민은 엄하게 대하고, 권력과 돈에 관계되는 모든 것들은 조금 지나치게 존중한다. 그들은 이렇게 변덕스러운 태도 때문에 의당 받아야 할 공명정대하다는 평판을 받지 못한다.

그들은 상당히 난처한 처지에 있다. 호되게 질책하는 치안총감과 아우성치는 민중 사이에 끼여 있는 것이다. 양쪽을 다 만족시켜야 한다. 말로 하지 않는 것을 알아차려야 하고, 또한 때, 사람, 상황에 따라 다르게 처리해야 한다. 현명하지 못한 파출소장들은 작은 법전을 손에 들고도 과오를 범하지만, 인정은 하지 않으려고 버틴다.

파출소장들은 많은 일을 담당하지만, 너무나 적은 급여를 받는다. 그래서 몇몇은 비행을 저지르기도 했다.

파출소장이 자리에 없는 경우가 너무나 많다. 놀러 가거나 봉인을 하러 간다. 파출소장들은 이 두 가지 다 매우 좋아한다. 그들이 상당히 타락한 서기라는 것을 명심해야 한다. 파출소장이 자리에 없어서 야경대 대원이 수갑을 채운 범인을 끌고 이 구역에서 저 구역으로 다니기도 한다. 민중은 파출소장을 존경하기보다는 훨씬 더 두려워한다.

파출소장은 이웃들에게 비난을 받지 않으려고 다른 파출소장을 고용하여 자기 구역의 치안을 맡긴다. 대부분의 파출소장들은 거리 청소, 시장 순시, 빵 무게 검사에 신경 쓰면 품위가 떨어지기라도 할까봐 포기해 버린다.

파출소장들은 형사, 경관, 밀정과 정보원들과의 일상적이고 필수적인 접촉 때문에 왠지 모르게 다들 비슷해지고 그들의 외모는 거의 없어져 버렸다.

돈을 지불해야 하는 고발 비용과 가외수입은 보호하거나 쫓아다니는 매춘부들에게서 뜯어낸다. 도량을 속여서 파는 푸주한, 빵장수 등도 뇌물을 제공한다. 그렇기 때문에 파출소장은 명예로운 자리와는 거리가 멀다.

런던의 치안판사를 보라. 왕의 아들이 직무를 방해하자 감옥에 가라고 명령하고 복종하게 만든 런던의 치안판사를 기억하라. 압류를 준비하고 투옥을 명하고 끊임없이 조서를 작성하는 그들의 모든 활동은 정확하기 짝이 없다. 그들은 항상 고소인과 피고소인들을 상대하기 때문에, 꼿꼿하고 태연한 자세가 몸에 배어 얼굴에도 드러난다.

모든 신작로 극장의 소극에서 파출소장은 싸움이 벌어진 다음에야 등장한다. 더럽고 구멍이 난 옷차림의 파출소장이 무대 위에서 가발을 뜯기고 몽둥이로 얻어맞을 때마다 서민은 폭소를 터뜨린다. 라페 강둑에서 벌어지는 수상 시합도 마찬가지이다. 인물들은 난투극을 연기한다. 싸움이 벌어지면 파출소장이 와서 조사하고 조서를 작성하고 신문을 한다. 마침내 사람들이 파출소장을 펜, 종이 두루마리, 잉크병과 함께 강물에 던져버린다.

이런 소극을 사실로 받아들여 긴 법복을 입은 이 관리를 실제로 구타한다면 정말 심각한 사태가 벌어질 것이다. 그런데도 왜 연극에서는 관중의 함성에 따라 몽둥이로 얻어맞고 옷이 찢기고 물에 처박히는 파출소장을 등장시키는지 모르겠다.

490 자정미사

성탄절 전날 밤에 사람들은 교회로 몰려들지만, 신앙심 때문만은 아니다. 젊은이들은 자정에 거만한 태도로 들어와서 부인과 처녀들을 주시한다. 여자들이 전혀 다른 일을 하면서 이불 속에 있을 시간에 노래와 기도를 하는 것을 쳐다보는 것이 재미있는 모양이다.

오르간 연주자가 소란스러운 군중을 끌어들인다고 간주하여 연주를 금지시켰다. 그러나 주위의 암흑과 불이 켜진 교회당의 대비, 그리고 관습의 일시적인 전복에 힘입어, 이 밤의 시간은 낮의 시간보다 더 흥미진진해진다. 이것은 종교가 허용하는 유일한 야간축제이다. 그래서 모든 것의 틈을 이용하는 방종이 이 신성한 장소에도 스며든다.

규모가 큰 소교구의 의식들은 잘 알려져 있다. 그러나 정말 신기한 풍경을 즐기고 싶다면, 파리에서 몇 리외 떨어진 마을로 가서 자정미사에 참석해보라.

시골 아낙의 차례이다. 그녀는 제단에 어린 양을 바쳐야 한다. 숫처녀인 동시에 양치기인 12명의 사절이 불쌍한 어린 짐승을 찾으러 온다. 어린 양은 장미색 리본과 술로 장식된 광주리 속에 눕혀 있는 것이 지겨워 어쩔 줄 모른다.

종이 울리고 행렬이 출발하기 시작한다. 행렬의 순서와 진행은 다음과 같다.

맨 앞에는 교회지기가 선다. 그는 동방박사 3인의 그 유명한 별을 들고 있다. 라랑드, 카시니, 뉴턴 같은 사람들이 그 시대에 살았더라면 그 별의 출현에 크게 당황했을 것이다. 교회지기 다음은 3명의 동방박사이다. 그중 하나인 무어인 동방박사는 얼굴에 기름 검댕 칠을 한 어릿광대이지만, 아주 진지한 표정이다.

그 다음은 4명의 천사이다. 이 천사들이 마분지 날개로 날 수 없는 것과 마찬가지로, 블랑샤르[44]도 그가 만든 나는 배와 양산으로 날지 못할 것이다. 미련한 처녀들은 꺼진 등을, 현명한 처녀들은 켜진 등을 들고 있다.

가브리엘은 다른 천사들보다 잘 생겼다. 가브리엘은 이따금 몸을 돌려 마리아에게 인사를 하고, 마리아는 그를 다정하게 바라본다.

성자 요셉이 멍청한 자세로 뒤를 따른다. 이 역에는 마을의 바보를 골랐다. 그의 임무는 온 힘을 다해서 울어대는 불쌍한 어린 양을 지키는 것이다. 커다란 외투로 몸을 감싼 목동들이 전진하면서 때때로 외투를 올리고 지팡이를 휘두른다.

행렬의 순서가 잘 지켜지고, 맨 마지막에 소녀 목동들의 어여쁜 무리가 등장한다. 언제나 소녀들이 소년들보다 더 멋있다.

소녀들의 흰색 옷은 다양한 색깔의 스카프와 허리띠 덕에 더욱 하얗게 보이고, 지팡이는 리본으로 장식되어 있다. 첫 번째 소녀는 이새의 나무, 두 번째 소녀는 우리 시대에 지하수 탐사자 블레통[45]이 찾아낸 것과 같은 아론의 지팡이, 세 번째 소녀는 트로이를 멸망시킨 사과가 아니라 인류 전체를 타락시킨 사과, 네 번째 소녀는 지상

44 Blanchard(1753~1809): 항공술의 선구자로서 1785년 1월 7일 기구를 타고 최초로 영불 해협을 건넌 사람이다. 그는 이 해에 낙하산도 발명했는데, 메르시에는 이것을 양산이라고 부르고 있다.

45 아론이 나일 강을 쳐서 강물을 피로 바꾸어버린(「출애굽기」, 7장) 지팡이로 모세가 호렙 산의 반석을 쳐서 히브리인들에게 마실 물을 주었다(「출애굽기」, 17장). 메르시에 시대에 블레통(Bléton)은 개암나무 막대기를 사용하여 지하수를 찾아내는 능력으로 유명해진 사람이다.

의 천국인 에덴 동산에서 경거망동을 한 뱀을 들고 간다. 다른 소녀들은 손에 자기 지팡이나 좋아하는 소년 목동의 지팡이만 들었다.

이 아담한 군대의 뒤를 2개의 바이올린, 클라리넷, 뱀 모양의 관악기, 5개의 백파이프로 구성된 이동 오케스트라가 따라간다. 이들의 연주는 트레이토렌스의 집에서 루소가 한 엉터리 연주에 비할 바가 아니다. 주민 몰래 교회까지 따라온 개가 이 멋들어진 화음을 듣더니 자기도 연주에 끼려고 애처롭게 짖어대기 시작한다. 교회지기와 목동들은 개를 쫓으려고 하고 불협화음은 더욱 심해진다.

드디어 2명의 소녀 목동이 앞으로 나와 품위 있고 경건하며 특히 영적인 성가를 부른다. 내가 들은 성가는 다음과 같다.

가브리엘은 동정심에서
마리아의 집으로 왔다.
그리고 그녀에게 성교를 하지 않고 자선을 베풀었다.

이 선량한 사람들은 신앙심과 순박한 마음으로 참석한 미사가 끝나면 밤참을 먹는다. 술집은 대상서의 칙령에도 불구하고 가득 찬다. 어떤 현명한 처녀의 등이 꺼지지 않는지는 아무도 모른다.

491 이발소

가장 불결한 것들이 모두 모인 곳을 상상해보라. 청결해지길 원하는 사람들이 가는 그 가게 한 중앙에 이발사의 왕좌가 있다. 분과 포마드로 얼룩진 유리창이 햇빛을 가로막고, 비눗물이 바닥을 부식시켜 속이 드러났다. 두터운 분가루가 사방을 뒤덮고 있다. 화산 같이 쉬지 않고 분출하는 분갑 때문에 허공에서 질식사한 거미들은 하얗게 된 긴 거미줄에 매달려 있다. 이 불결하기 짝이 없는 소굴에는 절대로 들어가지 말고, 깨진 유리창으로 들여다보자.

일반적인 이발소 가운인 방수포 외투로 몸 전체를 감싼 남자가 있다. 그의 머리에 100여 개의 컬페이퍼를 방금 붙여놓았다. 하지만 이렇게 곤두선 뿔들로 흉한 몰골을 만들 필요가 있을까? 불타는 인두가 뿔을 평평하게 만들면 머리칼 타는 냄새가 진동한다.

바로 옆에서는 비누 거품으로 범벅이 된 얼굴이 보인다. 조금 더 떨어진 곳에서는 톱니가 긴 빗이 숱이 많은 머리칼 속으로 들어가지 않아서 애를 먹는다. 곧 분을 뿌리고 조발을 한다.

똑같이 창백하고 머리가 하얘서 구별할 수가 없는 4명의 이발사가 빗, 면도기, 분첩을 차례차례 든다. 방금 해부교실에서 손으로 사람 창자를 휘젓다 오거나, 의심스러운 연고 냄새가 아직도 역한 외과 견습생이 자기 차례를 기다리는 얼굴들을 그 손으로 어루만진다. 파리의 평민은 일요일에는 머리에 컬을 하고 분을 뿌리고 만과와 라쿠르티유[46]에 가기 때문이다.

손가락 사이에 머리칼 다발을 끼고 쇠빗으로 둘둘 마는 머리 따는 여자들은 이발사들보다 훨씬 더 혐오감을 불러일으킨다. 누런 속옷을 입은 그녀들의 몸은 포마드를 바른 것 같고, 치마는 손과 마찬가지로 때투성이이다. 그녀들은 세탁부한테는 한 번도 가 본적이 없는 것 같다. 그래서 견습 이발사들도 그녀들에게 수작을 걸 생각은 꿈에도 하지 않는다.

매주 일요일 아침에는 머리에 분을 바르러 오는 사람들이 너무 많아서 이발소 주인은 원군이 필요하다. 면도기 날은 수염을 깎느라 무뎌진다. 가게마다 전분 60리브르를 손님들 뒤통수에 뿌리는데, 이 분가루의 소용돌이가 길거리까지 퍼진다. 분을 칠한 사람들은 얼굴에 하얀 마스크를 하고 분첩 밑에서 나온다. 이발사의 옷은 무게가 3배나 더 나간다. 그 옷을 털어보면 분 6리브르는 나올 것이다. 이발사는 수다를 좋아하기 때문에 일하면서 분 4온스는 마셨을 것이다.

이제 일요일 오후 4시가 되면 하얀 먼지에 지친 이발사는 방으로 올라가서 머리부터 발끝까지 홀딱 벗고 몸을 씻고 닦는다. 그리고 따로 떨어진 두 번째 방으로 가서 검은색 정장을 입는다. 분가루투성이가 된 가게에 다시 내려갈 생각은 조금도 없다. 그는 판사만큼 깨끗하게 차려입고 외출한다.

어디로 갈까? 매력 만점이라고 칭찬받고 있는 기마르[47]가 춤추는 것을 보러 오페라에 간다. 이발사는 아침에 이발을 해준 사람 옆에 앉게 된다. 이제는 옆 사람과 몸이 닿아도 걱정이 없고, 무용에 매료

46 우선은 만과(晩課)에 가고 그다음에는 즐기러 가는데, 대개는 라쿠르티유(la Courtille)에 싸구려 포도주를 마시러 간다. 라쿠르티유는 현재의 벨빌(Belleville) 교차로 부근에 위치한 지역으로 18~19세기에 파리의 대표적인 서민층 환락가였다. 특히 먹고 마시면서 춤을 출 수 있는 야외술집(guinguettes)으로 유명했다.

47 Guimard(1743~1816): 코메디 프랑세즈에서 데뷔한 이후 1762~1789년에 오페라 극장에서 화려한 경력을 쌓았다. 그녀는 많은 발레에서 여주인공 역을 맡았다.

된 사람들 사이에서 굴러도 된다. 이제는 이발사가 아니라 음악 감상자이다.

그는 귀가하면 조심스럽게 옷을 벗어서 깨끗한 옷을 잘 정돈하고 레이스 달린 셔츠는 별도로 보관한다. 그런 다음 지저분한 방으로 돌아와 무거운 분투성이 작업복을 다시 입는다. 작업복은 축제일이 있는 주일을 제외하고는 6일 동안 계속 입는다. 축제일에는 다시 마법의 궁전으로 돌아가서 춤의 신 베스트리스에게 박수를 친다.

이처럼 지저분해 보이지만 이발사는 침범할 수 없는 직업이다. 면허를 구입하지 않고 이발사를 하는 남자는 법의 모든 복수를 받아 마땅한 죄인처럼 즉시 비세트르로 끌려가기 때문이다. 분가루 작업복이 없어도 관계없다. 이가 빠진 빗, 낡은 면도기, 약간의 포마드, 머리 인두가 범죄의 명백한 증거가 된다. 그리고 이런 범죄에 대한 대가는 감옥에서만 치를 수 있다.

이렇게 법규를 잘못 이해하면 사람의 자유를 함부로 짓밟게 된다. 이발사들의 수호성인이고 입법가인 성왕 루이를 들먹이며 그처럼 존경스러운 특권을 지키려고 하다니!

그렇다. 중앙시장의 노동자 얼굴에 면도를 해주고, 물장수의 머리칼에 분을 뿌리고, 학자의 머리를 빗어주고, 소송대리인 서기의 곱슬머리를 만들어주기 위해서는 먼저 면허를 구입해야 한다.

이발소에서 시선을 끄는 동시에 돌리게 만드는 또 하나는 '화덕에서 꺼낸 머리 파테'이다. 그 껍질과 외양이 페리괴[48]의 맛있는 파테와 너무 흡사해서 움찔할 정도이다.

100년 전만 하더라도 가발은 귀하고 비싼 장식품이었다. 가발 하

48 Périgueux: 프랑스 남동부 도르도뉴(Dordogne)의 도시.

나가 1천 에퀴나 했으니 대머리들이 오싹할 일이다. 물론 당시에는 가발이 엄청나게 커서 여러 명의 머리를 벗겨야 하나를 만들 수 있었다. 오늘날엔 40리브르만 있으면 인조가발을 쓸 수 있으니 파산 걱정은 안 해도 된다. 더구나 이 값싼 인조가발은 더 잘 만들어지고 쓰기에 더 좋으면서도 착각할 정도로 진짜 머리칼과 똑같다.

파리 근교의 학교 선생이나 늙은 성가대원들, 대서인들, 노련한 집행관들은 자세히 살펴보고 가발을 구입하지 않는다. 그들은 가발로 자기 과시를 하려고 들지 않는다. 그들은 피부에 딱 들러붙지 않고 1푸스나 떨어지는 중고 가발을 산다. 그들은 모르퐁뒤 강둑길에 있는 큰 가게로 간다. 거기에는 허술한 가발들이 잔뜩 있는데, 고난과 세월에도 불구하고 옛날에 따서 만든 머리칼들이 여전히 붙어 있다.

이러쿵저러쿵 하지만 사람들의 머리는 외부나 내부나 거의 똑같다. 머리들간의 차이는 사소해서 고려할 가치가 없다. 하기야 좋은 가발을 자랑하고 싶어도 거리가 조금만 멀면 아무 소용이 없다.

시골학교 선생은 다음과 같이 마음 편한 방식을 택했다. 그는 철학의 높은 눈으로 자기 머리털과 조금은 어울리는 가발을 집어든다. 가발이 그의 고상한 사상이 깃든 머리통에 맞으면 선택한다. 그의 전임자는 그보다 더 잘 따져보았을까? 가발을 더 잘 썼을까? 2개의 머리와 2개의 머리 모양 사이에서 자신 있게 결정할 수 있는 사람이 누구인가? 학교 선생은 천재와 천재, 가발과 가발 사이에 그렇게 큰 차이를 두지 않는다. 그는 30수를 내고 산 가발을 쓰고 교실로 간다. 교실에서는 선생의 가발이나 머리를 비웃는 사람은 없다.

파리에서는 단 한 사람의 노인만이 모든 머리를 정복한 이발사들의 기술을 무시할 만큼 용감했다. 그는 감히 "나에게는 이발사들은 필요없어"라고 선언했다. 그는 모든 장소에서, 심지어는 궁정에서도 가발 없이 다녔다. 그러자 그는 위대한 사람[49]처럼 보였다. 그가 학교 선생처럼 모자를 썼더라면 범인에 불과했으리라.

49 프랑스에서 '프랭클린 영감'이라고 불린 벤저민 프랭클린(1706~1790)은 1776~1785년 파리 체류 시 새로운 카토(Cato) 또는 새로운 소크라테스라고 환대를 받았다.

492 하녀

다른 여자를 섬기는 여자는 동일한 조건의 남자보다 재주와 융통성이 훨씬 더 많아야 한다. 하녀는 여주인과 아주 친밀하든지, 아니면 매우 굴욕적인 종속관계, 이 둘 중 하나여야지 중간은 없다. 하녀가 여주인의 매력을 부각시키고 미화하려면 얼마나 능란해야 하는가! 여주인을 예쁘게 만들거나, 아니면 최소한 여주인의 무한한 매력을 확신시켜 주어야 한다.

매일 아침 여주인은 자기 얼굴에 대해 하녀에게 묻는다. 하녀는 준비된 답으로 변덕의 비위를 맞추고, 나쁜 기분을 풀어주며, 자존심을 달래주고, 또한 진지하게 보여야 한다.

하녀는 걸핏하면 야단을 맞지만, 좀 억울해 해도 된다. 만약 하녀가 야단을 아무리 맞아도 태연하다면 여주인은 완전하게 이기는 것이 아니다.

화장할 때 여주인과 하녀 사이에 이루어지는 대화보다 더 기묘한 것은 없다. 그것은 오만함, 친밀함, 신뢰, 경멸이 뒤섞여 정의하기 어려운 그 무엇이다.

하인이 남주인을 아는 것보다 하녀가 여주인을 더 잘 안다. 그래서 수많은 개인적인 비밀들이 하녀에 의해 폭로되었다. 그런 비밀을 하녀의 친구나 지인들에게서 알아낼 수 있다면 행운이다.

하녀는 하인과 마찬가지로 천한 짓은 하지 않는다. 이런 신분을 택한 이상, 그에 부합하는 미덕을 지켜야 한다고 믿는 것 같다.

하녀들은 하인 계급의 5분의 1 정도 된다. 젊고 아름다운 여주인의 하녀는 아주 멸시를 당하고 예뻐서도 안 된다. 그러나 여주인이 나이가 들어갈수록 하녀의 존재가 점점 더 필수적이 된다. 늙은 여자는 누군가가 거짓말로라도 자기를 달래주길 원하기 때문에 하녀의 아부에 상당히 만족해한다. 이런 관계에 습관의 무게가 더해지면, 여주인은 하녀 없이는 못 살게 된다.

일반적으로 하녀들은 하인들에게 고유한 악덕이 없다. 하녀들은 섬기는 부인들의 처신을 배우게 된다. 그래서 나중에 프티 부르주아와 결혼을 해도 이 계급을 위압하는 몸가짐과 분위기를 유지함으로써, 잘 모르는 사람들은 그녀가 정말로 사교계 생활을 했다고 착각하게 된다.

하녀들은 대개는 맵시 있게 옷을 입는다. 고약한 하녀들의 욕망, 질투, 중상, 거짓말, 불성실, 아첨, 위선은 하인들에 비해서 잘 드러나지 않는다. 하인들은 항상 과묵하지만 그들의 악덕은 분명하게 드러난다. 그러나 하녀들은 자주 심문을 받기 때문에 악덕을 잘 감춘다.

우리 연극의 하녀들은 종사하는 일에 따라 미묘한 차이가 있다. 그러나 하인들은 무대에 등장시켜도 눈에 잘 띄지 않는다. 공작부인 댁 하녀는 태도가 더 자연스럽고 고상하다. 법원장 부인 댁 하녀는 교만한 가풍이 몸에 배었으며, 말하고 행동하는 모든 것이 정확하다. 재정가 부인 댁 하녀는 거금을 대수롭지 않게 말하고, 다른 곳에서는 상상도 할 수 없는 지출을 저택에서 한다고 이야기한다.

어느 정도 시간이 지나면 몇몇 하녀들은 여주인을 감탄스러울 정도로 흉내 낸다. 착한 하녀는 빛나고 싶은 욕망과 변덕스러운 상상력 때문에 매일 고통을 겪는 여주인을 가까이서 모시고 있으므로 진정으로 그녀의 운명을 동정한다.

여주인이 하녀를 무관심하게 대하면 부부 사이는 평온하다. 하지만 두 여자 사이에 일종의 우정이 싹트고 동맹이 결성되면, 남편은 집안을 어지럽히는 분란이 어디서 시작되는지 결코 알아차리지 못하게 된다.

하녀들은 시인들이 무대에 등장하는 하녀들에게 시키는 것처럼 말하지는 않는다. 하지만 그녀들은 여러 경우에서 능란하게 처신하고, 하인들이 오래전에 상실한 연극 인물들에 대한 영향력을 여전히 보유하고 있다.

귀부인은 "내 여자들이 어디 있죠?"라고 말하지 "내 하녀들"이라고는 말하지 않는다. 부르주아만 그런 표현을 쓴다.

가죽끈으로 연결된 4~5명의 하인을 사륜마차 뒤쪽에 배치하는 사치가 유행하게 되었다. 4명의 하인이 몸을 맞대고 비좁게 발끝으로 서서 마차가 움직이면 깡충거리며 오르락내리락 하다가, 다리가 부러질 각오를 하고 마차의 질주에 몸을 맡긴다. 마찬가지로 부인들은 미용사가 머리를 다듬는 동안 분갑, 핀, 아몬드 반죽[50]을 건네주는 일에만 3~4명의 하녀를 동원하는 유행이 생겼다.

이렇게 농촌과 농사일에서 사람들을 빼앗는 짓에 세금을 매겨 이 개탄스럽기 짝이 없는 이기주의를 응징해야 마땅한데, 우리의 현실은 전혀 그렇지 못하다. 하인들의 제복이 금은 견장으로 장식되는 반면, 농부와 포도재배자는 아마포 작업복도 제대로 입지 못한다. 노동 계급은 견장이 달린 모직 옷을 입은 하인들, 비단 드레스에 몇 개의 작은 다이아몬드까지 걸친 하녀들을 본다. 이 불쌍한 노동 계급은 자신들이 하인 계급보다 훨씬 더 신분이 낮다고 여기게 된다.

50 손을 하얗게 만드는 데 사용되었다.

493 비밀 연극

경건하지 못한 젊은이들이 아주 무분별한 음담패설을 일삼는 비종교적인 소극(笑劇)들 이야기는 여기서 하지 않겠다. 그런 소극에서는 사제가 미사 중에 성체의 빵을 찾으러 간다. 미사를 집전하는 동안에 생쥐가 물고 가서 이미 반쯤 먹어버린 성체의 빵. 또 성 프란체스코회 수사에게 고해를 하는 수녀원장의 대사를 반복하지는 않겠다. 그런 익살은 베일 밑에 그대로 덮어놓아야 한다.

그 대신 요즘 비밀리에 상연되는 자유분방하고 관능적인 몇 편의 작은 연극들 이야기를 해야 한다. 이런 연극들은 여자들을 피곤하게 만드는 정숙함의 찌꺼기로부터 벗어나게 해 주는 데 딱 맞는다.

탈리아[51]가 섭정이 아닌 것처럼 이런 연극들은 더 이상 학교가 아니다. 극작가들은 이 점에 대해 수없이 비난을 받았다. 도덕이란 것은 모두 연극에서 쫓겨났다. 이런 연극들은 도라의 진력 나는 재치와도 관계가 없다. 그것들은 현대 희극의 아주 세련된 언어가 아니라, 유쾌하고 값싼 방종의 쉬운 그림이다. 이유가 있는, 그래서 점잖다고 하는 난봉의 새로운 어조, 시대의 취향, 유행하는 인물들이다.

수도원장이 여자들을 가지기는 쉬운데 수도원을 얻기는 어렵다고 불평한다. 하녀들이 낯 뜨거워 부채를 올리게 만들지만 진실로 가득 찬 구절을 노래한다. 애매함, 농담, 정말 뿌리 깊은 부패, 가능

51 그리스 신화에서 희극을 주재하는 뮤즈.

한 모든 즐거움으로 장식된 악덕, 이런 것들이 우리 정신 그리고 풍속의 기이한 방종을 입증하는 모노드람[52]을 특징짓는 것이다.

이런 작은 연극들에 비하면 아들 크레비용의 소설들은 정숙한 편이다. 이런 연극들에서는 미덕의 조롱과 원칙의 망각이 너무나 노골적이어서, 작가가 무슨 상상을 하더라도 독자는 분개하지 않는다. 이런 작가는 항상 시인보다 더 타락했다.

이런 모노드람들은 우리 광대들이 생생한 재능을 발휘하도록 만든다. 그래서 옛날 희극의 모든 방식들은 무너져버렸다. 옛날 희극은 오늘날의 뮤즈에 비하면 낡아빠졌고 썰렁하다. 오늘날의 뮤즈는 눈이 살아 있고 대담하며, 어조는 단호하고, 몸짓은 자유분방하다. 오늘날의 뮤즈는 막히는 법이 없고, 모든 것을 정신적 악의가 번뜩이는 미소로 대한다.

재치가 있지만 타락했다고 묘사되는 그 모든 여자들이 백작부인이나 후작부인, 법원장 부인, 공작부인이고, 남자들은 그런 급이라는 점에 주목해야 한다. 이런 연극에는 부르주아 여자는 단 한 명도 나오지 않는다. 품위 있는 악덕은 부르주아와는 무관하다. 그렇게 섬세하고 그렇게 세련된 언어는 평민의 방종은 다루지 않는다. 평민의 방종은 귀부인들의 독창적인 풍속을 찬양하는 붓에 걸맞지 않는다.

특권을 누리는 살롱들에서는 최근의 알려진 정사를 다룬 '속담극'들도 공연한다. 이완된 정신에서 벗어나기 위해서는 신랄한 자극이 필요하다. 단순한 중상모략으로는 희생자에게 깊은 상처를 줄 수 없다. 희생자는 가장 날카로운 칼로 벌집이 되어 숨을 거두어야 한다. 그런데 이 모든 것이 그냥 재미로 하는 짓이다.

52 monodrame: 이 시기에는 사교계에서 공연되는 자유분방한 연극과 외설적인 연극이 아주 많았고, 상당수가 출판되었다.

이상이 우리 것으로 만든 고대 '익살극'이다. 이런 연극은 공적인 극장에서는 절대 상연되지 않는다. 난잡한 동시에 경망스러운 이런 연극들은 호기심을 더 강렬하게 자극하기 위해 비밀리에 공연된다. 법으로는 이것들을 금지할 수 없다. 이런 연극들은 모든 것에 싫증난 존재들을 위한 쾌락이다. 그들은 퇴화된 영혼을 이런 식으로 되살릴 수 있다고 믿는다. 그러나 아무리 발버둥을 쳐도 방종의 웃음 또는 악의의 웃음은 결코 즐거운 웃음이 되지 못한다. 작가들과 독자들에게 이 점을 거듭 강조하는 바이다.

494 왕들의 축제(주현절)

왕들의 축제와 과자 뽑기는 여전히 남아 있다. 이 아주 오래된 관습은 대대로 전승된다. 동방박사 3인의 별을 조롱하는 불신자들도 이 축제는 다른 축제들과 마찬가지로 즐긴다. 이 호화판 식사에 대해서는 반감이 없다. 제과점으로서는 장날이고 상당한 매출을 기록한다.

누구나 운에는 관심이 많다. 과자를 뽑는 아이와 같이 놀고 왕이 되길 원한다. 하지만 이 왕은 왕위에 대한 대가를 지불하고 백성에게 어떤 세금도 걷지 않는다.

구두장이는 가정에서는 언제나 왕이다. 구두장이의 가족은 법원장의 가족보다 가장에게 더 순종한다. 이 축제일에 구두장이는 우스꽝스럽게 위엄 있는 척한다. 구두장이는 모든 동업자들과 마찬가지로, 군주와 왕족들이 궁전에서 마시고 먹고 즐기는 데에만 신경을 쓴다고 확고하게 믿는다. 구두장이는 왕족들의 식탁이 언제나 잘 차려지기 때문에 그들이 아무런 아픔도 걱정도 일도 없다고 생각한다.

주현절은 파리 전체의 민중이 왕권에 대해 매우 야릇한 성찰을 하는 날이다. 민중이 왕권을 바라보는 관점이 매우 잘못된 것이고, 민중의 편협된 생각이 말하자면 아시아적[53]이라는 점은 분명하다. 민중이 제대로 이해하려면 아직도 멀고 멀었다.

철학자인 퐁트넬이 어느 날 주현절 과자 뽑기에 걸렸다. 잠두가

53 18세기의 식견이 있는 사람들이 꿈꾸는 온건한 군주제의 정반대인 동양의 전제주의 체제에 부합한다는 의미이다.

나온 것이다. 옆 사람이 "당신이 왕이오. 폭군이 되시겠소?"라고 물었다. 퐁트넬은 "좋은 생각이오"라고 답했다.

디드로는 이 식탁의 왕위에 대해 시 한 편을 썼는데, 이 작품은 수많은 잠두의 왕들이 여러 지루한 시집에 발표한 한심한 시들과는 전혀 다르다.

주현절 일주일 동안에는 모든 식도락가들이 아주 바쁘다. 진수성찬에 의존하는 모든 축제는 영원할 것이다.

프랑스 외부의 개신교도들은 종교개혁을 밀고나가 모든 축제를 폐지해 버렸다. 연회로 연결되는 축제들까지도 모두 없어졌다. 그들은 옷의 장식을 뜯어내다가, 스위프트 박사의 말[54]처럼 옷감까지 찢어버린 것이다.

54 "그는 장식을 떼어내려다가 옷을 위에서 아래까지 찢어버리고 말았다."(조너선 스위프트, 『통 이야기』) 스위프트가 쓴 『통 이야기』의 서사적 부분을 구성하는 알레고리에 대한 암시이다.

495 『뮤즈 연감』

『뮤즈 연감』은 파르나스 산의 '모집자 동지'가 매년 독자에게 제공하는 시라는 꽃들의 바구니이다. 이 문학지의 주간을 이렇게 부르는 이유는, 1년 내내 그가 아폴론 자식들의 호의를 간청하여 그들이 시 작업에 의해 시집 제작에 기여하도록 하기 때문이다. 그는 모집으로 먹고 사는 셈이다.

'모집자 동지'는 이 모든 꽃들을 받아서 색깔을 배합하지 않고 되는 대로 쌓아놓는다. 주간은 동네 축제의 미숙한 농부처럼 거대한 꽃다발을 만들게 된다. 그는 1월 1일 전날 밤에 꽃다발을 독자에게 던진다. 생기 있는 꽃, 생기 없는 꽃, 향기 없는 꽃, 향기로운 꽃 그리고 쐐기풀속까지 분간하기 어렵게 뒤섞여 있다. 하지만 주간은 개의치 않는다. 꽃다발이 만들어졌으니까.

1월 처음 보름간은 사람들이 이 선집에 관심을 가진다. 그 후에 선집은 시들고 하루살이들과 마찬가지로 사라져버린다.

하찮은 시들을 엄청나게 모아놓은 이 시집은 파리에 하찮은 재능들이 정말 많다는 것을 잘 보여준다. 하찮은 명성들이 이 잡지에서 1년에 한 번 반짝이는 것으로 만족하는 경우가 한둘이 아니다. 이런 작가들은 1월 1일에 재능을 발휘하기 때문에, 동료들에게 자기가 1년 내내 재능을 발휘할 수 있다고 설득하는 것은 쉬운 일이다.

아주 흉내 내기 쉬워서 전염이 되는 문학적 기벽들이 있다. 수많은 사람의 펜으로 제작된 이 연감을 읽으면 단일한 색깔, 단일한 어조라는 생각이 든다. 이 책자의 절반을 한 사람이 썼다고 단언할 수 있을 정도이다. 표현법, 방식, 재치가 똑같은 것은 물론이고, 단어와 이미지 선택에 이르기까지 모든 것이 유행에 따라서 야유를 강조한다.

모든 작가가 방종하고 경박한 것처럼 보이길 원하지만, 대개는 이도저도 아니다. 이 시인들은 기쁨과 즐거움 그리고 매력에 대해 이야기하지만, 그건 시구에서만이다. 그들은 축제와 쾌락에 대해 논하지만, 아무도 거기에 동참하고 싶은 마음이 들지 않는다. 남들에게 "자, 친구들아 웃자, 노래하자, 애인들의 아름다운 눈을 위해 명예를 포기하자"라고 말하면서 그들의 얼굴은 시무룩해지고 뾰로통해진다.

얼굴을 찌푸리는 이 뮤즈들은, 교태를 부리는 여자에게 남자가 하는 "이 거짓말쟁이야, 웃으면서 거짓말 하는구나" 같은 이야기를 들을 만하다.

샤펠, 쇼류, 쿨랑주, 파나르, 콜레의 시를 읽으면 그들의 감미로운 향연에 우리도 참가한 것 같은 기분이 든다. 그들과 같은 식탁에 있고, 그들의 쾌락이 환상이 아니라는 느낌이 든다. 그들이 꾸밈없이 자연스러운 반면, 요즘 시인들은 머리를 쥐어짜서 자기의 즐거움을 노래하기 때문에 시가 어색하고 부자연스럽다. 요즘 시인들은 자존심을 즐겁게 하는 것을 가장 소중하게 여긴다는 점을 그들의 시에서 아주 잘 알 수 있다.

어느 날 나는 알프스 산맥 발치에 앉아 휴식을 취하다가 우연히 가방 안에서 그런 하찮은 시들을 모아놓은 책을 발견했다. 그 시들을 읽으려고 했다. 하지만 영혼을 고양하고 강한 영감을 주는 자연의 장엄한 계단 강의실 앞에서, 그 시들은 너무나 하찮고 너무나 비루하고 초라해 보여서 그 유치한 시집을 떨어뜨리지 않을 수 없었다. 위풍당당한 산 아래에 버리고 온 그 책은 아직도 썩고 있을 것이다. 그런데 파리 생토노레 길로 돌아오자 다시 읽고 싶은 마음이 들었다. 독자여, 왜 이럴까? 책이 시간과 장소에 좌우된다는 말인가?

『뮤즈 연감』은 매년 발간되지만, 시들의 수준은 일정하지 않다. 시들 다음에는 시집과 희곡집을 간략하게 소개하는 글들이 실린다. 이 아주 짧은 소개문들은 매우 단호하지만 항상 공허하다.

소개문 필자는 아무 글이나 마구 써대는 것이 직업이다. 그는 시간에 쫓기는 기자들을 위해 대필을 한다. 마치 잡역부가 도편수를 찾아다니는 것처럼 말이다. 자신의 근본적인 무능력에 절망하여 '평가자'가 된 삼류작가들이 이런 소개문을 쓴다. 이것은 거만하면서도 평온한 직업이다. 삼류작가들의 평가를 수정하려면 끝이 없어서 다들 그냥 무시하고 말기 때문이다. 그들은 경멸을 당하지만, 그 특권을 먹고 산다. 그들은 거의 이해를 못하면서 모든 것에 대해 평가를 내린다. 그래서 아무도 반박을 하지 않는다. 안 그러면 끝나지 않을 소송이 시작되어 월간지를 만드는 데 모든 힘을 낭비하게 될 것이다.

496 대참사

전대미문의 끔찍하고 상상도 할 수 없는 소동이 일어났다. 1770년 5월 30일이었고, 나도 현장에 있었다. 루이 15세 광장에서 보잘것없는 불꽃놀이가 있은 후에, 어마어마한 군중(이날 집에 남은 사람은 도시의 3분의 1도 안 되었다)이 보잘것없는 조명장식을 구경하려고 신작로로 통하는 길로 몰려들었다. 이 군중은 마치 두 줄로 늘어선 기나긴 장례행렬의 횃불들에 비교할 수 있었다. 이 군중은 최악의 참사를 예고하는 것 같았다. 내 기억으로는, 커다란 먹구름이 음산한 도시 위를 떠돌고 있었다.

보기에는 아주 넓은 것 같은 이 길은 깔때기처럼 좁아들었다. 도랑, 움푹 파인 구멍, 건축용 석재, 여러 대의 마차 때문에 길은 더욱 비좁고 위험했다.

갑자기 나는 무시무시한 압박을 느꼈고, 숨을 쉴 자유를 상실했다. 말 그대로 급류처럼 격렬한 군중의 소란스러운 물결이 나를 4분가까이 공중에 뜨게 만들었다.

담 모퉁이에 내동댕이쳐진 덕에 생명을 구한 나는, 반대 의견들에도 불구하고 오랜 노력 끝에 뒤로 돌아갈 수 있는 행운을 잡았다. 아침에 이 넓은 길에서 건축용 석재들을 본 것이 마침 생각났다. 이 생각 덕에 뒤로 돌아갈 결심을 굳혔다. 발사된 불꽃 옆에서 골조가 타고 있었고, 이 화재에 대한 야릇한 느낌이 나를 더욱더 죽음의 반대쪽으로 인도했다.

이 끔찍한 소동에서 간신히 벗어나자마자 숨이 막힌 남자, 여자,

아이들의 비명이 들렸다. 나는 공포에 사로잡혔지만, 이 무시무시한 밤에 얼마나 많은 참사들이 벌어졌는지는 짐작하지 못했다. 나는 숙소로 돌아왔다. 걱정하던 다정한 친지들이 다음날 달려와서 내가 생존해 있다는 것을 확인하고 기뻐서 얼싸안았을 때에야 참상을 알게 되었다.

이 소름끼치는 사고로 많은 사람들이 사망했고, 잔인한 장면들 때문에 더욱 끔찍한 죽음이 되었다는 이야기를 그때 들었다. 아들의 발이 얼떨결에 어머니의 허리를 짓밟고, 아버지는 발버둥쳤지만 아들의 시체 위를 지나가게 되었다. 바로 옆에서 가장 소중한 사람이 죽어가고, 때로는 자신이 본의 아니게 그를 죽이는 도구가 되기도 했다. 그 시신을 껴안고 가다가 결국에는 놓치고 말자, 광기와 절망의 발들이 짓밟고 지나갔다. 여자들의 애원은 비명과 아우성 속에 파묻혀 버렸고, 어린이와 여성은 그 매력과 힘을 상실했다.

상당수의 시신들이 현장에 방치되었는데, 놀라운 점은 어떤 시신도 골절을 당하지 않았다는 것이다. 그들은 모두 숨이 막혀 죽었고, 서로 몸이 밀착되는 바람에 부분적으로 옷이 벗겨져서 비참한 동시에 야릇한 모습이었다.

이 끔찍한 사고의 후유증으로 30개월 동안 고생한 사람을 여럿 보았다. 또 다른 사람들은 자신을 짓누른 물체 자국이 선명하게 몸에 남아 있었다. 계속 앓다가 10년 후에 사망한 사람들도 있다. 이 참사에서 1,200명이 넘는 사람들이 불행하게도 목숨을 잃었다고 보는데, 이 수치는 조금도 과장이 아니다.

가족 전체가 몰살을 당한 경우도 있다. 가족이나 친구를 잃지 않은 집은 단 하나도 없다!

이 뜻밖의 재앙이 어떤 이유로 발생했는지는 조금도 밝혀내지 못했다. 그 장소는 넓게 보여서 아무도 위험을 예견하지 못했다.

어떤 관리에게도 책임을 묻지 않았고, 모든 것을 운명의 탓으로 돌렸다. 실제로 운이 많이 작용한 점은 인정해야 한다. 그렇다고 해서 그 축제의 무질서가 운명 탓이었다고 말할 수는 없다. 더구나 이 참사를 핑계로 가공할 미래가 멀지 않았다고 모든 미신적인 상상력을 자극하기도 했다. 하지만 그런 천박한 두려움은 전혀 근거가 없는 것이었다.

이 참사는 그 이후의 공공축제에서 매우 엄격한 질서가 확립되는 데에는 기여했다. 하지만 느닷없이 또 다른 극단으로 넘어간 것은 문제이다. 그 이후의 축제에 민중은 참여하지 않는 조건으로 초대를 받은 셈이 되었다. 민중에게 할당된 공간은 사막처럼 아무도 못 들어가게 만들어 버렸고, 민중은 빵보다는 총개머리를 훨씬 더 많이 받게 되었다. 그 결과, 왕세자 탄생 축제에서 국왕 부부가 민중의 환호와 축복을 받으려고 시청 창가에 나타났을 때, 민중은 한 사람도 없었다.

파리에서는 민중이 짓밟히지도 학대받지도 쫓겨나지도 않고 즐길 수 있는 구경거리를 제대로 제공하지 못하고 있다. 수많은 재사들이 지혜를 모아서 수도와 거금에 걸맞은 축제를 우리에게 보여줄 수 있게 될지도 모른다. 지금은 모든 사람들을 불만스럽게 만들고, 오합지졸이 총개머리로 군중을 패는 데 거금을 쓴다. 도대체 누가 이웃나라 사람들에게 자랑할 수 있는 민중 축제의 정착을 방해하고 있는가?

497 정치적 꿈

프랑스의 모든 해안에 항구도시를 건설함으로써 루이 14세에게 매년 4억 프랑을 벌게 해주려고 했던 그 남자를 기억하는가? 어이가 없어 웃는군. 하지만 이런 식의 계획은 매일 만들어진다. 어떤 사람은 왕에게 백성들을 부자로 만드는 기술을 가르치려고 한다. 또 다른 사람은 왕이 칭호에 걸맞을 정도의 부자가 아니라서 그의 수입을 2배로 늘려주려고 한다. 이 정신 나간 사람들은 이치를 따지고 계산을 하면서 단어와 숫자를 늘어놓는다. 그들의 단어와 숫자는 종이 위에서는 놀라운 효과를 일으킨다.

아직도 프랑스에는 시의 기술보다 통치의 기술을 위해 골머리를 앓는 사람들이 더 많다고 생각한다. 무능한 시인에게 그의 시구가 잘못되었고 규칙을 지키지 않았다는 점은 가르쳐 줄 수 있다. 그러나 몽상가에게 그의 정치적 추론이 허황된 것이라는 점을 어떻게 증명할 것인가? 몽상가는 머릿속에서나 가능한 체계가 국가 안에서 존재하길 막무가내로 원한다. 무게도 기계장치도 마찰도 저항도 전혀 고려하지 않는 그에게 기본적인 개념을 어떻게 가르쳐 준단 말인가?

플뢰리[55] 추기경은 자신에게 제출되는 모든 계획을 일소에 붙였다. 이것이 최선의 답변이었기 때문이다.

온갖 허풍선이들은 '왕국의 모든 해안에 항구도시를 건설하는'

55 Fleury(1653~1743): 고위성직자 출신으로, 루이 15세 시대의 핵심 대신으로 활동했고 추기경이 되었다.

계획에서 '개들에 인두세를 부과하는' 계획에 이르는 이 기상천외의 계획들을 진지하게 연구했고, 이것들이 천재적이고 애국적인 노력의 산물이라고 간주했다.

정말 기이한 것은 이 황당무계한 계획들의 세부는 대개는 논리적으로 앞뒤가 맞게 연결이 잘 되어 있다는 점이다. 터무니없는 것은 원칙뿐이다.

정부가 이런 종류의 사람들을 웃음거리로 만드는 데 적합한 희극을 주문한 셈이라고 말들을 한다. 그러나 이 진지한 몽상가들을 적으로 돌리는 것은 미숙한 짓일지도 모른다. 토론이 벌어질 것이고, 풍자시가 추론을 대신하지 못한다. 정부는 사람들이 방해를 하지 않는 한에서는 말하게 놔둬야 한다. 왜 싸우려고 드는가? 정부가 무시해버리면 파벌이란 것은 국가 안에 존재할 수가 없게 된다. 정부는 어떠한 정치적 논쟁에도 공개적으로 말려들어 가서는 안 된다. 정부는 떠들게 놔두는 대신 행동으로 보여주어야 한다. 논쟁은 금물이고, 정치적 풍자도 받아들여서는 안 된다. 그렇지 않으면 반발이 일어날 것인데, 이는 정부가 특히 피해야 할 것이다. 정부는 반박을 해보았자 얻을 것이 하나도 없기 때문에 말싸움을 피해야 한다.

이런 정치적 몽상들은 소책자들에서 난무한다. 소설 속에서 인물들은 먹지도 마시지도 않고(이런 이야기를 하면 추하게 보이니까!) 상사병만 앓는다. 또 그들은 언제나 암시만 되고, 여행을 할 때 어떤 사고도 당하지 않으며, 충실한 은행가들이 계속 채워주는 금고 덕에 살아간다. 이와 똑같이 정치적 소설을 쓰는 사람들은 왕국의 경작지에 대해서는 조금도 신경 쓰지 않고 생산을 하라고 명령만 한다. 그들은 주민들이 필수품들을 구할 수 있는지는 따지지 않고 제국 이야기를 한다. 그들은 거침이 없다. 군주를 부자로 만들고 40만 명의 군사와 전함 100척을 준다. 종이 위에서 번창하고 백전백승하며 부유하고 다른 모든 나라를 지배하는 나라를 건설한다. 그러나 빵은 주지 않는다.

이런 작가들은 기둥과 정면 장식이 감탄스럽지만 2층으로 올라가는 계단이 없는 멋진 집을 짓는 건축가와 비슷하다.

체계를 중시한다고 자처하는 이 사람들이 대신들에게 보낸 모든 문서가 외무성 창고의 한 방에 쌓여 있다. 방문에는 '머리가 이상한 사람들의 계획'이라고 쓰여 있다. 이 모든 계획들의 요지는 "내가 제안하는 것을 하지 않으면 프랑스는 망한다"는 것이다.

다른 계획들은 프랑스의 자원은 무궁무진하고 무엇을 하건 프랑스는 망할 수가 없다고 반복하기 때문에 경각심도 일으키지 못한다. 대신들은 이런 입장을 고수하고 있다. 국가가 튼튼하고 원기 있는 체질 덕에 모든 약사들의 독을 지금까지 이겨낸 것은 사실이다. 국가는 의사들을 영원히 무시할 정도로 훌륭한 체질을 타고난 것 같다. 그래서 국가는 의사들을 우습게 안다. 그러자 분개한 의사들은 자기들의 진단을 정당화하려고 국가가 심각한 병에 걸리길 원하고 있는 셈이다.

498 화장

예쁜 여자는 매일 아침 화장을 대개는 두 번 한다. 첫 번째 화장은 매우 은밀한 것이라서 애인들도 받아들이지 않는다. 애인들은 지정된 시간에만 들어갈 수 있다. 여자를 속일 수는 있지만 불시에 찾아가서는 안 된다. 이것은 규칙이다. 가장 총애를 받는 애인, 가장 자유분방한 애인도 이 규칙은 감히 위반하지 못한다.

첫 번째 화장을 할 때, 피부를 아름답게 만드는 모든 화장품을 비밀리에 사용한다. 또 여자들에게서 별도의 한 학문, 아니 백과사전을 이루는 다른 준비들을 이때 한다.

두 번째 화장은 교태를 위해 만들어진 놀이에 지나지 않는다. 거울 앞에서 얼굴을 찌푸릴 때도 매력을 계산한다. 자신을 응시하는 것이 아니라 감탄하는 것이다. 나부끼는 긴 머리칼을 땋고 있지만 이미 손을 보고 향수를 뿌렸다. 가벼운 손길이 거의 손을 대지 않는 것 같은데도 컬은 곧 만들어진다. 백설 같은 팔을 방향수에 담그지만, 더 이상 윤기가 나고 더 이상 희어질 수는 없다.

이 두 번째 화장은 숨겨진 또는 아직 발견되지 않은 1천 가지 매력을 드러나게 하는 역할만 담당한다. 가운이 흐트러져 맨다리가 반쯤 보이고, 가벼운 슬리퍼가 벗어져서 귀여운 발이 드러나도 다시 신는 둥 마는 둥 하고, 육감적인 실내복 덕에 몸매는 더욱 풍만하고 더욱 우아하게 보인다. 이 모든 것들이 여자의 허영심을 수천 번 만족시킨다. 수다가 중단되는 순간의 혼란과 흐트러진 옷차림에 이르기까지 모든 것이 상상력을 제멋대로 자극한다.

파리 여자들은 남자들보다 상상력이 더 유연하고 더 활기차다. 그녀들은 남자들보다 이야기를 더 잘하는 재능이 있다. 그녀들의 연음[56]은 알아차리지 못할 정도로 자연스럽고, 미묘한 논리는 감정에 의해 연결된다. 말을 할 때 그녀들은 편지를 본능적으로 쓴다고 말할 수 있다. 나는 항상 그녀들의 문체에 감탄하면서도 그 비결을 이해하지도 파악하지도 못한다. 아침에 보내는 쪽지는 화장하면서 쓴다. 아침 쪽지가 저녁 쪽지보다 더 자연스럽다.

여자들은 결점을 매력에 의해 보완하는 기술이 있고, 그녀들의 매력 하나하나가 작은 결점을 감추고 있다는 것을 그녀들이 화장할 때 알 수 있다.

포프는 여자의 화장을 아주 잘 묘사했다. 나는 더 잘 묘사할 자신이 없어서 그것을 번역하려고 한다. 그녀는 흰 옷을 입고, 여러 개의 금과 수정 그릇이 신비롭게 정돈되어 있는 제단으로 다가간다. 모자를 쓰지 않은 그녀는 몸치장의 빛나는 신들, 이 불멸의 왕들에게 소원을 말한다. 그러자 황홀한 모습이 거울 안에 나타난다. 그 눈은 그녀의 눈을 응시하고 움직이지 않는다. 그녀는 경탄과 배려와 존경과 경배의 유일무이한 대상인 여신에게 사랑스러운 미소를 보낸다. 정중한 침묵이 군림하는 이 제단 옆에서 비천한 여사제가 공손한 눈길로 그녀의 나부끼는 머리칼을 향기롭게 만들 순수한 향유를 준비한다.

의식이 시작된다. 미인이 새로운 매력을 계속 꺼낼 수 있는 숨겨진 보물창고를 연다. 1천 개의 작고 우아한 함 속에서 1천 가지의 특별한 매력이 나온다. 태양의 자식들인 진주와 다이아몬드가 강렬한 장식이 된다. 꽃들의 달콤한 정령이 금병에서 새어나오면 아라비아

56 연음(liaison)은 프랑스어를 읽을 때 몇몇 경우에서 붙여 읽는 것을 가리킨다.

의 향수 냄새가 퍼진다. 거북의 등딱지와 상아가 새로운 용도를 위해 합쳐져서 변모되었다. 조금 멀리에는 분, 소책자, 온갖 색깔의 리본들, 연지, 연애편지, 그날의 경구, 여러 가지 핀들이 뒤섞여 있다.

미인은 더욱 아름다워진다. 그녀의 이마는 더 강렬하고 더 감동적인 색조를 띤다. 눈은 더 생기가 넘치는 빛으로 빛나고, 또 미소는 더욱 부드러워진다. 마치 지고의 매력이 몸 전체에 조금씩 퍼지는 것 같다. 정말 놀라운 광채와 신선함이다.

만약 포프가 이 황금으로 만든 화장대를 보았더라면 무슨 말을 하지 못했겠는가? 권력을 상징하는 왕관을 든 2명의 작은 큐피드가 올라앉은 그 유명한 거울이 달린 이 화장대는 왕비를 위한 것이 아니었다. 이 화장대의 그 모든 장식들은 정말 완벽하고 정교하여 포프의 시에 어울렸을 것이다. 하지만 포프의 시가 그 엄청난 화려함을 제대로 묘사할 수 있었을까? 뤼시엔 성[57]의 새 정자를 묘사하려고 한 작가만큼 포프도 난감했을 것이다. 그 정자는 사치스러운 세련된 환상이 상상할 수 있는 모든 것을 모아놓았다.

아! 영국 시인이 이야기하는 눈에 보이지 않는 공기의 요정이 되어 그런 화장을 지켜볼 수 있다면! 그렇게 되기만 한다면, 모든 일화들에 나오고 모든 추측이 상상하는 것보다 더 많은 것을 한 시간 만에 알게 될 것이다.

단 한 명의 증인이 백 가지 소문보다 더 확실한 법이다.
신들이여! 여자의 화장에 대해 말해 주시오.
그러면 우리가 국가의 비밀을 알게 될 것이오.

57 뤼시엔 또는 루브시엔. 루이 15세는 1771년에 이 성을 뒤바리 부인에게 선물했다. 뒤바리 부인은 셴 강가에 르두를 시켜 극도로 세련된 정자를 지었다.

499 화분

모든 사람들에게 공통적인 전원과 농업에 대한 사랑은 파리 같은 거대한 돌더미 위에서도 꽃핀다. 파리인은 길이 3피에의 작은 정원을 허공에서 가꾼다. 창문 위에서 화분을 키우는 것이다. 이것은 파리인이 멀리서 자연에 바치는 작은 공물이다. 과일나무 한 그루가 십자형 유리창의 좁은 품 안에서 자란다. 전원을 보지 못하는 도시인이 이 난쟁이 관목에 아침저녁으로 물을 준다. 그는 상자 안에서 카네이션과 장미를 키운다. 녹지 6푸스가 잔디밭이 없는 아쉬움을 달래주며 무성하고 꽃이 만발한 숲을 대신한다.

도시인은 집안에 틀어박힌 채, 경찰의 금지에도 불구하고 화분과 흙 상자에 집착한다. 경찰이 지나갈 때는 감추고, 지나가면 다시 내놓는다. 하지만 전혀 예상하지 못한 순간에 화분이 6층에서 떨어진다. 다치지 않으면 다행이다! 소관목과 꽃은 도랑으로 쓸려가고, 이 공중 정원의 잔해가 포도에 남아 아찔했던 추락 순간을 상기시킨다.

길마다 있는 노동과 생계의 음산한 감옥에서도, 도시에서 추방된 과수의 여신 포모나와 꽃의 여신 플로라에게 경의를 바친다. 그 감옥에는 직업상 꼼짝 못하는 직공들이 갇혀 있다. 어떤 여자는 암탉 4마리, 토끼 6마리, 카나리아 8마리를 키우고, 창가에서는 까치밥나무와 자두나무를 기른다. 전원에 대한 향수는, 높은 굴뚝들에 가려서 하루 온종일 햇빛이 1시간밖에 들지 않는 발코니에서도 확인된다. 방에 틀어박혀 있는 여자는 이 행운의 시간을 기다리다가, 꽃봉오리

하나가 햇빛에 열릴 때 기쁨의 미소를 짓는다. 그녀는 이웃을 불러 이 놀라운 현상을 함께 지켜본다.

500 약혼

영국 화가 호가스의 붓은 부유한 부르주아 여자와 결혼하는 파산한 귀족을 풍자적으로 그렸다.[58] 그뢰즈가 그린 그림[59]의 주인공은 마을 신부이다. 동시에 그는 시골의 성실한 사람들도 그렸다. 생활이 검소한 그들은 욕심 때문에 얼굴 표정과 성격이 뒤틀리지 않았다.

내가 지금 보고 있는 부류의 신혼부부를 그리면 좀 다르고 더 도덕적인 그림이 될 것이다. 사전에 세심하게 정한 항목들을 따져보는 신랑의 얼굴을 보라. 그는 열정적으로 보이려고 노력하지만 눈은 지참금에 가 있다. 쌓여 있는 보따리들을 슬며시 곁눈질하는 신부는 "이 돈이 특히 내가 개인적으로 즐기는 데 사용해야지"라고 말하는 것 같다.

이런 결혼에서 중요한 것은, 인생의 행복을 좌우할 관계가 아니라 서로 이득을 보려고 하는 두 가족 사이의 조정이다. 부모와 친척들을 보라. 그들을 모두 실물 그대로 그린다면, 어색하고 탐욕스러우며 음험한 용모가 드러날 것이다. 노예 상태에서 벗어나기 위해 결혼하는 신부, 지참금이라는 미끼에 걸려 노예가 되는 신랑, 귀찮은 딸을 키우는 수고에서 벗어나려는 어머니, 벌써 사위를 멀리 할 생각을

58 윌리엄 호가스(1697~1764)가 1735년에 「방탕아 일대기」라는 제목으로 그린 8편의 풍자화 연작을 가리킨다. 이 그림은 현재 런던 소안 미술관에 있다.

59 이 그림의 제목은 「딸의 지참금을 방금 지급한 아버지」이다. 비장한 주제의 이 그림을 보고 있으면 달콤한 감동에 휩싸이는 것을 느낀다.
Greuze(1725~1805): 프랑스의 화가.

하는 아버지, 이 모든 것을 다 그리면 시장바닥의 광경이 되리라.

이 그림을 누가 그릴 것인가? 사무실에서 매일 이런 광경을 보는 공증인은 너무나 익숙해져 더 이상 신경을 쓰지 않는다.

이런 결혼을 목가적인 시대의 결혼과 비교해보라. 그리고 이 두 폭의 그림이 공증인 사무소를 장식한다고 생각해보라. 어떻게 될지는 의심의 여지가 없다. 계산적인 가족은 화가의 재능만 탓할 것이다.

501 프랑스의 생드니

생드니는 프랑스 왕들의 묘소이다. 프로이센 왕은 군주가 꿀 수 있는 최고의 꿈은 프랑스 왕이 되는 것이다라고 말했다. 생드니에서 그 꿈은 끝난다.

루이 14세가 멋지고 적합한 부지인 생제르맹앙레에 건물을 지으려고 하지 않은 이유는, 그곳에서 생드니의 종탑이 보이기 때문이라는 말들을 한다. 루이 14세는 운명의 종탑을 보지 않으려고 낮은 늪지대[60]를 골라서 자연을 파괴한 것이다.

> 죽음이 아첨꾼들의 입을 막고 이집트 주인의 눈을 감기자, 그의 인생을 조사하기 위한 공정한 법정이 열리고, 그는 무덤 입구에 멈추어 섰다. 이제 다른 망자들과 평등하게 된 군주는 과거의 위엄을 잃어버리고 인간의 마지막 안식처를 간청하며 판결을 기다렸다. 모여든 백성들은 후세를 대표하여 그의 미덕을 열거하거나, 아니면 그의 악덕을 고발했다. 그가 억압한 사람들의 하소연이 그의 관 위에 울려 퍼지거나, 공적인 감사의 눈물이 관을 적셨다. 이 진지한 증언에 입각하여 미래의 재판관들이 최종 판결을 내린다. 왕이 인생을 남용하고 백성에게 폐를 끼쳤다면, 저주받은 시신은 파괴되고 그의 이름은 불멸의 치욕을 당했다. 그러나 그가 백성들의 은인이었다면, 그들이 이 외로운 길의 동반자가 되

60 베르사유를 가리킨다.

었다. 그들은 그를 목말 태우고 무덤으로 인도했다. 무덤에는 그의 이름 아래 '여기서 그는 통치를 계속한다'라는 글이 영광스럽게 새겨졌다. 하기야 새 왕이 즉위할 때 듣는 첫 번째 아첨이 바로 이것이다.

이 법정은 없어지지 않았다. 이 법정은 관습의 힘과 변덕에 무관하게 모든 시대, 모든 국민들 안에 보이지 않게 숨겨져서 남아 있다. 항구불변의 불멸의 진리가 묵묵히 이 세상의 왕들을 지켜본다. 왕들이 땅속으로 내려오자마자 진리가 그들 위에 나타나 모든 속임수를 물리치고 백성들에게 질문한다. 티투스와 네로를 단호히 구분하는 진리는 미래 세대를 위한 공정한 판결을 역사에 맡긴다. 나쁜 왕들은 시간의 심판을 받게 하고, 좋은 왕들은 후세에 추천하는 것이다.

샤를 5세를 찬양하는 르투르뇌르의 이 아름다운 글 다음에 내가 다음과 같은 문장을 덧붙여도 되는 것일까?

내가 본 것을 이야기하려고 한다. 우리 왕들의 시신을 성대한 의식과 함께 안치하는 이 엄숙한 지하묘지를 개방했었다. 한창 나이에 요절한 젊은 왕자[61]가 선조들 옆에 자리를 잡게 되었다. 이 적막하고 암울한 궁정에서 왕들은 혼자이고 아무도 아첨을 하지 않는다. 한 걸음 옮길 때마다 부서진 왕홀이 나타나서 인간의 영화가 얼마나 허무한지 알려주었다. 삼중 관으로 왕들의 거만한 시신을 다른 사람들의 시신과 차별화하려고 했던 것 같다. 하지만 옥새가 찍혀 있어도 이 땅의 자식들의 유해는 모두 평등하고 언젠가는 서로 뒤섞이게 마련이다. 나는 죽음이 우주의 진정한 군주라고 느껴지는 이 묘지의 둥근 천장 밑을 천천히 걸어갔다. 죽음의 광활하고 보편적인 침묵

61 Duc de Bourgogne(1751~1761): 루이 15세의 아들 루이 드 프랑스(1729~1765)의 장남으로 요절했다.

의 제국을 그 어떤 곳에서보다 더 절감했다. 가루가 된 왕들의 무덤 위에는 헛된 전승비가 세워져 있다. 아! 그들이 썼던 왕관에 걸맞지 않은 왕들을 만나는 것은 얼마나 괴로운 일인가! 나는 왕들의 이름을 읽으면서 날짜, 무덤, 세기가 헷갈렸다. 왕들의 이름 자체가 시간의 손에 의해 반쯤 지워져 있었다. 시간이야말로 현자, 웅변가, 판단이 정확하고 충실한 역사가이다! 사람들은 루이 14세의 관 옆을 지나가면서 "튀렌이다"라고 말을 하곤 했다. 또 샤를 5세와 그 원수의 발치에 멈추어 서곤 했다. 루이 12세의 관도 알아볼 수 있었다. 하지만 프랑스의 영웅, 즉 앙리 4세의 관 앞에서는 다들 멈추어서 떠날 줄을 몰랐다. 이 무덤을 둘러싼 한 무리 시민들이 경건한 침묵을 지키며 눈시울을 붉힌 채 다가서서, 그 소중한 시신이 담긴 납에 공손하게 입맞춤을 하는 것을 보았다. 모든 사람들이 이 성스러운 무덤을 응시하면서 이승을 위한 하늘의 기적을 기다리는 것 같았다. 마치 이 착한 왕이 방금 별세한 것 같았다. 그가 아직도 숨을 쉬고 있는 것처럼 시해를 증오했다. 그 끔찍한 사건이 최근의 커다란 재난인 것처럼 이야기를 했다. 그가 어질고 영웅적 미덕으로 인기가 높았다고 칭송하고, 시해되던 순간에도 가난한 사람들을 위해 소원을 빌었다는 이야기를 반복했다. 사람들의 찬사는 이따금 탄식으로 중단되곤 했다. 점점 더 커지는 아쉬움 때문에 북받치는 감정을 억눌러야만 찬사를 마칠 수 있었다.

서거한 왕들의 시신은 이 궁륭 아래 안치되었다. 그러나 그들의 영혼을 상상으로 안치하는 것이 가능할까? 루이 11세, 앙리 3세, 샤를 9세의 영혼을 어디에 안치할까?

나는 루이 14세의 영혼을 프랑스인 망명자들[62]로 가득찬 교회 한 복판에 안치하고 싶다. 거기서 그는 사람들이 자기에 대해 하는 이야기를 들을 것이다. 자신의 죄 없는 백성들이 추방되어 영국인들의 자비를 구하는 것을 볼 것이다. 루이 14세 자신이 잘못 서명한 그 최악의 추방령[63]을 스스로 평가하게 될 것이다. 아, 그 과오는 정말 치명적이었다.

생드니의 보물, 다고베르트의 왕홀, 샤를마뉴의 커다란 십자가, 존엄왕 필리프의 기도실에 대한 이야기는 충분히 나왔으므로, 나는 이 물건들을 용해하거나 팔아버려야 한다는 말만 하겠다.

보물보다 나를 더 놀라게 한 것은, 왕실 하인의 복장을 한 열쇠지기가 튀렌 예배당에 들어가면서 해준 이야기이다. 이 검은 대리석 위에 원수를 찬양하는 비문이 새겨져 있었는데, 루이 14세의 질투가 그것을 지워버렸다고 한다.

> 루이 대왕의 넋이여, 당신의 무덤에서 10걸음 떨어진 곳에서 이런 이야기가 나옵니다. 그 열쇠지기는 당신의 무덤 속으로 들어갔다 나온 것이 분명합니다.

이런 식으로 모든 왕들의 관에 대한 이야기가 회자되는 것이다.

나는 명상하기에 정말 좋은 이 장소를 최근에 방문하고 바로 그날 저녁에 다음 장을 썼다. 그 장소와 다음 장 사이의 은밀한 관계를 찾아내지 못하는 사람에게는 할 말이 하나도 없다. 나는 왕들보다 더 높고 모든 왕들을 심판하는 존재가 있다고 믿고 싶다. 나는 그 무덤들 위에서 『자연의 체계』의 저자가 옳았는가라고 자문했다. 내 존

62 1685년 10월 18일 루이 14세의 낭트 칙령 폐지에 의해 망명한 개신교도(위그노)들을 가리킨다.

63 1685년 루이 14세가 낭트 칙령을 폐기하여 프랑스 개신교도의 모든 종교적·시민적 자유를 박탈한 것을 가리킨다. 몇 년 안에 40만 명 이상의 위그노들이 영국·프로이센·홀란드·미국 등지로 빠져나가 프랑스는 가장 근면한 상업 계층을 잃었다.

재 전체가 전율했고, 이 질문은 계속 나를 따라다녔다. 인류는 누구의 손아래서 노는 양떼로만 여겨졌다. 나는 도망쳤다. 그리고 다음 장을 쓰면서 마음이 가벼워졌다.

502 『자연의 체계』 저자에 대해

『자연의 체계』[64]의 저자에 대한 이야기를 자주 한다. 내가 그를 알기라도 하는 것처럼 사방에서 그의 이름을 묻는다. 나는 그 사람을 전혀 알지 못한다.

이 과격한 저자는 짙은 암흑 속에 숨어 있다. 그의 이름도 영원히 알려지지 않기를 바란다.

무한하면서도 조화로운 우주, 단 하나의 동일한 원인에 좌우되는 수많은 물체들의 협력, 예지, 관계, 시야, 지성의 이 모든 무게도 무신론자를 제압하지 못한다. 그는 보지 않으려고 눈을 감고, 느끼지 않으려고 냉혹해진다. 그는 우리 모두를 지고의 존재로 이끄는 그 감미롭고 위안이 되며, 보편적인 개념에 자기 영혼이 복종하지 못하도록 한다. 그는 인간들의 행동을 열린 눈으로 보려고 하지 않는다. 그는 미덕이 보상을 받고, 다른 사람들을 억압하는 폭군이 곧 보복을 당하는 것을 두려워하는 것 같다.

그는 절망과 죄악의 체계를 신봉하기 위한 내밀한 동기를 마음속에서 키우는 것 같다.

정의롭고 선량한 신의 찬미자는 그토록 넓고 빛나는 하늘의 둥

64 작고한 아카데미 프랑세즈 회원 장바티스트 드 미라보(1675~1760)의 이름으로 1770년에 출판된 『자연의 체계 또는 물질세계와 정신세계의 법칙에 관해』는 올바크 남작(1723~1789)의 저서 중 가장 유명한 것이다. 이신론(理神論)과 인간의 자유론에 대한 올바크 남작의 공격은 파문을 일으켰고, 볼테르를 비롯한 여러 사람들이 반박했다.

근 천장을 환희에 차서 바라본다. 그는 강력하고 멋진 주인의 궁전인 하늘을 응시한다. 주인의 위대함은 우리의 지복을 영원히 보증한다. 그 반면 무신론자는 허공 위에 잠시 떠 있는 세상 안에서 연결된 원자들, 생경한 인자들만 본다. 그것은 모든 것을 받아들이고 모든 것을 집어삼키는 심연이다. 초라하고 개탄스러운 체계! 미, 재능, 위대함, 미덕 이 모든 것이 희미해지고 모든 것이 지워져서 지상에는 무질서와 혼란만 남는다. 아니 뭐라고! 고결한 영혼, 영웅적인 감수성을 지닌 가슴, 선량한 동정심, 국민들을 행복하게 만드는 위대하고 풍요로운 지식이 거짓, 배신, 변덕스럽고 음흉한 정치, 광분하는 야욕, 전쟁에 대한 갈증, 인류에 대한 망각과 다를 바 없다고! 네로와 소크라테스가 하나의 똑같은 영혼이라니! 몸이 불편한 부친을 수발하는 손이 부친의 목을 조르는 팔과 다르지 않다니!

아! 정상적인 사람이라면 이 목불인견의 광경을 외면하고 생각하지도 말하지도 글을 쓰지도 못할 것이다. 다른 사람들 그리고 자기 자신에게 뭐라고 말할 것인가? 만약 내가 숙명적인 폭정의 치하에서 산다면, 이 어둠의 권력이 나를 둘러싸고 있다면, 생명이 용해되고야 말 요소들의 강요된 조합에 불과하다면, 무덤이 내가 영원히 매장될 어두운 침묵의 구덩이에 지나지 않는다면, 백성들을 다스리는 사람들에게 뭐라고 할 것인가? 차라리 나는 내일이 아니라 오늘 죽어야 한다. 희망도 위안도 의지할 곳도 없고, 나를 창조한 힘이 나를 알아보지도 못하며, 나의 감수성이 모든 곳에서 상처를 받는데, 누구도 내 비명과 신음을 듣지 못하고, 억압적인 권력이 정의라는 이름으로 불리며, 그 권력이 가로챈 직위에 대해 이의를 제기하지도 못하는 세상은 어서 떠나야 한다. 영원불멸한 지고의 심판관이 없다면 정의라는 개념이 가능할까? 내 목을 발로 누르면서 "너는 힘이 없고 나는 힘이 세다"라고 소리치는 폭군에게 뭐라고 할 것인가?

이처럼 무신론자는 내 눈을 즐겁게 하고 내 마음을 편안하게 하는 질서를 뒤엎어버렸다. 그는 자연은 물론이고 자기 자신까지도 파괴하고 죽인 셈이다. 그는 어떠한 특징적인 표시도 영원히 보존해서는 안 되는 것처럼, 사람들에게 미덕을 금지했다. 그는 희생을 전제하는 위대함과 고결함을 말살했다. 그는 이미 과도한 격정이 어떤 제약도 받지 않게 사주했다. 그는 모든 존재들과 함께 허무 속으로 내려가길 원한다. 그것은 자신을 만인의 눈에서 숨기고 스스로에게도 감추는 데 적당한 암흑이다.

무신론자는 마음이 사악한가? 그렇지 않다면 어떻게 피투성이의 폭군이 평온하고 덕망 높은 왕 옆에서 안식하는 것을 전율하지 않고 볼 수 있단 말인가? 그렇다면 마르쿠스 아우렐리우스와 칼리굴라 사이에, 참혹한 전투를 명령한 것과 인간적인 법전을 만든 것 사이에 아무런 차이도 없단 말인가? 우리의 동류인 인간들에 대한 부드럽고 순수한 애정을 부정한단 말인가? 사람들 사이의 단결과 화합을 장려하는 우아한 감동은 어디로 간단 말인가? 무신론자는 죄악과 미덕이 어떤 차이도 없기 때문에 사람들은 서로 사랑하게 만들어지지 않았다고 주장한다.

그러나 이 절망적인 체계는 자연 전체의 질서와 조화에 의해 파괴된다. 물질세계는 모든 것이 기가 막힐 정도로 연결되어 있어서, 나뭇잎은 하나의 조직이고 원자에는 특성이 있으며 곤충은 먼지가 되어도 경이롭다. 정신세계 역시 무시무시한 혼돈과는 거리가 멀다. 하늘을 우러러보면 우리의 생각은 고양되고 대담해진다. 신이 손을 내밀어 내려주는 그 많은 기적 앞에서 환희와 감탄으로 타오르는 우리의 영혼을 믿어야 한다. 나쁜 왕이나 좋아할 그 사악한 체계를 그것이 나온 암흑 속으로 다시 쫓아버려야 한다.

더 순수하고 더 눈부시고 더 광활하고 우리 주위의 무수한 사물들에 더 적합한 다른 체계가 모든 인민들의 보편적인 교리라고 여겨진다. 그것은 조물주와 인간의 가슴 사이에 행복한 관계를 확립한다. 그것은 왕들에게 자신의 행동에 대해 책임질 것을 요구한다. 우리는 이 멋진 체계를 열광적으로 받아들일 것이다. 이 체계가 존재하는 것은 틀림없다. 위대하고 숭고한 모든 것은 필연적으로 진실이기 때문이다. 이 체계가 존재하지 않는다면, 이해력을 지배하는 심오하고 명확한 관념은 어디서 온다는 말인가? 우리 같은 미약한 피조물들이 현존하는 체계보다 더 위대하고 더 고결한 체계를 만들었을지도 모른다. 하지만 무한하고 선견지명이 있는 지성이 정리한 이 질서 있는 체계는 분명 존재한다. 나는 이 체계를 보고 느끼고 나 자신을 맡긴다. 나는 인간의 자격을 포기하고 그 전능한 존재 앞에서 전율한다.

모든 행성들이 궤도 안에서 서로 연결된 채 상상하기도 두려운 속도로 이동하고 계산된 것처럼 정확하게 회전한다. 보이지 않는 사슬에 의해 우주공간 안에 머물러 있는 모든 유성들은 올라가고 내려가며 서로 교차한다. 웅장하게 설계되고 화려하게 장식된 이 우주라는 신전은 바로 인간이라는 존재를 위한 것이다. 인간은 이 신전의 장엄한 장치를 감탄하고 천체들의 거리, 관계, 운행을 측정하며, 자기 주위에서 펼쳐지는 기적들을 절감한다. 만약 신의 사제인 인간이 영원한 지혜의 작품 앞에서 엎드려 경배하지 않는다면, 이 우주라는 신전은 생명이 없고 텅 비게 될 것이다.

감성이 있는 영혼의 비약이 없이는 우주는 춥고 죽었으며 불모이다. 인간이 사고를 전개하여 자연에 혼을 불어넣음으로써 자연을 만든 노동자와 그 작품 사이의 관계를 확립할 수 있다.

따라서 인간은 자신의 기원을 당당하게 여겨야 한다. 세상은 진정으로 인간을 위해 존재한다. 그 거대한 항성들은 서로 알지 못하고, 오로지 인간만이 그것들을 연구할 수 있다. 인간의 사고는 항성들의 빛이 미치는 한계를 뛰어넘으며, 빛보다 활동영역이 더 넓다. 인간의 사고는 창조된 모든 것이 다다를 수 있는 곳까지 도달한다. 창조의 불가사의를 열렬하고도 평온하게 응시하는 인간은 그 최고의 걸작품이다. 왜냐하면 자연의 창조자의 위풍당당한 존재를 열광적으로 느끼는 것은 바로 인간의 영혼이기 때문이다. 왜 그 존재를 인정하지 않으려고 하는가? 자연의 창조자는 위대하므로 선량하다. 모든 빛나는 생각, 모든 소중한 느낌, 숭고하거나 위안을 주는 모든 이미지는 위대한 존재로부터 나온다. 경배하고 사랑하고 소망하자!

503 소매치기의 솜씨

소매치기들은 철저한 감시를 피해야 하기 때문에 꾀와 유연성이 필요하다. 수비는 공격만큼 빈틈이 없어졌다. 점원과 공모를 하는 것이 최고이지만, 이것이 불가능할 때는 언제나 새로운 계략을 짜내야 한다.

금담뱃갑, 회중시계, 지갑을 슬쩍 하는 손은 날렵하고 유연하다. 사람 모형을 세워놓고 연습한 결과이다. 모형이 흔들리지 않게 물건을 훔쳐야 한다. 마침내 기민한 손이 만들어지고 탐욕에 의해 능란하고 확실해진다. 하지만 소매치기의 혀는 정말 기가 막힐 정도라서, 어떻게 그렇게 머리가 잘 돌아가는지 감탄스럽기까지 하다.

공증인 사무실에서 대금을 받은 남자가 전세낸 사륜마차를 타고 귀가한다. 처음에 들은 길 이름을 잊어버린 마부가 자리에서 내려 문을 열고 다시 물어보려고 한다. 그 남자가 뻣뻣하게 죽어 있는 것이다. 마부의 비명에 사람들이 모여든다. 지나가던 소매치기가 갑자기 사람들을 밀치고 들어와 비통하고 비장한 목소리로 외친다. "아버지! 불효자가 여기 있습니다!" 그는 격렬한 고통의 표정을 짓고 눈물을 흘리며 흐느끼면서 마차 안으로 올라가 망자의 얼굴을 얼싸안는다. 사람들은 감동하여 "정말 효자네!"라고 말하며 흩어진다. 소매치기는 돈자루가 실린 마차를 출발시킨다. 그는 어떤 집 앞에 마차를 세우고 방금 일어난 변고를 누이에게 알려야 한다고 마부에게 말한다. 소매치기는 사망자가 지닌 모든 것을 턴 다음, 내려서 마차 문을 닫는다. 마부는 기다리다 지쳐서 집 안으로 들어가 그 젊은 남자와 누이를 찾는다. 그러나 누이건 남자건 사망자건 아무도 모른다는 것이다.

매춘부들을 만나러 다니는 신부들을 색출하라는 대주교의 엄명이 떨어졌다. 그런 신부들의 특징은 보라색 또는 밤색 옷 그리고 때로 짧은 외투와 작은 칼라였다. 그들은 대개 저녁 산책 시에 매춘부들에게 접근했다. 소매치기 하나가 기병대 경관 복장을 하고 산책로를 돌아다닐 생각을 했다. 신부 하나가 매춘부에게 말을 거는 것을 본 소매치기는 그를 시야에서 놓치지 않았다. 신부가 나오자 소매치기가 그에게 다가가 갑자기 상아 곤봉을 꺼내면서 말했다. "신부님, 방금 무슨 짓을 했는지 잘 아시죠. 왕의 이름으로 당신을 체포합니다." 불쌍한 신부는 벌벌 떨며 마차에 탄 다음에야 어디로 데려가냐고 감히 질문할 수 있었다. "포르레베크 감옥[65]이오"라고 가짜 경관이 대꾸했다. "포르레베크라고요? 나리 좀 봐주세요!" 신부는 자기 평판이 크게 손상될 것이라는 점을 강조하면서 가짜 경관의 동정심을 자아내려고 애썼다. 잠시 후 준엄한 경관은 죄수와의 협상을 거쳐 그가 가진 모든 돈을 빼앗았다.

소매치기는 이와 같은 돈벌이를 계속했는데, 이런 정보를 들은 검사가 경관을 신부로 변장시켰다. 가짜 신부는 튈르리에서 가짜 경관을 유인하는 역할을 담당했다. 가짜 경관이 다가와서 곤봉을 보여주며 왕명 운운하자, 가짜 신부는 주머니에서 곤봉을 꺼내며 말했다. "나리, 이게 진짜야, 따라와."

65 1222년부터 주교구 감옥이던 포르레베크(Fort-l'Evêque)는 1674년에 왕립감옥이 되었다. 주로 채무 관련 죄수, 군인 죄수, 배우들을 수감하던 이 감옥은 루이 16세가 1780년 8월의 칙령에 의해 파괴하기로 결정하여 1783년에 철거되었다.

이렇게 짧은 외투를 입은 경관이 푸른 제복[66]을 입은 남자를 체포하는 일이 정말 처음으로 일어났다. 경관인 가짜 신부는 가짜 경관이 수많은 신부들을 데려가는 척했던 포르레베크 감옥으로 그를 압송했다. 해학을 즐기는 화가가 이 일을 주제로 판화를 만들기를 바란다. 그 판화는 성직자 차림을 한 경관이 빵모자를 쓴 채 땀을 흘리는 모습을 보여주어야 한다. 경관 복장을 한 소매치기는 다른 사기꾼들을 압도하는 뻔뻔하고 예리한 눈초리가 돋보여야 한다. 기습, 교차되는 2개의 곤봉, 아연실색하며 무너지는 뻔뻔함, 이 모든 것이 어우러져 짜릿한 판화가 될 것이다.

1754년 6월에 사업이 망해서 궁지에 몰린 한 파산자가 다음과 같은 계략을 꾸몄다. 그는 자기와 체격과 턱수염이 비슷한 시체를 비밀리에 구입하여 별장으로 옮기게 했다. 자기가 사라지던 날 입었던 바로 그 옷과 내의를 시체에 정성껏 입혔다. 그런 다음 시체 얼굴에 권총을 쏴서 알아볼 수 없게 만들어 놓고 다른 옷을 입고 도망갔다. 사람들이 그의 비극적인 죽음을 애도할 때, 그는 영국에 있었다. 이 사기꾼은 아무에게도 피해를 입히지 않은 권총과 사들인 시체로 채권자들에게 빚을 갚은 것이다.

파리에는 도둑들보다 소매치기들이 훨씬 더 많다. 런던은 그 반대이다. 영국인은 주머니를 뒤지는 것을 경멸하고 교활한 짓을 수치로 여긴다. 영국인은 습격하거나 문을 때려 부순다. 파리에서는 폭력적인 절도보다는 교활한 절도가 더 일반적이다. 솜씨 좋은 자들이 밤낮을 가리지 않고 노리기 때문에 모든 것을 지키고 모든 것을 잠궈야 한다. 문을 조금만 열어놓아도 반드시 당한다. 살금살금 침입하

66 푸른 제복은 일반적으로 기병대의 특징이었다.

는 도둑들의 날렵한 손은 감쪽같이 모든 것을 털어간다. 그래서 낮에도 어떤 물건도 방치해서는 안 된다.

504 삼천 기도

종교가 밭 한가운데로 농부를 찾아가는 축제는 정말 감동적이다. 이 축제에서는 신부들이 밭고랑을 건너가면서, 인간에게 양식을 주는 신에게 땅을 비옥하게 만들고 종자에 하늘의 이슬을 내려주고 농부가 순조롭게 수확하도록 해달라고 간청한다.

하늘의 천장 아래에서 지고의 존재를 향해 올라가 진정한 부, 주식인 밀과 맛있는 과일을 요청하는 이 찬송가들보다 더 장엄한 것은 없다. 종교는 수많은 아이들의 유모, 하늘과 땅 사이의 중재자가 되고, 풍요를 약속하는 동시에 기원하는 것 같다.

그러나 도시가 너무 커져서 신부들이 지나치게 먼 밭에는 가지 못한다. 그들은 납골당을 둘러보고 건조하거나 진흙투성이 포도 위를 돌아다닌다. 하지만 이삭 옆에서 깃발들이 펄럭이지 않게 되면서 이 축제는 예전의 무게감을 잃어버렸다.

모자가게와 옷가게가 늘어선 길을 가로지르면서, 파릇파릇한 풀밭 한가운데서 조물주를 경배하던 시골 축제를 그리워하는 것은 헛된 일이다.

활력을 알리는 햇밀이 없으면 이 축제는 무미건조해진다. 농사가 자연의 변덕에 의해 엉망이 되면, 인간은 겁을 먹고 햇빛을 베풀어주는 절대자에게 기도를 드린다. 하지만 도시의 돌투성이 길에서의 행렬은 위엄과 매력을 모조리 잃어버렸다. 그래서 꽃이 핀 오솔길에서는 열광과 환희의 눈물을 흘리게 했던 노래를, 생토노레 길에서는 아무런 감흥 없이 듣게 되었다. 희망과 욕망은 똑같은 것이고, 바로 이것이 인간의 가장 순수한 보물이다.

부자들은 밀값에 대해 철저히 무관심할까? 밀을 자라게 만드는 분에게 빵을 요구하는 행렬을 보고 부자들은 비웃지 않을까? 조금이라도 빨리 증권거래소에 도착하려고 배고픈 군중을 향해 마차를 돌진시키는 무자비하고 배은망덕하며 안하무인인 인간들의 호사로운 집 앞에서 이 오래된 종교적인 의식을 진행하는 것은 그야말로 신성모독이다. 이 축제는 시골에 가서 보아야 한다. 밭을 둘러보는 평신부가 수도의 대주교보다 더 위대해 보인다.

505 랑디

종이가 없던 시절에는 양피지를 사용했다. 매년 대학 총장이 행차하는 '자유시장'에서 양피지를 팔았다. 값비싼 양피지의 유일한 소비자였던 학생과 선생들이 말을 타고 총장을 따라갔다. 그때부터 학생들은 랑디[67] 축제를 잊지 못했다. 이 축제는 초여름에 열린다.

아직 계산을 배우지 않은 나이에 비용을 갹출하는 학생들은 말 임대업자들에게 달려간다. 재수 없게 걸린 말들로서는 제삿날인 셈이다.

학생은 동트기 전에 일어난다. 다리를 저는 말을 콜레주 건물에서 나오자마자 달리게 한다. 고난의 동반자인 또 다른 말은 학생들과 뚱뚱한 선생으로 가득 찬 이륜마차를 간신히 끈다. 선생은 무서운 목소리를 부드럽게 하고 회초리를 감춘다. 24시간 동안은 학생들을 조금은 풀어주는 것이다.

낮은 아무리 길어도 모자라게 느껴진다. 상상할 수 있는 모든 쾌락을 한꺼번에 즐기고자 한다. 향연은 풀밭 위에서 벌어진다. 포도주에는 물을 너무 많이 타지 않으며, 선생들이 쉰 목소리로 즐거운 놀이를 야단치지도 않는다. 학생들은 선생들의 불쾌한 눈초리에도 아랑곳하지 않고 자유를 만끽할 것이다.

이 날은 선생이 필요 없다. 섭정이 웃으면 온 세상이 웃어야 한

67 Landi: 프랑스의 생드니에서 열리는 시장으로 예전에는 아주 성대했다. 그래서 고등법원과 대학이 이 시장에 간다는 핑계로 르 랑디라고 불리는 휴일을 잡았다.

다. 이 땅에 또 다른 권력이 있는가? 없다. 왕의 행차가 다가와 우연히 왕이 학생들과 어울리게 되었다. 왕이 그들의 친구가 된 것이다. 왕은 즐거워했다. 왕은 이 특별한 날에 학생들과 함께 놀고 달리며, 당황하여 얼굴이 보랏빛이 된 총장과 마찬가지로 위엄을 버리고 학생들과 친해졌다.[68]

학생들은 신분의 차이를 잘 모르고 이 짧은 시간 동안에는 즐거움만을 추구한다. 자기들과 조우하는 모든 사람들이 이 환희에 참여해야 한다고 생각한다. 시간이 얼마 되지 않기 대문에 그들은 단 1분도 놓치지 않으려고 한다. 이 특별한 날을 3개월 전부터 기다리며 열광한다. 모처럼 교실에서 벗어나 교문을 나왔으므로 싱그러운 풀밭에서 벌어지는 연회를 원 없이 즐겨야 한다. 모조리 먹어치우고 뛰어다니고 다시 뛰어다니고 먹어치운다. 이것이 이 행복한 날의 역할이다.

벌써 기우는 해가 야속하다. 그래서 놀이를 빨리 진행하기 위해 학생들은 더욱 빠르게 달린다. 그들은 축제에 참여하지 않은 말까지 괴롭힌다. 말이 저녁에 먼지투성이가 되어 마구간으로 돌아가면, 다리는 뻣뻣하고 움직일 수 없게 되어 임대료보다 더 비싼 대가를 치렀다는 것을 알게 된다. 하기야 주인은 2배를 불렀는데 부당한 요구는 아니었던 셈이다. 진이 빠져서 넋이 나간 것 같은 말은 이런 축제가 또 있을까봐 걱정하는 기색이다.

그 다음날은 날씨가 더없이 화창한데도 날이 잔뜩 흐리고 공부가 한심하고 지겹게 느껴진다. 선생들의 목소리는 더욱 가증스럽게 들리고, 『라틴어 초급』은 최악의 교과서가 된다.

68 랑디 날에 학생들과 마주친 루이 16세는 그들과 함께 사람잡기 놀이를 했다. 왕은 학생들을 간식에 초대했지만, 그들은 자기들 간식이 왕의 간식보다 더 가까이 차려져 있다는 이유로 거절했다. 식욕이 명예보다 우선하기 때문이다.

506 장의관(葬儀官)

장의관들은 샤를 5세의 칙령 덕에, 장례식에 검은 외투 그리고 망자의 집과 묘지를 덮는 천, 벨벳과 장막을 공급하는 직업적 권리를 얻었다. 장의관은 다음과 같은 희극의 구절을 읊조릴 만하다.

나는 죽음 덕분에만 행복할 수 있다.

매우 생기 있고 건강한 사람이 마차를 타고 지나가면, 장의관은 그의 장례식을 떠올리고 예배당을 최대한 품위 있게 꾸미려면 어떻게 해야 할 것인지 생각한다.

파리의 신부들과 교회 재산관리인들은 망자를 위한 관의 모든 장식을 제공하려고 했다. 하지만 장의관들이 손에 신고서와 칙령을 들고 나타나, 관의 장식은 자기들 일이라는 점을 신부들에게 증명했다. 석관을 치장하고 유가족에게 곡녀들을 구해주는 것은 장의관들 몫이다. 신부는 애도가를 부르고 양초를 켜는 권리밖에 없다. 요컨대, 장례식 요금은 자기들이 정한다는 것이다.

예전에는 장의관이 장례식에 올 때 아주 괴상한 옷을 입었었다. 상주는 슬픈 척해야 하는데 장의관의 옷차림을 보고 웃지 않을 수 없었고, 이것이 긴 상장 사이로 보였다. 상주들은 이렇게 속마음을 들키는 것을 원하지 않았다. 그래서 진지하게 보이려고 장의관들은 변호사들의 법복을 입게 되었다.

상속을 위한 소송은 망자의 무덤 위에서 시작된다고 볼 수 있다.

그러나 인내심을 가져야 한다. 장의관 다음에 변호사들이 올 것이다. 검은 법복을 입은 모든 사람들은 사망 덕에 먹고 산다. 장의관이 신부 바로 다음으로 몫을 챙기지만, 가장 많이 받는 것은 아니다.

망자에게 문장이 있을 때는 판지에 채색된 문장을 장의관이 가슴에 안고 장지까지 가야 한다. 고명한 망자는 살아 있는 사람들에게 보여주는 마지막 무대에서도 문장을 포기하지 않기 때문이다.

추도사를 하는 사람은 일종의 장의관이라고 볼 수도 있다. 장의관이 망자의 문장을 돋보이게 보여주는 것처럼, 추도사는 망자의 소위 장점을 있는 대로 열거한다.

507 고해신부

고해하러 가는 습관이 조금씩 사라져 가고 상류층에서 자취를 감춘 것은 고해신부들이 부족해서가 아니다. 그들은 중백의를 입고 교회당 내부 기둥에 붙어 있는 고해실 안으로 들어간다. 당신은 들어오라는 초대를 받는 셈이다. 들어가서 무릎만 꿇으면 된다.

신부는 창살이 쳐진 작은 창문을 통해 죄 이야기를 듣는다. 고해실에는 숫자가 붙어 있어서 시작된 고해를 어디서 끝내야 할지 알 수 있고, "당신을 모릅니다"라고 말할 신부에게 죄를 사해달라고 요청하지 않게 된다.

죄인들이 두 패로 나뉘어 양쪽에서 기다린다. 먼저 들어가면 되는데, 이따금 누가 들어갈지 싸우기도 한다. 고해실을 너무 오래 차지하는 사람들에게는 큰소리로 불평을 한다. 어머니와 함께 고해하러 온 처녀는 빨리 끝내려고 신경을 쓰고, 어머니도 똑같이 한다. 이 모든 것은 쓸데없는 상상을 예방하기 위해서이다.

단골이 많은 고해신부들은 매우 자랑스러워한다. 그들은 작은 판자문을 열고 손에 성경이나 묵주를 든 채 반쯤 회개한 속죄자들의 무리를 만족스러운 눈길로 쳐다본다.

대개 그 무리는 위선적이거나 진실한 부르주아 여자들 몇 명, 최후를 생각하는 노인네들 여럿, 고해를 하지 않으면 여주인들이 도둑이라고 간주할 많은 하녀들로 구성되어 있다. 학생들은 강제로 끌려온다. 고해신부가 학생 하나의 이야기를 들으면 그 패거리 전체의 고해를 알게 된다.

몇몇 고해신부들은 이 내밀한 직무를 즐긴다. 그들은 선을 행할 수도 있고 악을 행할 수도 있는데, 이것은 그 사람 됨됨이에 의해 좌우된다. 짐꾼, 마부, 사부아 사람들 같이 어려운 사람들의 마음을 편하게 해주는 일에 헌신하는 신부들이 있다. 정말 무거운 죄 이야기를 노골적으로 해도 그들의 귀는 공포에 사로잡히지 않는다. 바로 그 다음에는, 고백한다기보다는 변죽을 울리는 모호한 죄 이야기가 그들의 청신경을 상하게는 하지 않고 살짝 건드린다.

후작부인은 시장판 여자처럼 고해를 해야 하는가? 똑같이 죄를 사해 주더라도 고해기도의 어조는 달라야 하지 않을까?

하지만 귀족 부인이 고해를 하는 일은 소교구 신부에게 아주 드문 행운이다. 평범한 고해신부들은 교묘한 죄들에 대한 감을 잃어버렸다. 그들은 취향보다는 습관에 의해 죄를 범하는 서민층에게 공통적인 저속한 죄들에 대해서만 잘 안다.

10~15년 동안 고해실에 들어가지 않는 경우도 적지 않다. 그러다가 사랑에 빠져서 결혼을 하려고 한다. 바로 내일 교회에 가서 사랑하는 여인과 식을 올리고 신방에 들어갈 생각을 한다. 하지만 고해성사증 없이는 혼인성사도 부부생활의 쾌락도 불가능하다. 행복의 순간은 미루어지고 남자는 불안해진다. 애인이 웃으면서 그에게 말한다. "고해했어요? 나는 조금도 신경 쓰지 않을테니 어서 고해하러 가세요." 누구 탓을 할 것인가? 지참금, 축하연, 꽃다발, 신부 이 모든 것이 준비가 되었지만, 먼저 고해를 하지 않으면 아무것도 가질 수가 없다.

그러면 남자는 교회 안에서 어슬렁거리면서 신부가 있는 고해실을 남몰래 찾는다. 그는 힐끔거리다가 거북한 표정으로 살며시 들어간다. 그러나 그는 온갖 기적을 일으키는 사랑의 힘으로 두 손을 모아서 고해기도를 한다.

그는 고해기도를 잊어버렸다. 자기가 사랑에 빠졌고 급하다는 것은 안다. 달콤한 말들로 가득 찬 그의 머리는 속죄를 하는 구절은 하나도 기억하지 못한다. 사도신경이나 주기도문도 제대로 외우지 못하는 것이다. 하지만 노련한 고해신부들은 결혼식 전날 찾아오는 신랑들에게 익숙해져 있다. 그들은 금방 알아보고 잘 대해준다. 그들은 신랑들이 일시적이지만 교회에 복종하고, 조금 강요된 것이지만 교회의 힘에 경의를 표하는 것을 흡족하게 여긴다.

그들은 기꺼이 고해성사증을 발급해 준다. 고해성사증 없이는 부부의 연을 맺지 못하고 행복도 불가능하다는 것을 잘 알기 때문이다.

신부는 이치를 아는 사람이다. 그가 고해성사증을 주는 친절을 베풀면 미사와 세례가 이어지고 교회는 이득을 보게 될 것이다.

한 고해신부가 이런 식으로 신랑에게 잘해 주었더니, 고해성사증을 받은 신랑은 고해를 취소하는 것이 좋을 것 같다는 생각이 들어 신부에게 말했다. "신부님, 제가 고해를 잘 했는지 모르겠습니다. 저에게 고행을 부과하시지 않았는데요." 재치 있는 이 신부는 즉각 응수했다. "결혼할 것이라고 말하지 않았소?"

몇몇 수도승들이 이 필수적인 고해성사증을 6리브르짜리 금화 한 닢과 포도주 한 병을 받고 판다고 고해신부 전체를 욕하는 사람들이 있다. 그렇게 하찮은 대가를 받고 자기 신분, 인격, 수도원의 명예를 훼손할 사람은 없다. 하기야 파렴치한 예외를 관례라고 간주해서는 안 된다.

그러니 꼼수를 부리지 말고 신부를 찾아가 무슨 일인지 딱 부러지게 말하는 것이 더 낫다. 성직자 20명 중 19명은 불만의 여지가 전혀 없을 만큼 정중하게 도와줄 것이다.

대주교의 허가 없이는 어떤 신부도 고해성사를 할 수가 없다. 생드니 길의 생트카트린 수녀들은 고(故) 크리스토프 드 보몽이 보내준 고해신부를 거부했었다. 대주교는 그녀들이 요청한 신부의 권한 정지를 끝내 풀지 않았다. 그래서 수녀들은 여러 해 동안 고해도 성체배령도 하지 못했다. 그녀들은 드 보몽 대주교가 죽을 때까지 기다려야 했고, 새 대주교가 권한이 정지된 신부를 그녀들에게 되돌려 주었다.

508 소르본 박사

소르본 박사가 우주의 모든 사상들을 자신의 논거에 신학적으로 종속시키려고 할 때는 비웃음의 대상이 되기도 하지만, 때론 그를 존경해야 한다.

하늘이란 천장 아래서 인간이 맡을 수 있는 가장 아름다운 역할이 소르본 박사의 몫이기 때문이다. 그는 이 땅이 포기한 죄인을 껴안아 주고, 죄인의 메마른 가슴을 감동시킨다. 또 그는 죄인이 인정하지 않던 신의 품안으로 뛰어들고, 신의 자비를 기대하며, 형벌을 신의 정의를 실현하기 위한 속죄로 받아들이게 만든다. 그는 죄인의 영혼을 고문보다도 더 잔인한 절망으로부터 구해준다. 그는 죄인의 고통을 덜어주고 또 다른 삶을 보여주며, 쓰라린 고난을 견뎌내도록 도와준다. 그는 죄인에게 체념을 가르침으로써 고통과 싸울 힘을 준다.

죄인의 고통을 잠재우고 그의 영혼을 절대자를 향해 고양시켜서 위로를 받게 만드는 이 직업은 얼마나 숭고한 것인가! 바로 이때는 소르본 박사라는 칭호가 잊혀지고, 그는 자비로운 조정자, 위엄 있는 위안자, 다정다감한 친구, 영웅 같이 보인다.

그렇다. 사형집행인들의 형구에 으깨진 몸뚱이 위에 엎드려 그 피에 눈물을 섞고 뺨을 갖다 대고, 그에게 온 세상이 그를 버렸어도 아직 한 사람은 남아 있다고 설득하는 신부야말로 종교의 승리를 보여주는 증인이다.

그는 그 불행한 사람의 입에서 절망의 비명, 아니 어쩌면 신을 모독하는 비명이 나오지 않도록 만든다. 그에게 하늘에서의 안식을 알려주고 엄숙한 약속으로 둘러싸서 그를 신에게 넘겨준다. 그 불행한 사람은 악의 구렁텅이에 빠져 있었기 때문에 더욱더 열정적으로 신에게 달려간다.

그 끔찍한 순간에는 얼마나 큰 용기가 필요한가! 준비를 하는 사형집행인들 사이로 살인자와 함께 올라가 그의 마지막 눈길을 받아주고 소름끼치는 처형을 지켜보며 뒤틀린 채 늘어진 머리를 바로 세우는 것은, 자비심 말고 다른 어떤 감정이 가능하게 만들겠는가! 바퀴 위에 매달린 사지가 절단이 났을 때, 고통으로 인한 저주, 분노, 절망으로부터 죄인을 구할 수 있는 것은 종교의 말씀뿐이다.

그 순간에는 소르본 박사가 인류의 다정다감한 대표가 되어 법의 가혹하고 무시무시한 면을 완화시켜 주는 것 같다.

시해범 다미앵은 기나긴 고문 과정에서 소르본 박사 2명의 도움을 받았다. 대역죄와 그에 대한 형벌이 똑같이 특별히 가혹한 나머지, 자비로운 고해신부 2명이 교대로 도와주지 않을 수 없었다.

509 파리에는 직업소개소가 없다!

12수짜리 영수증에도 서명이 필요하고 보캉송의 기술로 지휘해야 할 자동기계장치 같은 다수의 서기들이 모든 것을 기록함으로써 우리를 짜증나게 하고 괴롭히고 약탈하는 사무실은 아주 많지만, 정말 유용한 사무실 하나는 없다. 그것은 무슨 종류이건 일을 하길 원하는 모든 사람들이 나이, 거주지, 재능을 기재하는 장부라고 생각한다. 또 다른 장부에는 가능한 모든 구인 요청을 접수한다. 그 다음에 똑똑한 사람들이 이 2개의 장부를 비교하면서 구인과 구직을 서로 맺어주면 될 것이다.

일자리가 없는 많은 사람들을 취직시키는 것은 우연이라고들 한다. 많은 인력이 필요한 동시에 다른 사람을 위해 일하려고 애쓰는 사람이 그렇게 많은 도시에서 왜 이 우연을 더 자주 있게 만들지 않는가? 가난한 사람이 필요하지 않은 부자는 거의 없고, 부자가 필요하지 않은 가난한 사람도 거의 없다. 그들을 서로 만나게 해주는 것이 관건이다. 뭐라고! 힘이나 재능이 있는 사람을 위한 일자리가 이 세상에 없을 수 있단 말인가?

이런 점에서 구직 광고로는 부족하다. 이는 신문 발행인의 개별적인 후원에 의해 불운한 사람의 요구를 공적으로 알리는 방식이기 때문이다. 언제나 공개되어 있고 누구나 아무 때나 열람할 수 있는 장부들, 공통점을 파악하는 데 능숙한 직원들, 이런 행정 분야에서 특별히 요구되는 호의. 이렇게 되면 일이 없는 사람들이 사라지거나, 아니면 그들이 변명할 여지가 없어질 것이다.

이런 방식을 결혼에도 확대 적용할 수도 있을 것 같다. 단 한 번 만나서 상당한 재산 또는 행복한 결합을 얻기도 하는 것을 고려하면, 경험이 없거나 맹목적인 사람들을 얼마든지 도와줄 수 있을 것이다. 실제로 사람들은 스쳐 지나가면서도 전혀 서로를 알지 못한다. 누가 우리의 관계를 맺어줄 것인가? 우리가 서로 비슷한 처지라는 것을 누가 알려줄 것인가?

최고의 선행은 돈을 주는 것이 아니다. 돈은 없어지고 만다. 최고의 선행은 무위를 예방하는 것이다. 무위는 사람의 모든 능력을 마비시키고 곧 없애버리고 만다.

정부가 나를 그런 부서의 장으로 임명한다면, 나는 4년 안에 우수한 성과를 낼 수 있다고 공개적으로 약속한다. 수많은 사람들을 무위와 악습에서 구해낼 것이다. 재능이 있는 사람이 노는 일은 없을 것이다. 바보에게도 재사(才士)보다 더 쉽게 일자리를 구해주었다고 나중에 자랑할 수 있다.[69]

69 파리 주민이 증가함에 따라 메르시에는 16세기 이래 고용주와 날품팔이꾼들이 모이던 그레브 광장의 전통적인 '인력시장'으로는 부족하다는 점을 확인했다. 그는 국가에 의해 설립된 공공기관이 관장하는 직업소개소의 제도화를 제안한다.

510 샤르트르회 수사

샤르트르회 수사들이 아직도 도시 안에 있다. 그들의 수도원은 코메디 프랑세즈 극장에서 그리 멀지 않은 공중산책로 근처에 있다. 그들은 고독에 둘러싸여 있어야 하는데 말이다. 도시의 유해한 숨결에서 멀리 떨어지고 고적한 장소에 거주하는 것을 규율로 정한 그들이 이 소란의 한복판에 위치해 있는 것이다.

카푸친회 수도원은 튈르리 공원에 인접해 있어서 오페라 극장과 아주 가깝다. 수도승들은 귀갓길에 아직 마차가 없는 짧은 치마 차림의 여자 무용수들이나 합창대 여가수들과 마주치게 되어 있다.

수도원이 차지한 이 값비싼 부지는 공중의 편의와 이익을 위해 사용될 수 있고, 수도승들은 시골에서 거주하는 것이 훨씬 더 좋을 것이다. 수도원은 건물과 주민들이 밀집되어 있는 인구 많은 도시에서 너무나 큰 공백들이다.

이런 문제점을 절감하고 수도원을 멀리 이전시키려고 했다. 하지만 반대의 아우성이 얼마나 컸던지! 심각한 저항이 일어났고, 우리의 수도자들이 이 타락하고 부패한 도시에 얼마나 집착하는지 여실히 보여주었다. 그들이 도시에서 벗어나기가 그렇게 어려운 모양이다.

예전에 왕과 왕비들은 수도원을 건립했었다. 이제는 그 반대로 수도원을 없애야 할 때가 아닐까?

511 병기창[70]

니콜라 부르봉의 멋진 시구 2개가 그리는 것과 같은 프랑스 왕의 병기창은 파리에는 없다. 상퇴이는 그런 시구를 짓지 않은 것에 대해 매우 아쉬워했다.

> 에트나 화산이 앙리에게 불카누스의 화살을 주었다.
> 이 화살이 거인들의 광기를 제압할 것이다.

이런 시구들에도 불구하고 병기창에는 포병대가 없다. 녹슨 총 몇 개와 사용이 불가능한 박격포 몇 개, 이것이 병기창에 있는 전부이다.

앙리 2세의 명령으로 건설된 제련소들은 베르사유와 마를리의 정원을 장식하는 동상들만 주조했다.

병기창에는 화약고가 있다. 1562년에 여기서 불이 났었다. 그런 일이 재발되지 않도록 신이 지켜주시길!

전쟁도구 대신 커다란 창유리 너머로 폴미 소유인 기묘한 도서관[71]이 보인다. 전망이 아주 좋은 정원은 언제나 약간 고대풍이고 권

70 파리 병기창은 16세기에 프랑수아 1세에 의해 건립되었고 쉴리에 의해 재건축되었다가, 18세기에 건축가 제르맹 보프랑(1667~1754)에 의해 확장되었다.

71 폴미 후작(1722~1787)의 소유물인 이 도서관은 중세 수사본과 판화가 많은 것으로 유명했다. 모든 학자들에게 이 도서관을 개방한 폴미 후작은 제2의 왕실 도서관으로 만들 야심으로 1785년에 아르투아 후작(루이 16세의 동생)에게 매도한다. 이 도서관은

태로운 것처럼 보이는 마레 주민들의 산책로이다. 이 구역은 모든 면에서, 심지어는 산책하는 방식에서도 파리의 다른 모든 구역들과 분명히 다르다.

프랑스 왕의 병기창은 셀레스탱 강둑길이 아니라 스트라스부르, 메스, 릴, 툴롱, 브레스트에 있다. 이곳들이 왕의 절대적인 힘이 반사되는 위풍당당한 거울이다. 파리 병기창에 있는 쇠는 냄비 만드는 데나 쓰일 것이다. 진짜 대포들은 군신 마르스의 제자들이 왕국의 안보를 지키고, 적이 나타나면 상대할 태세가 되어 있는 국경에 있다.

혁명기에 국유재산이 되었고, 1934년에 국립 도서관의 한 부서로 편입된다.

512 소교구의 책들

『일도서』, 『성주일』, 『기도서』, 『4계 대재일』 등. 이런 책들은 2만이나 3만 부밖에 찍지 않는다. 유명 작가들이여, 로마의 『성무일과서』 또는 파리의 『미사경본』이 거둔 성공을 머릿속으로라도 바랄 자신이 있는가?

이 책들은 라틴어로 쓰여 있어서 서민들은 하나도 이해하지 못하지만 그래도 항상 구입한다. 서민들은 화려한 라틴어에서 차용된 엉터리 은어를 더욱 왜곡하고 모든 단어들을 잘못 쓴다. 또 상당히 무거운 평가(平歌)를 부르고, 자신이 신에게 무슨 말을 하는지 모르면서 이것이 기도하는 것이라고 말한다.

귀족 부인이 라틴어 기도문을 암송하다가 순진하게 말했다. "내가 무슨 말을 하는지 모르겠어." 친구가 말한다. "그럼 프랑스어로 기도해." 그녀가 답한다. "안 돼, 너무 즐거울 것 같아서."

어떤 추기경은 아름다운 라틴어를 망칠까봐 결코 성무일과서를 암송하지 않았다.

규칙적으로 성무일과서를 읽는 주교, 수도원장, 참사회원이 몇이나 될까? 그들은 읽지는 않지만, 제본이 잘 되고 단면에 금박을 입힌 4권을 모두 구입한다. 그들은 언제나 벽난로 위에 과시용으로 한 권을 놔둔다. 그래서 앙시 서점이 라틴어 책들로 돈을 버는 것이다. 이런 책들은 루소와 볼테르의 저서들보다 훨씬 더 오래 팔릴 것이다.

이러한 『일도서』, 『기도서』, 『성주일』 등을 대량으로 보유한 책장수들은 루터와 칼뱅의 이름을 얼마나 혐오하겠는가! 이 개혁가들은 속어로 기도하라고 가르쳤다. 만약 파리에서 다비드 시편을 감히 프랑스어로 노래한다면, 학식이 없는 책장수들에게 확실하고 풍부한 수입을 가져다주는 저 거대한 라틴어 책더미는 어떻게 될까? 책장수들은 자기들이 인쇄한 찬송가를 단 한 마디도 이해하지 못하면서, 교회에서는 다른 신자들과 함께 열성으로 부른다. 신자들이 무지한 채로 남아 있는 것을, 성경과 찬송가를 파는 부유한 책장수들이 왜 바라지 않겠는가? 신자들은 열심히 사주기만 하면 되는 것이다.

교회는 엄청난 매상고에도 불구하고 종교서적의 판매권을 임대하지 않았다. 정부는 우리가 일상적으로 읽는 다른 책자들, 즉 정기간행물[72]이나 신문 등의 판매권을 임대하여 매년 소득을 올린다. 성스러운 교회는 다행스럽게도 서점과 탐욕스러운 사무원들의 요구를 받아들이지 않았다. 그 직원들은 가난한 작가들을 등쳐서 수입을 올린다.

한 독실한 여신도가 『기도서』를 멋들어지게 장정하게 만든 다음, 하인을 시켜 교회에 봉헌한다. 그녀는 금박 장정이 주목받길 원한다.

72 로마 신화에서 메르쿠리우스는 그리스 신화의 헤르메스처럼 신의 사자로서 소식을 전하는 임무를 담당한다. 여기에 근거하여 메르쿠리우스라는 이름은 17세기 후반 유럽, 특히 영국과 프랑스의 초기 정기간행물들에 자주 사용되었다. 『아카데미 프랑세즈 사전 6판』(1835년 출판)은 메르퀴르(Mercure)를 다음과 같이 정의했다. "이 단어는 정치와 문학을 다루고 공고와 소식을 전하는 다양한 정간물에 제목으로 쓰였고, 지금도 사용된다."

513 극장의 문

극장 앞에 도착하면 어깨에 총을 맨 경비대가 있다.

하인과 광대가 무대에 등장하기 전에 모자를 쓴 척탄병[73]들이 먼저 극장 내부를 점거한다. 기쁨과 즐거움은 그 다음에 나온다. 라신과 피스바레[74]의 연극을 호위했던 이 병사들은 4시에 광장에서 적을 상대하는 것처럼 이동을 한다. 그들이 총에 총알을 장전하는 것이 분명히 보이는데, 이것이 희극의 서막이다. 『서민 귀족』을 공연하기 전에 이런 광경은 그다지 즐겁지 않다.

연극이 어느 정도 인기가 있으면, 표를 얻기 위하여 갈비뼈를 혹사시켜야 한다. '입석 관객'[75]들이 서로 밀치면서 난리를 치는 동안, 배우들은 발코니 위에서 사람들이 짓눌린 채 밀물과 썰물처럼 움직이는 것을 즐긴다. 그 와중에도 사람들은 배우들에게 밤참거리를 갖다 준다.

극장 안에 들어가면 총을 맨 병사가 사람들을 양파처럼 줄을 세워서 앉힌다.[76] 병사는 배불뚝이는 불러 세워 트집을 잡는다. 긴 의

73 프랑스에서 초보적인 형태의 수류탄인 척탄을 전문적으로 사용하는 척탄병 부대는 17세기 후반에 창설되었다. 척탄병은 척탄을 멀리 던져야 하고, 척탄 심지에 불이 충분히 붙을 때까지 기다리는 강심장이 필요하기 때문에 건장해야 했으며, 그 부대는 규율이 아주 엄해서 곧 정예부대로 인정받았다.

74 메르시에는 분명 의도적으로 피에르 앙투안 드 피스(1755~1831)와 피에르이브 바레(1749~1832)를 하나로 묶었을 것이다. 보드빌 희극작가인 두 사람은 종종 공동으로 작품을 썼다.

75 17~18세기의 극장에서 1층은 입석이었고, 대개 서민들이 자리했다.

76 1782년 4월 9일에 문을 연 코메디 프랑세즈 극단의 새 극장은 1층에 입석 대신 좌석을 설치했다.

자마다 크기에 관계없이 같은 수의 엉덩이가 앉아야 한다는 것이다. 그는 숨이 막힌다고 소리치는 사람들에게 침묵을 강요한다. 재미있는 몰리에르 연극을 척탄병의 콧수염 아래서 들어야 한다. 너무 크게 웃거나 흐느끼면, 조금도 웃지 않고 조금도 울지 않는 척탄병이 당신의 외향적인 감수성이 어디까지 올라가는지 지켜본다.

예의가 없고 모자는 제멋대로 쓰고 표정은 딱딱한 경비대 대장은 입석 관객은 안중에도 없고 배우들하고만 친하다. 대장은 자기 친구들이 야유를 받으면 격노한다. 그가 손짓 한 번만 하면, 심미안이 있어서 나쁜 연기에 반발하는 사람은 코르네유의 12음절짜리 대사 중간에 끌려 나간다.

이 대장은 대단한 문학 전문가임에 틀림없다. 조그만 불평에도 즉시 발끈하기 때문이다. 주머니에 탄약통이 있고 문학에 정통한 경비병은 항상 대장의 의견을 따른다.

대장은 야유하는 관객이 배우와 작가에게 어느 정도 결례를 범했는지 조사한다. 그래서 연극을 모독한 죄가 중하면 죄인을 감옥으로 보낸다. 파출소장은 박식한 경비대 대장의 결정을 무조건 추인한다.

어떻게 런던에서는 경비병도 대장도 없는데, 관객이 극장 안팎에서 잘 알아서 하고 침묵을 지키며, 적절하지 않은 시점에 방해하는 법이 없고, 극단적인 자유를 남용하지 않을까? 극장의 질서 유지를 관객이 직접 담당하기 때문에 질서가 더 철저히 준수되는 것이다.

그러나 이런 일은 파리에서는 불가능하다. 마부들이 서로 앞서기 위해 마구 몰아대는 마차들을 위한 경비병이 필요하고, 또 극장 안팎의 질서를 위해서도 경비병이 필요하다. 파리인들의 성격 때문에 어쩔 수가 없다. 그들은 어디서나 억제와 속박을 느끼는 데 익숙해 있어서 억제와 속박 없이는 살지 못할 것이다.

약간의 강제가 있으면 연극이 지나치게 무례하게 방해를 받는 일은 절대로 일어나지 않는다. 군중의 변덕스러운 난동에 의해 방해를 받지 않고 코르네유를 듣기 원하는 애호가는 편안하게 즐길 수 있다. 과도한 소음이 그의 즐거움을 망치지 않는다. 불손하고 뻔뻔스러운 언행은 즉시 제지될 것이다. 경비대 대장이 정직하고 양식이 있고 아주 신중하다면, 극장 경비대의 존재에 찬성하지 않을 수 없다. 이것은 런던에는 필요가 없지만, 파리에는 필수적이다. 일부분의 자유를 더 확실하게 누리기 위해서는 다른 일부분을 희생할 줄 알아야 한다.

극장에서의 소요에 대해 더 침착하게 대처하고 입석 관객들의 소란을 덜 억압하기 시작했다. 그들이 유일하게 요구하는 이 소중한 자유를 인정하기 시작한 것이다. 그들이 큰소리로 작가와 배우를 칭찬하거나 반대하는 권리를 전적으로 그리고 정치적으로 부여해야 한다고 생각한다. 그들에게 자유를 박탈하는 것보다는, 어느 정도의 방종을 허용하는 것이 우리 모두에게 더 이로울 것이다.

코메디 프랑세즈 극장에서 구입한 자리에 앉으려고 조용히 걸어가는 내 가슴에 두 자루의 총을 교차시킨 경비대 대장님! 입석과 꼭대기 석[77] 관객들이 나와 내 동료들의 연극을 마음껏 야유하게 놔두길 간청합니다. 그 대신 국가의 적들과 상대할 때는 온 힘을 다하여 싸우시오.[78]

77 le paradis: 극장 맨 꼭대기의 가장 저렴한 관람석을 가리킨다.

78 메르시에는 파리와 런던의 극장 치안을 비교하면서, 자율적으로 규율을 지키는 영국인들의 자유를 찬양했다. 하지만 프랑스에 대한 평가에서는 민중의 폭력과 경찰의 폭력을 똑같이 비난했다.

514 칙령

현재 통치하고 있는 중국 황제[79]의 조부는 독특한 칙서를 발표했다. 좋은 쌀이 더 많이 나는 벼를 정원에서 발견한 그는 이 벼를 여러 해 동안 정성껏 길렀다. 이런 실험에 성공하여, 이 벼가 다른 모든 벼보다 질적으로 우수하다는 점을 확신한 그는 이 사실을 백성들에게 알리는 칙서를 발표한 것이다. 그 벼의 식물학적 특징을 최대한 상세하게 기술함으로써 모든 정보를 알려주고, 백성들에게 이 소중한 식물의 씨앗들을 제공했다.

황제는 이 칙서에서 자기로 만든 탑을 100개 세우는 것보다, 이 발견을 백성에게 알리는 것이 더 영광스럽고 더 만족스럽다고 단언했다. 이 칙서를 발표한 황제가 1억 9,200만 명의 지도자이면서 아버지와 같이 백성들을 보살피고 그런 글을 썼다는 것을 생각하면 그에 대한 존경심이 절로 든다. 1억 9,200만 명이 특별한 은혜를 베푼 군주를 축복하는 것은 가장 장엄하고 감동적인 광경일 것이다. 왕을 신으로 만들려고 하는 감사의 표현은 아무리 과장하더라도 용납될 수 있을 것이다. 그 군주는 자기 손으로 직접 벼[80]를 기른 다음, 기쁜 마음으로 알리고 1억 9,200만 명의 후손들에게 영원히 전해 준 것이

79 메르시에 시대에 "현재 통치하고 있는" 황제는 건륭제(1735~1796)이고, 그 조부는 저 유명한 강희제(1654~1722)이다. 강희제는 계몽군주의 모범으로서 서양을 매료시켰다.

80 볼테르는 『철학 서한집』에서 농사짓는 왕을 주제로 다루면서 이를 군주의 모델로 제시했다. 베이징의 태양 신전에서 황제는 매년 그해의 첫 번째 밭고랑을 쟁기로 냈다.

다. 얼마나 위대한 왕이고 얼마나 자상한 아버지인가!

조로아스터가 말했듯이, 승리의 광채는 화재처럼 일시적일 뿐이다. 광장에 동상이 건립된 유럽의 왕들이 전쟁 장비와 사슬에 묶인 노예들로 둘러싸여 있는 대신, 손에 그런 종류의 식물을 들고 있다면 훨씬 더 위대하게 보일 것이다.

이 모든 라틴어 비문을 왕의 선행을 속어로 기록한 칙령으로 바꾸는 것이 더 진실되고 더 간단하고 더 위엄이 있지 않겠는가? 미래에 그런 칙령을 많이 남기는 군주는 행복하리라!

515 왕립 콜레주[81]

교수 한 사람에 대해 이야기를 하면 모든 교수들에 대해 이야기를 하는 것과 마찬가지이다. 그들은 거의 똑같이 무익한 직무를 수행한다. 학문과 과학을 가르치는 이 모든 교수들이 얼마나 유용성이 떨어지는지 오늘날엔 잘 알려져 있다. 그들은 두서없이 그리고 몇 분 동안 가르치고 만다. 자기 학생들이 실제로 실력이 늘었는지 양심에 물어보라고 호소하는 바이다.

지금은 라무스[82]의 시대와는 거리가 먼데, 우리에게 어울리지 않는 그 기괴한 수업을 아직도 하고 있다. 책이야말로 이성적인 인간의 진정한 교사이다. 책이 있으니 교수들은 더 이상 필요하지 않다.

25~30세의 남자들이 감식안이 전혀 없으면서 끊임없이 감식안에 대해 떠드는 교사의 수업을 들으러 가니, 이 얼마나 우스꽝스러운 일인가! 또 다른 교사는 번역은 안 하고 설명만 하거나, 설명은 안 하고 번역만 한다.

81 collège royal: 인문주의자로서 고전 번역으로 유명한 기욤 뷔데(1467~1540)의 제안을 받아들여 프랑수아 1세는 1530년에 왕립 콜레주를 설립했다. 여기서 왕이 급여를 지급하는 인문주의자들이 파리 대학이 무시하던 학문들을 가르쳤다. 현 장소로의 이전은 앙리 2세 시대에 이루어졌고, 앙리 4세가 신축을 지시했지만 암살되는 바람에 1770년대가 되어서야 완공된다. 여러 가지 명칭으로 불리다가 1870년에 콜레주 드 프랑스(collège de France)가 되었다.

82 생바르텔르미 축일의 학살에서 개신교도라는 이유로 살해된 피에르 라 라메, 일명 페트루스 라무스(1515~1572)는 왕립 콜레주의 철학과 웅변술 교수였다. 그는 진리의 근거가 권위가 아니라 이성 안에 있다고 주장함으로써 데카르트의 저술을 예고했다고 볼 수 있다.

"선생은 엉터리로 벌고 학생은 시간을 낭비한다." 이것이 왕립 콜레주의 진실된 교훈(校訓)이 되어야 한다.

이 콜레주 건물을 새로 다시 지었는데, 정말 쓸데없는 지출이다. 그것은 파리에서 재건축할 필요가 가장 없는 건물이었다.

하기야 교수들이 이 콜레주가 유익하고 자기들의 급여가 타당하다고 주장하는 것은 이해가 간다. 그러나 이 교수들의 교육이 무익하고 공허하게 과시적이라는 점, 그리고 그들이 어떤 방식으로 수업을 하는지 아는 사람들은 외국인들에게 이렇게 말해야 한다. "프랑스 문학을 담당하는 교수의 강의를 들으러 캉브레 광장[83]까지 오는 여행을 하지 마라."

이 콜레주가 대학과 관련이 있는지 없는지 아직도 불분명하다. 이것은 라틴어 구역에서 불화를 일으키는 문제라서 언제 해결될지 아무도 모른다. 어쨌든 라틴어 구역은 라틴어 오류들로 넘쳐난다. 어떤 사람은 'vetus'가 'veterem'과 같은 의미라고 주장하기 위해 대학에서 분파를 만든다. 다른 사람은 바퇴 신부[84] 영묘의 돌에 엉터리 라틴어를 새긴다.

실제로 대학 교수들은 라틴어와 모국어를 둘 다 잘 모른다.

학생 하나가 수업 중에 하품을 했다. 교사가 말했다. "내가 설명하는 중에 어떻게 하품을 할 수가 있는가? 늘리는 거지." "아니오 선생님, 너무 자연스럽게 하품이 나오는데요."

키케로, 베르길리우스, 타키투스의 시대에 로마인들의 언어는 정

83 1348년에 캉브레 광장에 설립된 캉브레 콜레주는 1610년에 철거되었고, 이때 왕립 콜레주 건물을 짓기 시작했다.

84 Batteux(1713~1780): 1750년부터 왕립 콜레주에서 그리스어와 라틴어 교수로 일한 그는 미학 이론의 역사에서 중요한 『하나의 동일한 원칙으로 환원된 미술론』(1776)의 저자이다.

말 아름다운 언어였다. 그 시대에는 승리를 구가하는 자유민이 라틴어를 사용했다. 이 언어는 기후가 온화한 나라들에서 사용되어 화음을 아는 사람들의 귀를 즐겁게 했다. 감미롭고 우아하고 힘이 있었다. 그러나 야만인들이 광포한 정복자가 되어 세계의 수도를 뒤엎어 버리고 그 언어까지 망가뜨렸다. 그들은 다른 예술의 걸작들과 함께 라틴어를 훼손했다. 이 언어는 노예로 전락한 사람들의 입을 거치면서 타락해 갔고, 포로의 불평만 표현하게 되었다. 그렇게 긍지가 강하던 민족이 쇠락의 구렁텅이에 빠져서 생각할 줄도 말할 줄도 모르게 되었다.

라틴어는 수도원으로 피신했다. 하지만 수도원 제도의 난해함, 모호함, 비천하고 유치한 개념들에 대한 맹목적인 집착이 야만인들의 광기보다도 더 많은 피해를 끼쳤다.

라틴어는 인간의 이성을 고갈시켜서 파괴하는 수도원에서 벗어나 독일로 들어갔다. 하지만 법률가들과 모사꾼들의 포로가 된 이 언어는 옛날을 그리워하는 유령, 여러 언어들의 기괴한 혼합물, 야릇한 합성물 같은 것에 불과하게 되었다. 그것은 부자연스런 동작을 각인시켜 끌고 다니는 시체와 다름없었다. 그런데 가장 한심한 일은, 여러 개의 살아 있는 언어가 라틴어 때문에 요람 안에 억눌려 있다는 사실이다. 그 언어들은 학문의 언어라고 통하는 이 학술적인 은어를 위해 희생된 것이다. 어휘가 풍부한 언어들이 가당치 않은 경쟁자 때문에 멸시당하고 변질되었다. 라틴어는 퇴락에도 불구하고 현학적인 대학들의 후원 덕에 특별한 대우를 받았다.

516 순찰등

저녁 10시경 번호 붙은 순찰등을 들고 거리를 돌아다니며 "순찰등이오"라고 소리치는 사람들. 이 소리는 밤참 후에 들린다. 이 순찰등꾼들은 밤새 이런 식으로 서로 응답을 함으로써 길가 쪽 방에서 자는 사람들에게 피해를 준다. 그리고 그들은 무도회와 모임이 열리는 문 앞에 소란스럽게 모여든다.

순찰등은 밤늦게 귀가하는 사람들에게 편의와 안전을 동시에 제공한다. 순찰등은 당신을 집으로, 또 8층에 있는 방까지 안내한다. 순찰등은 하인도 하녀도 성냥도 부싯깃도 부싯돌도 없는 당신에게 불빛을 제공한다. 이런 경우는 공연을 즐기고 신작로를 배회하는 청년들에게는 드물지 않다. 하기야 이 순회하는 빛은 야경대원들만큼 도둑을 겁먹게 만들고 대중을 보호해 준다.

불이 켜진 순찰등을 들고 배회하는 이 사람들은 경찰과 연결되어 있고, 지나가는 모든 것을 본다. 그래서 골목길에서 자물쇠를 따려고 하는 좀도둑들은 이 예기치 않은 불빛 앞에서는 그럴 여유가 없다.

이런 빛이 가로등과 함께 포도를 밝힌다. 모든 구역들에 멀리서도 보이는 이 등대들을 파견하는 아이디어가 나온 이후 도로가 훨씬 더 안전해졌다. 이 등대들은 어둠 속에서 사람들을 안내하고, 공적인 조명기구들이 미치지 않는 곳을 밝혀주며, 고장이 났을 경우 대처해 준다.

공연이 끝나면 이 순찰등꾼들이 마차들을 지정해 준다. 그들은 사람들이 주는 동전에 따라 마차들을 앞으로 나오게 하거나 뒤로 물러가게 한다. 엿장수 마음대로 하는 식이므로 그들에게 돈을 두둑하게 주어야 한다. 안 그러면 마부도 마차도 보지 못한다. 이 괴짜들은 자기들끼리 즐긴다. 긴 양말은 진흙투성이고 무뚝뚝한 가스코뉴 사람이 나오면, 그들은 순찰등불을 교차시켜서 그의 침울한 얼굴을 비추고 귀에다 소리를 지른다. "나리 마차를 불러드릴까요? 나리 마부의 이름은요?" 그들은 걸어서 가는 모든 사람들을 조롱하면서 '백작님, 후작님, 공작님, 각하'와 같은 작위를 나누어 준다. 검을 만드는 장인은 대령이 된다. 배가 고파서 디저트가 나오기 전에 식탁에 도착하려고 긴 머리를 휘날리며 걸음을 재촉하는 공증인 서기를 '법원장님'이라고 부르면서 뒤따라간다.

순찰등꾼은 아주 늦게 취침하고 자기가 본 모든 것을 그 다음날에 보고한다. 여기저기 돌아다니며 갑작스러운 출현에 의해 야간 범죄를 방지하는 이 순찰등꾼들보다 질서 유지와 사고 예방에 더 기여하는 것은 없다. 그들은 아무리 사소한 소동이라도 즉시 야경대로 달려가서 사실에 대한 증언을 한다.

순찰등꾼들은 야밤에 고함을 지르고 다니기 때문에 사람들을 피곤하게 만든다. 하지만 낮에는 온갖 사람들이 고함을 지른다. 서민들은 천성적으로 지나치게 고함을 지른다. 그들은 목소리를 귀에 아주 거슬리게 높인다. 날카롭고 귀가 멍멍하고 쉰 고함이 사방에서 들린다. "살아 있는 고등어가 왔어요, 왔어요!" "냉동 청어요, 싱싱한 청어요!" "화덕에 구운 사과요! 따끈따끈한 사과요!" 이것은 차가운 과자이다. "마님들의 간식거리요, 간식거리!" 이것은 건빵의 일종이다. "배로 오시오, 배로. 굴장수가 왔어요!" 이것은 굴이다. "포르투갈, 포르투갈!" 이것은 오렌지이다.

이런 고함들에 고물장수, 양산장수, 고철장수, 물장수가 돌아다니며 외치는 소리들이 뒤섞인다. 남자들은 여자들처럼 소리를 지르고, 여자들은 남자들처럼 소리를 지른다. 그래서 항상 시끄럽기 짝이 없다. 이 모든 목소리들이 사거리에 모이면 그 한심한 고함소리의 어조와 억양을 도저히 설명할 수가 없을 정도이다.

굴뚝 청소부와 대구 파는 아낙은 자면서 꿈에서도 이 귀에 거슬리는 고함을 지를 만큼 습관이 되어 있다.

파리의 민중은 감미로운 소리는 한 번도 들어본 적이 없다. 그들의 귀는 끊임없이 찢어져도 반항을 하지 않게 된 나머지, 음악적 표현을 전혀 알아듣지 못한다. 그래서 극장에서도 멜로디와 화음에 대한 감각이 없는 것이다. 그리스어 단어들을 인용하자면, 그들은 '영혼의 휴식'은 모르고 좋은 음악도 알아듣지 못한다. 그러나 이따금 '즐거운 대화'는 만난다.

이런 단어들은 현학적인 티가 너무 난다고 말할 것이다. 독자들에게 용서를 구한다. 내가 방금 그리스어 번역가와 대화를 했다. 그는 옛날 아테네에 살면서 우리의 파리는 알려고도 하지 않는다. 나는 '순찰등'이라는 글로 그에게 반격을 했다.

517 열광

그 어느 때보다도 더 이 단어를 웃음거리로 만들려고 하는 세상이다. 그래서 우리 세기는 모든 대담하고 고상하며 너그러운 마음의 움직임에 이 단어를 사용하고 비난하는 데까지 이르렀다.

영혼이 도약하는 것은 더 이상 허락되지 않는다. 젊은이들조차도 열정적이 될 권리가 없다. 열광, 이 천상의 발현, 수많은 위대한 것들의 동기, 인간의 본성에 경의를 표하고 인간의 본성을 위대하게 만드는 이 움직임을 우리 모임들에서는 조롱한다. 열광은 일시적이고 위험한 흥분, 가짜 열기, 광기에 지나지 않는다는 것이다. 결국 열광이란 단어는 욕설이 되었다.

그러나 열광은 위인들을 만들어내는 힘이다. 몽테뉴가 말했던 것처럼, 열광은 '기적의 기획자'이다. 하지만 오늘날 누가 이런 단어들의 가치를 이해하겠는가? 무심하고 편협하며 억눌린 수많은 영혼들이 솔직하고 독창적인 움직임 대신에 대리석같이 번지르르한 것을 중시한 나머지, 오늘날엔 웅변을 변호하듯이 미덕을 변호하게 되었다. 열기, 애국심, 공익에 대한 사랑이 무슨 뜻이냐고 묻는 세상이 되었다.

아무것도 해결되지 않는 이 무기력한 세기에 위험을 무릅쓰지 않고는 상투성에서 벗어날 수 없는 국가에서, 루이 드 조쿠르[85]는 생

85 Jaucourt(1704~1779): 프랑스의 철학자, 계몽주의자로, 『백과전서』의 6만 개 항목 중 약 18,000개를 집필함으로써 '백과전서의 노예'라고 불리기도 한다.

로슈 교회 재산관리위원이 카통의 영혼을, 그리고 야경대 대위가 마리우스와 카이사르의 영혼을 어떻게 처리할지를 물었는데, 이는 어느 정도는 올바른 질문이었다.

이렇게 대답할 수도 있으리라. 교회 재산관리위원은 교구의 돈을 더 충실히 관리하고, 동료들을 엄히 다스리며, 사소한 남용을 폭로해서 응징하고, 구역의 빈민들을 위해 유용한 시설을 만들면 될 것이다. 야경대 대위는 지속적으로 활동하고, 부대의 긴장을 언제나 유지시키며, 엄격한 규율에 의해 범죄를 예방하거나 범죄자들이 달아나지 못할 정도로 신속하게 추적하면 될 것이다. 민중 소요가 일어나면, 그는 정신을 바짝 차리고 단호함과 당당한 시선으로 군중을 진정시키고 제지하면 될 것이다.

위대하고 활동적이며 강한 영혼은 무엇이든 할 수 있다. 우리 세기의 중대한 오류와 커다란 불행은, 모든 일에서 겁을 먹고 강한 영혼들을 멀리하는 것이다. 우리들 중에는 천재보다 기개 있는 사람이 훨씬 더 드물다. 높은 자리를 향해 돌진하는 이 많은 사람들 중에서 크게 보고 위에서 사물을 판단할 줄 아는 사람은 이제는 없다. 모두들 하찮은 것에 연연하고, 사소한 이익을 따지고 전체를 보지 못한다. 그들에게는 시야를 넓혀주는 영혼의 에너지가 부족하기 때문이다.

518 경제학자들

경제학자[86]들은 한동안 정부와 국민, 특히 가장 식견이 있는 일부 국민에게 프랑스가 상상력을 발휘하기 위해 실재를 주어야 한다고 설득했다. 실재를 갖기 위해서 상상력을 주어야 하는데도 말이다. 진정한 부, 땅에 영양을 주는 재화가 있을 때는 언제나 금과 은이 충분하지 않았는가? 금이 노트르담의 탑처럼 높이 쌓여 있다면 금을 먹을 것인가?

곡물, 포도주, 기름, 과일 등은 먹는 것이다. 이런 것들은 우리나라 사람에게 있는지 알아보기 전에 외국인에게 주면 안 된다. 금과 은이 다른 모든 것들보다 선호되더라도, 풍부한 금과 은은 가짜 부이다.

경제학자들의 체계는 완전히 사변적이고 추상적인 개념들에 근거했다. 그 체계의 분야 여러 개는 건전하지만 밀의 무한정 수출은 제일 문제가 많았는데, 이것이 채택되었다.

경제학자들은 자기들이 '스승'이라고 부르던 케네 박사에게 말하자면 도전함으로써 웃음거리가 되었다. 그들은 정당한 가치로 환원되면 상투적인 개념밖에 제공하지 못하는 괴상하고 감각이 없는 단어들을 잔뜩 만들어냄으로써 또 웃음거리가 되었다. 그들은 생경하

86 프랑수아 케네와 미라보 후작을 중심으로 모인 중농주의자들을 가리키기 위해 1760년대부터 사용된 단어로, 그 반대자들은 그들을 '경제학자들 파벌'이라고 불렀다. 덜 논쟁적인 의미로는 '경제학자 철학자'라고도 불렸다. 경제사상 역사가들이 이 집단을 지칭하기 위해 19세기부터 유일하게 사용한 '중농주의자'라는 용어는 1789년 이전에 알려져 있었지만, 거의 쓰이지 않았다.

고 장황하며 과장적인 문체를 꾸며냈는데, 이것은 우아함도 명료함도 색깔도 없고 쉽지도 않다. 추종자들의 은어와 비슷한 이 은어는 많은 농담의 대상이 되었다. 미라보 후작 집에서 열리는 그들의 총회는 기괴할 정도로 진지하고, 단어들은 거창하고 감탄사가 남발되고 용어는 오용되기 때문에, 익살꾼들은 신이 나서 야유하게 되었다.

자기들 편이 아닌 것에 대한 일종의 불관용, 감탄의 대상인 작가들에 대해 지나치게 부자연스러운 경멸, 진정한 정치적 원칙을 혼자서 발견했고 하루 만에 모든 것을 용해하고 모든 것을 개혁하겠다는 사치스럽고 엉뚱한 예고, 이런 것들 때문에 그들은 완전히 신용을 잃어버렸다. 정신병원에서 빌려온 문체로 써서 인쇄한, '스승'을 위한 조사[87]는 헛소리 그 자체여서, 이 파벌은 재기하지 못할 정도의 타격을 입었다.

이 파벌의 한 신봉자가 서투르게 모욕한 랭게는 이들을 격렬하고 신랄하게 질책했다. 랭게는 민중을 굶주리게 만든 그들의 체계를 파고들고 그들의 표현을 조롱하는 전략을 선택했는데, 이것이 적중했다. 그들은 랭게가 자기들의 이론을 이해하지 못했다고 강변했다. 하지만 그들의 이름과 저서에 의거하여 실시된 곡물거래 자유화가 엄청난 저항을 초래했다[88]는 점을 랭게가 밝혀낸 것이다.

그러나 한 파벌이 해체된 후에도 그 주장이 살아남아서 통용되는 경우가 종종 있다. 경제학자들은 사라졌지만, 아직도 행정의 몇

87 1770년 12월 20일 '제자들 집회에서' 케네를 위한 조사를 읽은 사람은 미라보 후작이었다. 이 웅변조의 조사에서 미라보는 주저 없이 케네를 '새로운 소크라테스'라고 부르고, 인류에게 새로운 학문을 가르쳐 준 그에게 영원히 감사해야 한다고 단언했다.

88 1763~1764년에 재무총감 라베르디, 1774~1776년에 튀르고가 실시한 두 번의 경제적 자유주의 실험을 가리킨다. 두 번 모두 식량가격 급등으로 인해 매우 심각한 민중봉기를 초래했다.

가지 방향은 경제학자들의 학문에 의존하고 있다. 몰리나파 주교들의 교서에서 얀센주의자들의 사상, 표현, 인용문이 사용되는 것과 마찬가지이다.

몽테뉴는 웅변술에 대해 수사학자가 작은 발에 큰 신발을 신기는 경우가 흔하다고 말한 적이 있다. 경제학자들에 대해서도 똑같은 이야기를 할 수가 있다. 그들은 몇 개의 유익하고 중요하기까지 한 진실을 규명했지만, 18세기에는 알려지지 않을 은어를 사용하는 바람에 모든 것을 망쳐버렸다. 모든 경제학자들이 열광적인 체했지만, 그것은 냉수를 마시고 취한 것과 같은 셈이다. 파벌의 교만과 전횡은 혐오를 불러일으키고 말았다.

그들의 정치경제학 체계는 완전과는 거리가 멀지만, 합리적이고 상당히 잘 연결된 일련의 학설을 제시한다. 그러나 정치적 원칙에 도덕적 원칙을 끊임없이 적용하려고 하는 것이 그들의 주된 오류이다. 정치적 원칙은 본질적으로 가변적이기 때문에 옳고 그름의 논리에 종속되지 않는다. 그들이 즐겨 쓰는 곡물 이론은 그 체계의 한 가지에 불과하다. 그런데 이 가지에 독점과 탐욕이 접목되어 형편없고 유독한 열매가 나오는 바람에 나무 전체가 큰 타격을 입은 것이다.

우리는 이런 경제학 책을 읽으면서 '명증'이 마침내 우리에게 온화한 빛을 선물하게 될 것이라고 믿었다. 그러나 우리 눈에는 구름이 끼고 정신은 의심으로 흔들렸다. 우리는 진심으로 학식의 도움을 청하고 광명을 간청한다.

경제학 저자들은 우리를 설득하는 데 이르기는커녕, 그 반대로 이런 문제들에 대해 우리가 가졌던 의심보다 더 강한 의심을 품게 만들었다. 이 문제는 너무나 중요하기 때문에, 우리는 그 어느 때보다도 더 균형 잡힌 판단을 해야 한다. 국민의 식량에 관해서는 가장 사소한 실수도 엄청나게 중대한 결과를 초래할 수 있다.

내가 한 경제학자의 아들[89]에게 제시한 2개의 정치경제학적 문제는 다음과 같다. 그의 해결책이 만족스럽지 못하다고 여겨져서 다시 제시한다.

첫 번째 문제는, 인간이 인공적인 빵과 포도주를 자급할 가능성이 있다는 것을 경제학자들은 생각해 본 적이 있는가? 두세 번의 화학실험으로 성공할 수도 있다. 만약 성공한다면 이 발견이 경제학의 대부분을 무너뜨리지 않겠는가? 만약 인간이 식량을 마시는 물과 거의 마찬가지로 구할 수 있게 된다면, 곡물 투기는 어떻게 될 것인가? 또 경제학은 어떻게 될 것인가?

두 번째 질문은, 지폐가 한심하게 남용되고 있는 것은 사실이지만, 수은이 매독에 효과가 있듯이, 부패하고 이미 한계 상황을 넘어선 국가에는 적합하지 않을까? 프랑스는 15년마다 전쟁을 치르기 때문에, 부자만을 위한 그 양피지 증서들 대신에 빈민을 즐겁게 만드는 작은 종이띠들이 더 낫지 않겠는가? 그것이 환상인들 어떠랴! 돈은 환상이 아닌가? 최근 세대만이 불평을 할 수 있을 것이다. 금속은 종이보다 훨씬 더 둔중하고, 종이는 돈의 유통에 활기를 부여하고 단 한 번밖에 속이지 않는다.

경제학자들에게 제기할 다른 문제들도 많지만, 언제나 그들은 이해하지 못하겠다는 말만 한다. 이것은 정말 그들의 잘못이다. 강력한 이의를 제기하는 반대 의견에 그들이 분명하게 답해본 적이 있었나?

파리 형사재판관은 경찰 총회에서의 연설에서, 이 불길한 시대에 더욱 많아진 범죄들이 곡물의 무한정 수출 때문이라고 단언했

89 아마도 미라보 백작일 것이다. 미라보 후작의 아들인 그는 케네의 수제자이고 1789년 삼부회에서 엑스를 대표하는 의원이 된다. 메르시에와 미라보는 둘 다 국외 추방을 당한 1782년 뇌샤텔에서 만났다.

다. 모든 범죄자들을 신문하는 그는 직무 덕에 모든 범죄에 대해 정통하다.

경제학자들이 자기들 세기를 이해하고 탐욕의 정신을 파악하고 그 효과를 판단하고 예견할 줄 알았더라면, 그들이 웅변가로서 설교하는 대신 진정한 정치가로서 계산할 줄 알았더라면, 자신들의 가장 중요한 사상을 그렇게 성급하게 전파하지 않았을 것이다. 그러나 그들은 정말 경솔하게 체계의 반응, 장소, 시간, 정부의 형태에는 신경 쓰지 않고 하찮은 소책자들로 민중을 재앙에 빠지게 하고 말았다. 공정한 역사는 그 책임을 그들에게 반드시 물을 것이다. 그들의 이름을 기록하여 응징하는 것은 바로 역사의 책무이기 때문이다.

519 마르탱주의자들

건전한 물리학과 확실한 화학에 의해 열린 길들에 완전히 등을 돌리고 박물학의 모든 주장과 결별한 이 전혀 새로운 파벌은 자기들에게만 보이는, 보이지 않는 세계 속으로 뛰어들었다.

마르탱주의자들은 스웨덴 사람 스웨덴보리의 공상을 받아들였다. 천사들을 보고 천사들과 말을 했다는 그는 그들의 거처, 글, 습관을 태연하게 묘사했다. 또 그는 천국과 지옥의 불가사의를 자기 눈으로 목도했다는 것이다.[90]

이 파벌의 명칭은 『오류와 진실에 대해』라는 제목의 책을 쓴 우두머리에게서 나온 것이다. 이 책은 다른 많은 책들과 마찬가지로, 명증과 진리에 대한 확신을 우리에게 약속하고 명증과 진리를 찾는 것에 온 세상이 매달려야 한다고 주장한다.

그 체계의 토대는, 인간이 전생의 과오 때문에 벌을 받아 물질적인 육체로 다시 태어난 타락한 존재이지만, 인간이 내면에 지니고 있는 신의 계시가 위대함, 힘, 빛의 상태로 되돌아가게 만들 수 있다는 주장이다.

90 마르탱주의자들은 18세기 프랑스의 가장 중요한 신지학자이며 '미지의 철학자'라고 불린 루이클로드 드 생마르탱(1743~1803)의 제자들이다. 메르시에가 언급한 스웨덴보리의 『천국과 지옥』(1758, 런던)은 그가 13년 동안 천국과 지옥에서 머물면서 보고 들었다는 것을 이야기한 저서이다. 그래서 "다른 세계의 주민들과 대화"라는 표현이 나온 것이다. 『천국과 지옥』은 8권으로 된 『아르카니아 셀레스티아』(1749~1756, 런던)를 요약한 것이다.

보이지 않는 세계, 정령들의 세계가 우리를 둘러싸고 있다는 것이다. 다양한 능력을 부여받은 영적 존재들이 인간 옆에서 살면서 활동의 부지런한 동반자가 되고 생각의 증인이 된다. 인간은 악의와 악덕으로 말미암아 이 중요한 비밀을 잃어버리지 않는다면, 정령들과 소통하고 이런 교류에 의해 지식의 영역을 넓힐 수 있다.

우리 눈에 보이는 대상들은 기만적인 공상의 모습에 불과하다. 우리에게 보이지 않는 것이 실재이다. 물리학적 실험은 오류이고 모든 것은 정신적인 세계에 속한다. 정신적인 세계 이외의 곳에는 진실된 것이 하나도 없다. 우리의 감각은 속임수와 광기의 영원한 원천이다.

인간은 영광의 거주지를 상실했고, 하나이고 영원히 변하지 않는 진리가 존재하는 그 비옥한 중심을 체험한 후에야 다시 돌아갈 수 있을 것이다.

이 숭고한 진실에 도달하기 위해서는 사람들보다는 다른 것에 의지해야 한다. 정령들과 대화해야 한다. 아카데미들이 다루는 모든 학문은 공허하다. 모든 관찰자들은 '원칙'에서 벗어나지 않았기 때문에 인간의 발견 안에서 헤매고 말았다. 이상계의 모든 주민이 베이컨, 부르하버[91]보다 더 많이 알고, 이 땅이 영광으로 여기는 모든 자칭 천재들보다도 더 많이 안다.

물론 위대한 존재는 서로 아무런 관계가 없는 100개의 상이한 이성을 우리에게 주었다. 마르탱주의자들은 자기들의 사상을 평온하게 설명한다. 그들은 자기의 주장에 대한 확신을 갖고 있는 것 같다. 조용하고 온건한 이 몽상가들은 아주 부드러운 사람들이고, 다른 파

91 Boerhaave(1669~1738): 홀란드의 식물학자이자 의사, 인문주의자.

벌들이 비난을 받는 이유인 열기와 열광이 전혀 없다.

그들의 우두머리가 쓴 책은 횡설수설이라 이해할 수가 없다. 하지만 알다시피 단어들이 모든 개념을 언제나 제대로 표현하는 것은 아니다. 다른 사람들의 이해를 받지 못하면서도 자신은 잘 이해할 수도 있는 것이다. 이런 독서의 결과로 마르탱주의자들은 많은 형이상학적인 개념들을 받아들이고, 유물론자들과는 정반대이며, 말 그대로 종교적이다. 다른 사람들은 인간을 깎아내리려고 열을 올리는 만큼, 그들은 인간을 드높이려고 한다.

그들이 주장하는 대로 다른 세계의 주민들과 대화할 수 있길 원하지 않는 사람이 누가 있겠는가? 그렇게 된다면 우리의 기쁨은 얼마나 커지겠는가! 다른 세계는 어떤 사회일까? 그 사회와 비교할 수 있는 이 세계의 광경은 어떤 것일까? 우리는 다른 세계의 좋은 친구들에게, 이 세계에서 우리가 사랑하는 사람들을 위해 느끼는 모든 것을 되풀이하며 말하면서 시간을 보낼 것이다. 또 이 세계에서 우리가 사랑하는 사람들에게, 다른 세계의 사랑하는 사람들이 우리에게 말하는 모든 것을 되풀이하며 말할 것이다.

바로 이것이 마르탱주의자들이 추구하는 것이다. 그들은 미덕을 사용하여 그렇게 하려고 한다. 그들은 영혼을 사로잡는 존경심과 사랑으로 지고의 존재를 이야기한다. 그래서 그들은 기독교가 가르치는 모든 것에서 어떠한 모순도 발견하지 못한다. 또한 그들은 어떠한 정치적 질문도 제기하지 않는다.

백과전서파들 다음에 마르탱주의자들이 올 것이라고 누가 예측이나 했겠는가? 마르탱주의자들에게는 오만한 철학적 학파에 고유한 특징이 하나도 없다.

성직자, 정부, 문학이 마르탱주의자들을 어떻게 다루게 될지 정말 모르겠다. 정신계에 사는 이 파벌은 사람들에게 거슬리는 것에는 의존하려고 하지 않는 것 같다. 이 파벌은 권력도 부도 명성도 노리지 않는다. 이들은 꿈을 꾸고 완벽을 추구하며 온화하고 덕망이 있다. 이 파벌은 죽은 자들과 정령들에게 이야기를 하려고 한다. 이것은 위험하지는 않다.

교육을 잘 받고 인물이 좋은 젊은이들이 이 비범한 사상을 추종한다. 그들은 전기를 일으키는 쟁반, 도가니, 발효하는 용기, 휘발하지 않는 기체에 대한 연구는 다른 사람들에게 맡긴다. 그들은 자기들이 바라는 것에만 집착하며, 선과 악의 기원, 인간, 물질적 자연, 비물질적 자연, 성스러운 자연에 대한 물리적 명증을 얻는다.

이런 것 다음에 정치적 정부의 토대, 민사재판과 형사재판, 학문, 언어 그리고 예술은 어떻게 되는 것인가?

천사들과 말을 하고 영혼에게 과학의 보편적 원칙을 상기시키는 것, 이것이 크게 인기를 끌던 물리학과 화학을 무시하게 만든다.

520 피뢰침

프랑스어에서 '우산'과 '피뢰침'이라는 단어가 연결되는 것을 보면 재미있다.[92] 하지만 단어들은 별로 중요하지 않다. 인간이 벼락을 끌어와서 출구를 마련해 주는 데 성공하리라고 누가 예상할 수 있었겠는가? 이런 비결을 밝혀내기 위해서는 시간과 경험이 필요했다.

근대 물리학이 벼락에서 건물들을 보호하기 위해 고안하여 지방의 여러 도시 한복판에 많이 설치한 이 커다란 장치는 파리에는 드물다. 사람들은 다른 모든 곳에서와 마찬가지로 이 안내장치가 벼락을 끌어올 것이라고 말하기 시작했다가, 곧 아무말도 하지 않게 되었다. 이 물리학적 대상에 대한 지식이 전혀 없기 때문이다. 따라서 사람들의 침묵에 대해 고마워할 필요는 없다.

벼락의 습격을 물리학의 경이로운 무기로 막는 데 가장 열성적인 사람은, 랑그독 지방 삼부회의 실험물리학 교수인 베르톨롱 신부이다. 그는 파리의 첫 번째 피뢰침 설치를 지휘했다. 이런 영광은 그가 리옹의 훌륭한 피뢰침을 세운 공로로 주어진 것이다.

파리에는 2개가 있는데, 하나는 생토노레 포부르 샤로스트 저택 위에 설치되어 있다. 그것은 길이가 185피에이고, 땅속에서 물로 연결되는 부분은 깊이가 28피에이다. 두 번째 피뢰침은 파리의 반대편 끝인 포세생빅토르 길에 영국 성아우구스티누스 수도회 수녀원 위

92 프랑스어에서 우산(parapluie)과 피뢰침(paratonnerre)은 '방지한다'는 의미의 접두사(para)가 같다.

에 있다. 이것은 길이가 188피에이고, 땅속에 파묻혀서 물 안으로 들어가는 부분은 90피에이다. 이런 종류의 다른 피뢰침과는 비교가 되지 않을 정도로 깊은 것이다.

이 장치를 구성하는 모든 부품들은 긴 나사로 접합한다. 그러면 정확한 작업에 의해 모든 막대기들이 단 한 개로 되어 있는 것 같다. 금속 연결이 정묘하게 이루어진다. 이렇게 해서 벼락은 베르톨롱 신부에게 순종하고 그가 지시한 방향으로 따라가게 된다.

서민들은 벼락의 불을 어떻게 없애는지 이해하지도 알아차리지도 못하고, 증거를 눈으로 보고서도 여전히 믿어지지가 않는다. 사교계 사람들은 아는 것이 더 많은가? 그들은 올라가는 피뢰침도 있다는 것을 아는가? 그 사용법을 아는가?

그들은 수많은 관찰에 의해 벼락이 종종 땅에서 솟아오른다는 것이 증명되었다는 사실을 아는가? 전기가 구름 안에 과다하게 많아지면 지상을 향해 내리치고, 반대로 전기가 땅 내부에 축적되면 안정을 위해 땅에서 빠져나와 대기 속으로 퍼진다. 이 2개의 위험에서 건물을 보호하려면, 떨어지는 벼락에 대비하여 피뢰침을 세운 것처럼, 올라오는 벼락에 대비하여 피뢰침을 세워야 한다.

땅에서 올라오는 벼락들도 적지 않다. 시인들이 갈고 닦은 시에서 항상 벼락을 하늘에서 떨어지게 하는 것은, 그들이 진정한 원인은 알려고 하지도 않고 단어 배열에만 신경을 쓰기 때문이다.

아무리 아름다운 시도 벼락으로부터 우리를 지켜주지 않는다. 따라서 베르톨롱 신부의 상승 피뢰침에 의지해야 한다. 그는 벼락이 자주 떨어지는 리옹의 종탑을 이런 방식으로 보호해 주었다.

521 수상 창시합

이것은 다른 말로 하자면 '평민의 축제'이다.

로마인들에게는 일종의 해상전투로, 서로 충돌하는 배들의 실제 모습을 보여주는 모의 해전이 있었다. 승승장구하던 로마인들은 넓은 분수 안에 바다를 만들어낼 줄 알았다. 로마인들은 정말 대단한 민족이다! 그들이 비난받을 것은 검투사 시합밖에 없다. 이 민족은 다른 모든 곳에서와 마찬가지로 원형 경기장에서도 위대하다. 그런데 우리는 무엇을 하고 있는가? 우리는 '시장님'의 확실한 허가를 얻어 센 강 지류, 라페 맞은편에 몇 투아즈의 경기장을 건설했다. 여기서 우리의 위풍당당한 운하선의 저 유명한 뱃사공들이 빨간색과 파란색을 마구 칠한 배 위에서 장대를 겨누고 전진하여 상대를 물에 빠뜨리기 위해 용감하게 싸운다. 곤두박질친 패자가 수영을 하지 않고 걸어가는 것이 어리석은 관중을 즐겁게 만든다. 그 다음에는 이 동일한 물 위의 어릿광대들이 신부로 변장하고 강으로 뛰어들어 '넵투누스의 전차'를 몰고 간다. 가슴 장식을 단 신부들은 '돌고래' 또는 당신이 마음대로 상상해낼 수 있는 다른 수륙양서 동물들을 상징한다.

파리의 콜로세움[93]에서도 똑같은 구경거리를 보여주었다. 하지

93 건축가 르카뮈가 샹젤리제 서쪽 끝(그랑 쿠르)에 1769~1771년 건립한 콜로세움은 넓은 건물들로 구성되어 있었다. 이 건물들에는 커다란 로통드, 무도장, 가게가 달린 회랑들, 아직 덜 자란 나무들이 있는 공원이 있었다. 공원에는 수상 창시합과 화포놀이

만 로마 황제 시대 원형 경기장의 시합들과는 거리가 멀었다. 또 우리 선조들의 기마시합과 고리 경주 같은 것도 아니었다.

뱃사공들이 더러운 흙탕물에 빠지는 것을 본 다음에는, 몇 개의 화포를 쏘아 올리는 것을 지켜보았다. 폭죽 터지는 소리를 듣고 나서는, 바로크 음악이 울려 퍼지는 가운데 칠이 엉망인 회랑 밑의 드넓은 공간을 산책했다.

엄청난 비용을 들여 건설된 이 콜로세움은 폐쇄되었다. 얼마나 많은 돈이 낭비되었는가! 그것은 서민들이 모이는 장소가 아니었다. 내부에 재미있는 것이 하나도 없었고, 둥근 천장 아래는 권태로웠다. 누구를 위하여 이 건물을 지었던가? 거물들을 위한 것이었나, 아니면 부르주아를 위한 것이었나? 거물들에게는 충분히 향락적이 아니었고, 부르주아에게는 대중적인 쾌락이 전혀 없었다.

파리의 시설들은 이 모양이다. 관중들에게 "재미있게 해줄게"라고 말하지만, 관중이 몰려오면 조금도 재미있게 해주지 못한다. 런던의 '복스홀'과 '레닐러'[94]에서는 각자 자기 멋대로 즐기고 자유롭게 마시고 먹고 자기 방식대로 평화롭게 노는데도, 어떻게 이런 장소에서 품위가 지켜지는지 모르겠다. 그 많은 군중에도 불구하고 혼잡도

를 위한 분수대가 있었다. 그림 전시도 열렸던 콜로세움은 1778년에 이미 많이 망가져서 폐쇄되었다가 1780년에 철거되었다.

94 복스홀(Wauxhall)은 템스 강 남쪽에 위치한 공원(스프링 가든이라는 이름으로도 알려져 있다)이었다. 1667년부터 이 공원에는 유리 건물 한 채와 분수들이 들어섰다. 이 공원은 18~19세기에 아주 인기가 있는 유흥지였다. 파리에는 생마르탱 신작로의 현재 랑크리 길 자리에 여름 복스홀(1764년부터), 생제르맹 장터의 서쪽 지역에 겨울 복스홀(1770~1785년)이 있었다. 여름 복스홀에서는 무언극과 불꽃놀이를 했었다. 타원 형태의 겨울 복스홀에서는 무도회와 연주회가 열리고 복권판매소들이 있었다.
런던의 레닐러(Ranelagh)는 아일랜드 레닐러 백작의 정원 안에 들어선 유흥지였다. 파리의 레닐러 공원은 지금도 같은 이름인 공원 부지에 1740년에 조성되었다. 파리의 레닐러에는 대단한 인기를 끌었던 카페콩세르와 무도장이 있었다.

싸움도 난동도 경비도 없다.

우리의 즐거움을 관리하는 사람들은 우리에게 즐거움을 주는 데 많은 애를 먹고 있다. 우리 스스로 즐거움을 만들어 내도록 내버려 두지 않고, 그들이 우리의 즐거움을 억지로 만들어 주려고 하기 때문이다. 그들이 우리를 위해 발휘하는 모든 상상력과 노력은 우리에게 자유와 즐거움을 빼앗는 데에만 쓰인다.

주민들의 유쾌한 상상력을 자랑하고 모든 이웃 민족들이 즐거움을 누리지 못한다고 흉보는 나라에서, 대중의 오락은 슬프고 우울한 측면이 있는 것이 현실이다. 우리의 쾌락을 조직하고 균형을 잡으려고 하는 한, 강렬한 감동은 영원히 불가능할 것이다. 모든 것을 다스리려고 하는 나머지 일요일의 즐거움까지 망치고 있다.

522 글루크

1778년에는 모든 사람이 '글루크파' 아니면 '륄리파', '라모파' 아니면 '피치니파'였다. 40년 전에 몰리나파 아니면 얀센파였듯이 말이다. 나는 확고하게 '글루크파'였고 지금도 그렇다는 점을 고백한다. 왜냐고? 다뉴브 강의 오르페우스가 나를 사로잡고 깊은 감동을 주며, 또 나는 화성보다는 멜로디를 선호하기 때문이다. 피치니는 화성이 능란하고 화려하며 작곡이 부드럽고 다양하다. 하지만 이런 종류의 아름다움은 표현력의 측면에서는 너무 약하다.

나는 키노[95]의 각본을 좋게 생각한 적이 한 번도 없다. 내가 보기에 그는 륄리의 곡에 활기를 불어넣지 못했고, 피치니의 곡은 더욱 그렇지 못했다. 키노의 모든 주인공들은 생기가 없고 지루하다. 키노의 한심한 오페라들에 집착하는 마르몽텔은 놀랄 만큼 심미안이 부족했다. 마르몽텔 정도의 문인이라면 그 오페라의 공허함과 무기력함에 경악했어야 했다. 그러나 인습은 모든 프랑스 문학가들, 소위 시학을 한다는 사람들까지도 섬기는 영원한 폭군이다.

오늘날 우리에게는 '음악 학교'가 필요하다. 글루크는 그 필요성을 절감했다. 하기야 프랑스와 외국의 모든 작곡가들이 우리나라에서는 자기들의 천재성이 창조한 곡을 제대로 연주하지 못한다고 불

95 피치니가 왕립 음악 아카데미를 위해 작곡한 처음 2개의 오페라는 「롤랑」(1778)과 「아티스」였다. 이것들은 원래 마르몽텔이 개작한 키노의 각본을 토대로 륄리가 작곡한 것들이었다.

평할 권리가 있다. 우리가 로마인의 후예보다 더 오만하게 될 것인가? 우리가 작곡법을 영혼도 감각도 없는 자칭 음악 선생들에게 내맡길 것인가?

브루투스와 카밀루스의 조국에는 음악 학교가 있었다. 지난 세기에 그림 학교가 있었듯이 말이다.

볼로냐의 피스토치, 밀라노의 브리비오, 피렌체의 레디, 나폴리의 포르포라가 아리에타 애호가들 사이에서 유명한 것은, 카라치, 미켈란젤로, 파울로 베로네제, 코레지오, 라파엘로가 그림의 신도들에게 유명한 것과 똑같다.

민감한 귀를 목소리로 황홀하게 만들고 이탈리아 극장의 자랑거리가 된 이 남녀 거장들을, 대부분의 우리나라 가수들과 비교해보면 우리는 후회막심이다. 이처럼 탁월한 존재들이 우리나라에는 없다. 진정한 예술적 감각보다는 인습에 좌우되는 우리나라 가수들을 완벽하게 만들기 위해서는 음악 학교가 반드시 필요하다.

붓은 캔버스 위에서 화가의 심상, 열정, 감정, 취향, 스타일을 보여주는데, 왜 목소리의 특성, 표현력, 뉘앙스는 종이 위에 재생될 수 없을까? 예전에 열렬히 좋아했던 사람들의 기억에 남아 그들을 여전히 기쁨으로 설레게 하는 이 마술사들이 죽은 다음에도 그 목소리를 조용한 서재 안에서 들을 수 있다면 얼마나 즐겁겠는가! 포르포라는 목소리는 너무나 감미롭고 기법도 완벽해서 그가 숨을 돌리더라도 아무도 알아차리지 못한다. 페리는 단 한 번의 호흡으로 연속적인 바이브레이션에 의해 2개의 옥타브를 올리고 내리면서도 모든 음계를 더할 나위 없이 정확하게 소화한다. 테시는 동작이 생기가 있고 유머 있고 발음이 분명하며 억양은 육감적이고 전체적으로 너무나 자연스러워서 광기와 즐거움의 모든 뉘앙스를 표현할 줄 안다. 마지막으로 쿠초니는 노래를 끌어가고 고음을 내고 유지하다가 말하자면 목소리를 죽이고 바이브레이션, 모르덴트, 기복에 의해 노래를 다채롭게 만드는 너무나 진귀한 비결 덕에 '천사의 목소리'라는 별명이 붙었다. 또 그녀는 사랑과 기쁨의 모든 심금을 울리는 그 작고 덧없는 음군과 열정적인 템포를 구사할 줄도 안다.

이 모든 거장들을 키운 것이 바로 이탈리아의 학교들이다. 아주 오래전부터 마술, 검술, 그림 학교를 둔 우리나라가 그들을 모방하지 않을 이유가 없는 것이다.

노래학교가 왕립 음악 아카데미[96]보다 목적을 더 잘 달성할 것이다. 이 기관은 이름 외에는 왕립적인 것이 하나도 없고, 또 그 악장들의 교만심과 질투심 외에는 아카데미적인 것은 하나도 없으며, 맹목적이고 야만적인 관례 외에는 음악적인 것이 하나도 없다. 이런 관례를 예전에 성가대를 보잘것없는 소녀들과 대역들에게 주입시켰던 것이다. 이들은 일종의 꼭두각시로서, 박자가 아니라 지휘봉의 신호에 따라 듣기 좋은 아우성을 다 같이 내지르는 것이 고작이었다.

가수들을 훈련시킬 때에는 원칙들만으로는 충분하지 않고 모범을 보여야 한다. 화가, 건축가, 시인이 교육을 담당하는 사람들을 소홀히 가르치면 별 영향이 없을 수도 있다. 그들의 제자들은 회화, 시, 건축 분야의 모든 대가들의 걸작들을 눈으로 볼 수 있기 때문에 혼자 힘으로 완벽의 경지에 도달할 수 있다. 그러나 젊은 음악가는 처지가 전혀 다르다. 그가 모범으로 삼을 작품이 남아 있지 않기 때문이다. 유명한 가수의 매력, 열정, 뛰어난 목소리, 마법적인 기법이 산

96 『파리의 풍경』 6권 출간 1년 후에 왕립 노래학교가 문을 열었다. 교장은 고세크, 노래선생은 피치니였다. 이 학교의 체제는 대체적으로 메르시에의 소원에 부합하는 것이었고, 이탈리아의 가창 기법이 프랑스에 도입된 것을 입증한다. 이 학교는 1795년에 콩세르바투아르로 바뀐다.

출하는 장식음은 후세에 전달되지 못한다. 악보에 적힌 아리에타는 박물학자들의 진열실에 있는 인간의 뼈대와 비슷한 것이다. 이 보기 흉한 덩어리가 인간의 핵심적인 부분인 것은 분명한 사실이다. 하지만 아름다움의 근간인 피부, 색깔, 부드러운 윤곽과 매혹적인 형태가 제거된 그 덩어리를 혐오감 없이 주시할 수는 없다.

우리들의 평범한 목소리가 부르는 아리에타도 마찬가지이다. 그것은 청각에 뼈대를 들이대는 식이다. 서민이 이 일종의 시체 앞에서 감탄하길 거부하는 것에 놀라서는 안 된다. 가수가 표현할 능력이 없는 모든 것을 상상력으로 보충하는 전문가들만 그런 것들에 관심을 갖는다.

이탈리아 가수들에게 몇 가지 점을 나무랄 수는 있다. 무대에서 상대방이 이야기를 할 때 그들은 한눈을 팔고 주의를 기울이지 않으며 무관심하다는 점에 대해서는 준엄하게 비판할 수 있다. 그들은 열정에 불타는 것처럼 보여야 할 때 냉정하고, 재치 있고 생각이 깊은 배역을 맡았을 때 얼이 빠져 있다. 그러나 우리가 칸막이 좌석의 예쁜 여자들에게 미소를 짓고, 입석의 친구들에게 인사하고, 무대 뒤의 대화에 대꾸하는 것은 관객을 모욕하는 것이 아닌가? 영웅과 신을 연기하는 운명을 타고난 이 사람들이 관객들에게 이렇게 말해야 한단 말인가? "신사 여러분, 오해하시지 마십시오. 우리는 헤라클레스도 주피터도 헤라도 안드로마크도 아닙니다. 우리는 여러분의 비천한 하인이고 하녀입니다. 순진무구한 페트리치노 경, 항상 얼굴을 찡그리는 무그네티노 경, 겸손한 랑게리니 양, 부드럽고 박식한 두란치니 부인과 같이 당신의 비천한 하인이고 하녀입니다."

변조는 음악의 큰 비결이다. 음악에 표현력, 움직임, 생명력을 불어넣는 것이 변조이다. 하지만 우리는 길게 늘여서 내는 음의 형언하기 어려운 매력, 다시 말해서 목소리를 크게 내고 부드럽게 하는 기법을 배운 적이 없다. 모든 강약에 의해 목소리를 끌고 가는 기법말이다. 낮은 음에서 높은 음까지가 아니라, 목소리가 가능한 단계들 각각에서 제일 강도 약한 음에서 제일 강도 높은 음까지를 내는 기법이다.

우리나라 가수들이 이런 기법을 완벽하게 습득하더라도 재능을 제대로 발휘하지 못하게 될 것이 사실이다. 우리나라 오케스트라가 가수들을 보조할 능력이 없기 때문이다. 우리나라에는 포르테피아노를 이해하고 연주할 수 있는 오케스트라가 단 하나도 없다. 오페라 극장의 오케스트라는 항상 『이피게니아』의 작가의 노력에 반항한다. 그 오케스트라는 깡마른 말들이 끌고 선천적인 귀머거리가 모는 낡은 합승마차와 비슷하다. 지금까지는 이 둔중한 집단에 어떤 종류의 유연성도 불어넣을 수 없었다. 재능과 불타오르는 열정이 있는 젊은 예술가들이 나이, 싫증, 습관이 무감각하게 만든 안경 쓴 음악가들에게 종속되는 한, 그 오케스트라는 영원토록 무기력에서 벗어나지 못할 것이다.

영적 콘서트 오케스트라는 아직도 이 국민적인 결점에 일부분 오염되어 있다. 이 공연의 장들은 교향악에 약간의 완벽성을 부여하는 데 성공했다. 하지만 그들은 음악가라기보다는 교향악 연주자라서 목소리가 바이올린과 콘트라베이스를 반주하기 위해 만들어졌다고 여전히 믿는다. 관객이 그들에게 성악곡의 가사가 전혀 들리지 않는다고 아무리 소리를 질러도 소용이 없다. 모든 음악은 시끄럽고 무질서하길 바라는 그들의 프랑스적 괴벽을 고칠 방법이 없다. 귀의 고막을 찢지 않고는 가슴을 움직일 수가 없다고 생각하는 것 같다.

조음법, 운율법, 작은 음표들에 대한 편집증, 우리나라 성악 대가들이 너무나 우스꽝스럽게 사용하는 모든 종류의 장식음들에 결부된 악습, 그리고 특히 레시타티브에 대해 얼마나 많은 이야기를 할 수 있는지 모르겠다. 레시타티브는 일반적인 규칙과는 완전히 동떨어진 음악 장르이고, 이것이 잘못 알려진 탓에 모든 신문에서 헛소리나 다름없는 찬반 양론을 벌이고 있다.

523 볼테르의 저술

파리에서 태어난 볼테르의 저술은 모두 파리를 위하여 쓴 것 같다. 그는 주로 파리를 고려하면서 글을 썼다. 구상을 할 때는 그의 찬양자들이 있는 아카데미 프랑세즈와 코메디 프랑세즈 극장의 1층 입석, 프로코프 카페, 젊은 근위기병들의 서클을 염두에 두었다. 이 외의 다른 관점들은 그에게 중요하지 않았다. 외국인들은 그에게 거의 존재하지 않는 셈이었다.

볼테르의 저술은 꽃에 다채로운 색깔을, 과일에 솜털을 주는 이슬에 젖어 있는 것 같다. 그는 재치가 넘치고 영리하며 날카롭고 재미있고 기품이 있지만, 어떤 종류의 깊이도 없다. 그는 언제나 표면적인 것만을 다룬다. 2~3개의 개념의 강력한 지배를 받는 그는 그 원 안에서 맴돈다. 그래서 그의 저술에는 단 하나의 똑같은 색깔만 보이는 것이다. 그의 저술을 연이어 읽어보면, 그가 최초의 관점을 결코 바꾸지 않는다는 것을 알아차리게 된다. 그는 매우 박식하지만, 이 축적된 지식을 제대로 사용할 줄 모른다. 기품, 재치, 장난기가 끊임없이 천재성을 대신한다.

볼테르의 글이 감동적인 경우는 드물다. 그의 뛰어난 비극작품들만 감동적이라고 볼 수 있다. 도덕을 논하는 그의 글은 빈약하고, 정치 문제를 다루는 글은 매우 편협하다. 그는 상투적인 철학으로 치장을 한다. 다만, 그는 그 상투적인 철학을 아주 잘 윤색했다.

그는 언제나 시인이고, 이것이 큰 무기이다. 그가 사상가인 적은 거의 없다. 그는 풍요한 사상이 아니라 무한히 다양한 문체와 적절한 표현 비법 덕에 특출해 보인다. 부대는 작지만 교묘하게 군사를 계속 왕복시킴으로써, 멀리서 보면 엄청난 대부대라고 착각하게 만드는 능란한 장군과 비슷하다.

서재에 틀어박혀 있는 볼테르는 세상의 권력자들에게 압도당했다. 그의 펜은 나약해지고, 왕, 군주, 대신이라는 이름은 그에게 엄청나게 잘못된 생각을 불러일으켰다. 그가 역사에 대해 쓴 글들은 모두 근본적인 오류에 빠져 있는데, 이는 그가 위대하고 진정한 정치적 원칙들에 대해 전적으로 무지하기 때문이다.

볼테르의 『세계사』는 단 하나의 목적밖에 없다. 그는 모든 것을 이 목적, 교회 권력에 대한 끊임없는 야유를 위해 희생시켰다. 그는 이 먹이에 계속 집착했기 때문에 다른 정치적 개념들은 전혀 다루지 못했다. 하기야 그럴 생각도 하지 않았다. 그는 제단을 파괴해야 한다는 생각만 했다. 그래서 거의 모든 시대를 획일적으로 해석했다. 똑같은 견해들이 끊임없이 되풀이되고, 사실들도 그가 다루면 다양해지지 않는 것 같다. 그는 아주 심각한 소재를 가볍게 다룬다. 그는 회의주의자이면서도 단호한 어조로 말하며, 말문이 막히면 때로는 거만하게 때로는 경멸하는 척하면서 욕설을 퍼붓는다. 그러면서 그는 신의가 없지만 모방할 수 없는 재주로 조롱의 무기를 사용했다.

어떤 작가는 볼테르가 "광신의 마지막 폭거를 이용하여 그 남은 힘을 빼앗아버렸다"고 말했다. 이런 면에서는 볼테르가 인류에 크게 봉사한 것은 분명하다. 그는 애호하는 교리인 보편적인 관용의 위엄, 정당성, 장점을 보여주었다.

경박한 시대에 어울리는 종류의 재능을 타고난 그는 그 시대의 취향을 잘 연구했다. 하지만 이 경박한 시대가 지나면 볼테르가 누린 영광의 일부도 사라질 것이다. 아무도 예상하지 못했지만, 볼테르의 영광은 이미 퇴색하기 시작했다. 이에 대해 식자들은 놀라지 않는다. 한 명의 작가에 대해 너무 오랫동안 이야기를 했고, 그가 그 엄청난 명성의 무게를 감당할 정도로 내용이 있지는 않다는 점을 인정해야 한다. 그의 글은 번역이 되면 가치가 떨어지고 빈약해 보인다.

그의 문학에 대한 안목은 높지만 넓이가 없다. 그는 기품, 날카로움, 정확성, 화려함을 인정하면서도, 남성적이고 독창적인 아름다움과 힘 있고 탁월한 작품은 배척한다. 그는 천재성을 두려워하는 것 같았다. 그는 모든 재능을 동일한 잣대로 재려고 했던 것 같다. 또 자연이 총애하는 사람들에게 자연을 그리고 노래하게 하려고 준 여러 수단들에서 드러나는 풍요롭고 숭고한 다양성을 알아보지 못하는 것 같았다.

그는 음악을 들을 줄 몰랐고, 그림을 볼 줄도 몰랐다. 이 두 가지 예술은 그에게는 존재하지 않는 셈이었다. 그는 퐁뇌프 노래를 애호하고 엉터리 그림들에 둘러싸여 있었다.[97] 예술에 대한 그의 글에는 열정적인 영혼의 흔적이 전혀 없다. 그의 시작법은 무미건조하고 빈약하며 보잘것없었고, 그 대신 구성력이 훨씬 더 뛰어났다.

그는 셰익스피어, 호메로스, 타키투스보다 라신과 마시용을 더 높이 평가했다. 그는 라퐁텐을 감상하지 못했고, 몽테스키외는 아주 잘못 읽었으며, 몽테뉴와 라블레를 제대로 이해하지 못했다. 그의 상상력은 작위적인 그의 취향에 맞지 않는 것은 이해하길 거부했다.

여자들과 젊은 사람들이 그를 대단히 좋아했던 것은 분명하다. 그의 글을 읽고 재미있어 하고 웃음을 터뜨린 사람들은 학문과 진리

97 장리 부인은 『회고록』에서 페르네 방문을 이야기하면서 이 주제를 다루었다. 메르시에는 볼테르가 생전에 우상숭배의 대상이 되었다는 점을 비난하고 있다. 볼테르는 무미건조한 철학자로서 미술에 거의 관심이 없고, 근대적인 형태의 모든 실험(드라마, 희가극 등)에 무지했다. 하지만 이런 실험이 18세기 후반에 예술과 미학적 사고를 풍요하게 만들었다.

를 만났다고 진정으로 믿었다.

그가 그토록 긴 경력 내내 언제나 똑같았다는 점은, 그의 저술을 연이어 읽어보기만 하면 곧 알 수 있다. 그가 20세 때 가졌던 편협한 생각들이 60세가 된 그를 여전히 지배했다. 그는 사상이 아니라 문체를 가다듬었던 것이다.

자기들이 자리들을 독점적으로 나누어 주어야 한다고 믿는 한 파벌[98]이 그를 수장으로 선택했다. 그 파벌은 자기들의 특성이 된 문학적 편협성을 볼테르의 이름으로 포장하려고 했다. 하지만 그가 사망한 후에는 이러한 횡포에 어떤 근거를 제공할 수 있을 만큼 충분히 권위가 있는 이름은 나오지 않았다. 그런 횡포는 사라졌고 문학 공화국이 다시 출현했으니, 그 한심한 폭군들은 규탄을 받게 될 것이다.

볼테르는 진정한 시인이고 고상한 작가였다. 그는 광신을 타도했고 미신을 공격했다. 그는 관용과 인정의 격언들을 전파했다. 그는 무고한 사람들이나 불행한 사람들을 적극적이고 고귀한 열의를 가지고 옹호했다. 이것이 그의 공적이다. 그러나 그는 대국적으로 작업을 하지 않았다. 그는 사소하고 야릇한 편견들이 있었고, 또 지나치게 허영심에 따랐다. 그는 높은 사람들에게 아부하고, 적들은 마구 모욕했다. 그는 자유사상가들을 위한 글을 쓸 정도로 망가지기도 했다. 이것이 그의 결점이다.

그가 작가로서의 허영심이 상처를 받으면 엄청나게 앙심을 품고

98 여기서 메르시에는 백과전서파들을 지목함으로써 이 명망가들 세대의 영향력에서 벗어나려고 시도한다. 메르시에는 그들이 문인집단 내에서 윗자리를 너무 독점적으로 차지하고 있다고 보았다. 이런 앙심은 당시에 소외되었다고 느낀 모든 작가들에게 공통적이었다. 그들은 1778년에 한 시대의 마감을 고한 볼테르와 루소의 사망 이후 더욱 거침없이 서운함을 토로했다.

격노한다는 점을 우리는 알고 있다. 그는 이마에 "나를 경배하시오, 그러면 여러분을 칭찬해 주리다"라고 쓰고 다니는 것 같았다.

과도한 찬사는 볼테르를 '최고의 생각하는 존재'라고 부르기도 했는데, 이는 어리석은 소리이다.

그의 임종 시에 생쉴피스 신부가 임무를 열성적으로 수행하면서 그에게 예수 그리스도의 신성을 인정하라고 훈계했을 때, 그가 "신의 이름으로 부탁하건대, 그런 이야기하지 마쇼!"라고 말했다는 이야기가 있다. 그가 정말 그런 말을 한 것은 아니지만, 그의 말하는 방식이 그랬다는 것은 분명하다.

그는 84년의 생애 동안 783,200시간을 살았다. 이것은 그가 배우고 쓰기 위해 필요한 모든 것과 그가 한 면담들에 비해서는 정말 짧은 시간이다.

그가 페르네에서 행한 선행을 잊어서는 안 된다. 이 식민지를 건립한 그는 자선행위와 명성에 의해 이곳의 은인으로 존경을 받았다. 이런 공적은 「알지르」[99]를 쓴 공로와 맞먹는 것이다.

그는 죽기 전에 지갑을 비워버렸는데, 이는 그가 80세가 되어서도 어린 학생처럼 참을성이 없었기 때문이다.

볼테르 저술의 새로운 출판에서는 웬만큼 중요한 저서는 기대할 것이 전혀 없다. 그는 후세에 중요한 것은 하나도 남기지 않았다. 그는 후세를 위해 일종의 유서를 남겼어야 했다. 그 유서에서 그는 유연하고 능란하지 않을 수 없다가 자유롭고 거만한 모습을 보여주었을 것이다.

99 1736년에 상연된 이 비극은 에스파냐 정복 당시의 리마가 배경이다. 주제는 전통적인 종교들의 야만적인 광신과 대조되는 부드럽고 이신론적이며 보편주의적인 종교의 장점이다.

그는 아주 재미있고 지적인 편지들을 엄청나게 많이 썼다. 하지만 정말 신랄한 편지들은 공개되지 않을 것이다. 새로운 판에는 몇몇 편지들은 실리지 않을 것이다. 받은 사람들이 지갑 속에 꼭 숨겨 놓았기 때문에 반 세기 후에나 나올 것이다.

그가 프랑크푸르트의 유치장에서 프로이센 왕에게 보낸 편지는 그에게는 정말 드문 남성적인 표현력과 귀중한 힘이 충만한 것이다. 하지만 이 걸작을 출판사가 구하지 못했고, 앞으로도 구하지 못할 다른 많은 편지들과 마찬가지로 이번 판에는 실리지 않을 것이다. 그런데 이런 편지들이 가장 재미있고 가장 흥미를 끄는 것들이다.

이번 출판은 이미 4년 전부터 예고되었지만, 준비가 불충분하고 지체되어 독자들의 기대에 부응하지 못했다. 이는 출판업자들의 능력이 부족하기 때문이다.

시시한 작가치고 볼테르에게 편지를 쓰지 않은 사람은 없었다. 그는 이런 편지들에 일일이 다 답장을 할 정도로 친절했다. 이런 편지들이 그의 과도한 자존심을 만족시켜 주었기 때문이다. 그는 어떤 작가에게는 "당신은 꼭 라신처럼 글을 쓰시네", 또 어떤 작가에게는 "당신은 사고력이 코르네유보다 더 강하시네", 또 다른 작가에게는 "당신은 파스칼과 퐁트넬을 능가하시네"라고 답했다. 이런 작가들은 우쭐해져서 그의 말을 액면 그대로 받아들고 그 편지가 틀림이 없는 면허장이라도 되는 것처럼 출판하게 만들었다. 볼테르는 블랭과 라아르프에게 따로따로 "당신은 나의 후계자가 될 것이오. 당신이 나를 대신하게 될 것이오"라고 편지를 썼다. 그러자 이 순진한 시인들은 두 사람 모두 자신의 비범한 재능이 노인네의 예언자적 목소리를 나오게 만들었다고 믿었다.

한번은 누군가 그에게 "하찮은 능력의 소유자들을 그토록 칭찬하시는 이유가 뭡니까? 이미 허영심에 물든 그 작가들은 머리가 돌아버리지 않을까요?"라고 질문했다. 그가 대답했다.

나보고 어쩌란 말이오? 그들에게서 벗어나려면 이 방법밖에 없소. 자기가 독수리라고 믿는 그들에게 참새에 불과하다고 말하란 말이오. 그들은 내 말을 믿지 않고 나에게 독설을 퍼부을 것이오. 그들이 따분한 비극과 시를 쓴다고 난리를 치니 그렇게 하도록 놔둘 수밖에 없지 않소. 내가 그들에게 불후의 명성을 보장하고 그들이 엉터리 글을 쓰는 동안 나는 편안히 지낼 수 있는 것이오.

524 영묘

왕족이 사망하면 그 다음날 주교에게 추도사를 주문한다. 그다음에 건축가 겸 실내장식가를 불러서 노트르담 교회 한복판에 영구대를 설치하게 한다. 그 성스러운 장소에서 망치 소리가 한 달 동안 울려 퍼지고, 노동자들의 고함이 성체 거양의 종소리와 참사회원들의 노랫소리를 삼켜버린다. 목수들의 목소리가 성가대원들의 목소리를 덮어버려서 성모 마리아 찬가도 오레무스 프라트레스도 들리지 않는다. 성가대의 관악기들과 신랑의 파이프 오르간도 일꾼들의 함성을 당해내지 못한다. 도끼와 톱이 성무 일과를 방해하려고 음모를 꾸민 것 같다. 그래도 파문이 일어나지는 않는다. 왕실의 일원을 위한 관을 장식하는 일이기 때문이다.

건축가 겸 실내장식가는 석관을 속이 빈 상들로 둘러싸는데, 이것들은 바로 고인에게 부족했던 미덕들을 상징한다.

그다음에는 도시의 모든 바이올린과 저음악기 연주자들을 불러 모은다. 1만 개의 양초가 타오르는 이 폐쇄된 공간에서는 숨이 막힐 지경이고, 만약에 대비하여 주위에 소방수들을 배치한다. 망자의 친척들은 이 급조된 가건물 안에서 타죽고 싶은 마음이 없기 때문이다.

장례식은 4시간 동안 계속되는 음산한 사기극이다. 그 호사스러운 무덤 위로 진실된 눈물이 흐르는 일은 거의 없다. 궁륭의 상층부를 도배하는 그 모든 상장들에 없는 것은 공적인 슬픔뿐이다.

뭐라고, 가루가 된 뼈에 아직도 아첨하는 자들이 있다고!

추도사를 주문한 망자의 가족은 성대한 행렬을 거느리고 와서 추도사를 듣는다. 고귀한 신분들은 자존심을 위하여 망자의 제단 주위에서 위세를 과시하고, 민중의 목소리가 심판하는 사람의 무덤 위에서 찬사를 늘어놓길 요구한다. 이런 아부를 담당하는 것은 성직자들이다.

추도연설자는 진실을 말하겠다고 약속을 했지만, 발음하기가 겁이 나는 이 단어는 진지한 약속을 강요한다. 약속은 거짓 맹세가 되고, 진실은 설교단 계단 아래에 머무른다. 추도연설자는 뻔뻔스러운 얼굴로 혼자서 설교단으로 올라간다.

그는 우상의 보기 흉한 모습을 감추기 위해 말장난을 하거나 어색한 문장으로 청중을 현혹시킨다. 그는 석관 위에서 울고 있는 것 같은 상들만큼 공허한 수사기법을 늘어놓는다. 그 거짓된 인물상들의 가짜 눈물은 그 일시적인 장식 사이로 울려 퍼지는 공허한 웅변과 너무나 닮았다.

그 다음 다음날 가건물은 해체된다. '석고로 만든 미덕의 상들'은 산산조각이 나고, 그만큼 깨지기 쉬운 추도연설자의 웅변도 빈정거리는 민중의 눈앞에서 사라져버린다.

'추도사'라는 관습은 정말 부조리한 것이다. 하지만 이것 역시 파리라는 대단한 도시를 둘러싸고 있는 64개의 장엄한 전나무 방책 내부에서 일어나는 아주 사소한 오류의 하나일 뿐이다. 조명으로 장식된 이 값비싼 예배당 건설 덕에, 왕족들과 대귀족들의 광기와 과시욕에 의해서만 풀리는 돈의 일부가 많은 노동자들에게 흘러가게 되었다.

150년 전부터 이런 영구대들을 위해 들어간 돈으로 지속 가능한 기념물들을 건립하고 불멸의 조각 걸작품들을 제작할 수 있었을 것이다. 그런데도 파리에는 볼 만한 것이 리슐리외 추기경의 영묘와

플뢰리 추기경의 영묘밖에 없다. 삭스 원수의 아름다운 영묘는 스트라스부르 시를 장식하고 있다.

천재 또는 왕 옆에서 선행을 한 사람의 상을 조각한 도자기도 파리에는 전혀 없다. 무덤에 후세가 기억해야 할 이름들을 남기는 것보다 더 감동적인 것은 없을 것이다. 모든 시선을 사로잡는 애국적 미덕들의 모델은 모든 계층의 시민들을 흥분하게 만들 것이다. 웨스트민스터 사원에서 무리를 지어 유명한 고인들의 이름을 경건하게 부르면서 그들의 위대한 업적을 흥미진진하게 이야기하는 군중들을 보라. 공적이 입증된 모든 인물들을 함께 모아놓은 것은 지각 있는 사람들이 공적으로 감사를 표하는 방식이다. 죽음 후에는 공적인 감사밖에 남지 않는다. 왕족과 왕들의 무리는 망각 속에 파묻히고, 그들의 신하였던 위인의 흉상이 불멸의 순수하고 눈부신 광선에 자태를 드러낸다.

판각사 코솅의 끌은 적지 않은 영구대의 모습을 우리에게 전하고 있다. 어둠과 빛의 효과는 그의 기법에 생동감을 부여했다. 코솅이 추구한 것은 바로 이런 어둠과 빛의 효과였다. 마음도 정신도 끌지 못하고 아무도 감동시키지 못하는 그 야릇한 장례식에서 남는 것도 어둠과 빛의 효과뿐이다. 그런 장례식 비용은 더 지속 가능하고 더 유익한 공사에 사용했어야 했다.

양초장수는 이런 견해가 터무니없다고 여길 것이 확실하다. 하지만 대낮에 그토록 많은 양초들을 태워서 검게 더럽혀진 판자와 유약을 바른 천에 화재를 일으킬 위험을 초래하는 것은 우리 시대가 폐기해야 할 당치 않은 관습이라고 생각된다. 도대체 왜 지난 시대의 낡고 부조리한 관습을 답습해야 하는가?

525 샤라드[100]

말장난이 지적인 파리인들 사이에서 크게 유행하고 있었는데, 문자 수수께끼가 나타나 우위를 다투게 되었다. 큰 충돌 후에 문자 수수께끼가 승리를 거두었다. 제운시[101]가 보조부대로 다시 나오길 원했지만, 역시 패배를 당했다. 문자 수수께끼 군대는 적들을 모두 몰아낸 다음에 『주르날 드 파리』와 『메르퀴르 드 프랑스』에서 승리의 깃발을 휘날렸다. 수수께끼와 글자 수수께끼는 할 일 없는 촌뜨기들에게 넘겨주었다. 샤라드는 수도의 지성들을 사로잡아서 어디서나 몽 프르미에, 몽 스공, 몽 투 소리밖에 안 들린다. 여자들은 이 몽 투를 특히 우아하게 발음한다. 외국인들이여, 아무 『메르퀴르 드 프랑스』나 펴 보아라. 당신이 문자 수수께끼를 모른다면 알게 될 것이다. 굳이 당신에게 설명할 필요가 전혀 없다.

그렇다. 말장난 놀이는 완패했다. 하지만 얼마 되지는 않았다. 볼테르가 데팡 부인에게 "우리가 동맹을 맺읍시다. 그렇게 어리석은 폭군이 사교계라는 제국을 지배하도록 내버려두지 맙시다"라고 말

100 샤라드(Charades)는 단어 놀이와 음성학을 결합한 수수께끼로, 아주 다양한 방식으로 이루어진다. 샤라드는 다음과 같은 방식으로 진행된다.
Mon premier est un métal précieux.(첫 번째 힌트는 귀금속이다.)
Mon second est un habitant des cieux.(두 번째 힌트는 하늘의 주민이다.)
Mon tout est un fruit délicieux.(답은 맛있는 과일이다.)
첫 번째 대답은 or, 두 번째는 ange, 세 번째는 ornage이다.

101 게임 리더가 운을 맞추어야 하는 단어들을 제시하면, 참가자들이 그 단어들을 포함하는 일관된 시 한 편을 짓는 사교계의 놀이를 말한다.

했지만 소용이 없었다. 말장난의 대가가 이 위인의 사망 이전은 물론이고 이후에도 이 제국을 지배하고 있었다. 하지만 마침내 그도 실각하고 말았다. 임자를 만난 것이다. 그는 패배와 모욕을 당하고 모든 영광은 퇴색해버렸다. 그런데 누가 이 저명한 명성을 몰락하게 만들었는가? 오늘날 비에브르 후작[102]의 머리에 더 이상 왕관이 없게 만든 사람이 도대체 누구란 말인가? 그 사람은 드 샹브르이다.

그는 말장난꾼들의 왕을 만났다. 왕은 확실한 왕권에 기인하는 평온한 권위를 한껏 누리고 있었다. 그는 왕을 접대하고 아부한 다음에, 명예롭고 정교한 리애종을 시작할 날짜를 잡아달라고 요청했다. 왕은 약속을 했다. 교활한 신하는 즉시 물러나와서 귀가한 다음, 다음과 같은 글을 왕에게 써서 보냈다. 왕은 이런 청천벽력은 꿈에도 생각하지 못하고 있었다.

> 선생님을 맞이하고 싶어서 안달하는 저에게 택일을 맡겨주셨습니다. 특별히 차린 것은 없지만 수요일에 초대하오니, 부디 수락하여 주시기 바랍니다.
>
> – 드 샹브르 올림

이 새로운 크롬웰은 계획된 거사를 성공시켰다. 그는 그때까지 패배한 적이 없었던 상대방을 밀어내고 왕좌에 앉았다. 세상 사람들의 갈채가 그의 왕권을 굳혀주는 것 같았다.

이제는 "왕은 신하가 아니다 등등"과 같은 말을 인용하지 않는다.

102 비에브르 후작의 비극 「베르생제토릭스」(1770)는 각 시구가 말장난을 포함하고 있다. '말장난의 아버지'이고 말장난꾼들의 교황인 그는 1777년에 『백과전서 보유』에 '말장난' 항목 기고를 요청받았다.

모든 찬사는 드 샹브르의 적절한 단어, 결정적인 단어에 바쳐졌다.

행복한 파리인들이여, 여러분은 돈 안 들이고 웃을 줄 안다. 착한 인민이여, 너희는 정말 순진무구한 놀이에서 기쁨을 느끼는구나!

526 종신연금 구입자

옛날에는 이름도 없었고 바로 지난 세기에도 알려지지 않았던 직업이 얼마나 많은가! 200년 전만 하더라도 '환전상[103]'을 알지 못했다. 그들의 날카로운 눈은 모든 금고에 빛이 들어오기라도 하는 것처럼 꿰뚫어본다. 그들은 모든 돈자루를 두 손으로 잡아서 흔들어보고 십일조를 징수한다. 금과 은의 영원한 소용돌이 속에 뛰어든 그들은 '증권거래소'에 서 있으면서 치부를 하고, 서로 귀에다 비밀 이야기를 주고받는다.

지칠 줄 모르는 이 증권 중개인들은 '돈이라는 상품'을 보이게 또는 안 보이게 만들면서 그 가격을 올린다. 그들은 가면으로 위장한 탐욕스러운 전매자들을 도와준다. 이런 환전상들을 로마 시대, 그리고 샤를마뉴가 유럽을 호령하던 시대는 알고 있었던가? 샤를마뉴가 부활한다면 오늘날 환전상이 무엇인지를 이해할 수 있을까? 샤를마뉴의 후계자들에게서 면허장을 받는 환전상은 증권거래소에서 신발이 닳게 돌아다닌 다음에 귀족직을 사들인다. 또 환전상은 매도자와 구매자를 따라서 도시를 돌아다니며 난해한 지식으로 그들을 갈취한다.

103 환전상직은 루이 13세가 1639년에 만들었다. 1705년에 왕국에 이미 116명의 정식 환전상이 있었고, 그중 20명은 파리에 있었다. 1723년 1월의 칙령에 의해 재편된 파리 환전상 협회는 메르시에가 『파리의 풍경』을 집필하던 시기에는 칼론이 자리를 늘린 덕에 60명이었다. 이런 증설은 1780년대 파리의 활발한 금융활동에서 이 합법적 중개인들의 역할이 컸다는 것을 입증한다.

그렇다, 돈을 벌려면 돈 속에서 놀아야 한다. 정오에 '꼼짝하지 않고 서서 오래 기다려야 한다.' 이것은 언제나 수상쩍고, 대개는 거짓말을 하는 역할이다. 연필을 손에 든 환전상들이 증권을 현금화하기에 급급한 무지한 사람들에게 피해를 입히면서 킥킥대는 것을 보라.

더욱 적극적인 환전상은 '청원인'이 되고 소송에 일생을 바친다. 그는 소송의 복잡한 미로 속에서 냉정한 소송대리인들을 괴롭히고 자극하면서 시간을 보낸다.

다른 환전상은 찾아오는 사람들에게 보증을 서주고 많은 거래에 서명을 해준다. 그래서 자신이 백만장자라고 믿게 만드는 것이다. 그는 무일푼이다. 하지만 그는 검술 사범이 도장에서 시범을 보이듯이 무일푼으로 거래를 한다.

모든 사람들이 뛰어든 이런 투기에 의해 촉발된 풍속의 타락은, 우리 조상들의 습관이었던 현명하고 조용한 계획을 사라지게 만들고 우리를 탐욕으로 발작하게 만들었다.

도시의 절반이 빚을 지고 살고, 저당을 잡히지 않은 집이 없다. 투기적인 계약만 이루어진다. 편안한 이자 수입을 기다리는 사람은 없다. 미래에 대비한다는 핑계로 높은 고리대금을 강요한다. 그리고 고리대금은 이 터무니없는 탐욕을 징벌한다.

'톤티식 연금법[104]'을 그리워하는 사람들의 불평을 사방에서 들어보라. 100에퀴를 내고 연금 8만 리브르의 혜택을 받는 사람들 이

104 17세기 중반에 나폴리 은행가 로렌초 톤티가 프랑스에 도입한 종신 채권을 말한다. 가입자들이 낸 돈으로 기금을 조성하고, 가입자들은 계약 만료 시에 원금과 누적된 이자를 받는데, 운영비는 공제한다. 약정된 만기에 살아 있는 가입자들만이 전액을 받고, 상속인들은 원금과 이자의 일부만을 받았다. 톤티식 연금법은 종신연금의 일종이었다.

야기만 한다. 1에퀴가 3리브르라는 사실을 고려하면 이는 말 그대로 횡재이다.

그러나 이런 투기꾼들 중에서 가장 주도면밀한 사람은 수명의 확률 계산과 사망률 표를 항상 참고하여 '종신연금'을 구입한다.[105]

사망증명서가 왕에게 영수증 역할을 하고, 사람이 죽을 때마다 왕이 돈을 받는다는 것은 우리 모두 알고 있다. 새로운 직업인 종신연금 구입자는 이 모든 위험을 고려하여 빈틈없고 개별적인 계산에 따라 연금생활자의 일용양식을 구입한다.

한 부인이 손에 매년 1,200리브르의 연금 계약서를 들고 사무실에 와서 목돈과 교환하려고 한다. 꼼꼼한 구입자는 부인을 말없이 요리저리 뜯어본다. 그녀는 너무 뚱뚱하지도 너무 마르지도 않았고, 이는 좋은 징조이다. 그리고 한 번 더 살펴본 다음에 다음과 같은 대화가 이루어진다.

연금녀: 제 종신연금 계약서를 선생님에게 팔아서 현금을 얻으려고 왔어요.

구입자: 부인, 현금은 아주 드뭅니다.

연금녀: 저는 잘 몰라요. 하지만 어딘가에는 있겠죠. 금고 안의 돈은 아무 필요가 없어요. 돈은 돌아야만 가치가 있어요.

구입자: 부인, 연세가 어떻게 되십니까?

105 18세기 말에는 2개의 새로운 학문, 인구통계 분석과 확률 계산이 비약적으로 발전했다. 아직 걸음마 단계였던 이 두 분야가 만나서 오늘날 우리가 '평균 수명'이라고 부르는 것을 산정하기 시작했다. 평균 수명은 성, 활동 유형, 거주 장소에 따라 세밀하게 차별화되었다. 이 시기는 금융업이 과열될 정도로 활발한 것이 특징이었다. 금융업은 즉시 이 새로운 지식의 분야를 사업에 활용했다. 처음에는 종신연금이 선을 보였다. 종신연금은 주로 국가가 가입자를 모집했지만, 아주 빨리 개인적 투기의 대상이 되었다.

연금녀: 47세예요.

구입자: 세례증명서는 가지고 오셨습니까?

연금녀: 여기요. 정본이예요.

구입자: 그렇군요. 부인이 47세라는 것을 확인했습니다. 부인이 42세였다면 제 양심상 거래를 할 수 없었을 것입니다.

연금녀: 알겠습니다 선생님. 저는 갱년기가 지나서 이제는 장수할 것이라고 믿어요.

구입자: 부인, 사람의 목숨만큼 불확실한 것도 없습니다.

연금녀: 제 생활방식은 모범적이에요. 저는 시내에서 밤참을 먹는 일이 없어요. 일찍 자고 1년의 반은 시골에서 보내요.

구입자: 아주 잘 알고 있습니다. 그래서 부인의 방문에 동의한 것입니다. (일어나면서) 죄송하지만, 부인을 좀 더 가까이 살펴보고 싶은데요.

연금녀: 가까이 오세요. 저는 아직 이마에 주름도 없어요.

구입자: 정말 그렇군요. 그런데 그게 아니라 부인의 치아를 보고 싶습니다.

연금녀: 제 치아요! 맞아요. 치아는 건강의 증표지요. 제 치아는 정말 하얗지요. 보세요. 자 선생님, 저의 완벽한 건강을 고려해서 1,200리브르 연금을 얼마 주고 사시겠어요? 참 제가 애를 넷 낳았다는 것을 말씀드리지 않았군요. 넷은 너무 많지도 너무 적지도 않지요. 아이를 낳은 여자들은 그렇지 않은 여자들보다 더 오래 산답니다.

구입자: 부인, 모두가 저에게 팔려고 하기 때문에 먼저 파는 사람이 임자입니다. 세상의 종말이 확실하더라도 자신의 계약을 양도하려고 난리치는 사람은 많습니다. 하지만 내가 페루의 금은보화를 다 가진 것은 아니므로 보증이 필요합니

다. 모든 사람들의 것을 가리지 않고 구입하지는 않습니다. 우선, 나는 남자들의 종신연금은 절대로 사지 않습니다. 오늘날 남자들은 쾌락을 너무나 밝히니까요. 내 원칙은 부인들의 목숨에 설정된 연금만 구입하는 것입니다. 계산에 능한 제네바 사람들이 나에게 모범을 보여주었거든요. 그들은 확실하고 아주 뛰어나며 수익이 많이 나는 거래를 했습니다. 그들이 나처럼 여자들, 산의 맑은 공기를 마시는 여자들을 선택했기 때문입니다. 그런데 부인은 파리에서 사십니다.

연금녀: 저는 겨울 6개월 동안만 파리에서 거주하는데요.

구입자: 겨울이 바로 위험한 계절입니다. 파리의 공기에는 독기 같은 것이 있습니다. 조종(弔鐘) 소리가 들리시죠? 3개월 전부터 장례가 아주 빈번합니다.

연금녀: 90세 부인의 장례식이에요. 저도 그 나이까지는 살 거라고 생각해요. 그때까지 선생님이 받을 모든 이자를 계산해보세요.

구입자: 어제 4천 리브르 연금 계약서를 사라는 제안이 들어왔습니다. 그러나 팔려고 하는 부인이 무도회에 자주 간다는 것을 제가 알고 있었습니다. 여자들이 무도회에서 죽는 경우가 자주 있지 않습니까? 그런데 실례지만 무슨 일을 하고 지내시는지요?

연금녀: 살림을 하고 나머지 시간에는 독서를 해요. 그리고 매일 한두 시간 신작로를 산책하죠. 자 이렇게 제가 모범적인 생활을 한다는 것을 아셨으니 1,200리브르 연금에 대해 얼마 주시겠어요?

구입자: 말씀드리죠. 4,800리브르 드리겠습니다.

연금녀: 어머, 말도 안 되요! 저는 놀라울 정도로 건강이 좋아요. 골골하는 여자에게는 얼마를 주실건대요?

구입자: 부인이 저희 사무실 계단을 내려가시다가 돌아가실 수도 있습니다.

연금녀: 뷔퐁의 책에 따르면, 저는 최소한 15년은 더 살 거에요. 모든 확률이 제 편이에요.

구입자: 나는 뷔퐁처럼 계산하지 않습니다. 나에겐 책들의 허황된 약속을 수정하는 규칙들이 있습니다. 그리고 소요가 일어날 수도 있습니다. 아시겠습니까?

연금녀: 소요라고요! 조금도 걱정하실 것이 없어요. 시청에서는 언제나 종신연금은 지급한다는 것을 보증합니다. 종신연금은 다른 모든 연금보다 우선하거든요. 그건 아무도 건드릴 수 없어요. 왕도….

구입자: 아 부인, 그 점에 대해서는 아무 이야기도 하지 않겠습니다. 부인의 양피지를 경화로 4,800리브르 드리고 사겠습니다. 그런데 불행하게도 일주일 후에 당신의 부고장을 받게 될 수도 있습니다. 부인은 좀 약한 체질 같으신데요. 밤샘, 비싼 하녀, 술처럼 여자들의 수명을 단축시키는 것은 많습니다. 소식하셔야 합니다. 도박도 건강을 해칩니다.

연금녀: 저는 도박은 절대로 안 해요. 선생님이 언급하신 오락들은 저와는 무관해요. 제가 계약서를 팔려고 하는 이유는 가족간의 재판을 밀고 나가지 않을 수 없기 때문이에요.

구입자: 재판을 하신다고요 부인? 걱정이 많으시겠군요.

연금녀: 저는 이길 거예요. 제가 방금 들렀다 온 소송대리인이 확실히 약속했어요. 그리고 아시겠지만, 걱정이 우리를 살게 만들죠. 그러니 좀 더 합리적으로 처리해 주세요. 선생님이

주신다는 4,800리브르에 추가….

구입자: 단 한 푼도 더 못 드립니다. 팔지 못하시면 재판에 지시고 절망에 빠지실텐데요.

연금녀: 선생님, 저는 원칙과 용기가 있어요.

구입자: 그건 그렇고 부인의 주치의는 누구십니까?

연금녀: 저는 의사를 부를 정도로 아파본 적은 없어요. 이따금 두통이 있을 뿐이에요. 저는 병에 걸려도 24시간 동안 지독히 앓다가 금방 완치되는 체질이죠.

구입자: 그러면 천연두는 걸리신 적이 있나요? 그렇군요. 그 자국이 미세하게 남아 있네요.

연금녀: 이제는 아무렇지 않아요.

구입자: 원하신다면 이제 공증인에게 갑시다. 모든 것이 한 시간 안에 끝나고 부인은 돈을 받으실 겁니다.

연금녀: 하지만 저는 1,200리브르 연금을 고작 4,800리브르 받고 넘기고, 선생님은 최소한 25년 동안 그 이자를 받으신다는 것이 … 참 어이가 없네요.

구입자: 사실 이런 것들을 구입하다니 내가 정신이 나갔죠. 양피지에 불과하지 않습니까! 더구나 우리 인생이 얼마나 불확실합니까! 어쨌든 제 말을 믿고 뤽상부르 구역의 포르트 당페르 근처에 가서 사세요. 나는 거기 2~3곳에 투자를 했는데 괜찮습니다. 부인은 나만큼 이익을 얻을 겁니다.

연금녀: 조금 더 얻어야죠. 아무리 사정해도 들어주시지 않으니 공증인에게 갑시다. 이 모든 돈은 결국 법조계 사람들 차지가 되죠. 어쩌겠어요? 이 멋진 왕국에서는 모든 게 법조인들 손을 거쳐야 하잖아요.

구입자: 부인, 외투로 몸을 잘 싸세요. (낮은 목소리로) 그런데 저 구

석에서 아무 말도 하지 않고 우리 이야기를 다 들은 저 남자는 누구죠?

연금녀: 제 집사예요. 그는 귀머거리라서 아무것도 듣지 못해요. 돈 자루를 운반할 거예요.

구입자: 아, 좋습니다. 참, 제 이름으로 구입하는 것이 아니라는 건 아시죠?

연금녀: 피에르이든 폴이든 저는 개의치 않아요. 선생님은 정말 냉혹하시지만, 제가 가능한 한 오래 살아서 선생님이 저에게 "엄청 남는 거래를 했다"고 말하시게 만들 거예요.

527 암소

등마루가 앙상하고 젖통이 말라붙은 암소들이 방책에 도착한다. 스위스의 기름진 목장을 거니는 암소들을 보라. 스위스의 암소들은 머리를 거만하게 치켜들고 사람들이 지나가도 신경 쓰지 않는다. 이 암소들은 자유의 땅을 밟고 있으며 무거운 세금이 짓누르지 않는다는 것을 알고 있는 것 같다. 이 암소들은 가죽이 멋지고 거동은 자신감에 차 있다. 이 암소들은 전락한 동물이 아니다. 옆구리가 오동통 살이 오른 암소는 유복한 주인을 닮는 것 같다. 이오[106]도 이 암소들보다 더 아름답지는 않았다.

머리를 숙이고 파리에 들어오는 암소들은 파라오의 꿈에 나오는 야위고 게걸스러운 암소들을 상기시킨다. 굶주린 기색이 역력한 이 암소들은 도살되기 위해 온 것이다.

이 암소들은 팔려서 쇠고기가 되는데, 좋은 부위는 모조리 부잣집과 수도원이 차지한다. 소매로 사는 중하층에게는 소가죽만 남는다. 다른 모든 곳에서는 고깃값이 부위에 따라 다른데, 파리에서는 소가죽이 쇠고기와 공개적으로 동일한 가격에 팔린다. 이것은 가난한 사람들에게는 과도한 부담이고, 공중의 영양을 위해 정말 잘못된 일이다. 가격을 새로 정해야 마땅하리다. 왜 소가죽을 쇠고기와 같은 값을 주고 사야 하는가 말이다. 왜 쇠고기를 달라고 하는데 소가

106 제우스의 애인으로, 암소로 변신하였다가 등에에게 쫓겨 이집트까지 달아났다가 사람의 몸을 되찾는다.

죽을 준단 말인가? 서민이 매일 불평하는데도 불구하고 이런 오류가 말하자면 정착된 곳은 파리밖에 없다.

고기를 자르는 기술이 더 뛰어난 곳도 역시 없다. 고기를 뼈와 살이 분리되지 않도록 잘게 자르는 기술 말이다. 턱살을 장딴지 속살이라고 속여서 팔면, 냄비가 하나밖에 없는 가난뱅이는 넓적다리 고기라고 주는 조각 안에 이빨이 있는 것을 발견하고 기겁을 한다.

어디선가 스위스 암소 우유 가게를 연다고 난리를 치고 예고를 했다. 선량한 파리인들은 모두 "우리가 스위스의 좋은 우유를 마시겠구나"라고 좋아했다. 폐병 환자들은 곧 나을 것이라고 생각했고, 체질이 약한 사람들은 원기를 회복할 것이라고 기대했다. 하지만 업자들이 영양이 풍부한 식물들과 전나무로 덮인 산들을 샹젤리제로 옮겨올 수 있을 만큼 어깨가 강하지 않다는 점을 생각하지 못한 것이다.

암소들은 메마른 목장에서는 야위고 우유가 좋지 않아서 결국 도살장에 넘겨지고 만다. 스위스 암소의 좋은 우유를 요구하는 멍청이들은 깜작 놀랐지만 그 사업은 실패했다.

이런 일만 보더라도 한 도시가 얼마나 무지하고 어수룩한지, 또 얼마나 생각이 없는지를 알 수 있다. 그들은 회사와 인쇄물이 제공하는 모든 헛된 약속을 무조건 믿어버린다.

528 꼬마 검둥이

여자들이 화장할 때도 무릎 위에 데리고 있을 정도로 좋아하던 원숭이가 옆방으로 밀려났다. 앵무새, 그레이하운드, 스패니얼, 앙고라 고양이가 차례차례 신부, 법관, 장교의 귀여움을 받았다. 그러나 이 소중한 존재들이 갑자기 총애를 잃게 되었다. 여자들이 꼬마 검둥이들을 선택했기 때문이다.

이 검은 아프리카인을 보고 겁을 먹는 미인은 더 이상 없다. 이들은 노예제의 산물이다. 하지만 미인의 노예가 되지 않을 사람이 누가 있겠는가?

꼬마 검둥이는 다정한 여주인을 잠시도 떠나지 않는다. 태양에 그을린 이 녀석은 더욱 아름답게 보인다. 이 녀석은 매력적인 여인의 무릎 위로 기어오르고, 여인은 녀석을 만족스런 눈길로 바라본다. 녀석은 양털 같은 머리털로 여인의 젖가슴을 누르고 자기 입술을 여인의 장밋빛 입에 갖다 댄다. 녀석의 칠흑 같은 손은 여인의 눈부신 목덜미를 더욱 하얗게 보이게 한다.

새하얀 치아, 두터운 입술, 사틴처럼 윤기 나는 피부의 꼬마 검둥이는 스패니얼이나 앙고라 고양이보다 애무를 잘한다. 그래서 총애를 받는 것이다. 녀석은 어린 손으로 장난치면서 육체적 매력을 계속 노출시킨다. 마치 녀석이 그 모든 가격을 알기라도 하는 것처럼 말이다.

이국적인 얼굴과 납작한 코에 반한 여자들은 부드러운 손길로 아이를 쓰다듬다가, 반항하면 살짝 꼬집는 형벌을 가하고, 곧 더 강렬하게 애무한다. 이렇게 흑인 아이가 여주인의 무릎 위에서 노는 동안, 그 아버지는 가차 없는 채찍질에 비명을 지른다. 아버지가 고생하며 만드는 설탕을 꼬마 검둥이는 깔깔거리는 여주인과 같은 찻잔으로 마신다.

529 앙리 4세의 기마상

착한 왕이 퐁뇌프 위로 온 것은 정말 잘된 일이다. 인기가 좋은 그는 지나가는 사람들에게 미소를 짓는다. 그는 돈 많은 사람들에게 둘러싸여 있지 않다. 하늘의 새들이 왕의 머리 위에 내려앉고 그의 자리는 돈이 하나도 들지 않았다.

'착한 왕'의 찬사를 요구한 지방 아카데미 회원들이여, 여러분의 프로그램을 불태워 버리시오. 여러분이 미사여구나 늘어놓는 자에게 바친 메달은 녹여 버리시오. 그리고 사랑에 의해 수도 한복판에 건립된 이 동상 발치로 와서 멈춰 서시오. 모든 사람들의 시선에서 왕이 얼마나 숭앙을 받는지 읽어 보시오. 왕을 응시하며 말없이 명상에 잠긴 남자, 어린 아이에게 앙리 4세를 열심히 보여주는 어머니, 하늘로 손을 올리고 조용히 탄식하는 불행한 사람. 이 동상 앞에서 감동해 마지 않는 인민의 보편적인 존경심을 보시오. 외국인들도 이 순간에는 프랑스의 시민이 되어 열렬하게 경의를 표한다. 모든 사람이 하나가 되어 그가 아직도 살아 있는 것처럼, 그의 목숨이 우리 시대까지 연장될 수 있기라도 하는 것처럼, 그리워하고 축복한다. 이 만장일치의 호소는 얼마나 감동적인가! 이 호소의 힘은 웅변술이 공허하게 표현하려는 모든 것을 넘어선다.

병사들을 인솔하는 장교가 이 동상 앞을 지나가다가 갑자기 멈춰서 소리를 지른다. "받들어 총! 제군들, 이분에게 경례를 하자. 그럴 만한 가치가 있는 분이시다."

이 동상 주위의 작은 광장은 어린이 공원으로 조성해야 할 것이다. 지구에서 어린이에게 해로운 장소가 있다면 그것은 바로 대도시이다. 아이들은 길에서도 거리에서도 안전하게 놀 수가 없다. 루브르 광장과 다른 곳에 잔디밭이 있지만, 아이들을 총으로 쫓아낸다. 어린아이 보는 하녀들은 거기에 앉지도 못하게 한다. 이런 잔디밭이 어린이를 위한 것이 아니라면 무슨 필요가 있는가? 앙지빌레르, 내가 탄원서를 제출한다. 잔디밭에는 아이들이 초병들보다 훨씬 더 잘 어울린다.

착한 왕의 동상이 방금 태어난 세대로 둘러싸이는 것을 보고 싶다. 그러면 아이들은 어린 시절의 놀이를 기억하므로 왕을 찬양하고, 그다음 세대에 그의 공적을 전하는 법을 일찍부터 배우게 되리라.

530 사전

팡쿠크와 뱅상이 필경사를 거느린 편찬자들에게 사전을 주문한다. 여러 달 걸려서 건물을 짓듯이, 알파벳으로 여러 권을 만든다. 일꾼들이 있어서 작품은 확실하다.

사전에는 모든 것을 집어넣었다. 학자들은 불평을 하지만, 그들이 틀렸다. 학문이 모든 신분의 사람들에게 전파되면 안 되는 것일까? 대다수가 학문을 받아들일 수 있도록 난도질을 당하면 안 된다는 말인가? 학문을 통째로 내놓으면 대개는 겁을 먹을 것이다. 어떤 학문이 완전하고 완벽하다면 난도질하면 안 될 것이다. 하지만 어떤 학문도 그렇지 못하고, 모든 학문이 아직은 멀었다. 우리가 가진 것은 엄격하게 말하자면 자료뿐이다. 한 사물의 파편들은 그 사물만큼의 가치가 있다.

비용을 크게 들이지 않고 가르치는 비결을 찾아냈다면, 고통스럽고 힘든 연구를 피할 수 있다면, 정말 잘된 일이다. 오류라는 것은 어디에나 있는 법이다. 두꺼운 책이 요약본보다 오류가 적은 것은 아니다. 가장 중요한 것은 몇몇 지식들은 만인이 이해할 수 있어야 한다는 점이다.

사전은 사람들 사이에서 사용되는 모든 단어를 수록하지는 않는다. 시인과 웅변가들이 인정한 표현들만큼 가치가 있고, 신기한 일상의 관행에 기인하는 수많은 표현들이 사전에 실리지 않는다. 한 프랑스인이 왕에게 단추 만드는 법을 가르쳤다. 단추가 완성되자 그가 말했다. "전하, 이제 마감 손질(le fion)을 하셔야 합니다." 몇 달이 지나서 왕은 그 단어가 생각이 났다. 왕은 리슐레, 트레부, 퓌르티에르, 아카데미 프랑세즈 등 모든 프랑스어 사전을 뒤지기 시작했다. 그러나 그 단어는 찾지 못했다. 왕은 궁정에 있던 뇌샤텔 사람을 불러서 물어보았다. "프랑스어로 'le fion'이 무슨 뜻인지 말해 보거라." 뇌샤텔 사람이 대답했다. "전하, '행운'이라는 뜻입니다."

근엄한 작가들, 근엄한 사상가들, 박물학자들, 역사가들, 정치가들이여! 여러분의 저서에도 '마감 손질'을 하지 않으면 안 됩니다. '마감 손질' 없이는 여러분의 저서는 읽히지 않을 것입니다. '마감 손질'은 글리세르에게 바치는 마드리갈에도 필요한 것처럼, 형이상학 책에도 필요하다. 고상한 취향을 논하는 아카데미 회원들이여, 마감 손질이라는 단어를 연구하고, 이것을 계속 보완되어야 하는 여러분의 사전에 추가하시오.

531 박물관

박물관은 몇몇 개인이 우리나라에 도입하려고 시도하는 새로운 기관이다. 박물관은 성공하기가 쉽지는 않을 것이다. 개인이 독특한 견해를 충분히 개진할 수 있을 만큼 우리 정부가 자유롭지 못하고, 파리는 학문과 예술에 대한 진정하고 일관된 애정보다는 취향과 변덕의 지배를 받기 때문이다.

그래서 라블랑슈리가 관련 회의를 열려고 지칠 줄 모르는 열성으로 노력했지만, 결과가 신통치 않은 것이다. 그는 매일 새로운 난관과 싸워야 했다. 그의 박물관은 문을 열었다가 닫았다가를 반복하고 계획이 포기되었다가 다시 추진되는 식이었다. 그는 박물관을 열려고 온 세상을 돌아다녔지만, 확실하고 고정된 근거지를 확보하지 못했다. 사람들은 단체를 구성해서 모여야만 사상, 견해, 계획을 서로 나눌 수 있는 법이다. 웅변, 문학, 철학을 논하기 위해 모이는 장소가 우리에게는 항상 부족하다. 그 결과 이런 분야에 종사하는 사람들은 혼자 작업을 하지 않을 수 없게 된다. 이런 고정된 장소를 정밀과학, 물리학, 화학, 수학에 제공하려고 시도하고 있다. 필라트르 드 로지에가 라블랑슈리보다 더 성공할 수 있을까? 국내외의 학자, 예술가, 애호가들이 몰려오게 될 것인가?

안내서는 멋들어진 약속을 늘어놓고, 위원들은 결정을 내리고, 정부는 예술의 모든 걸작을 모이게 될 저택을 보호하기로 했다. 모든 계층의 시민에게 어느 날 어느 시간에 와서 학문의 광활한 못에서 지식을 얻어가라고 통보를 한다고 한다. 이처럼 원대한 구상이 제대로 실행에 옮겨질까? 행정부가 전혀 신경을 쓰지 않는 학문 분야에서도 잘 될 것 같지 않다고 나는 본다.

모든 대중집회는 프랑스 정부의 눈에 거슬리기 때문에 열리기가 어렵다. 그런데 자체적으로 규칙을 만들지 못하고 외부에 종속되는 모든 단체는 유지될 수 없고, 일을 추진하지도 못한다. 내가 보기에 박물관 같은 종류의 기관들은 설립되기가 불가능할 것 같다. 왜냐하면 파리에는 피상적인 모임들만 가능하고, 너무나 쉽게 또 자주 금지를 내리기 때문이다. 하급 관리가 엉터리 보고를 하거나 높으신 분의 심기가 불편하면, 학식이 뛰어나고 공익을 위해 열성인 사람들의 모임이 즉각 해체되고 만다.

532 재치 사무실

여주인이 문학에 대한 취향을 과시하고 문학을 논하는 것을 내세우며 정통하다고 뽐내는 모든 집을 재치 사무실[107]이라고 부른다. 얼마 전까지만 하더라도 언급되던 이러한 사교계는 오늘날엔 거의 보이지 않는다. 문학에 대한 취향이 사방에 보급되었고, 아카데미 회원이란 칭호가 그가 출입하는 집이 더 재능이 있다고 인정하게 만들지 못하기 때문에 그런 사교계는 해체되었다. 문학의 지도자들 없이 생각하고 말하고 추론하게 된 것이다. 이제 모든 계층이 문학에 대해 너무나 잘 알고 지식을 쌓고 있다.

여자가 매력이나 친절함의 힘 이외의 다른 것에 의해 군림을 하려고 하는 것은 잘못이다. 모든 것을 흉내 낼 수 있지만, 문학적인 재능은 예외이다. 문학에 대한 지식을 겉멋으로 또는 수단으로 쌓는다면 어려움을 겪고 위험한 암초를 만나게 된다.

시와 철학의 신전에 입성하여 주인공이 되길 원하는 여자는 어떻게 하는가? 그녀는 곁눈질하고 빈정거리며 아양을 떨고 인연을 쌓고 쓸데없는 일을 했다. 그녀는 하찮은 일들 속에서 재능을 망쳤다. 그녀는 재치가 넘치는 것에만 신경을 쓰다가 피상적인 것에 머물게 되었다. 스스로 눈을 멀게 만드는 것이다. 그러나 그녀는 화장품을

107 '재치 사무실(bureau d'esprit)'이라는 표현은 18세기에 자주 쓰였는데, 대개는 경멸적이거나 비꼬는 의미를 내포하고 있었다. '사무실'은 행정부서나 안내소 또는 '몇몇 상품을 파는 고정된 장소'(『트레부 사전』)를 가리킨다.

정하듯이 책에 대해 결정을 내릴 수 있다고 믿는다. 그녀는 나태한 정신 때문에 검토할 능력이 없고, 영혼의 힘이 부족하여 특징을 잡아내지 못한다. 그녀는 경박하여 몇 가지 세부사항만 알고 전체 구도를 파악하지 못한다. 그녀는 느낌이 오는 대로 애매하고 불확실하고 거의 자신이 없이 판단을 내린다.

이런 여자가 이름도 재능도 없지만 유명 작가들보다 10배는 더 거만한 작가들 무리를 초대한다. 그들은 그녀의 감탄 어린 말투에 우쭐한다. 풍자 시인은 그녀 옆에서 희극에 적합한 소재를 찾으려고 한다. 여주인은 작은 법정을 주재하지만, 남에 대한 평가를 내리면서 사실은 자기가 가장 먼저 평가를 받는다. 여주인은 참석한 사람들을 칭찬해야 하기 때문에 늦게 온 사람들은 시샘을 한다. 그러면 이 무리 안에 분열이 일어나고, 여주인은 불평분자들을 달래주려고 하다가 모순되는 판결들을 내리게 된다. 갈등은 격렬한 싸움으로 변해간다. 여주인은 서로 대립하는 당파들을 화합시키려고 하기보다는, 싸움을 벌이는 세력가들을 진정시켜야 한다.

여주인은 중재자가 되려고 했지만 양쪽에서 야유를 받게 된다. 그렇게 많은 찬미시를 받은 후에 이런 신세가 되는 것은 아주 잔인한 운명이라고 볼 수 있다. 결국 여주인은 혼자가 되고 만다. 그녀는 지루하기 짝이 없지만, 자신이 하는 일이 없게 보이지 않으려고 억지로 들어주는 장터 또는 오페라 코미크 극장의 작가를 후원할 수밖에 없는 처지가 된다.

뛰어난 부인들은 30년 전만 하더라도 유행했던 이런 바보짓을 포기했고, 이제는 아카데미 회원의 몇몇 부인들이 이런 짓을 떠맡았다. 이 못난 여자들은 남편에 대한 평판을 좋게 만들려는 욕심이 있고, 자기들 스스로 젊은 작가들의 재능을 평가하고 싶어서 안달이다. 거드름을 떠는 아카데미 족속에는 관심이 없는 지각 있는 부인들은 이런 유별난 짓에 열중하지 않는다. 이런 부인들은 최근의 주제넘은 비평가들의 은어를 따라서 쓰지 않고, 취향에 대한 현학적인 토론으로 시간을 낭비하지 않으며, 재치를 추구하느라 양식을 버리는 정신 나간 짓을 하지 않는다.

오늘날엔 많은 집에 아카데미 프랑세즈가 있다. 시와 산문 낭독을 들으러 루브르에 갈 필요가 없을 정도이다. 사교계에서 시와 산문만이 아니라 재사(才士)들을 판정하는 것이다. 그들의 배타적인 세계는 정말 우스꽝스럽기 짝이 없다.

533 대중

대중이 존재하는가? 대중이란 무엇인가? 대중은 어디에 있는가? 대중은 어떤 기관을 통해 의지를 표현하는가? 대중은 멸시하거나 심취할 때 의견을 밝히는 것이라고 생각하는 것은 아닌가? 높으신 분에게 "대중이 반대한다"고 말하면, 그는 "나에게도 대중이 있는데 그들은 찬성하고, 나는 그들로 충분하다"고 답한다.

또 다른 높으신 분은 "내가 원하는 대로 대중이 말하게 할 수 있다. 그들에게 어떤 인상을 주는 것은 전적으로 나에게 달렸다"고 말한다. 그의 말은 적어도 얼마 동안은 사실이다.

『마호가니』의 저자가 아주 무례한 어조로 다룬 바 있는 대중이란 도대체 무엇일까? 대중이 모이는 장소가 없고 파리에서는 단일한 목소리가 형성될 수 없으므로 대중은 정의하기가 불가능한 복합체이다.

화가가 대중의 진정한 모습을 표현하려고 한다면 다음과 같이 그릴 수 있을 것이다. 머리는 길며, 옷에는 장식줄이 붙어 있고, 테 없는 모자를 쓰고, 옆구리에 칼을 차고, 짧은 외투를 입고, 뒤축이 붉은 구두를 신고, 손에는 까마귀 부리 모양의 지팡이를 들고, 어깨에는 견장을 달고, 왼쪽 단춧구멍에는 십자가를 달고, 오른쪽 팔에는 모피 완장을 한 사람이다. 이분이 옷을 입은 방식과 거의 비슷하게 이치를 따지리라는 것은 자명하다.

읽어본 사람이 거의 없지만 『협잡꾼 또는 의사 사크로통』이라는 제목의 아주 뛰어난 작품을 예로 들고 싶다. 이 희극은 대중을 묘사한다. 대중은 크기와 얼굴이 제각각인 여러 개의 마네킹으로 표현된다. 협잡꾼은 퐁뇌프에서의 데뷔를 앞두고 겁을 먹은 제자의 담력을 길러주기 위해 이 마네킹들을 사용한다. 협잡꾼은 제자에게 이 무시무시한 대중의 실체를 보라고 소리친다. 제자는 대중이 마네킹들이 모인 것에 불과하다는 점을 확인하고 대담하게 말을 하고 연설을 하게 된다.

그럼에도 불구하고 대중은 존재한다. 하지만 이 대중은 이해하기도 전에 심판을 내리려고 설치는 대중이 아니다. 모든 견해들이 서로 부딪힌 다음에는 진실을 대변하는 어떤 결론이 내려지는데, 이것은 절대로 사라지지 않는다. 하지만 이런 대중은 아주 수가 적고, 흥분하지 않으며, 당파심도 없고, 서두르지도 않는다. 대중은 높으신 분들 댁 대기실에 오지 않는다. 이런 대중에 대해 세비녜 부인은 "대중은 미치지도 부당하지도 않다"라고 말했다. 재기발랄한 또 다른 여인은 "왜냐하면 이성이 옳다는 것이 언제나 밝혀지기 때문이다" 라고 말했다.

534 일화

부자들을 위해서만 진료를 하는 유명한 의사가 부유한 사람 집에 불려갔다. 의사는 기꺼이 부자를 돌보기로 했다. 환자가 회복하는 동안에 그의 하인이 몸져누웠다. 회복기 환자는 의사를 배웅하면서 하인 방에 잠깐 들러 조언을 해달라고 청했다. 의사는 주인에게 그 조언을 해주었다. 그런데 주인이 한 달 후에 의사에게 자기 집에 들러달라고 연락을 했지만, 의사는 오지 않았다.

이런 소행에 놀란 주인은 어떤 집에서 의사와 마주치자 그 이유를 물었다. 의사는 이렇게 대답했다.

> 저에게 편지를 쓰시면서 선생을 위한 것인지 선생의 하인을 위한 것인지를 밝히지 않으셨습니다. 그래서 제가 댁에 가지 않은 것입니다. 저는 하인들을 위한 진료는 하지 않는다는 것을 확실하게 알려드립니다.

535 2수짜리 동전

돌을무늬가 거의 지워진 2수짜리 동전은 끊임없는 다툼의 대상이고, 시장에서 자주 난투극을 일으킨다. 인부 두 사람이 2리야르[108] 때문에 서로 턱을 부술 정도로 싸운다. 이렇게 모든 것은 상대적이다.

화폐법원은 2수짜리 동전이 표시가 있든 없든 통용되길 원했다. 모든 판매인들은 완전 독단으로 2수짜리 동전을 6리야르짜리로 가치를 떨어뜨리려고 고집을 부렸다. 그래서 2수짜리 동전에 십자가를 그려서 닳았다는 표시를 했다. 그런데 동전에 이렇게 줄을 긋는 행위를 금지했다. 이 논쟁은 엄청난 주먹질과 소란을 촉발했다. 20분 동안 고래고래 소리를 지른 후에야 동전의 가치를 확정할 수 있었다.

에스파냐에서 사용되는 방식을 따르는 것이 쉬울지도 모르겠다. 남자들이 새 동전으로 가득 찬 바구니를 들고 다니면 사람들이 헌 동전을 교환하는 것이다. 실제로 동전 폐기물은 정부가 전적으로 책임져야 한다. 파리인들은 이에 대해 정치적 이유를 대지는 않을 것이지만, 본능적으로 느낀다. 파리인들은 표상 기호에서 손해를 보게 강요를 당하면 아주 크게 소리친다. 표상 기호는 불변이어야 한다. 마멸된 동전도 새 동전과 마찬가지로 또 가치가 조금도 줄지 않은 채 통용되어야 한다.

108 1리야르는 4분의 1수이다. 따라서 2수짜리 동전은 8리야르로 환산된다.

536 옷가게 여점원

판매대에 일렬로 앉아 있는 그녀들은 창유리를 통해서 보인다. 그녀들은 유행이 만들어내고 바꾸는 깃장식, 장신구, 리본장식을 배열한다. 우리는 그녀들을 자유롭게 쳐다보고, 그녀들도 우리를 자유롭게 바라본다.

이런 가게들은 모든 길에 있다. 갑옷과 검만 있는 무기판매상 가게 옆에 얇은 천, 깃털, 리본, 꽃, 여성용 모자만 보이는 것이다.

손에 바늘을 들고 판매대에 앉아 있는 이 처녀들은 길에서 시선을 떼지 않고 어떤 보행자도 놓치지 않는다. 길 바로 옆에 위치한 판매대 자리는 언제나 최고로 인기가 좋다. 지나가는 남자들이 항상 흠모의 눈길을 던지기 때문이다.

처녀는 모든 시선을 즐기며 애인이 그렇게 많다고 상상한다. 보행자들은 계속 바뀌고 그녀의 즐거움과 호기심을 증가시킨다. 이 앉아 있는 직업이 참을 만한 것은 눈길을 던지고 받는 낙이 있는 덕이다. 판매대에서 제일 예쁜 처녀가 제일 좋은 자리를 차지하게 마련이다.

이런 가게들에는 추한 얼굴 바로 옆에 매력적인 얼굴이 있다. 나도 모르게 터키의 궁전을 상상하게 된다. 예쁜 여자는 총애를 받는 왕비의 반열이고, 추한 여자는 그 몸종이리라.

여러 명의 처녀들이 아침에 깃장식이 담긴 바구니를 들고 미용실에 간다. 자기들의 경쟁자인 미녀들의 얼굴을 단장해 주어야 한다. 그녀들은 여성 특유의 은밀한 질투심을 억누르고, 돈을 내면서 거만하게 구는 모든 여자들을 아름답게 꾸며주어야 한다. 때로는 처녀가 너무 예쁜 나머지 돈 많은 귀부인의 오만한 얼굴이 빛이 바래고 만다. 수수한 옷차림의 이 처녀 점원에게는 화장이 필요하지 않다. 그녀의 매력은 멋쟁이의 모든 화장술을 압도한다. 귀부인의 추종자는 단번에 마음이 흔들린다. 그는 몸종도 내세울 조상도 없는 처녀의 생기 넘치는 입술과 진홍빛 뺨을 거울로 훔쳐보느라고 여념이 없다.

점원이었다가 사륜마차를 타는 신분으로 도약한 처녀가 한둘이 아니다. 그녀는 한 달 후에 고개를 높이 쳐들고 의기양양하게 쇼핑을 하러 돌아온 것이다. 옛 여주인과 절친했던 동료들은 질투로 말라죽을 지경이다.

이제 그녀는 판매대에서 해방되었고 꽃다운 나이의 모든 선물을 즐기고 있다. 그녀는 7층 집의 휘장도 없는 침대에서 자면서, 소송대리인 사무실의 비쩍 마른 서기의 영양가 없는 흠모나 받는 신세가 더 이상 아니다. 그녀는 우아한 마차의 드라이브를 즐긴다. 이런 본보기를 따르고 싶은 모든 여점원들은 거울과 한심한 간이침대를 차례로 쳐다보면서, 바늘을 집어던지고 노예와 같은 상태에서 벗어날 순간을 운명이 주길 기다린다.

신부, 군인, 젊은 갑부가 이런 가게 앞을 지나가다가 미인들을 보려고 들어온다. 쇼핑은 핑계일 뿐이고, 물건이 아니라 점원을 보는 것이다. 젊은 갑부는 헐렁한 소매를 사고, 명랑한 신부는 비단 레이스를 요구한다. 그는 길이를 재는 견습 점원의 자를 들어주고, 그녀는 그에게 미소를 짓는다. 호기심이 모든 신분의 보행자들에게 여성용 옷가지를 구입하게 만든다.

몇몇 옷가게는 검소한 방식으로 꾸며져서 다른 가게와 강한 대조를 이룬다. 여기서는 모든 여점원들이 은둔자 같다. 강요된 순결의 손길이 고급 매춘부들이 차려입는 육감적인 옷을 배열한다. 고급 매춘부들에게 옷을 입히지만, 그녀들을 따라하지 않는 것이다. 오페라 극장의 여배우들에게 아낌없이 제공되는 유혹용 장신구들을 여점원들은 단 하나도 사용할 수 없다. 오페라 극장의 여배우들을 위해 일하면서도 그녀들을 쳐다보는 것조차 허용되지 않는다. 엄격한 감시의 눈길 밑에서 방종의 상징들을 판매하는 이 여점원들은, 소스 맛을 절대로 볼 수가 없는 요리사와 비슷한 셈이다.

그러나 가게 여주인은 자기가 세우고 유지시키는 기적적인 질서에 너무나 놀라, 마치 천지개벽이라도 일어난 것처럼 아무에게나 자랑을 한다. 마치 그녀가 우주를 상대로 내기라도 한 것 같다. 그녀는 다음과 같은 이야기를 역사에 남기고 싶은 모양이다. '모든 여점원들이 정숙한 옷가게가 파리에 딱 하나 있는데, 이 놀라운 현상은 여주인이 정숙함의 모범을 보이고 잘 감독한 덕이다.'

패션이 예술이라는 점을 말하지 않았다. 이 예술은 사랑을 받고 승승장구하며 이 시대에 존경과 배려의 대상이 되었다. 이 예술은 왕궁에 들어가 환대를 받는다. 옷가게 여주인은 경비들 사이를 통과하여 고위 귀족도 들어가지 못하는 거처로 들어간다. 거기서 드레스를 결정하고 모자를 선택하고 멋진 주름의 모든 효과를 검토한다. 패션 덕에 타고난 미모에 매력이 추가되어 왕비 폐하가 더욱 아름다워진다.

이런 의상을 디자인하는 사람과 제작하는 사람 중에서 누가 영광을 누릴 자격이 있는가? 대답하기가 어려운 질문이다. 여기서 "창조하면 너는 살 것이다"라고 말할 수 있을까? 유럽의 모든 여성용 모자를 바꾸고 아메리카와 아시아에 우리의 여성용 목도리를 유행시킨 풍부한 아이디어가 어떤 여자의 머리에서 나왔는지를 누가 아는가?

2명의 옷가게 여주인이 2명의 위대한 시인처럼 최근에 치열한 경쟁을 벌였다. 그 결과 알렉상드르나 볼라르에게서 오래 배웠다고 천재성이 생기는 것은 아니라는 점이 밝혀졌다. 허름한 제브르 강둑길의 옷가게 여주인[109]이 이전의 모든 기법을 무시하고, 오래된 가게들의 기록을 거부하고 도전하여 경쟁자들의 기술 전체를 뒤엎어 버렸다. 그녀는 혁명을 일으켰고, 그녀의 빛나는 천재성이 승리하여 왕가에서 그녀를 받아들이게 되었다.

왕의 행렬이 수도 안으로 진입할 때, 포도가 고귀한 엘리트 군인들이 올라탄 준마들의 편자 밑에서 불꽃을 튀길 때, 모든 사람이 창가에서 구경할 때, 모든 시선이 눈부신 이륜마차 속으로 집중될 때, 왕비는 눈을 들어 미소로 그 옷가게 여주인에게 경의를 표한다.

질투심에 초췌해진 경쟁자는, 인기 작가를 공격하는 기사를 써대는 기자처럼, 승리자의 성공을 시기하고 깎아내리려고 발버둥친다. 하지만 왕비는 패션의 심판이며, 그녀의 취향이 곧 법이고, 그 법은 언제나 자애롭다.

옷가게 여주인들은 솜씨 좋은 옷가지들로 프랑스 전체와 이웃나라들을 석권했다. 유럽의 모든 여자들은 몸치장에 관련된 모든 것을 열광적으로 받아들였다. 그 정도로 가짜가 보편화되었다. 그래도 이 드레스, 장식, 리본, 얇은 천, 헝겊 모자, 깃털, 비단 레이스, 모자 때문에 혼인 적령기의 150만 처녀들이 결혼을 하지 않고 있다.

남편은 누구나 옷가게 여주인을 두려워하고 만나면 질겁한다. 독신남은 여자들이 그 모자, 의상, 깃털장식을 숭배하는 것을 보고 깊이 생각하고 따져본 다음에 총각으로 남는다. 하지만 미혼녀들은 옷 장식과 모자를 남편만큼 사랑한다고 말할 것이다. 좋으실 대로.

109 마리앙투아네트의 의상을 공급한 로즈 베르탱(Bertin)을 말한다. 그녀의 작품(특히 모자와 헝겊 모자)에 왕비가 심취했기 때문에 악의적인 여론이 조성되었다.

537 카르멜회 수녀

루이 15세의 막내딸인 루이즈 드 프랑스(본명은 루이즈마리 드 프랑스) 전하가 카르멜회에 들어가 생드니 수녀원에서 서원을 했다. 궁정을 포기하고 수녀원의 고행을 선택한 것은 당시에 커다란 파문을 일으켰다.

루이 14세의 연인이었던 라발리에르 공작부인 역시 1675년에 카르멜회 수녀가 되어 35년간 사랑과 속죄의 눈물 속에서 살았다.

카르멜회 수녀들의 생활방식은 매우 엄격하지만, 절제와 규칙적인 생활 덕에 장수한다. 습관적인 금식은 사람의 생명을 연장시킨다. 정확한 식이요법 덕에 장수하는 강인한 사람들은 대개는 수도원에 있다. 이런 사실은 이승의 삶에만 집착하고 인생을 즐기려고 하는 속인들이 성찰해야 할 주제이다. 속인들은 탐식해서는 안 된다. 우리가 카르멜회 수녀들에게서 본받아야 하는 점이 바로 이것이다. 아주 간소하게 먹고 마시며, 음식의 양은 항상 똑같이 아주 적어야 한다. 여기에 절식을 하면 생명력이 증가된다. 또 엄격한 절제에 의해 부단히 폭음폭식을 피해야 한다.

이처럼 카르멜회 수녀들은 형제자매인 모든 인간들에게 영원한 가르침을 준다는 점, 진수성찬 지지자들에게 식이요법을 권장한다는 점에서 도움이 된다. 이 탐식가들 무리는 약간의 빵, 야채, 물로 충분히 생명과 건강, 힘을 모두 유지할 수 있다는 것을 감히 상상하지도 못한다.

생드니 카르멜회의 루이즈마리 드 프랑스 수녀는 자신이 보여준

본보기에 고무된 맨발의 카르멜회 수사 여러 명이, 원래의 수도회 회칙의 몇몇 조항들에 대한 위반을 단죄하고 더욱 열성적인 종교인으로서 계율을 엄격하게 지키는 것을 보고 위안을 받았다.

루이즈마리 드 프랑스 수녀는 이처럼 갸륵한 움직임을 보호하기 위해 지엄한 부친에게 교황의 교서를 얻어달라고 간청했다. 맨발의 카르멜회 수사들이 더욱 엄격한 규율을 지키며 살도록 허락한 교황의 교서는 그들의 영웅적 행위에 대한 보상이었다. 그들이 샤랑통에서 카르멜회 수녀들의 교화를 담당하고 있다.

트뤼블레 신부[110]는 "내가 인간 중에서 가장 행복한 자 또는 가장 불행한 자를 찾아야 한다면 수도원으로 갈 것이다"라고 말했다. 이것은 심오한 격언이다.

110 Trublet(1697~1770): 1736~1739년에 『주르날 데 사방』의 편집자였고, 1761년에 아카데미 프랑세즈 회원으로 선출되었다.

538 인쇄된 취의서

욕설이 분쟁 사건을 지나치게 자주 왜곡하지 않는다면, 사회는 분쟁 사건에서 커다란 이득을 얻을 수 있을 것이다.

어조 또는 숨겨진 이익을 위해, 가장 명백하고 가장 유용한 일에 이의를 제기하고 모든 것을 문제투성이로 만들어버리는 사람들이 있게 마련이다. 이 '다변가'들은 정의와 질서를 적대시하고, 피압제자를 위한 공적 변호마저 비난한다. 하지만 이런 공적 변호는 압제자에게는 언제나 공포의 대상이고, 대중을 계몽함으로써 법관들을 인도하고 그들의 많은 탈선을 막아줄 수 있다. 민심은 천심이다.

인쇄술의 발명을 신이 인간에게 내린 선물이라고 보는 것은, 다른 무엇보다 인쇄술이 이름도 없고 돈도 없는 불우한 사람의 권리에 나라 전체가 관심을 갖고 주목하게 만드는 데 기여할 수 있기 때문이다. 악하고 부정한 사람들이 수치스러운 행동을 감춰놓은 암흑 속으로 갑자기 횃불이 들이닥칠지도 모른다는 생각보다 더 그들을 짜증나게 만드는 것은 없으리라.

정직한 사람은 사생활에 대한 조사를 전혀 두려워하지 않는다. 그는 고결한 로마인을 따라서 투명한 집에서 살기를 마다하지 않을 것이다. 재판관들의 눈 아래에서 벌어지는 분쟁을 대중 앞으로 옮겨오는 제도는 보존되어야 할 가치가 충분하다. 그렇게 된다면 문제의 모든 측면이 파악되고 논의될 것이기 때문에 재판이 훨씬 믿을 만하게 진행되리라.

여론의 공명정대함과 힘은 철학자가 찬탄해 마지 않는다. 여론이 잘못을 범하는 경우는 거의 없다. 또 여론은 잘못을 범할 때에도 상당히 정확한 지적을 하기 때문에 큰 도움이 된다.

사람들이 교활하고 간교해지면 불의가 공정의 탈을 쓰고 불공정의 깊이는 더욱 깊어진다. 그러면 대담한 자만이 이를 타파할 수 있다.

부자는 자기 변호를 위해 최고의 능력을 동원하고, 자신의 횡령을 웅변의 위압적인 외관으로 두둔할 수 있다는 점에서 가난뱅이와는 상대가 되지 않는다. 가난뱅이는 혼자이다. 가난뱅이가 대중의 관심을 불러일으키고, 그의 변호인에게 사심이 없는 용기에 동반되는 명예를 보장해 줄 수 있는 수단이 없다면, 그는 쓰러지고 말 것이다.

보는 눈이 없다고 생각되면 법을 짓밟는 불의에 대해 가장 무서운 제동은 그 폭력을 폭로하겠다는 위협이다. 그러면 불의는 벌벌 떨고 치욕을 당할 것이 두려운 나머지 양심의 법정에서 부인했던 것을 인정하게 된다.

거듭 말한다. 음흉한 사람들의 정체를 폭로하고 위선자들에게 겁을 주며 악인의 범죄를 예방하는 데 적합한 이런 관습에 대해 이의를 제기할 수 있는 사람은 인생에서 어두움을 추구하는 자들뿐이다. 악인은 대개 참회보다는 치욕을 더 두려워한다.

이런 장점을 악용할 수 있고 또 악용했다는 점을 숨기지는 말자. 인간이 악용하지 않은 것은 없다. 하지만 이런 악용은 그 수가 너무나 적기 때문에, 분쟁 사실의 공개에서 산출되는 유용성을 상쇄할 정도는 아니다. 언제나 진실은 밝혀지게 마련이고 진실을 부정하지는 못한다. 중상모략은 오래가지 못하고 언젠가는 드러나게 마련이다. 부당한 취의서는 삭제되고 그 저자들은 낙인이 찍힌다.

문인이라는 직업은 변호사 직업과 연결되지 않을 수가 없다. 어쩌면 고대에서처럼 문인과 변호사는 하나의 똑같은 신분이어야 할지도 모른다. 그러나 늙은 변호사들은 자기가 작성하지도 않은 소송 서류에 서명을 하는 이권을 독점하기 위해, 거추장스러운 동업자들인 젊은 변호사들에게 선전포고를 했다. 늙은 변호사들은 모든 장벽을 동원하여 고귀한 직업의 자유를 박탈하고 위대한 영혼의 원동력을 파괴해 버렸다. 그들은 이 직업의 자유화를 가로막았다. 그 결과, 오늘날의 변호사 명부는 변호사회를 소송대리인 공동체에 불과하게 만들어 버렸다.

539 남편

라누의 이 두 시구가 남편들을 정말 잘 묘사하고 있는 것 같다.

> 불평은 미련한 사람의 몫이고, 소란은 바보의 몫이다.
> 오쟁이 진 정직한 남자는 말없이 사라진다.

치욕은 의도적으로 당하려는 사람에게만 영향을 미친다. 사건이 알려지지 않는 한(오늘날 모든 것은 상식적으로 이루어진다) 남편은 조금도 책임이 없다. 하지만 사건이 폭로되면 남편은 약간 강하게 나올 수 있다. 보통 그는 망신스러운 가정사를 법정으로 끌고 가지는 않는다. 그는 부인에게 말한다. "당신을 불행하게 하고 싶지는 않소. 자유의 몸이 되게 하고 이러이러한 연금계약을 주겠소. 당신이 어떤 장소로 가건 그 수입은 지급될 것이오. 그 대신 우리는 다시는 만나지 맙시다. 다만, 소문이 사라지도록 잠시 동안이라도 수도를 떠나주길 바라오. 이 경박한 나라에서는 새로운 소문이 지난 소문을 아주 쉽게 없애준단 말이오."

이것은 훌륭한 타협이다. 부인은 수도를 포기한다는 점을 아주 소리 높여 강조한다. 그녀는 "어떻게 시골에서 살 수 있단 말이에요?"라고 소리친다. 그녀의 절친이 이제는 거의 모든 도시에서 파리식으로 산다고 말해도 소용없다. 그녀는 자기가 떠나는 것을 남편이 고맙게 생각해서 연금을 올려주길 원한다.

파리의 남편들은 집에서 절대적인 주인이 아니다. 그들의 부인은 순종하고는 거리가 멀다. 부부 사이에는 평등의 기운이 넘친다. 남편의 뜻이란 것은 없다. 각자 자기 방식대로 살고 오락과 모임을 선택한다. 부인을 학대하고 기분을 상하게 하는 짓은 가증스럽고 대개는 비난을 받는 일이다. 하지만 각자 생활을 어떻게 하더라도 상대를 존중하지 않는 법은 없다. 함께 있는 부부를 보라. 그것은 화합의 모습이고, 우정은 아닐지라도 정성 어린 배려의 언어이다. 부부 싸움은 결코 외부로 드러나지 않는다. 정말 큰 망신이기 때문이다. 까다롭고 오만한 여자가 더 합리적인 남편을 만나는 것이 일반적이다. 남편은 부인에게 지고 그녀의 변덕을 웃어넘길 뿐이다.

부부는 가정의 이익에 의해 내밀하게 연결되어 있다. 그들은 협력하고 또 신중하게 가정의 이익을 지킨다. 파리의 관습은 부인들이 다른 곳에서는 소유하지 못하는 아주 광범위한 권리를 인정한다. 그래서 모든 일에 대해 부인들의 의견을 구하고, 그녀들의 동의가 있어야 한다. 부인 없이는 어떤 거래도 이루어지지 않는다.

부부가 각자 방탕한 삶을 산 다음에 서로 인정하게 되어 인생의 황혼기에 재결합하기도 한다. 그들은 서로 상대방의 잘못을 용서한다. 그러면 감미로운 우정이 노년기를 즐겁게 만든다. 그들은 아무것도 대신할 수 없는 가정의 행복을 좀 늦었지만 누리게 된다. 어떤 부부들은 제단에서 맹세를 하지 않았더라도 평생을 한결같이 서로 사랑했을 것이다.

남편들이 아내의 부정을 눈감아 준다는 모든 옛날 이야기들은 어떤 사회에서도 통하지 않는다는 점을 외국인들에게 알려줄 필요가 있다. 부인들의 부정에 관한 이야기는 멋진 작은 시구로만 서술된다는 점도 알려주어야 한다. 그런 시구는 귀부인들 모임에서 공개적으로 읽어도 된다. 그러나 남편이 오쟁이 진 이야기는 산문으로 하는 법이 결코 없다. 그런 이야기는 시적으로 보여야 사교계에서

통한다. 자신이 당한 이야기를 악의 없이 식사 자리에서 여자들에게 하는 얼빠진 남자들이 있다. 이렇게 거북살스러운 사건이 모임에서 반복될 수 있기 때문에, 오쟁이 진 남편에 대해서는 절대로 농담을 하지 않기로 약속들을 한다. 이 규칙은 아주 현명한 것이다.

540 새로운 장르의 팬터마임 배우들

기발한 재능을 타고난 3명의 남자를 보았다. 그들은 날면서 왱왱거리는 파리, 닫히는 문, 떨어지는 열쇠, 깨지는 그릇의 작은 소리처럼 누구도 흉내 낼 생각을 하지 못하는 것을 완벽하게 흉내를 냈다. 그 다음에는 수녀 20명의 노래가 들리는데, 낭랑한 목소리와 쉰 목소리가 구별이 된다. 행렬이 장애물 때문에 멈춰서고 신부들의 조심스러운 목소리와 마부들의 거친 목소리가 들린다. 눈은 이 모든 다양한 어조를 만들어내는 사람을 보고, 귀는 그 어조들의 사실성과 정확성에 감탄을 금하지 못한다.

동일한 사람이 신속하게 여러 인물로 변신하여 울고 웃고 노래하며 흐느끼고 하품하고 기침하고 귀머거리, 멍청이, 장님, 통풍환자가 된다. 각각의 장면은 번개처럼 지나간다. 그는 미묘하고 섬세하며 순간적인 뉘앙스들에 의지하여 다양한 외모를 놀랍고 믿기지 않을 만큼 기민하게 만들어낸다.

이 진귀하고 특이한 재능을 외국인들에게 설명하기는 힘들 것 같다. 눈으로 직접 보아야 하기 때문이다. 라뒤메닐의 비장한 연기, 작고한 푸아송의 매력, 당주빌의 순박함을 글로 표현하기가 불가능하다고 하는데, 이런 팬터마임 배우들의 섬세한 연기를 묘사하는 것은 더욱 어렵다고 생각한다. 자연의 다양한 사건들을 멋지게 흉내 내는 이들은 우리나라 극장에 올릴 생각을 하지 못한 수많은 표정들을 보여준다. 우리나라 극장들은 이 섬세하고 민첩한 흉내를 감상하기에는 너무 클지도 모르겠다. 이런 팬터마임 배우들을 보고 들어야 한다. 그러면 어떻게 모방의 기술이 그 정도로 완벽할 수 있는지 이해가 가지 않을 정도이다. 팬터마임 배우들을 본 후에 왕의 배우라고 불리는 프레빌의 공연을 보러 가면, 그의 연기는 과장되고 부자연스럽게만 보일 것이다.

541 오텔 드 라포르스

이 저택은 포르스 백작 자크 드 코몽[111]의 것이었다. 이 저택은 어쩌다가 진짜 형무소가 되었다. 서민들은 오텔 드 라포르스라는 이름이 쪽문, 열쇠, 커다란 빗장에서 왔다는 생각을 머리에서 지우지 못할 것이다. 이처럼 오래된 것들의 기원이 민중의 무지와 고집 때문에 모호해지는 경우가 적지 않다.

이 감옥은 인류의 대의를 옹호하는 작가들의 정당한 항의 덕에 선이 실행된 본보기이다. 따라서 글을 써야 한다. 아니, 통치를 하는 쪽을 괴롭혀야 한다. 잘못은 형벌로 다스려서는 안 되고, 과실은 범죄와는 구분되어야 한다. 가혹한 법에 잔인한 망각이 추가되어 이 지하의 감방들과 통로가 만들어진 것이다.

루이 16세는 이 끔찍하고 비참한 장소를 온정이 넘치는 시선으로 둘러본 다음에(그가 축복을 받기를!), 죄수들의 처지를 개선하고 소름끼치는 절망감을 완화시켜 줄 수 있는 편의시설을 제공해 주었다. 오늘날 근거가 없는 잔인한 행위라고 인정된 고문은 지하 감방과 함께 철폐되었다.[112]

111 앙리 4세에게 충성한 전우의 후손인 라포르스 공작(Jacques de Caumont, 1558~1652)은 1598년에 이 저택의 소유자가 되었다. 라포르스 저택은 파베 길, 루아드시실 길, 풀티에 저택, 라무아뇽 저택 사이에 있었는데, 이곳은 1715년에 두 부분으로 나누어졌다. 여러 번에 걸쳐 소유자가 바뀐 이 저택은 1780년에 라 그랑드포르스 감옥이 되었다. 1782년에 포르레베크 감옥의 죄수들이 이곳으로 이송되었다. 이 감옥은 채무로 인한 죄수들 또는 배우들을 비롯한 풍기사범들을 수용했다.

112 고문은 1780년 4월 24일에 철폐되었다. 지하 감방들은 거의 없어지거나 폐쇄되었

루이 16세는 이런 종류의 선행을 베푸는 여러 개의 칙령을 내렸다. 그의 동상 주위에는 그의 치세 동안 공포된 이런 칙령들만 기록해도 충분할 것이다. 이처럼 고통받는 사람들을 위한 새로운 칙령들을 국민들이 기대하고 있다. 그런 칙령들이 계속 나올 것이다. 왕에게서 인간적인 면모를 보는 것은 얼마나 멋진 일인가!

다. 루이 16세 치세 초기부터 다루기 어려운 죄수들과 잘못을 저지른 간수들만 수감하던 바스티유 감옥의 지하 감방들은 네케르의 주도로 폐쇄되었다. 1782년에 프티 샤틀레의 철거로 이 감옥의 지하 감방들도 사라졌다. 1788년에는 이런 조치가 거지들 감옥으로 확대되었고, 비세트르의 지하 감방들도 폐쇄되었다.

참고문헌

1. 사전류

Dictionnaire de L'Académie, 1694.

Encyclopédie, 1751-1772.

Dictionnaire de Trévoux, 1771.

Bely, Lucien, *Dictionnaire de l'Ancien Régime*, PUF, 1996.

Bluche, François, *Dictionnaire du Grand Siècle*, Fayard, 1990.

Bollème, Geneviève, *Dictionnaire d'un polygraphe, textes de L. S. Mercier établis et présentés par G. Bollème*, collection 10/18, Union Générale d'Éditions, 1978.

Chéruel, Adolphe, *Dictionnaire historique des Institutions, moeurs et coutumes de la France*, Hachette, 1855.

Franklin, A., *Dictionnaire historique des arts, métiers et professions exercés dans Paris depuis le treizième siècle*, H. Welter, 1905-6.

Hillairet, Jaques, *Dictionnaire historique des rues de Paris*, 1957.

Lalanne, L., *Dictionnaire historique de la France contenant pour l'histoire civile, politique et littéraire... pour l'histoire militaire... pour l'histoire religieuse... pour la géographie historique*, Hachette, 1872.

2. 파리에 관한 연구

Bancquart, Marie-Claire, *Le Paris des surréalistes*, Seghers, 1972.

———, *Images littéraires du Paris, fin de siècle*, La Différence, 1979.

Benjamin, Walter, "Paris, capitale du XIX siècle" (1935), *Essais 1935-1940*, Denoël-Gonthier, 1983.

———, "Paysages urbains", *Sens unique*, Letters nouvelles-Maurice Nadeau, 1972.

Bourguinat, Elisabeth, *Les Rues de Paris, au XVIIIe siècle*, Paris-Musées, 1999.

Caillois, Roger, "Paris, mythe moderne", *Le Mythe et l'Homme*, Gallimard, 1938.

Caramaschi, Enzo, "Ville et individu", *Corps écrit*, n° 29: *La Ville*, PUF, 1989.

Citron, Pierre, *La Poésie de Paris dans la littérature française de Rousseau à Baudelaire*, Ed.

de Minuit, 1961.

Corbin, Alain, *Le Miasme et la Jonquille. L'Odorat et l'Imaginaire social. XVIIIe-XIXe siècles*, Aubier, 1982.

Davies, Simon, "Paris and the Provinces in 18th Century Prose Fiction", *Studies on Voltaire*, n° 214, 1982.

Ehrard, Jean, "L'Ami des hommes, Paris et la Capitale du Royaume", *Les Mirabeau et leur temps*, Société des études robespierristes, 1968.

Guichardet, Jeannine (éd.), *Errances et parcours parisiens de Ruteboeuf à Crevel*, Sorbonne Nouvelle, 1986.

Hillaire, Norbert, "L'Ange et le Flâneur", *Lumières de la ville*, n° 1, 1989.

Joly, Robert, *La Ville et la civilisation urbaine*, Messidor, 1985.

Jüttner, Siegfried, "Grossstadtmythen. Paris-Bilder des 18 Jahrhudert. Eine Skizze", *Deutshe Vierteljahsschrift für Literaturwissenschft und Geitesgeschichte*, 1981.

Kahn, Gustave, *L'Esthétique de la rue*, Charpentier, 1901.

Macchia, Giovanni, *Paris en ruines*, Flammarion, 1988.

Oster, Daniel et Jean Goulemot, *La Vie parisienne. Anthologie des mœurs du XIX siècle*, Sand/Conti, 1989.

Plumyène, Jean, *Trakets parisiens*, Julliard, 1984.

Rieger, Dietmar, *Diogenes als Lumpensammler. Materialien zu einer Gestalt der französischen Literatur des 19* Jahrhunderts, München, Fink, 1982.

Roncayolo, Marcel, *La Ville et ses territoires*, Gallimard, 1990.

Sansot, Pierre, *Poétique de la ville*, Klincksieck, 1971.

Simmel Georg, "Les grandes villes et la vie de l'esprit"(1903), *Philosophie de la modernité. La Femme, la ville, l'individualisme*, Payot, 1989.

La Ville au XVIIIe siècle. colloque d'Aix-en-Provence, Édisud, 1975.

La Ville. Histoire et mythe, éd. par M.-C. Bancquart, université de Nanterre, 1984.

Paris au XIXe siècle. Aspects d'un mythe littéraire, colloque de Francfort, Presses universitaire de Lyon, 1984.

Paris et le phénomène des capitales littéraires, carrefour ou dialogue des cultures, Paris-Sorbonne, 1986.

3. 파리의 역사와 건축사

Babeau, Albert, *Paris en 1789*, Firmin-Didot, 1889.

Benevolo, Leonardo, *Aux sources de l'urbanisme moderne*, Horizons de France, 1972.

Bertaud, Jean-Paul, *La Vie quotidienne des Français au temps de la Révolution 1789-1795*, Hachette, 1983.

Braham, Allan, *L'Architecture des Lumières de Soufflot* à *Ledoux*, Berger-Levrault, 1982.

Chagniot, Jean, *Paris au XVIIIe siècle*, Hachette, 1988.

Couperis, Pierre, *Paris au fil du temps. Atlas historique d'urbanisme et d'architecture*, Joël Cuénot, 1968.

Farge, Arlette, *Le Vol d'aliments* à *Paris*, Plon, 1974.

———, *Vivre dans la rue* à *Paris au XVIIIe siècle*, Gallimard, 1979.

———, *La Vie fragile. Viloence, pouvoirs et solidarités* à *Paris au XVIIIe siècle*, Hachette, 1986.

Fournel, Victor, *Le Vieux Paris. Fêtes, jeux et spectacles*, Tours, Mame, 1887.

Gallet, Michel, "Ledoux et Paris", *Cahiers de la Rotonde*, n° 3, 1979.

Gaxotte, Pierre, *Paris au XVIIIe siècle*, Arthaud, 1968: rééd. 1982.

Godechot, Jacques, *La Vie quotidienne en France sous le Directoire*, Hachette, 1977.

Histoire de la France urbaine, t 3: *La Ville classique*, éd. du Seuil, 1981.

Kaplan, Steven L., *Les Ventres de Paris, Pouvoir et Approvisionnement dans la France d'Ancien Régime*, Fayard, 1988.

Kapufmann, Emil, *L'Architecture au siècle des Lumières*, Julliard, 1963.

Lacombe, Paul, *Bibliographie parisienne. Tableaux de mœurs (1600-1880)*, Paris, 1887.

Lavedan, Pierre, *Histoire de Paris*, *3e* éd., PUF, 1977.

L'Uranisme à *l'époque moderne*, Arts et métiers graphiques, 1982.

Le Parisien chez lui au XIXe siècle. 1814-1914, Archives nationales, 1976.

Lepetit, Bernard, *Les Villes dans la France moderne (1740-1840)*, Albin Michel, 1988.

Le Roy Ladurie, Emmanuel, *La Ville classique*, *Histoire de la France urbaine*, t. III, sous la direction de Georges Duby, Seuil, 1981.

Le Sain et le Malsain, numéro spécial de la revue *Dix-huitième siècle*, n° 9, 1977.

Les Architectes de la liberté. 1789-1799, École nationale supérieure des beaux-arts, 1989.

Loyer, François, *Paris XIXe siècle. L'immeuble et la rue*, Hazan, 1987.

Moser, Monique et Daniel Rabreau, *Charels de Wailly, peintre architecte (1730-1798)*, Caisse nationale des monuments historiques, 1979.

Paris et la Révolution, colloque de Paris, éd. M. Vovelle, Publications de la Sorbonne, 1989.

Paris, genèse d'un paysage, sous la direction de Louis Bergeron, Picard, 1989.

Quétel, Claude, *La Bastille. Histoire vraie d'une prison légendaire*, Robert Laffont, 1989.

Rabreau, Daniel et Moser, Monique, "Paris en 1779: l'architecture en question", *Dix-huitième siècle*, n° 11, 1979.

Radicchio, Giuseppe et Michèle Sajous d'Oria, "Parigi: i teatrinegli anni della Rivoluzione", *Atoria della citta*, n° 47, 1989.

Roche, Daniel, *Le Peuple de Paris. Essai sur la culture populaire au XVIIIe siècle*, Aubier-Montagne, 1981.

———, *La France des Lumières*, Paris, 1993.

———, *La Ville promise: Mobilité et accueil à Paris fin XVIIe-début XIXe siècle*, Paris, 2000.

Soufflot et son temps. 1790-1980, Caisse nationale des monuments historiques, 1980.

Soufflot et l'architecture des Lumières, Paris, 1980.

Tulard, Jean, *Paris pendant la Révolution*, Hachette, 1989.

4. 루이세바스티앵 메르시에 연구

Aggéri, Robert, *Louis-Sébastien Mercier, la Brouette du vinaigrier*, Nouveaux classiques Larousse, 1972.

Béclard, Léon, *Mercier. Sa vie, son œuvre, son temps d'après des documents inédits. Avant la Révolution (1740-1789)*, Champion, 1903.

Bonnet, Jean-Claude, *Louis-Sébastien Mercier: un hérétique*, Paris, 1995.

Bruneteau, Claude et Bernard Cottret, *Louis-Sébastien Mercier, Parallèle de Paris et de Londres*, Didier érudition, 1982.

Cousin d'Avallon, Charles-Yves, *Merciériana, ou Recueil d'anecdotes sur Mercier; ses paradoxes, ses bizarreries, ses sarcasmes, ses plaisanteries*, P. H. Krabbe, 1834.

Darton, Darnton, *The Forbidden Best-Sellers of Pre-Revolutionary France*, New York, W. W. Norton, 1996.

Delisle de Sales, "Funérailles de L. S. Mercier le 27 avril 1814", suivi de "De Mercier considéré comme homme d'Etat" et d'une "Notice raisonnée des ouvrages de Mercier", Imprimerie de L. P. Sebier fils, 1814.

Frantz, Pierre, "Appropriation bourgeoise et populaire de l'Histoire nationale dans le drame historique de Sébastien Mercier", *Cahiers d'Histoire des littératures romanes*, Heft 3-4, Carl Winter. Universitätsverlag, Heidelberg, 1979.

Girard, Gilles, *Louis-Sébastien Mercier, dramaturge*, thèse pour le doctorat de troisième cycle, université d'Aix-Marseille, 1970.

———, "Inventaire des manuscrits de L. S. Mercier à la Bibliothèque de l'Arsenal", *Dix-huitième siècle*, n° 5, 1973.

Guyot, Charly, "Mercier à Neuchâtel", *De Rousseau à Mirabeau, pèlerins de Môtiers et prophètes de 89*, Victor Attinger, 1936.

Hofer, Hermann éd., *L. S. Mercier précurseur et sa fortune*, München, Fink, 1977.

Majewski, Henry F., *The Preromantic Imagination of L. S. Mercier*, New York, Humanities Press. 1971.

Monselet, Charles, "*Mercier*", *Les Oubliés et les Dédaignés Poulet-Malassis*, 1857, repris dans *Le Plaisir et l'Amour*, anthologie choisie et présentée par Sylvain Goudemare, Ed. du Griot, 1988.

Mormile, M., *La Néologie révolutionnaire de L. S. Mercier*, Rome, 1973.

Patterson, Helen, "*Poetic Genesis: Sébastien Mercier into Victor Hugo*", *Studies on Voltaire and the 18th century*, XI, 1960.

Pons, Alain, Edition de *L'An deux mille quatre cent quarante*, F. Adel, 1977.

Pusey, William, *Louis-Sébastien Mercier in Germany. His Vogue and influence in the eighteenth century*, Columbia University Press, 1939.

Rufi, Enrico, *Les Conceptions esthétiques de Louis-Sébastien Mercier, aperçu d'une poétique laïque*, thèse pour le doctorat, université de la Sorbonne nouvelle, 1992.

———, *Le Rève laïque de Louis-Sébastien Mercier entre littérature et politique*, Oxford, 1995.

Senancour, Étienne Pivert De, "Remarques sur deux notices relatives à L. S. Mercier, mort le 24 avril à l'âge de 73 ans dix mois et demi", *Mercure de France*, mai 1814; "Sur L. S. Mercier", *Le Mercure du XIXe siècle*, vol. 6, 1824, pp. 461-470.

Trousson, Raymond, *L'An deux mille quatre cent quarante, édition, introduction et notes*, Ducros, 1971.

Varrot d'Amiens, "Tribut de mon dernier hommage aux mânes de M. L. S. Mercier, Mathiot, 1814; "Mémoires sur la vie et les ouvrages de L.-S. Mercier", 1825, B. N., dép des ms. nouv. acq. fr. 10260.

Vecchi, Paola, "La balance et la mort; progrès et compensation chez Louis-Sébastien Mercier", Actes du Septième Congrès international des Lumières, *Studies on Voltaire*, n° 264, Oxford, 1989.

Wilkie, Everett C., jr., "Mercier's *L'An 2440*: Its Publishing History during the Author's Lifetime", *Harvard Library Bulletin* vol. 1 XXXII, 1984.

5. 『파리의 풍경』에 관한 연구

Bouard, Alain de, *Table analytique de Tableau de Paris*, Imprimerie nationale, 1908.

Hayer, Horst Dieter, "Paris dans *Les Caractères* de La Bruyère et dans le *Tableau de Paris* de Mercier", *Paris au XIXe siècle. Aspects d'un mythe littéraire*, colloque de Francfort, Presses universitaires de Lyon, 1984.

Julien, Jean-Rémy, "Paris: cris, sons, bruits. L'environnement sonore des années pré-révolutionnaires d'après le *Tableau de Paris* de S. Mercier", *Orphée phrygien. Les Musiques de la Révolution*, Ed. du May, 1989.

Küpper, Joachim, "Merciers Dramentheorie und die faktographische Gattung des Tableau de Paris", *Ästhetik des Wirklichkeitsdarstellung und Evolution des Romans von der französischen Spätaufklärung bis zu Robbe-Griller*, Stuttagart-Wiesbaden, 1987.

Lough, John, "Women in Mercier's *Tableau de Paris*", *Woman and Society in Eighteenth-Century France. Essays in honor of John Stephenson Spink*, London, The Athlone Press, 1979.

Patterson, Helen "L. S. Mercier's *Tableau de Paris* (1781-1788)", *The Modern Language Review*, Cambridge, Oct. 1948.

Vissière, Jean-Louis, "La culture populaire à la veille de la Révolution d'aprés le *Tableau de Paris* de Mercier", *Image du peuple au XVIIIe siècle*, Colin, 1973.

단턴, 로버트, 『책과 혁명』, 주명철 옮김, 길, 2003.

뒤비, 조르주 · 로베르 망드루, 『프랑스 문명사』, 김현일 옮김, 까치, 1995.

샤르티에, 로제, 『프랑스 혁명의 문화적 기원』, 백인호 옮김, 일조각, 1999.

주명철, 『서양금서의 문화사』, 길, 1996.

주명철, 「루이 세바스티앵 메르시에의 앙시앵 레짐 문화비평」, 『서양사』, 책세상, 2007.

최갑수 외, 『프랑스 구체제의 권력구조와 사회』, 한성대학교출판부, 2009.

6. 「파리의 풍경」 선집

• 프랑스어본

Desnoireterres, Gustave, *Mercier: Tableau de Paris* (choix de textes) avec en préface "une étude sur la vie et les ouvrages de Mercier", Pagnerre, 1853.

Tableau de Paris. Collection des meilleurs écrivains. Librairie de la Bibliothèque nationale, 1884.

Tableau de Paris. Nouvelle édition avec notice. Dentu, 1889.

Tableau de Paris, édition abrégée, préface et notes par Lucien Roy, Louis-Michaud, 1908.

Tableau de Paris. Avant-propos de Louis Chaumeil, Horizons de France, 1947.

Tableau de Paris, anthologie choisie et présentée par Jeffry Kaplow, collection "La découverte", Maspero, 1979.

Paris le jour, Paris la nuit, par Michel Delon et Daniel Baruch (anthologie de textes de Mercier et de Rétif de la Bretonne, à partir du *Tableau de Paris*, du *Nouveau Paris* et des *Nuits de Paris*), collection Bouquins, Laffont, 1990.

Tableau de Paris. Édition établie sous la direction de Jean-Claude Bonnet, Mercure de France, 1994.

7. 「파리의 풍경」 번역본

• 독일어 번역본

Schilderung von Paris, aus dem französischen. Auszugsweise übersetzt [von Samuel Gottlieb Bürde], Breslau, Löwe, 1783-1784, in-8°.

Paris, ein Gemählde von Mercier, verdeutscht von Bernhard Georg. Walch. Leipzig, Schwickert, 1783-1784. In-8°.

Kleines Tableau von Paris, übersetzt und mit anmerkungen begleitet, von Bernhard Georg

Walch, Halle, 1784.

Historisch-kritische enzyclopädie über verschiedene Gegenstände, Begebenheiten und charaktere berühmter Menschen, herausgegeben von H. G. Hoff. Pressburg, Mahler, 1787.

Merciers neuestes Gemälde von Paris, für Reisende und Nichtreisende. Leipzig, Jacobäer, 1789.

Pariser Nahaufnahmen, Frankfurt am Main, Limitierte und numerierte, 2000.

• 네덜란드어 번역본

Nogle stykker af Tableau de Paris fremstillede med anmaerkninger til dem, hvis Indflydelse paa en Stats Regering er betydelig, af Professor Olivarius. Kiel, 1786.

Ansichten der Hauptstadt des französischen Kayserreichs, vom jahre 1806 an, von Pinkerton, Mercier und C. F. Cramer, Amsterdam, im Kunst und Industrie-Comptoir, 1807-1808, in-16.

Niemand ontbijt meer met een glas wijn: ableau van Parijs, 1781-1788, Amsterdam, De Arbeiderspers, 1999.

• 영어 번역본

Paris in Miniature: taken from the French picture at full length, entituled *Tableau de Paris*, together with a preface and a postface. By the english Limner [J. P. Macmahon]. London, G. Kearsley, 1782, in-8°

Paris delineated, from the French of Mercier, including a description of the principal edifices and curiosities of that metropolis, London, H. D. symonds, 1802.

Paris: including a description of the principal edifices and curiosities of that metropolis... [translated and adapted from the French] London, 1817. In-8°.

The Picture of Paris, before and after the Revolution, by Louis-Sébastien Mercier (The Broadway Library of Eighteenth Century French literature). Translated with and introduction by Wilfrid and Emilie Jackson. London, G. Routledge and Sons, 1929.

The Waiting City: Paris, 1782-1788. Being an abridgment of Louis-Sébastien Mercier's *Tableau de Paris*. Translated and edited with a preface and notes by Helen Simpson. London, Harrap, 1933.

Panorama of Paris, Selected from Le Tableau de Paris, J. D. Popkin(ed.), Pennsylvania State University Press, 1999.

• 일본어 번역본

十八世紀パリ生活誌: タブロー・ド・パリ, Jūhasseiki pari seikatsushi, taburō do pari, 原宏, 1929.

Louis-Sébastien Mercier; Hiroshi Hara, 東京: 岩波書店, 1989.

찾아보기

[사항]

[인명]

집필진 소개

지은이

루이세바스티앵 메르시에(Louis-Sébastien Mercier, 1740~1814)
파리의 전형적인 노동자 계층 출신이지만, 정규교육을 받고 교사·신문기자 생활을 하며 문학작품을 발표했다. 1771년 익명으로 발표한 『2440년, 한 번 꾸어봄직한 꿈』으로 큰 성공을 거둔 뒤, 파리의 살롱, 문학클럽, 카페에 드나들며 당대 최고의 철학자들과 교류했다. 1781년부터 출판하기 시작한 『파리의 풍경』이 18세기 최대의 베스트셀러가 되어 인기작가가 되었다. 1789년 혁명이 일어나자 일간지 『프랑스의 애국 문학 연보』를 창간하고 1791년 국민공회 의원에 선출되었으나, 루이 16세 처형 반대를 계기로 감옥에 갇혔다. 테르미도르 반동 이후 감옥에서 나온 뒤, 1797년 에콜 상트랄의 역사 교수가 되었으며, 1798년 『파리의 풍경』의 후편 격으로 혁명 당시의 파리를 묘사한 『새로운 파리』 6권을 출판했다.

옮긴이

송기형(건국대학교 영화예술학과)
『프랑스 문화와 예술』(공저, 한국방송통신대학교출판부, 2011)
『프랑스의 열정, 공화국과 공화주의』(공저, 아카넷, 2011)

양희영(서울여자대학교 사학과)
자크 고드쇼, 『반혁명』(역서, 아카넷, 2012)
『프랑스의 열정, 공화국과 공화주의』(공저, 아카넷, 2011)

이규현(서울대학교 불어불문학과)
미셸 푸코, 『말과 사물』(역서, 민음사, 2012)
『한국근현대문학의 프랑스문학수용』(공저, 서울대학교출판문화원, 2009)

이영림(수원대학교 사학과)
미셸 페로, 『방들의 역사』(공역, 글항아리, 2013)
『루이 14세는 없다』(푸른 역사, 2009)

장진영(서울대학교 불어불문학과)
장 도르메송, 『세계창조』(역서, 솔, 2008)
레미 코페르, 『앙드레 말로, 소설로 쓴 평전』(역서, 이룸, 2001)

주명철(한국교원대학교 역사교육과)
『오늘 만나는 프랑스 혁명』(소나무, 2013)
『서양 금서의 문화사』(길, 2006)

최갑수(서울대학교 서양사학과)
『근대 유럽의 형성 16-18세기』(공저, 까치, 2011)
『프랑스 구체제의 권력구조와 사회』(공저, 한성대학교출판부, 2009)